# 순전한 미소에 하얀 꽃을 묶다

창세기 2-2

| 이정석 지음 |

## 아브라함 그리고 이삭과 야곱

쿰란출판사

수많은 시간 속,

그 역사 속에서 아버지(이재삼 집사)

당신의 아들로 태어난 것에

감사드립니다.

# 추천사

이번에 평소에 신뢰하는 이정석 박사께서 《파란 하늘에서 찬란한 별무리를 보다》와 《순전한 미소에 하얀 꽃을 묶다》를 출판하게 된 것을 축하하고 독자들과 함께 기뻐하는 바입니다. 이정석 박사는 2013년 8월 《모든 것은 여기로부터 시작되었다》는 제목의 창세기 1장에서 12장까지의 해설서를 출판한 바 있는데, 저는 이 책을 읽고 큰 감동을 받았습니다. '창세기에 관해서 이보다 더 좋은 책을 쓸 수 있을까' 하는 생각이 들 정도로 이 책은 성경과 모세오경에 대한 서론적인 고찰과 함께 창세기 본문에 대한 명료한 해설서였습니다. 제가 그냥 '해설서'라고 말하지만 사실은 주석과 해설과 설교를 균형 있게 포괄하는 책이었습니다.

무엇보다도 히브리어 성경 원문의 의미를 천착하되, 구약의 역사와 지리 문화적 배경에 대한 깊은 이해를 바탕으로 이 책을 썼다는 점에서 경탄하지 않을 수 없었습니다. 이 책을 읽고 놀란 점은 이정석 박사는 역사신학을 전공하여 박사학위를 수득하신 역사신학자인데, 성경언어와 성경신학에 대해서도 해박한 실력의 소유자이고, 어떤 점에서 구약신학자들이 보지 못하는 점을 헤아리는 깊은 통찰력이 있었다는 점입니다. 그래서 저는 이정석 박사에게 앞으로 계속해서 이런 류의 책을 써서 한국교회에 기여하면 좋겠다고 제안한 바 있습니다. 물론 저의 제안 때문만은 아니지만 이렇게 두 번째 책을 출판하게 된 것을 매우 잘한 일이라고 생각하고, 이런 점에서 축하하고 기뻐하지 않을 수 없습니다.

이정석 박사의 이 책은 앞서 출판한 책과 마찬가지로 3가지 특징이 있습니다. 첫째는 개혁주의 신학적 기초에서 이 책을 기술했다는 점입니다. 물론 '개혁주의 신학은 이것이다' 라고 말하고 있지는 않지만 이 책 전편에는 개혁주의 신학 전통에서 성경 본문을 읽고 해설하고 있습니다. 이런 점에서 이 책은 신학적으로 신뢰할 만하고 개혁주의 신학을 보다 선명하게 보여줍니다.

둘째는 창세기 본문에 대한 깊은 연구의 결실이라는 점입니다. 기존의 연구서나 다른 서적을 적당히 편집하거나 원용하는 등 풀과 가위로 엮은 것이 아니라 저자의 깊은 연구와 묵상으로 저술한 책이라는 점입니다. 이런 점에서 이 책에는 새로운 그 무엇(something new)이 있습니다. '새로운 그 무엇'이란 바로 저자의 성경언어에 대한 이해, 구약의 세계를 헤아리는 안목과 통찰력이 가져온 결실이라고 생각합니다.

셋째는 이 책이 실용적 가치를 지니고 있다는 점입니다. 앞에서 언급했지만 이 책은 창세기 본문에 대한 단순한 해설만이 아니라 본문에 대한 주석과 해설, 그리고 본문이 가지는 현실적 의미를 밝혀주는 설교와 적용까지 담고 있습니다.

그래서 저는 이 책이 성경에 대한 값진 안내서라고 생각합니다. 무엇보다도 신학적 건실성은 우리에게 신뢰를 주고 있습니다. 성경을 옆에 두시고 성경과 함께 이 책을 읽으시면 성경에 대한 이해는 물론 신앙생활에 큰 유익이 있을 것으로 확신합니다. 이런 점에서 저는 이 책을 기꺼이 그리고 확신을 가지고 추천합니다.

2016년 1월 1일

이상규 목사(고신대학교 교수, 개혁신학회 회장)

# 머리말

〈창세기〉를 다시 읽고자 아담 언약과 노아 언약에 대한 부족한 이야기를 나누었고, 이를《모든 것은 여기로부터 시작되었다》책 안에 모아 세상에 부족한 민낯을 내밀었습니다. 그리고 부족한 글임에도, 이상규 교수님께서 이야기를 계속 이어갈 것을 독려하셔서 용기를 내어 아브라함 언약을 시작했습니다. 그리고 아브라함 언약을 이야기한《파란 하늘에서 찬란한 별무리를 보다》란 글을 다시 내놓게 되었습니다.

이 책이 아브라함 언약이라고 해서 '아브라함'만 이야기하는 것은 아닙니다. 이는 아브라함 언약 안에 있는 '이삭'과 '야곱'까지 포함한 이야기입니다. 사실 이삭과 야곱 이야기에서는 새로운 언약이 등장하지 않습니다. 오직 조상 곧 아브라함의 언약을 그 후손들에게 확증하고, 아브라함의 후손들이 자신들의 삶 가운데 그 언약을 어떻게 반영하고 있는지를 보여주고 있습니다.

모세가 들려주는 아주 먼 과거의 이야기(history), 곧 아담과 노아의 이야기 안에는 커다란 사건들이 전개되고 있습니다. 우리 인류의 조상인 아담과 그의 아내의 타락과 이에 따른 심판 문제(에덴동산에서의 추방), 노아 시절에 있었던 인류의 타락과 그에 따른 심판 문제가 있습니다(세상의 대홍수). 아담의 문제, 하와(이브)의 문제 그리고 형제 살인의 주인공인 가인의 문제가 있습니다. 그리고 노아에게 말씀하신 대로 인류가 육신이 된 문제 곧 하나님께서 말씀하신 대로 "나의 영이 영원히 사람과 함께하지 아니하리니 이는 그들이 육신이 됨이라"(창 6:3)라고 하신 말씀이 있습니다.

아브라함의 언약은 아담의 문제, 하와의 문제 그리고 가인의 형제 살인 문제에 대해서 깊은 탐구를 제시하고 있습니다. 그렇기 때문에 《모든 것은 여기로부터 시작되었다》와는 별도로 《파란 하늘에서 찬란한 별무리를 보다》의 이야기를 해야 했습니다. 그리고 아브라함의 언약은 한 개인과 절대자 사이의 관계를 계시하는 것으로부터 그 후손에게까지 지속적으로 반영되고 있습니다. 그렇기 때문에 이삭과 리브가 이야기와 야곱의 이야기를 해야 합니다.

특히 '완전한 사랑' 안에서만 형제 살인의 문제를 극복할 수 있는 작은 소망의 빛을 이야기할 수 있기에 모세가 들려주는 이 계시의 이야기는 《순전한 미소에 하얀 꽃을 묶다》로 이어졌습니다. 이는 아브라함 언약에 대한 '계시'가 사랑의 끈으로 교회의 영혼에 묶여 있음을 이야기합니다. 완전한 사랑에 관한 이야기입니다.

부족한 글을 출판하도록 독려해 주신 이상규 교수님의 격려는 이 책이 가지는 부끄러운 마음을 극복하게 해 주었습니다. 또한 이 책이 출간될 수 있도록 후원해 주신 백경희 집사님과 이 책이 주일학교와 성경공부에 유익됨이 있도록 함께 고민해 준 김경미 전도사, 두꺼운 이 책을 성실하게 읽어준 노규협 집사의 수고에 신심으로 감사드립니다. 그리고 책의 부족함을 함께 채워주신 쿰란출판사의 여러 분들에게도 감사의 뜻을 전합니다.

끝으로 지금은 세상을 떠나셨으나, 암 투병 중에도 아들에게 '죄송해하지 말아라'라고 힘없이 말을 건네주신 아버지의 한마디로 용기와 슬픔을 간직하고 이 원고를 서랍에서 꺼냅니다.

2015년 9월

이정석 목사

# 목차

## 제3부 고요하게 그러나 밝게 빛나는 별 – 야곱 이야기 • • 181

# 2부

# 순전한 미소에 하얀 꽃을 묶다

*

이삭 이야기

# 히브리어 성경 번역들

히브리어 성경 사본으로는 마소라 본문(Masoratic Text, MT)이 있다. 현재 이것은 '비블리아 헤브라이카 슈튜트가르텐시아'(BHS : Biblia Hebraica Stuttgartensia, 1977)로 출간되었다. 히브리 대학교에서도 '비블리아 헤브라이카 퀸타'(BHQ : Biblia Hebraica Quinta)를 출간하고 있는 상황이다. 그런데 구약 번역본들 가운데에는 셉투아진트에서 번역한 것이 아니라 히브리어 성경에서 직접 번역한 구약 번역본들이 있다. 가장 대표적인 것이 히에로니무스의 '벌게이트'(the Latin Vulgate) 번역본이다.

구약본문으로 아람어 성경인 탈굼(Targums) 성경이 있으며, 또 다른 아람어 성경으로 페쉬타(Peshitta)가 있는데 이는 시리아 지역에서 번역된 것으로 동방 교회(the Church of the East)의 공식적인 성경이라고 할 수 있다.

페쉬타는 아람어로 '올곧은'(Straight)이란 뜻으로 성경에 신빙성 있는 것들만을 선별적으로 번역하고 있다. 그래서 순수한(pure text) 혹은 '믿을 만한'(authentic Text)이라고 자부한다. 그래서 페쉬타는 단순한(simple Text) 번역으로 유명하다. 본문과 이본이 다양하게 존재하고 있는 상황이다. 특히 모세 오경에서는 마소라 본문과 대단히 유사한 부분이 있는가 하면 또 다른 본문에서는 셉투아진트 본문과 대단히 유사하다. 그래서 마소라 본문과 유사한 부분의 번역은 시리아 지역의 유대인들이 했으며, 셉투아진트 본문과 유사한 부분의 번역은 기독교인들이 했다는 학설이 주장되고 있다.

네 번째 이야기

# 밭의 이야기, 이삭과 리브가

(창 21:1–27:30)

## 이삭 이야기의 짜임새

아브라함의 언약기는 이중적인 내용으로 '약속의 씨'와 '약속의 땅'이라는 주제를 가지고 있습니다. 역사적, 지리적 배경으로 약속의 땅은 이집트 강에서부터 유프라테스 강까지입니다(창 15:18). 이 개념은 보다 추상적으로 '약속의 땅'을 의미하며 또한 '안식하다'(נוּחַ, 누아흐)라는 개념으로(수 23:1) 그리스도 안에서 얻을 안식을 의미합니다(히 4:8-9). 이는 '하나님의 나라', '천국'의 개념으로 확장됩니다.

또한 약속의 씨는 일차적으로는 '이삭'을 의미하며, 보다 확장된 개념으로는 모세 시대의 출애굽을 한 이스라엘과 많은 이방민족들을 포함하고 있습니다(출 12:38). 이는 복음으로 그리스도 안에 있는 모든 신자를 의미합니다(갈 4장).

그런데 '아담 언약기'에서는 '여자의 씨'라는 약속이 주어졌습니다(창 3:15). 이로 인해서 '여자'(밭)의 문제는 아브라함 언약기에서도 중요한 문제로 등장했습니다. 바로 사라와 하갈이라는 비밀스러운 비유가 있습니다. 그래서 이삭의 이야기는 바로 '그 밭'의 이야기라고 말할 수 있습니다. 이는 사실상 '이삭'의 이야기에서 이삭보다는 '리브가'(밭)의 이야기가 더 많은 비중을 차지하고 있다는 사실에 근거한 것입니다.

한편 아브라함의 언약기에서 하나님께서는 "나는 전능한 하나님이라 너는 내 앞에서 행하여 완전하라"(창 17:1)라고 하셨습니다. 또한 "내가 그로 그 자식과 권속에게 명하여 여호와의 도를 지켜 의와 공도를 행하게 하려고 그를 택하였나니 이는 나 여호와가 아브라함에게 대하여 말한 일을 이루려 함"(창 18:19)이라고 말씀하셨습니다. 이는 아브라함 언약에서 정의와 공평의 문제를 다루고 있는 것으로, 아브라함의 후손들은 모두 '하나님의 도(way)'를 지키며 살아가야 합니다. 또한 끊임없이 하나님의 길을 걸어야 하며, 완전한(perfect) 삶에 대한 요구에 응답할 의무가 있습니다.

언약은 쌍방적인 것이기 때문에 아브라함의 후손들은 자신에게 주어진 의무에 성실함과 충실함을 가져야 합니다. '충성된 종'(ὁ πιστὸς δοῦλος, 마 24:45)으로 그 의무를 성실하게 해야 합니다. '성실한', '충성된'이란 말은 '피스토스'(πιστὸς) 곧 '믿음'을 의미합니다. 여기서 아브라함에게 요구된 '히트할레크'(הִתְהַלֵּךְ)와 타밈(תָמִים)은 이삭의 이야기에서도 그대로 반영됩니다(창 17:1). 특히 '히트할레크'(הִתְהַלֵּךְ, walk)는 이삭의 삶을 단적으로 보여주는 낱말일 것입니다. 멈추지 않고 하나님의 길을 걷는 것은 이삭의 삶입니다.

이삭 이야기는 아브라함 언약에 대한 연장선에 놓여 있습니다. 그래서 '그 밭'에 대한 이야기인 동시에 '끊임없이', 그리고 '중단됨이 없이' 하나님의 길인 정의와 공정함의 길을 걷는 아브라함의 후손의 모습을 상징적으로 제시하고 있습니다. 그래서 모세는 새로운 언약에 대한 언급은 하지 않고 이미 체결된 아브라함 언약 안에서 이야기를 진행합니다. 이런 이유에서 '이삭 언약기'가 아니라 그냥 '이삭의 이야기'로 하는 것이 좋은 줄 압니다.

이삭의 이야기(창 21:1-27:30)는 이삭의 등장으로부터 시작합니다(창 21장). 그리고 이삭의 퇴장으로 이야기를 마무리합니다(창 27장). 그렇다고 이삭이 죽음을 만난 것은 아닙니다. 이삭은 40세에 아내 리브가를 만났으며(창 25:20), 그 후 20년 뒤인 60세에 두 아들 에서와 야곱을 얻었습니다(창 25:26). 그리고 아들 에서가 40세에 헷 족속 여인을 아내로 맞이했고(창 26:34) 이때 야곱도 40세로 아버지에게 축복을 받고 밧단아람 곧 하란으로 떠나게 했습니다. 앞에서도 언급했지만 〈창세기〉 안에서 '떠남'과 '점착'(粘着)이라는 주제는 대단히 중요한 의미를 가지고 있습니다.

야곱이 떠날 때 이삭의 나이는 100세가 됩니다. 그러나 이삭은 180세에 죽음을 보았습니다(창 35:28-29). 이삭이 180세에 죽음을 만났을 때에 야곱은 120세가 됩니다. 결국 이삭은 야곱의 나이 40세에 야곱을 축복한 이후 80년을 더 장수하게 됩니다. 그러므로 이삭이 야곱을 축복한 것은 죽음 때문은 아니었습니다. 여하튼 이삭의 이야기에 대한 전체 짜임새는 다음과 같습니다.

A. 이삭의 등장과 이스마엘의 보존(21:1-21): 아브라함 100세 때

B. 아브라함의 브엘세바(21:22-34)

C. 대속권의 문제(22:1-19): 이삭 37세 이전

D. 나홀의 족보(22:20-24)

E. 사라의 죽음과 막벨라 밭의 굴을 구입함(23장): 아브라함 137세 때

X. 리브가 이야기(24장): 아브라함 140세 때

E′. 아브라함의 죽음(25:1-11): 아브라함 175세 때

D′. 이스마엘의 족보(25:12-18)

C′. 장자권의 문제(25:19-34)

B′. 이삭의 브엘세바(26:1-33)

A′. 이삭의 퇴장과 야곱의 축복(26:34-27:30): 이삭 100세 때

위의 표에서 보는 바와 같이 〈창세기〉 21장부터 27장까지는 일정한 내용들이 유사한 내용으로 평행(parallelism)을 이루고 있습니다. 특히 21장에서는 아브라함의 브엘세바 이야기가 등장하는데(B 부분, 21:22-34) 26장에서는 이삭의 브엘세바 이야기(B′ 부분, 26:1-33)가 눈에 띄게 평행을 이루고 있습니다.

또한 22장에서는 이삭을 제물로 드리는 아브라함에게 이삭을 대신할 양을 주심으로 대신 속(贖, redemption)하는 대속권을 이야기합니다(C 부분, 22:1-19). 이와 평행하게 에서와 야곱이 어린 시절에 장자의 권리를 가지고 장난인 듯이 진정성 있게 팔고 사는 이야기가 나옵니다(C′ 부분, 25:19-34). 여기서 이삭의 대속권과 야곱의 장자권이라는 내용에 있어서 서로 평행을 이루고 있음이 분명합니다.

22장에서는 나홀의 족보가 기록되어 있는데(D 부분, 22:20-24), 25장을 보면 이스마엘의 족보(D′ 부분, 25:12-18)가 나옵니다. 여기서 족

보라는 성격에서 둘은 평행을 이루고 있으며, 나홀의 족보에서 '리브가'를 언급함으로 이후 이삭과의 관계로 나아가게 됩니다(창 22:23). 하지만 이스마엘의 족보는 이후 성경에서 등장하지 않는 계보를 다룬 것으로 나홀의 족보와는 대조적인 성격을 반영하고 있습니다. 다시 말해서 이스마엘 족보를 기준으로 이스마엘의 후손들은 성경의 기록에서 제외됩니다.

리브가 이야기(X 부분, 24장)를 전후로 하여 사라와 아브라함의 죽음이 서로 평행을 이루고 있습니다(E 부분, 23장과 E′ 부분, 25:1-11). 사라의 죽음과 리브가의 등장, 그리고 아브라함의 죽음이 진행됩니다. 그러나 모세는 의도적으로 사라와 아브라함의 죽음 사이에 리브가를 배열함으로 리브가의 긴 이야기를 강조하는 방식으로 글을 이끌어가고 있습니다.

성경은 서로 관련이 없는 이야기들, 예를 들어 중간에 족보와 같은 것들이 불쑥 등장하는 것처럼 보입니다. 하지만 모세는 의도적으로 이러한 배열을 통해서 글을 짜임새 있게 이끌어가는 동시에 의미적으로 강조할 부분을 충분히 강조하고 있습니다.

한편 아브라함이 100세에 이삭을 얻은 이야기가 21장에 등장합니다(창 21:5). 이후에 사라가 127세에 죽음을 만나게 됩니다(창 23:1). 이때 아브라함의 나이는 137세이고 이삭은 37세가 됩니다. 이후 24장에서 리브가가 등장하여 이삭과 결혼을 하는데, 이때 이삭이 40세이므로(창 25:20) 아브라함은 140세가 됩니다. 이후 아브라함은 175세에 죽음을 보게 되는데(창 25:7) 이때 이삭은 75세였으며 이스마엘은 89세가 됩니다. 이삭이 60세에 에서와 야곱을 얻었으니(창 25:26) 아브라함이 죽음을 만났을 때에 야곱은 15세였습니다. 다시 말해서 에서와 야곱은 아브라함의 품에서 태어나 아브라함에게 하나님의 길 곧 정의에 대한 명령을 받았음이 분명합니다.

아브라함 언약기를 읽을 때에 평행한 내용들을 한데 모아서 읽었습니다. 반복되거나 유사한 이야기를 모음으로 반복을 피하고 내용의 의미를 충분히 탐구하기 위해서 모아 읽기를 시도했습니다. 하지만 이삭의 이야기는 유사한 이야기들을 모아서 읽는 것보다는 시간의 흐름에 따라서 읽는 것이 좋을 것입니다. 왜냐하면 아브라함 언약기는 1년 간격의 이야기를 진행하고 있지만 이삭의 경우는 보다 긴 시간을 다루고 있기 때문입니다. 그래서 이삭 이야기는 의미 순서 배열이 아니라 시간 순서 배열을 따라서 읽도록 하겠습니다. 성 아우구스티누스는 "성경이 서술하고 있는 순서에 따라서 역사적 행적의 순서도 똑같이 일어난다고 생각하면 안 된다"라고 지적하고 있습니다(《신국론》 XVI, 15.). 성경의 의미와 가치를 고민해야 합니다. 단순히 순서를 찾는 것보다는 그 안에 담긴 의미를 찾는 것이 보다 가치 있는 일입니다.

# 이삭의 등장과 이스마엘을 쫓아냄: 복음과 율법의 긴장 3

## A. 이삭의 등장과 이스마엘의 보존(21:1-21)

이삭의 이야기이면서 동시에 그의 아내 리브가의 이야기는 이삭의 출생으로부터 시작합니다(창 21:1-21, A 부분). 하지만 21장이 이삭의 출생 이야기만 하는 것은 아닙니다. 이보다 더 깊은 이야기들을 모세는 차분하게 써내려가고 있습니다. 우리는 〈창세기〉 21장을 세 단락으로 나누어 살펴볼 수 있습니다. 먼저 이삭의 출생에 관한 이야기가 나옵니다(창 21:1-7).

두 번째 부분은 이삭이 젖을 뗄 때에 이스마엘이 이삭을 놀리는 것이 목격됩니다(창 21:8-9). 이에 하나님께서 하갈과 그의 아들 이스마엘이 유업을 받지 못할 것을 말씀하십니다. 결국 하갈과 이스마엘은 쫓겨나고, 하갈은 브엘세바와 바란 광야 지역에서 거주하게 됩니다(창 21:8-21).

세 번째 부분은 아브라함이 브엘세바에서 블레셋의 왕 아비멜렉과 그의 군대장관 비골과 함께 언약을 맺는 이야기입니다(창 21:22-34). 그런데 두 번째 이야기와 세 번째 이야기는 같은 시기에 있었던 것으로 보입니다. 모세는 '그때에'(בָּעֵת, 바에트, at that time)라고 말함으로 하갈이 쫓겨난 지역과 아브라함이 거주했던 브엘세바가 같은 지역임을 말하고 있습니다. 아브라함이 14세가량 된 이스마엘을 광야에 버린 것은 아니었음을 밝히고 있습니다. 아브라함은 99세에 할례를 했고(창 17:24), 이스마엘은 13세에 할례를 받았습니다(창 17:25). 그리고 아브라함 100세에 이삭을 얻었는데 그 아기가 젖을 뗄 때쯤의 사건이므로 이스마엘은 14세 이후의 어린이였습니다.

이상의 내용을 정리하면 다음과 같습니다.

a. 이삭의 출생: 사라가 순전한 웃음을 품에 안다(창 21:1-7).
b. 하갈과 이스마엘을 쫓아냄(창 21:8-21): 율법으로는 하나 될 수 없음
  1) 하갈과 이스마엘을 쫓아냄: 상속권이 없는 이스마엘(8-13)
  2) 쫓겨난 하갈: 망각 속에 절망하는 하갈(14-21)
c. 아브라함의 브엘세바의 언약(창 21:22-34): 율법을 보살핌

위에서 보는 바와 같이 하갈과 이스마엘을 쫓아내는 부분에서는 다시 두 부분으로 나누어서 하갈을 쫓아내는 경위를 다루는 부분(창 21:8-13)과 쫓겨난 이후의 하갈의 모습을 설명하는 부분(창 21:14~21)으로 나누어 이야기할 수 있습니다. 우리는 이미 순서에 따라서 읽기로 결정했으니 차례대로 이야기를 나누어 봅시다.

## 사라가 순전한 웃음을 품에 안다

모세는 아주 특별한 말로 21장을 시작합니다. "여호와께서 말씀하신 대로 사라를 돌보셨고 여호와께서 말씀하신 대로 사라에게 행하셨으므로"(창 21:1). 여기서 '돌보셨다'란 말은 히브리어 파카드(פָּקַד)로 '방문하다'(visited, KJV)란 뜻입니다. 이는 '여호와 곧 세 사람'께서 아브라함을 만나셨을 때에 "내년 이맘때 내가 반드시 네게로 돌아오리니 네 아내 사라에게 아들이 있으리라"(창 18:10)라고 하신 약속이 성취되었음을 말하는 것입니다. 하나님께서는 '돌아오신다'고 말씀하셨기에 모세는 그 말씀대로 '여호와께서 방문하셨습니다'라고 말

하는 것입니다. 그런데 21장에서는 18장과는 전혀 다른 방식으로 방문하셨습니다. 이는 분명히 성령 하나님께서 사라를 방문하셨음을 의미하는 것으로 읽어야 할 것입니다. 바로 복된 여인 마리아의 경우에 대한 예표(τύπος, 투포스)의 성격을 가지고 있습니다(눅 1:35). 만약에 우리가 사라의 절대적인 불임 상태에서 이삭의 출생을 이야기한다면 그것은 전능하신 하나님 곧 '엘 샤다이'(אֵל שַׁדַּי)의 능력으로 가능하게 되었음을 아는 것입니다. 이는 훗날 남자를 알지 못하는 마리아가 임신하여 사내아이를 낳을 수 있다는 사실을 믿을 수 있도록 우리를 인도합니다. 마리아의 동정녀(παρθένος) 출산을 믿지 못하는 것이 아니라 사라가 이삭을 출산한 것을 믿지 못하는 것입니다. '엘 샤다이'(אֵל שַׁדַּי)를 모르는 것입니다.

또한 모세는 하나님께서 '아들이 있을 것'이라고 약속하신 그대로 사라에게 행하심으로(창 21:1) 사라가 임신을 하게 된 것을 말하고 있습니다(창 21:2). 모세는 하나님의 약속이 모두 성취되었음을 밝히고자 노력하고 있습니다. 이 장엄한 언약의 성취는 인간의 그 어떤 노력도 첨가(添加)되지 않았다는 사실을 기억해야 합니다. 하나님께서 약속하셨으므로 오직 하나님께서만 그 약속을 성취하십니다.

이제 아브라함은 하나님의 말씀대로 아이의 이름을 '이삭'이라고 불렀습니다(창 21:3, 17:19). 또한 하나님의 말씀대로 이삭이 출생한 이후 8일 만에 할례를 행했습니다(창 21:4, 17:12). 여기서 모세는 모든 것을 인간의 성실한 노력으로 다루고 있습니다. 다시 말해서 '하나님께서 말씀하신 바'를 듣고 그대로 실천한 것을 기록하고 있습니다. 이는 순종으로 아브라함이 하나님의 말씀을 지켰음을 밝히는 것입니다.

아브라함의 삶은 하나님의 말씀대로 '여호와의 도'(דֶּרֶךְ, way)를 지키는 것이며(שָׁמַר, keep), 이 길(דֶּרֶךְ, way)을 멈추지 않고 끊임없이 걸어야(הִתְהַלֵּךְ, walk) 하는 것입니다. 이는 분명히 우리의 성실함(אֱמֶת, 에메트)을 요구합니다. '히트할레크'(הִתְהַלֵּךְ, walk), 데레크(דֶּרֶךְ, way), 그리고 솨마르(שָׁמַר, keep)는 아브라함 언약 안에서 중요한 낱말들입니다.

모세는 "아브라함이 그의 아들 이삭이 그에게 태어날 때에 백 세라"(창 21:5)라고 말합니다. 그리고 사라의 고백 찬양을 기록하고 있습니다. "하나님이 나를 웃게 하시니 듣는 자가 다 나와 함께 웃으리로다"(창 21:6). 사라가 노래했습니다. 사라는 '웃음'(צְחֹק, 쩨호크)을 머금었습니다. 그리고 사라뿐만 아니라 90세 노인이 아기를 얻은 소식을 듣는 사람들이 '웃을 것이다'(יִצְחָק, 이쯔하크)라고 말했습니다. 그러면서 사라는 말을 이었습니다. "사라가 자식들을 젖 먹이겠다고 누가 아브라함에게 말하였으리요마는 아브라함의 노경에 내가 아들을 낳았도다"(창 21:7).

사라(שָׂרָה, 싸라)의 말 가운데에서 우리는 위대한 신앙의 모습과 진정한 인도자이자 지도자(שָׂרָה, 싸라)의 모습을 만나게 되어 마음마저 숙연해집니다. 하나님께서는 '사래'를 '사라'라고 하시면서(창 17:15) 그녀가 "여러 민족의 어머니가 되게 하리니"(창 17:16)라고 약속하셨습니다. 그래서 그녀의 이름이 싸라(שָׂרָה) 곧 지도자(שָׂרָה, 싸라), 어머니가 되었습니다.

히브리어 싸라(שָׂרָה)는 '지배자'(ruler) 혹은 '인도자'(leader)란 뜻을 가진 '싸르'(שַׂר)의 여성형으로 '여성 통치자', '여성 인도자'를 의미합니다. 사라는 공동체의 진정한 인도자였습니다. 왜냐하면 사라가 말하고 있는 본문을 자세히 읽으면 사라는 '아들'에게 젖 먹이는 것이 아니라 "자식들을 젖 먹이겠다"라고 말하고 있기 때문입니다(창 21:7).

사라는 90세에 '이삭'이란 외아들을 하나님의 약속 가운데 출산했습니다. 그리고 하나님께서 그녀를 위로하듯이 아들이 먹을 적절한 모유를 제공하셨습니다. 그런데 사라는 자신이 받은 이 축복을 자신과 자신의 '아들'만을 위한 것으로 이해하지 않았습니다. 사라는 보다 많은 '아들들'(בָּנִים, 바님)과 함께할 것을 말하고 있습니다. 그저 혼자만 충만하고 충족된 삶을 맛보려 남몰래 재화를 쌓아 두어 남들에게 자신이 얼마나 강한지를 보이고자 하고, 생활의 안정을 추구하는 것을 자랑 삼는 것 속에서는 결코 하나님의 데레크를 지킨다고 말할 수 없습니다. 정의와 공정함을 말할 수 없습니다. 지도자, 인도자라고 말할 수 없습니다. 자신의 마음을 자신의 돈과 그 돈을 상실할 것에 대한 두려움으로 길들임으로 스스로 고립시키는 것으로 하나님의 데레크를 끊임없이 걸었다고 말할 수는 없습니다.

자신의 것을 다른 이들과 나눌 수 있는 마음, 그것도 하나님께서 자신에게 주신 축복이라고 확신하기에 타자(他者)와 나눌 수 있는 것은 이미 그들과 결합되어 있음을 의미하는 것입니다. 그들의 삶에 참여하는 것입니다. 그들의 문제는 더 이상 그들만의 문제가 아님을 인식하는 것입니다. 사라는 공동체 안에서 다른 이들과 '하나' 되어 있음을 보여주고 있습니다. 이는 복음의 진정한 모습입니다. 모세는 진정으로 '아들'(בֵּן, 벤)을 '아들들'(בָּנִים, 바님)이라고 잘못 쓴 것이 아닙니다. 이는 사라의 진정성 있는 찬양을 그대로 옮긴 것입니다.

우리 주 하나님 예수 그리스도께서 말씀하시길, "내게 주신 영광을 내가 그들에게 주었사오니 이는 우리가 하나가 된 것같이 그들도 하나가 되게 하려 함이니이다"(요 17:22)라고 말씀하셨습니다. 하나님의 영광이 우리에게 임함은 그것으로 세상과 고립되어 이기적으로 자신만의 구원과 축복으로 삼으라는 의미는 아닐 것입니다. 그것은 '우리'(공동체)가 하나 됨을 위한 것입니다. 그리고 이 모습은 사라의 고백 안에서 실현되고 있습니다. 이것은 오직 성부께서 성자에게 주신 영광으로만 가능한 일입니다. 과학과 철학, 그리고 세상의 모든 학문들은 자신의 것을 타자와 나누는 것에 합당한 이유를 설명하지만 결코 그렇게 살도록 만들지는 못합니다.

아브라함에게는 전쟁에 참여할 수 있는 나이의 남성 318명이 있었습니다. 그들은 모두 아브라함과 사라의 종들이었습니다. 그러나 사라는 자신이 얻은 영광 곧 '웃음'과 그 모든 권리를 공정하게 나눔으로 하나 된 공동체를 만들고 있습니다. 자신이 하나님께 받은 모든 것들은 '자신의 아들들'이 공평하게 나누어 가질 것입니다. 이제 사라 곧 여성 지도자(어머니)는 어려운 첫발을 내디뎠습니다. 앞으로 할 일은 히트할레크(הִתְהַלֵּךְ, walk) 곧 멈추지 않고 끊임없이 이 길(道)을 스스로 지키는 것입니다. 사라는 순전한 웃음을 품에 안았습니다. 이 웃음(צְחֹק, 쩨호크)으로 이제 사라의 약속이 성취된 소식을 듣는 모든 이들이 함께 '웃을 것입니다'(יִצְחָק, 이쯔하크). 바로 이삭(יִצְחָק, 이쯔하크)의 이야기입니다. 사귐과 나눔 안에서 함께 웃을 것입니다.

사라의 이야기는 두 가지 방향에 있어서 고민해야 할 것이 있습니다. 하나는 과거에 관한 문제입니다. 아담이 에덴 동산에서 추방되어 쫓겨날 때에 그는 자신의 아내인 '잇샤'(אִשָּׁה)를 '하와'(חַוָּה, 하바)라고 개칭하면서, '그녀는 모든 산 자의 어머니가 되었다'(הָיְתָה אֵם כָּל־חָי הִוא)라고 말했습니다(창 3:20). 하지만 그녀는 오직 자신만을 위한 길을 걸음으로 정의와 공평의 길로 나아가는 것을 스스로 막아서 고립되었습니다. 왜냐하면 하와는 아들을 낳았을 때 "내가 여호와로 말미암아 득남하였다"(창 4:1)라고 외침으로 하나님께 받은 축복을 오직 '나의 것'으로만 규정하고 있기 때문입니다. 이러한 고립무원(孤立無援)에 스스로를 던져 버린 하와의 두 아들은 형제 살인이라는 가장 불행한 일의 주인공이 되었습니다. 형제애를 잃어버렸습니다. 하지만 사라의 경우는 '하나 됨' 곧 형제애를 되찾은 공동체로 하와(어머니 됨)의 문제를 극복하고 있습니다. 다시 말해서 인간이 '부모'가 된다는 것은 '자신의 자녀'를 낳았음을 의미하는 것이 아니라 이 땅에 모든 연약한 아이들을 품에 안을 수 있는 존재가 되었음을 의미하는 것입니다.

또 다른 하나는 미래에 관한 것입니다. 사라는 완전한 불임의 상태에 있었습니다. 그러나 하나님의 찾아오심 곧 '방문하심'으로 인해서 그녀는 '웃음'을 얻게 됩니다. 그런데 절대적인 불임의 상태인 동정녀(παρθένος, 파르테노스)의 몸인 마리아는 성령 하나님의 방문으로 인해서 감당하기 두려운 축복을 얻게 됩니다. 그녀는 복 있는 여인으로(눅 1:48) 그리스도를 품에 안은 최초의 현존하는 인류가 되었습니다. 진정으로 축복 받은 여인입니다. 사라는 파르테노스(παρθένος) 마리아의 수태에 대한 신앙으로 우리를 인도하고 있는 인도자(שָׂרָה, 싸라)입니다.

## 율법으로는 하나 될 수 없습니다

이삭이 성장해서 어미의 젖을 뗄 때에 아브라함은 큰 잔치를 베풀었습니다(창 21:8). 그런데 이 가운데 사라는 '아브라함의 아들 애굽 여인 하갈의 아들'이 이삭을 놀리는 것을 지켜보게 됩니다(창 21:9). 여기서 '놀리는 것'(מְצַחֵק, 메짜헤크)이란 말은 히브리어 '짜하크'(צָחַק, 웃음)에서 파생한 낱말입니다. 여기서 모세는 언어유희를 통해서 '웃음'이란 의미를 가진 '이삭'을 '비웃었다'라고 말하고 있습니다. 사실 이삭의 삶에서 가장 중요한 것은 바로 '웃음'과 '비웃음'의 경계에 서 있는 점입니다. 앞으로 전개될 이삭의 모습은 '웃음'과 '비웃음'거리 사이에서 묵묵히 자신에게 주어진 길을 걸어가는 인생입니다. 이는 히트할레크(הִתְהַלֵּךְ, walk)입니다. 세상은 하나님의 도(道)를 비웃을 것입니다. 그러나 이 길은 모든 아브라함의 후손들이 걸어야 할 인생입니다.

세상에서는 '비웃음'거리이지만 하나님의 도에서는 '조용한 정적(靜的)인 미소'와 같은 향기로 가득한 웃음이 되는 일이 있습니다. 그것은 아브라함이 큰 잔치를 베풀었다는 사실입니다. 왜냐하면 먼저 아브라함은 자유인으로 주인이라는 사실을 기억합시다. 그리고 다른 모든 이들은 그의 종들입니다. 그런데 주인이 종들을 위해서 큰 잔치를 베풀었다는 것은 있을 수 없는 일입니다. 만약에 이 잔치에 초대받은 것이 종들이 아니라면 하나님을 모르는 아모리 족속과 같은 이방인이 될 것입니다. 그러나 하나님의 데레크(דֶּרֶךְ, way)를 자신의 후손들에게 명령하고 가르쳐야 할 아브라함이 하나님을 모르는 이방인들과 함께 '이삭'의 성장을 축하했다는 것은 적절하지 않은 상황의 연출 같습니다. 아마도 이는 종들을 섬기는 주인의 모습임이 분명합니다.

주인과 종들이 형제애에 대한 인식을 가진 정신적인 공동체를 형성하여 하나 됨을 이루는 방법은 단 한 가지뿐입니다. 그것은 바로 '주인이 종들을 섬기는 것'뿐입니다. 그래서 우리 주 하나님 예수 그리스도께서는 "인자가 온 것은 섬김을 받으려 함이 아니라 도리어 섬기려 하고 자기 목숨을 많은 사람의 대속물로 주려 함이니라"(마 20:28; 막 10:45)라고 말씀하셨으며, 제자들의 발을 씻기시면서 결코 종이 주인보다 크지 않다고 말씀하셨습니다(요 13:16). 주인이 하인들을 섬기는 일은 비웃음거리가 될 뿐입니다. 그러나 상전(권력을 가진 자)이 먼저 하지 않는다면 공동체는 결코 '하나'가 될 수 없습니다.

여하튼 십대 중반 정도나 된 이스마엘이 이제 두세 살 안팎의 이삭을 비웃었습니다(창 21:9). 이를 사라가 지켜보았습니다. 그리고 사라는 '종의 아들'인 이스마엘과 '자신의 아들' 이삭이 기업을 함께 상속받을 수 없으니 이스마엘을 내쫓을 것을 남편에게 권했습니다(창 21:10). 그런데 모세는 "사라가 본즉 아브라함의 아들 애굽 여인 하갈의 아들이 이삭을 놀리는지라"(창 21:9)라고 씀으로, 이스마엘이 당당하게 '아브라함의 아들'임을 지적하고 있습니다.

아브라함은 사라의 주장을 '악하다'(רָעַע, 라아)고 보았습니다(창 21:11). 곧 "아브라함이 그의 아들로 말미암아 그 일이 매우 근심이 되었더니"(창 21:11)라고 합니다. 이 말이 의미하는 바는 다음과 같습니다. '아브라함의 아들 문제의 원인(אוֹדֹת, 오도트)에 있어서 아브라함의 눈에는 사라가 한 그 말은 매우 악한 말로 보였다' 정도로 이해할 수 있습니다. 왜냐하면 사라는 자신이 하나님께 받은 신성한 것들을 다른 이들과 나눌 수 있는 여인이었으나 이스마엘에게만은 나누지 않았기 때문입니다. 이미 살펴보았지만 아브라함은 하나님의 말씀이 아니면 결코 움직이지 않는 순종(믿음)의 조상이었습니다. 그는 아내를 포기하여도 하나님의 말씀만은 결코 포기하지 않는 그런 인물이었습니다. 아마도 아브라함은 사라의 말을 여인들이 가진 그러저러한 질투 가운데 하나와 같은 말로 취급했던 것으로 보입니다. 왜냐하면 히브리어 오도트(אוֹדֹת)는 '원인'(precisely because)이란 의미를 가지고 있기 때문입니다. 아브라함은 사라가

한 말보다는 그 말의 의도, 그 말을 하게 된 원인을 추론하여 사라의 말이 선한 곳에서 나온 것이 아니라고 판단했던 것입니다. 그러나 사라는 결코 어리석은 여인들과 같이 질투에서 한 말이 아니었습니다. "평온한 마음은 육신의 생명이나 시기는 뼈를 썩게 하느니라"(잠 14:30)라는 말씀처럼 시기, 질투(קִנְאָה, 킨아)는 뼈가 썩는 고통일 뿐입니다. 현숙한 여인 사라가 질투와 시기로 한 말이 아니었습니다. 그러나 아브라함은 사라의 말을 의심했습니다. 결국 하나님께서 아브라함에게 직접 말씀하셨습니다.

"네 아이나 네 여종으로 말미암아 근심하지 말고 사라가 네게 이른 말을 다 들으라 이삭에게서 나는 자라야 네 씨라 부를 것임이니라"(창 21:12).

하나님께서는 사라의 판단을 악한 것으로 보지 말고 오히려 좋은 것으로 볼 것을 말씀하셨습니다. 이는 앞에서도 언급했지만 '복음'과 '율법'의 관계에 대한 비유입니다. 복음과 율법이 함께 있으나 율법으로는 결코 유업을 상속받을 수 없음을 뜻하는 것입니다. 그래서 복음은 율법을 과감하게 쫓아낼 수 있어야 합니다. 〈갈라디아서〉를 보면, "그러나 그때에 육체를 따라 난 자가 성령을 따라 난 자를 박해한 것같이 이제도 그러하도다 그러나 성경이 무엇을 말하느냐 여종과 그 아들을 내쫓으라 여종의 아들이 자유 있는 여자의 아들과 더불어 유업을 얻지 못하리라 하였느니라"(갈 4:29-30)라고 하였습니다.

이삭은 '엘 샤다이'(אֵל שַׁדַּי)에 의해서 난 자입니다. 그런데 〈갈라디아서〉는 '성령에 따라 난 자'라고 말합니다. 분명히 사도의 신앙은 '성령'과 '엘 샤다이'(אֵל שַׁדַּי)를 동일한 분으로 신앙하고 있음을 알 수 있습니다. 우리는 사도의 신앙을 따르는 개혁된 교회 신자들입니다. '성령'은 하나님이십니다.

육체의 문제인 율법이 성령에 의한 복음을 박해했습니다(persecuted, KJV). 그러나 성경은 복음이 율법을 쫓아낼 것을 말하고 있습니다. 물론 율법도 하나님께서 주신 것입니다. 이스마엘이 아브라함의 아들임이 자명한 것처럼 율법도 은혜 가운데 하나님께서 주신 것입니다. 그러나 율법으로는 상속을 받지 못합니다.

모세의 표현대로 이스마엘도 아브라함의 후손이므로 큰 민족을 이루게 될 것입니다(창 21:13). 그러나 아브라함의 유업 곧 그리스도에 대한 유업을 공유할 수는 없습니다.

아브라함에게 하나님의 말씀이 전해졌습니다. 그는 단호하게 하갈에게 떡과 물 한 부대만을 주고 이스마엘과 함께 쫓아냈습니다. 모세는 이를 "아침에 일찍이 일어나" 실행했다고 밝히고 있습니다(창 21:14). 또한 사라가 남편 아브라함에게 한 말은 질투에 의해서 한 말이 아님이 입증되었습니다. 그녀의 권면에는 '하늘의 음성'(קוֹל מִן־שָׁמַיִם, 콜 민-솨마임) 곧 성령님의 계시가 함께했습니다. 하나님께서 아브라함에게 직접 말씀하기 이전에 사라에게 먼저 지혜로 말씀하심으로 아브라함을 진심으로 돕는 사라의 모습을 보여주고 있습니다.

지난밤에 있었을 것으로 보이는 하나님의 음성에 대해서 지체함 없이 그는 아침 일찍이 일어나 하갈과 이스마엘을 쫓아냈습니다. 이미 우리는 사라를 두 번이나 다른 남자에게 줄지언정 그가 아담처럼 아내의 말을 듣고 하나님의 도(道)를 벗어나는 사람이 아님을 보았습니다. 아브라함은 아내의 말을 듣고 여종 하갈을 아내로 맞이하지 않았으며 이번에도 아내의 말 때문에 하갈을 내쫓은 것이 아닙니다. 아브라함은 하나님의 말씀에는 지체하지 않고 그분의

도(데레크, way)를 지킵니다. 그 길이 바로 정의입니다. 이 길은 믿음으로 말미암아 얻는 길입니다.

모세는 아브라함의 이 단호함을 '바보케르'(בַּבֹּקֶר)로 표현하고 있습니다. 히브리어 '보케르'(בֹּקֶר)는 '매상'(昧爽) 곧 '먼동이 틀 무렵'이란 뜻입니다. '바보케르'는 '매상에', '먼동이 틀 무렵에'란 뜻으로 지난밤 하나님의 말씀에 흔들림이나 고뇌 없이 기꺼이, 언제든지 하나님의 도를 실행하는 아브라함의 모습을 보여주고 있습니다.

아직은 밤의 기운이 땅을 덮고 있었습니다. 태양은 그 부지런한 일상을 시작하기 위해서 실눈을 뜨고 있었고, 아직까지 하늘은 밤의 망토를 다 벗지 못하고 있었습니다. 하늘에 잔별들이 아직 남아 있을 이른 새벽에 쫓겨난 하갈과 어린 이스마엘은 갈 곳 몰라 헤매는 자들이 되었습니다. 하갈은 이스마엘과 함께 브엘세바에서 방황하게 됩니다(창 21:14). 여기서 말한 '브엘세바'라는 명칭은 사실상 아브라함과 아비멜렉 사이의 언약에서 유래한 지명입니다(창 21:31). 그럼에도 14절에서 하갈이 브엘세바에서 방황했다고 표현하는 것은 예변법으로 하갈과 아브라함의 관계가 완전히 단절된 것이 아님을 말하고 있습니다. 이스마엘을 내쫓은 것이 어린 이스마엘을 내버려두어 방치했다는 의미는 아닙니다. 아브라함은 이스마엘을 지속적으로 돌보았으며 그에게 재산을 공평하게 상속하기도 했습니다(창 25:6). 이스마엘을 쫓아내는 것은 그리스도의 유업 곧 율법에는 없는 '안식'과 '하나님 나라'에 대한 약속을 말하는 것입니다.

모세가 말하는 '상속권'은 추상적인 개념에서 하나님의 축복과 언약을 상속받을 권리를 말하는 것입니다. 이 세상의 재물이나 물질적인 풍요로움에 대한 상속권을 말하는 것이 아닙니다. 아브라함이 이스마엘을 완전히 내쫓은 것은 그가 죽음을 만나기 이전에 이스마엘에게 재산을 상속해서 이삭으로부터 분리시킬 때입니다(창 25:6). 이 모든 비유는 복음과 율법의 관계를 명확하게 예시하고 있습니다.

율법은 물질적인 범위에 제한되어 여전히 하나님의 은총 안에 있습니다. 그러나 율법은 언제나 '하나님의 법을 제대로 지키지도 못하는 것들이 어떻게 하나님의 은혜를 받았다고 말할 수 있는가? 진정으로 하나님의 은혜를 받았다면 그분의 법을 지켜야 할 것이다. 너희들은 왜 안식일과 절기를 지키지 않으냐! 번제와 화목제를 드리지 않느냐! 유월절과 장막절, 그리고 칠칠절의 절기를 왜 지키지 않느냐!'라고 지적하며 우리들의 행동 하나하나를 물어뜯는 짐승처럼, 들나귀의 뒷발질처럼 복음을 비웃으며 조롱합니다. 복음에 순종하지 않는 율법은 내어쫓아 버려야 합니다. 하지만 십계명처럼 복음에 순종하는 율법은 여전히 복음 안에서 길들여져야 합니다. 율법의 지적(指摘)으로는 결코 형제애를 나눔으로 이루는 사랑의 끈, 곧 하나 됨을 이룰 수 없습니다.

### 어리석은 하갈의 눈물: 모든 문제는 망각으로부터

떡 얼마와 물 한 부대를 어깨에 메고 쫓겨난 하갈은 십대 중반의 이스마엘의 손을 잡고 브엘세바의 황량한 광야를 헤매게 됩니다. 결국 물이 떨어지자 그녀는 아들을 관목 숲 풀(the bushes, NIV) 아래에 놓아 두었습니다(창 21:15). 광야의 황량함에 지친 어린 아들도 자신의 어머니가 모든 것을 포기했다는 사실을 충분히 알았을 것입니다. 하갈은 갈증으로 쓰러진 아들 이스마엘과 화살로 쏘아 도달할 수 있는 거리 정도로 떨어졌습니다. 대략 2, 3백 미터 떨어진 곳에서 그녀는 아들이 죽어가는 것을 차마 볼 수 없어서 울고 있었습니다. 그녀는 목 놓아 울었습니다(창 21:16). 황량한 사막 한가운데에서 아무도 듣지 않는 곳에서 울부짖었습니다.

모세는 하갈의 모습을 '그리고 그녀의 소리와 울음을 높였다'(וַתִּשָּׂא אֶת־קֹלָהּ וַתֵּבְךְּ, and lift up her voice, and wept, KJV)라고 쓰고 있습니다. 이는 중언법으로 '소리, 그리고 울음'이란 표현은 '울음소리'란 말로 '소리 내어 울었다'라는 표현입니다. 모세는 하갈의 처량함을 강조하기 위해서 이런 표현을 쓴 것이 아니라 오히려 그녀의 어리석은 절망을 지적하기 위해서 이런 상황을 구체적으로 묘사하고 있는 것입니다. 그녀의 울음소리는 광야에서 흩어져 사라지는 짐승의 울부짖음처럼 하늘에 도달하지 못했습니다.

하지만 이스마엘은 마지막 마음을 모아 진심으로 하나님께 기도했습니다. 이는 매우 중요한 일입니다. 모세는 하갈의 기도가 아니라 이스마엘의 기도를 언급하고 있습니다. 곧 "하나님이 그 어린 아이의 소리를 들으셨으므로"(창 21:17)라고 기록되어 있습니다. 기도가 진심에서 나온 것이라면 그것은 마음을 교육할 뿐만 아니라 마음의 감정을 보다 명확하게 만들기 때문에 중요합니다. 우리는 '기도'가 교육의 하나라는 것을 알아야 합니다.

하갈은 이미 십여 년 전에 '엘 로이'(אֵל רֳאִי, the God who sees me, KJV, 창 16:13)에 대한 신앙적 체험과 찬양을 했었습니다. 그러나 아무리 천상(天上)에 대한 체험으로 인생을 가득 채운다고 하여도 망각은 모든 것을 사라지게 합니다.

'기억'은 과거의 것을 현재 곧 오늘로 옮기는 것입니다. 엘-로이(אֵל רֳאִי)를 추억하지 않는 하갈은 절망에 빠졌습니다. 그녀가 엘-로

이(אֵל רֳאִי)에 대한 작은 추억 하나만 기억하고 있어도 그녀는 결코 이스마엘을 버려두고 울지 않았을 것입니다. 그녀의 울부짖음은 기도가 아닙니다. 그러나 자신을 지켜보심을 소망하고 진심으로 기도한 이스마엘에게 하나님께서는 엘-로이(אֵל רֳאִי)로 나타나셨습니다. 모세는 "하나님이 그 어린아이의 소리를 들으셨으므로 하나님의 사자가 하늘에서부터 하갈을 불러 이르시되"(창 21:17)라고 쓰고 있습니다. 하나님께서는 이스마엘의 소리를 들으셨습니다. 그분은 엘-로이(אֵל רֳאִי)로 우리에게 계시되었습니다.

천사(מַלְאָךְ, 말아크)는 하나님의 약속을 다시 상기시킵니다. "그가 큰 민족을 이루게 하리라"(창 21:18, 16:10)라고 다시 이야기하였습니다. 기억(추억)하지 못하는 여인에게 하나님의 약속을 믿을 것을 선언하는 것입니다.

망각의 늪에 빠진 하갈은 절망 속에서 눈먼 자의 영혼이 되었습니다. 그녀는 바로 자신 앞에 있는 샘을 보지 못했습니다. 그래서 천사는 그녀에게 엘-로이(אֵל רֳאִי)를 다시 추억하여 기억나게 함으로 그녀의 영혼을 절망에서 구출하였습니다. 그것이 기억(추억)입니다. 과거로의 회귀입니다. 모세는 "하갈의 눈을 밝히셨으므로"(창 21:19)라고 말하고 있습니다. 여기서 모세는 언어유희를 통해서 언약을 기억하고 그것을 믿는 일의 중요성을 말합니다.

'그녀의 눈을 밝힌다'(opened her eyes)에서 '밝힌다'는 히브리어 파카흐(פָּקַח, 열다)입니다. 그런데 하나님께서 사라를 방문하셨다고 말할 때(창 21:1)의 히브리어는 파카드(פָּקַד, 방문하다)로 '파카흐'와 유사한 발음입니다. 약속을 기억하고 자신이 받은 하나님의 축복을 타자와 나눌 수 있는 여인을 방문하셨습니다. 타자(他者)는 단순히 타인(他人)만을 말하는 것이 아니라 모든 피조물과 자신의 참된 기원이신 창조주에게로 향하는 마음입니다.

받았기에 자신 안에 있으며, 자신 안에 있기에 줄 수 있습니다. 인간은 자신에게 없는 것을 결코 타자에게 줄 수 없습니다. 자신에게 감사와 사랑이 있어야 타자에게 그 감사와 사랑을 줄 수 있습니다. 자신이 받은 감사와 사랑에 대한 추억을 기억하지 못하고 망각의 늪에 자신을 던지는 것은 불신앙, 배신, 반역입니다. 하갈은 기억함이 없었습니다. 그녀의 영혼은 눈이 멀었습니다. 이스마엘 때문에 천사는 그녀의 눈을 열어 이미 있던 샘을 보여주었습니다. 하나님께서는 눈먼 하갈의 눈을 열어 주셨습니다. 파카흐(פָּקַח, 열다)입니다. 그러나 언제나 지혜로 '하늘의 음성'(קוֹל מִן־שָׁמַיִם, 콜 민-솨마임)에 마음을 둔 사라에게는 직접 방문하셨습니다. 파카드(פָּקַד, 방문하다)입니다. 눈먼 율법과 지혜 가운데 하나님의 방문을 소망하는 복음입니다.

하갈은 샘물 앞에서 갈증을 느끼며 하나님께 울부짖고 있었습니다. 샘물에 다가가서 그 샘물로 하나님께 감사하는 대신에 짐승처럼 울부짖었습니다. 율법의 가장 중요한 특성을 보여주는 것입니다. 율법은 위법한 일에 대하여, 다른 모든 것을 보려 하지 않고 오직 그 잘못만을 바라보고 판결합니다. 사실 법은 그래야 합니다. 법은 잘못한 사건만을 바라볼 뿐 결코 다른 것을 바라보면 안 됩니다. 그래서 율법이 복음에 순종하지 않는다면 눈먼 자의 영혼으로 사람을 심판하게 됩니다. 샘물 곁에서 갈증으로 고통스러워하면서 하나님과 남편 아브라함을 원망하게 될 수도 있습니다.

"하나님이 하갈의 눈을 밝히셨으므로 샘물을 보고 가서 가죽부대에 물을 채워다가 그 아이에게 마시게 하였더라"(창 21:19)라고 모세는 쓰고 있습니다. 그리고 모세는 이후 이 일에 대해서 두 가지를 언급하고 있습니다. 하나는 "하나님이 그 아이와 함께 계시매 그가 장성하여 광야에서 거주하며 '활 쏘는 자'가 되었다"라는 사실(창 21:20), 또 다른 하나는 "그가 바란 광야에 거주할 때에 그의 어머니가 그를 위하여 애굽 땅에서 아내를 얻어 주었다"라는 사실(창 21:21)입니다. 여기서 '그가'는 이스마엘을 의미합니다. 여기서 특징적인 것은 '활 쏘는 거리만큼' 버려진 자가 '활 쏘는 자'가 되었다는 사실과 하갈이 이스마엘의 아내를 결정했다는 점입니다.

아브라함이 이스마엘의 결혼에 대한 결정권을 가진 것이 아니라 하갈이 결정했습니다. 이는 이미 하갈이 아브라함에 대한 섭섭한 마음으로 남편을 무시하고 멸시하고 있음을 알 수 있습니다. 이스마엘이 이삭을 비웃음거리로 만든 것처럼 하갈은 남편 아브라함을 비웃음거리로 만들었습니다. 이스마엘 역시 아버지의 뜻을 묻지 않고 어머니 하갈의 뜻에 따라서 이집트 여인을 아내로 맞이했습니다. 이는 율법이 언제든지 복음을 무시하고 멸시하는 것을 비유하고 있습니다. 남편에게 순종하지 않는 하갈의 모습입니다. 어쩌면 이스마엘이 나이가 많아도 아브라함이 결혼을 허락하지 않자 하갈이 주도적으로 결혼을 추진했을 수도 있습니다. 왜냐하면 아브라함은 사라가 죽고 이삭이 40세가 되도록 그의 결혼에 대해서 결정을 내리지 않고 있었기 때문입니다. 아브라함은 하나님이 주신 여인을 기다리고 있었습니다.

만약에 사람이 노력해서 아내를 얻게 된다면, 그 사랑을 하나님이 주신 것이라고 고백할 수 없게 됩니다. 그러나 사라가 죽어도, 이삭이 나이 많아 늙어도 오직 기다림 가운데 리브가를 얻었다면 그것은 하나님께서 주신 아내라는 확신에 도달하게 될 것입니다. 언제나 겸손한 사람은 주실 것을 기다리지만 교만한 자는 스스로에게 필요한 것을 알아서 청구하는 법입니다. 하지만 하나님께서는 '진실로 그는 거만한 자를 비웃으시며 겸손한 자에게 은혜를 베푸십니다'(잠 3:34). 또한 '눈이 높은 것과 마음이 교만한 것과 악인이 형통한 것은 다 죄입니다'(잠 21:4).

모세는 이스마엘의 아내를 이집트 여인이라고 밝히고 있습니다(창 21:21). 이것은 아브라함의 언약 가운데 있는 '그 밭'(땅)의 중요성에 있어서 심각한 문제를 일으킬 수 있습니다. 다시 말해서 이스마엘의 아내는 하나님께서 정하신 '그 밭'이 아니라는 점입니다. 이집트 여인 곧 이방 여인이라는 문제점을 가지고 있습니다. 이삭 이야기에서 가장 중요하게 강조되고 있는 것은 바로 '아내'(밭) 문제입니다. 이 점에서 생각해 볼 때 이스마엘이 아브라함 언약에서 제외되었음을 알 수 있는 표현이 바로 하갈이 이스마엘의 아내를 "애굽(이집트) 땅에서 아내를 얻어 주었더라"(창 21:21)라는 대목입니다.

끝으로 모세는 '바란 광야'를 언급하는데 여기서 '광야'는 '황무지', '사막'(desert), '미개척지'(wilderness)로 사람이 살지 않는 곳이란 의미로 읽습니다. 그러나 미드바르(מִדְבָּר)는 '목초지'(pasturage)로 사람이 살지 않으며 인간의 문명이 없는 풀밭이란 의미도 있습니다. 그곳이 사막이든 목초지든, 이보다 중요한 것은 광야의 이미지가 인적이 없는 곳이라는 의미에서의 황량함을 말한다는 것입니다.

## 아브라함의 품 안에 있는 이스마엘

### B. 아브라함의 브엘세바(21:22-34)

〈창세기〉 21장 22절부터 아브라함의 브엘세바 이야기가 나옵니다. 그런데 이와 평행을 이루면서 창세기 26장에서는 이삭의 브엘세바 이야기가 등장합니다. 이 두 이야기는 연속성을 가지고 있는 아주 독특한 본문입니다. 먼저 '브엘세바' 곧 베에르-쉐바(בְּאֵר־שֶׁבַע)에서 '베에르'(בְּאֵר)는 '샘'이란 뜻이고, 쉐바(שֶׁבַע)는 '맹세'를 뜻하는 '솨바'(שָׁבַע)에서 파생한 것으로 두 낱말이 결합한 지명입니다. 하지만 쉐바(שֶׁבַע)가 '솨바'(שָׁבַע)에서 파생한 것이 아니라 '일곱'을 뜻하는 '쉐바'(שֶׁבַע)에서 파생한 것으로 읽기도 합니다. 그래서 베에르-쉐바(בְּאֵר־שֶׁבַע)는 '일곱 개의 샘' 혹은 '맹세의 샘'이라고 읽습니다.

모세는 '그때에'라는 표현으로 하갈이 쫓겨난 사건을 전후로 해서 아브라함이 베에르-쉐바(בְּאֵר־שֶׁבַע) 곧 브엘세바에서 맹세를 맺은 일을 기록하고 있습니다(창 21:22). 이 맹세를 요구한 요구자로 아비멜렉이 등장합니다. 아마도 아비멜렉의 사신(使臣, an ambassador)으로 군대장관 비골(פִּיכֹל, 피콜)이 중간 역할을 한 것으로 보입니다. 그런데 피콜(פִּיכֹל)은 '입'이란 뜻을 가진 페(פֶּה, mouth)와 '모든'(all)이란 뜻을 가진 콜(כֹּל)이 결합한 형태로 '모든 입' 혹은 '모든 이들의 입'이란 뜻을 가지고 있습니다. 이는 사람의 이름이 아니라 사신(使臣, an ambassador)이라는 관리의 직분에 대한 명칭으로 보입니다. 이는 '아비멜렉'도 마찬가지입니다.

'바로'(파라오)가 사람의 이름으로서의 고유명사가 아니라 이집트

(애굽)의 지배자이자 왕을 지칭하는 표현인 것처럼 '아비멜렉' 또한 사람의 이름으로서의 고유명사는 아닙니다. '아비멜렉'이나 '비골' 등은 관리의 직무와 관련한 명칭들로 보입니다. 이것을 염두하여 〈창세기〉 26장을 보면 아비멜렉과 비골이 이삭을 만나는 장면이 다시 나옵니다.

100세에 이삭을 얻은 아브라함은 이삭이 젖을 뗄 때에 하갈을 쫓아냈습니다. 그리고 '그때에'(창 21:22) 아브라함이 아비멜렉과 비골을 만났습니다. 이후에 아브라함이 175세에 죽음을 만났습니다(창 25:7). 그 이후에 이삭이 다시 아비멜렉과 비골을 만납니다. 이는 아비멜렉과 비골이 아브라함과 동일한 장수의 축복을 얻었다는 것을 뜻하는 것이 아닙니다. 여기서 아비멜렉과 비골을 정치적인 직책의 이름으로 읽어야 할 줄로 압니다.

아비멜렉은 아브라함의 잘됨을 보고 아브라함에게 "네가 무슨 일을 하든지 하나님이 너와 함께 계시도다"(창 21:22)라고 말했습니다. 이어서 아비멜렉은 이 땅에서 '거짓 없음'과 '후대함'(חֶסֶד, 헤쎄드)으로 아브라함이 행할 것을 맹세하도록 요구했습니다(창 21:23). 이는 쌍방적인 언약이 아니라 아브라함에게 헤쎄드(חֶסֶד, kindness, NIV)로 행동할 것을 요구하는 맹세입니다.

히브리어에서 '사랑'을 말할 때에 두 가지가 있습니다. 하나는 '아하브'(אָהַב)이고 다른 하나는 '헤쎄드'(חֶסֶד)입니다. '아하브'가 일반적으로 말하는 '사랑'(love)을 뜻한다면 '헤쎄드'는 언약적 사랑으로 '친절한 사랑'(the kindness, KJV) 혹은 의무 따위에 '성실한 사랑'(loyal, NRSV)을 의미합니다. 다시 말해서 블레셋 왕은 아브라함에게 자신의 땅에서 정직하고 성실한 의무를 다해 줄 것을 맹세하라는 것입니다. 어떤 악의적인 의도를 가지고 행동하지 않기를 요구하는 것입니다. 이에 아브라함은 기꺼이 맹세를 합니다(창 21:24). 그러나 문제가 되는 것은 아브라함이 아니라 아비멜렉일 것입니다. 우리는 블레셋(팔레스타인)의 아비멜렉 세력이 이삭 때에 아브라함과의 언약을 파하고 땅을 빼앗는 것을 보게 됩니다. 또한 아브라함도 같은 상황에 있었습니다.

아브라함은 곧바로 아비멜렉의 종들이 자신의 샘을 빼앗은 일을 거론하면서 아비멜렉을 책망합니다(창 21:25). 결국 헤쎄드(חֶסֶד)의 맹세는 쌍방이 같이 해야 할 문제가 됩니다. 우리가 만약에 헤쎄드(חֶסֶד)를 '친절함'(kindness, NIV)으로 읽는 것을 인정한다면 이 '친절한 사랑'에 대한 맹세는 일방적인 것이 아니라 상호간에 지켜야 하는 맹세가 될 것입니다. 그리고 '지킨다'는 의미에서 이는 삶의 규례 혹은 규칙으로 자신의 삶을 감시하고 제한하는 법의 성격을 가지게 됩니다. 다시 말해서 법은 순수한 언약적 개념에서 나온 것입니다. 그래서 '죄란 법의 경계선을 넘어서는 것'(sin is the transgression of the law, 요일 3:4, KJV)입니다. 약속을 어기는 것이 바로 죄입니다. 비록 그것이 판단의 오류(an error)에서 나온 것이 아니라 단순한 실수(a mistake)라고 하여도 죄입니다.

아비멜렉과 아브라함은 쌍방이 서로 친절하고 성실하게 서로의 의무를 다할 것을 언약하게 됩니다(창 21:27). 그리고 아브라함은 샘 일곱 개를 자신이 땅을 파서 만든 것이라는 확증을 아비멜렉에게 받아냅니다(창 21:30). 여기서 중요한 것은 사실 일곱 개의 샘은 본래 없었으나 아브라함이 그것을 팠다는 뜻입니다. 하갈이 브엘세바의 일곱 샘물을 마시기 이전에 이미 아브라함이 그 지역을 근거로 우물을 파 놓았다는 뜻입니다. 브엘세바는 아브라함의 활동 근거지였습니다. 그리고 이삭도 이 지역에서 성장했던 것으로 보입니다(창 22:19, 26:23, 33).

아브라함이 하갈과 이스마엘을 내쫓은 다음에 이들이 아브라함의 돌봄에서 완전히 벗어난 것으로 오해하는 경우가 있습니다. 또한 이스마엘과 이삭이 격리된 채 살아간 것으로 오해하기도 합니다. 하지만 모세는 하갈과 이스마엘을 내쫓았으나 아브라함의 활동 범위 내에 있었으며, 이삭 역시 브엘세바에 살았으므로 이들은 지속적인 유대관계를 유지하고 있었음을 알 수 있도록 말하여 우리의 이해를 돕고 있습니다. 아마도 아브라함은 사라가 죽음을 만난 헤브론(기럇 아르바)에서부터(창 23:2) 하갈이 거주하고 있던 브엘세바까지 이동하는 반유목적 생활(semi-nomadic shepherding)을 한 것으로 보입니다. 아브라함은 헤브론을 중심으로 반유목 생활을 유지했으며, 브엘세바를 중심으로 농경생활을 유지하는 반농업적 형태를 취했던 것으로 추론됩니다. 왜냐하면 이삭이 브엘세바에서 농사를 짓고 있기 때문입니다(창 26:12).

이스마엘이 이삭과 함께 유업을 받을 수 없다는 것은 그에게 물질적인 상속권이 없다는 뜻이 아닙니다. 그는 충분한 상속을 받았으며(창 25:6) 아브라함의 장례에 참여하고 있습니다(창 25:9). 형제애의 관계는 성경의 중요한 가르침입니다. 단지 복음과 율법에 대한 예표를 위한 것으로 '유업'은 바로 복음 곧 '하나님 나라'를 의미하는 것입니다. '유업'을 물질화(materialization)하여 거룩한 것을 부패시키지 않도록 우리의 마음을 집중시켜야 할 줄로 압니다.

여하튼 아비멜렉과 아브라함이 7개의 샘 앞에서 언약을 맺음으로 이곳을 '브엘세바'라고 정했습니다(창 21:31). 이 말은 하갈이 브엘세바에 오기 이전에 이 언약 체결 사건이 먼저 있었거나 아니면 하갈 때에 대한 예변법으로 '브엘세바'라고 말한 것입니다. 중요한 것은 아브라함이 복음의 축복에서는 이스마엘을 제외시켰으나 인간적인 도리는 다했고, 형제애를 유지했다는 것입니다. 우리는 일반적인 사회의 도덕성을 유지하는 아브라함과 도덕성을 초월하고 있는 아브라함의 순종과 신앙의 모습을 동시에 찾아볼 수 있습니다.

아브라함은 아비멜렉과 비골이 떠난 다음에(창 21:32) 이 7개의 샘에 '에셀 나무'를 심었습니다(창 21:33). 그리고 모세는 이곳에서 아브라함이 '영원하신 하나님(אֵל עוֹלָם, 엘 올람) 여호와의 이름을 불렀다'라고 예변법으로 아브라함의 예배와 찬양을 표현하고 있습니다. '에셀 나무' 곧 '에셀'(אֶשֶׁל)은 '작은 숲'(a grove, KJV), '위성류'(tamarisk, NKJV, NIV)란 식물로 읽습니다. 한편 셉투아진트(LXX)에서는 '아루라'(ἄρουρα)라고 쓰고 있는데 이는 '경작지'(arable land), '씨 뿌리는 밭'(seed-land)이라는 의미입니다. 다시 말해서 농경지를 조성했으며, 그 농경지 주변으로 커다란 나무를 심어 작은 숲을 만들었음을 알 수 있습니다. 셉투아진트의 독법에 따르면 모세가 말한 '광야' 곧 미드바르(מִדְבָּר)는 '사막'보다는 인간이 살지 않았던 '목초지'로 읽는 것이 더 좋을 것 같습니다.

한편 '에셀'(אֶשֶׁל)이 어떤 식물인지 확정하기란 어렵습니다. 단지 문학적 이해를 바탕으로 보면, '에셀'(אֶשֶׁל)은 '에젤'(עֵזֶר)과 언어유희를 이루고 있어서 '아브라함이 도움의 나무 곧 하나님의 도움을 그 땅에 심었다'라고 이해할 수도 있습니다. 아마도 아브라함은 하나님의 도움을 찬송하기 위해서 이곳 브엘세바에서 하나님께 예배를 드렸으며 농사를 위한 경작지를 개간했던 것으로 보입니다. 왜냐하면 바로 이곳 브엘세바에서 이삭이 농사를 짓고 있기 때문입니다(창 26:12). 모세는 아브라함이 이곳 블레셋 땅에서 여러 해를 머물렀다고 쓰고 있습니다(창 21:34).

평화로운 생활이 이어지던 어느 날 곧 "그 일 후에 하나님이 아브라함을 시험하시려고" 그를 다시 찾으셨습니다(창 22:1).

## 희생제물이 된 이삭: 그리스도의 예표

### C. 대속권의 문제(22:1-19)

〈창세기〉 21장에서는 이삭이 출생을 했고 그 이후에 이삭이 젖 뗄 때의 일을 기록하고 있는데, 22장에서는 이삭이 37세 이전의 장성한 청년으로 등장합니다. 이삭을 37세로 추정하는 이유는 23장에서 사라가 향년 127세의 나이에 죽음을 보았기 때문입니다(창 23:1). 23장에서 사라가 죽었으므로 22장에서는 사라가 아직 살아 있을 때의 이야기가 됩니다. 그러므로 이삭의 정확한 나이를 추정할 수는 없지만 분명한 것은 이삭이 아직 37세가 되지 못했음을 알 수 있습니다.

한편 아브라함은 22장에서 리브가에 대한 소식을 전해 듣게 됩니다(창 22:20). 그리고 24장에서 아브라함은 리브가를 찾기 위해 자신의 충실한 종을 보내게 됩니다(창 24장). 그리고 이삭은 40세의 나이에 리브가를 아내로 얻었습니다(창 25:20). 결국 이삭은 22장에서는 결혼할 수 있을 만큼의 장성한 나이로 37세 정도의 나이였다고 말할 수 있습니다. 이삭은 아버지 아브라함과 더불어 농사를 할 수 있을 만큼, 가축 떼를 돌볼 수 있을 만큼 장성했습니다. 그리고 선지자인 아버지 아브라함으로부터 하나님의 말씀을 배웠을 것입니다. 바로 하나님의 도(창 18:19) 곧 아브라함의 삶을 배웠을 것입니다. 이삭은 인내함과 성실함, 사랑과 존경 가운데 선지자 아브라함에게 정의의 삶을 배웠을 것입니다. 지혜로운 어머니 사라를 통해서 순종의 삶을 배웠을 것입니다. 이삭은 인내와 성실, 사랑과 지혜 가운데 충분히 성장해 있었습니다.

〈창세기〉 22장은 "그 일 후에"(it came to pass after these things, KJV)라는 말로 시작합니다(창 22:1). 아마도 이 본문이 말하려는 의미는 '세월이 흐른 뒤에'(Some time later, NIV)라고 읽는 것이 건전할 것으로 압니다. 왜냐하면 21장에서 이삭은 젖 뗀 아이였으나 22장에서는 번제를 드릴 때 필요한 나무들을 짊어질 수 있을 만큼 성장한 모습으로 등장하기 때문입니다(창 22:6). 그런데 히브리어 원문에서는 '일들'(things)이란 뜻이 아니라(창 22:1) '그 말들'(הַדְּבָרִים, 하다바림)로 쓰고 있습니다. 셉투아진트(LXX)에서도 '르헤마'(ῥῆμα, word)를 쓰고 있습니다. 이는 '이런 논의의 이야기 다음에'란 뜻으로 모세는 일정한 시간의 흐름에 따라서 사건들을 나열하는 것이 아니라 특정한 의미와 가치 있는 일들만을 성령의 감동에 따라서 취사선택하여 기록한 것임을 보여주고 있습니다. 사실 역사는 모든 일상을 다 기록하는 것이 아니라 의미 있는 것을 취사선택하여 기록하는 것입니다. 그리고 이 취사선택된 기록은 선택의 기준으로 일정한 사상(생각)을 담게 됩니다. 여하튼 '하다바림'(הַדְּבָרִים)은 '세월이 흐른 뒤에'(Some time later, NIV)라고 읽는 것이 적절한 것으로 압니다.

이삭 이야기에서 중요한 것들에 대한 논의 가운데 하나가 바로 대속권(the Redemption)과 장자권(the Primogeniture)에 관한 이해입니다. 이 두 문제는 성경 안에서 가장 중심적인 주제 가운데 하나의 축을 이루고 있습니다. 특히 대속권은 그리스도의 대속과 관련하여 그 중요성을 아무리 강조해도 지나침이 없는 논제입니다. 그리고 장자권 역시 유대인과 이방인들 사이에 참된 장자의 문제를 논하는 중요한 주제입니다. 모세는 이 두 주제를 평행하게 다루고 있습니다.

먼저 22장에서 대속권을 다루고, 25장에서 장자의 명분에 대해서 이야기하고 있습니다(창 25:23). 의미적 배열을 하고 있는 평행관계에서 우리는 순서에 따라서 먼저 대속권을 이야기하고 나중에 장자의 명분에 대해서 이야기할 때가 있을 것입니다.

## 너의 믿음을 입증하라

아브라함은 약속에 따라서 이삭을 얻었습니다. 이후에 아비멜렉과의 언약을 통해서 정착 생활의 기반이 될 수 있는 농지를 얻었습니다(창 21:34). 이는 약속하신 땅을 얻는 작은 시작이라고 할 수 있습니다. 그런데 이런 모든 일이 있은 이후에 세월이 흘러 이삭이 장성했을 때에 '하나님이 아브라함을 시험하시려고 그를 부르셨습니다'(창 22:1). 여기서 우리는 두 가지 내용을 기억해야 합니다. 하나는 모세가 말하고 있는 이 짧은 문장인 '하나님이 아브라함을 시험하시려고 그를 부르셨다'라는 사실이 우리를 특별하게 만들고 있다는 점입니다. 다시 말해서 이 본문을 읽는 그 순간 '하나님의 의중'을 읽게 됩니다. 아브라함은 지금 하나님의 말씀 앞에 서 있어서 그분의 음성을 듣고 있지만 그는 결코 하나님의 의중을 알 수 없습니다. 하나님의 의중은 모세를 통해서 계시가 문자로 고착되어 우리에게 전해지고 있습니다.

아브라함은 오직 "네 아들 네 사랑하는 독자 이삭을 데리고 모리아 땅으로 가서 내가 네게 일러준 한 산 거기서 그를 번제로 드리라"(창 22:2)라는 말씀을 들었을 뿐입니다. 아브라함은 이 말씀이 자신을 '시험'하는 것이라는 사실을 모르고 있었습니다. 그러나 우리는 이 사실을 알고 있습니다. 만약에 아브라함이 지금 이 말씀이 단순한 시험이라는 것을 알았다면 그는 동시에 '하나님께서 아들 이삭을 죽이지 않을 것이라는 사실도 알고 있음'을 의미합니다. 그래서 마음 편안하게 죽이는 척만 하는 무대효과만으로도 이 시험을 통과할 수 있을 것입니다. 그러나 아브라함은 이것이 '시험'이란 사실을 모르고 있습니다. 이런 측면에서 성경을 읽는 것은 절대자의 의중을 접하는 놀라운 경험을 하게 합니다.

다른 하나는 모세가 '시험'이라고 쓴 이 말이 언제나 우리의 마음을 무겁게 만든다는 사실입니다. 왜냐하면 성경에 이르길, "사람이 시험을 받을 때에 내가 하나님께 시험을 받는다 하지 말지니 하나님은 악에게 시험을 받지도 아니하시고 친히 아무도 시험하지 아니하시느니라"(약 1:13)라고 기록하고 있기 때문입니다. 우선 '시험'으로 번역한 히브리어 원문은 '나싸'(נָסָה)로 '시험하다'(test, NIV)란 뜻이 있습니다. 하지만 '입증하다', '증명하다'(prove, ASV)란 의미도 있습니다. 이는 하나님께서 아브라함을 '시험하신다'라는 의미보다는 그가 얼마나 하나님의 데레크(דֶּרֶךְ, way)를 지키며(순종하며), 그분의 도(道, דֶּרֶךְ, way)를 끊임없이 걷고 있는지를 입증하길 원하셨음을 의미하는 것입니다. 히트할레크(הִתְהַלֵּךְ, walk)를 입증하는 시험입니다. 이는 하나님의 데레크인 쩨데크(צֶדֶק)의 문제입니다.

아브라함에게 정의 곧 쩨다카(צֶדֶק)를 입증하는 문제는 중요합니다. 왜냐하면 이 쩨다카는 바로 그의 신앙으로 말미암아 값없이 얻어진 것이기 때문입니다. 아브라함은 '믿음'으로 하나님께 '의롭다'는 말을 들었습니다(창 15:6). 그러므로 이제 아브라함이 얼마나 쩨다카한 인물인지가 세상에 입증되어야 했습니다.

아브라함의 믿음을 입증해야 하는 것입니다. 이 입증의 첫 말씀으로 하나님께서는 아브라함에게 "네 아들 네 사랑하는 독자 이삭을 데리고 모리아 땅으로 가서 내가 네게 일러준 한 산 거기서 그를 번제로 드리라"(창 22:2)고 말씀하셨습니다. 이 문장에서 우리는 '아브라함의 씨'에 대한 하나님의 확고한 선언을 만나게 됩니다. 본문의 의미를 보다 확고히 하기 위해서 어눌하지만 직역(直譯)을 하자면 다음과 같습니다.

'그분께서 말씀하셨다. 자, 너의 아들을(אֶת־בִּנְךָ), 너의 독자를(אֶת־יְחִידְךָ, your one) 취하라. 곧 너는 이삭을 사랑한다(אָהַבְתָּ אֶת־יִצְחָק). 그리고 널 위해서(לְךָ) 너는 그 모리아(מֹּרִיָּה) 땅에 걸어가라. 그리고 그곳 한(one) 그 산들에서(עַל אַחַד הֶהָרִים) 곧 내가 네게 말할 산에서 번제(עֹלָה)를 위하여 그를 드려라(הַעֲלֵהוּ)' 정도로 읽을 수 있을 것입니다.

하나님께서 '예히드카'(יְחִידְךָ)라고 말씀하셨습니다. '예히드카'는 '너의 하나'(your one)를 말하는 것으로 '너의 독자'(your only, KJV)라는 뜻입니다. 그런데 사실 이삭은 '독자'는 아닙니다. 왜냐하면 이스마엘도 아브라함의 씨(זֶרַע)이기 때문입니다(창 17:26). 또한 관계사(אֲשֶׁר, 아쉐르)가 덧붙어 '너는 이삭을 사랑한다'(אָהַבְתָּ אֶת־יִצְחָק)라고 말씀하셨습니다. 그래서 본문이 의미하는 것은 '아브라함이 사랑하는 유일한 아들 이삭을 취하여 드려라'라는 뜻입니다. 여기서 하나님의 확고한 선언 곧 아브라함의 씨에 대한 확고한 선언은 바로 아하브(אָהֵב) 곧 사랑(love)입니다. 아브라함이 유일하게 사랑한 아들 이삭을 의미하는 것입니다.

육체로 아브라함의 씨를 결정한다면 사라의 아들 이삭뿐만 아니라 하갈의 아들 이스마엘, 그리고 그두라의 아들들 곧 시므란, 욕산, 므단과 미디안과 이스박, 그리고 수아까지 모두 아브라함의 씨라고 말할 수 있습니다(창 25:1-2). 그러나 하나님께서는 길거리의 돌멩이들로도 아브라함의 씨를 만드실 수 있는 분이십니다(마 3:9; 눅 3:8). 진정 아하브(אָהֵב, love)만이 참된 아브라함의 후손을 결정합니다. 마음의 밭, 약속을 받은 여인 사라의 아들만이 사랑 가운데 믿음의 입증 대상이 될 수 있을 뿐입니다.

그리고 이 믿음의 입증을 위한 시험은 아브라함 자신을 위한 것입니다. 하나님께서는 분명히 '너를 위하여'(לְךָ, for thyself, YLT)라고 말씀하셨습니다. 비록 번역본들에서는 이 부분을 번역하지 않은 것들이 많지만 하나님께서 말씀하신 바는 '이삭을 번제로 드리는 것이 아브라함을 위해서' 하는 것이라는 사실입니다. 비록 이것이 어떻게 아브라함에게 유익함이 될지 알 수는 없지만 아브라함은 이를 믿어야 했습니다. 이것은 믿음을 입증할 시험이며, 믿음을 입증하는 것이 되는 것은 바로 이것이 '너를 위하여'(לְךָ) 하는 것임을 믿어야 하기 때문입니다.

'번제'(燔祭)란 불로 태우거나 굽는 것을 의미합니다. 히브리어는 올라(עֹלָה)로 '오르다'라는 알라(עָלָה)의 분사형입니다. 하나님께서는 '번제를 드려라'라고 명령하셨는데 바로 '올라'(עֹלָה)를 올리라는 명령입니다. '번제'는 희생 제사를 드리는 방법에 관한 의역(意譯)으로 너무 멋진 번역입니다. 그리고 '모리아'(מוֹרִיָּה)는 '보다'라는 뜻을 가진 라아(רָאָה)에 주어로 '여호와'의 축약형인 '야'(יָהּ)가 결합한 상태로 '여호와께서 보심' 혹은 '여호와께서 보이심'이란 의미입니다. 왜냐하면 "네게 일러 준 한 산"을 말하기 때문입니다(창 22:2). 하나님께서 아브라함에게 보여줄 그 산에서 이삭은 희생의 제물이 되어야 했으며, 이것은 아브라함을 위한 것이었습니다.

모리아에 대한 지질학적 지식을 확인하려면 다음의 그림이 도움이 될 것입니다. 왜냐하면 성경에서는 티로포엔 골짜기에 대한 언급이 없기 때문입니다. 이 지질학적 관점은 요세푸스(Flavius Josephus, 37-100년경)에 의한 것입니다.

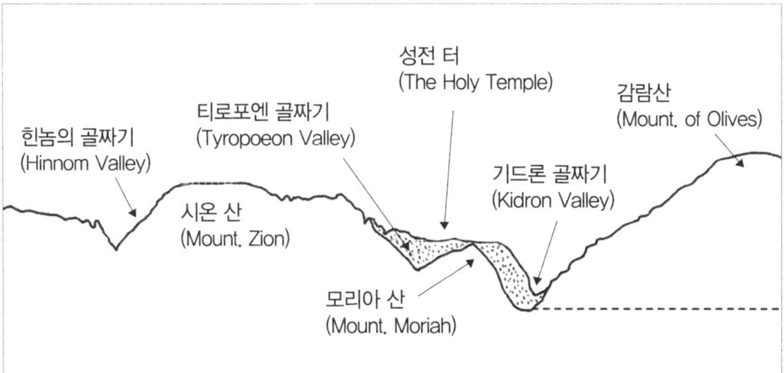


위의 지리학적(geographic) 위치를 표시한 그림을 보면 모리아 산은 주변 산들 가운데 가장 작은 산입니다. 모리아 산을 기준으로 기드론 시내가 있었는데(삼하 15:23) 퇴적물에 의해서 기드론 골짜기(Kidron Valley)로 변했습니다. 그리고 아브라함 당시에는 모리아 산 곁에 티로포엔 골짜기(Tyropoeon Valley)가 있었습니다. 요세푸스는 이 골짜기에 대한 설명을 남기고 있습니다. 하지만 훗날 퇴적물로 인해서 골짜기가 메워졌고 모리아 산 위로 성전이 세워지는 타작마당이 되었습니다(대하 3:1; 삼하 24:18). 예루살렘 성은 시온 산과 성전이 있는 모리아 산을 포함한 지역을 말합니다.

모리아 산 곧 성전 터의 맞은편에는 기드론 골짜기를 사이에 두고 올리브 산(the Mount of Olive) 곧 감람산(橄欖山)이 위치하고 있습니다. '시온 산'에 다윗이 성을 세움으로 '다윗 성'이라고도 합니다(대상 11:5). 그래서 다윗 성이 있는 시온 산이 모리아 산보다 높은 곳에 있기 때문에 이 지역을 '상-예루살렘'이라고 칭하고, 성전이 있는 퇴적물과 모리아 산 지역을 지리적으로 낮은 지역이기에 '하-예루살렘'이라고 칭합니다.

하나님께서는 주변의 산들 가운데 가장 작은 산을 택하시어 당신의 성전을 두시기로 결정하셨습니다. 일반적으로 이방인들은 높은 산에 성전을 세우지만 하나님께서는 높은 산이 아니라 낮은 산을 택하셨습니다. 아마도 이는 오직 주인이 낮아짐으로 종과 하나 될 수 있기 때문일 것입니다. 낮은 신분의 종들이 높으신 주인과 하나 될 수 있는 방법은 결단코 없습니다. 아브라함이 자신의 종들과 공동체를 이루는 것은 아브라함의 겸손입니다. 하나님께서는 당신의 피조물과 하나 되기 위하여 사람의 모양으로 나타나사 자기를 낮추시고 죽기까지 복종하셨으니 곧 십자가에 죽으셨습니다(빌 2:8).

하나님께서는 '그곳 한(one) 그 산들에서(עַל אַחַד הֶהָרִים)'라고 말씀하셨습니다. 다시 말해서 산들 가운데 단 하나의 산에서 이삭을 올라(עָלָה) 곧 번제물로 하나님께 알라(עָלָה) 곧 올려드리라고 말씀하신 것입니다. 그곳은 성전이 세워질 작은 산 모리아였습니다(대하 3:1).

아브라함은 사랑의 시험, 믿음의 시험, 그리고 정의의 시험 앞에 놓여 있습니다. 아브라함은 다음날 아침 일찍 일어나 떠날 준비를 합니다. 그리고 바로 출발해서 3일 거리의 모리아 땅에 도착하게 됩니다(창 22:4). 아브라함은 아내 사라를 버렸으며, 하갈과 이스마엘도 버렸습니다. 훗날 시내 산 앞에서 모세는 레위인들의 헌신(מָלֵא, 말레, full up)을 두고 "각 사람이 자기의 아들과 자기의 형제를 쳤으니 오늘 여호와께 헌신하게 되었느니라 그가 오늘 너희에게 복을 내리시리라"(출 32:29)라고 선언했습니다. 이스라엘 백성은 인류의 조상인 아담이 하나님의 말씀이 아니라 아내의 말을 듣고 죄를 범한 사실을 배웠으며(창 3:17), 믿음의 조상 아브라함이 아내를 버리고 하나님의 말씀에 순종함으로 아담의 문제를 극복했던 역사를 배웠습니다. 레위에 대한 모세의 축복은 단호합니다. 그것은 아브라함의 심장을 이어받아 "그의 부모에게 대하여 이르기를 내가 그들을 보지 못하였다 하며 그의 형제들을 인정하지 아니하며 그의 자녀를 알지 아니한 것은 주의 말씀을 준행하고 주의 언약을 지킴으로 말미암음이로다"(신 33:9)라고 선언했습니다.

모세는 지난밤 하나님의 말씀에 순종하는 아브라함의 단호함을 "아침에 일찍이 일어나"(창 22:3)라고 표현하고 있습니다. 아브라함은 갈등하거나 괴로워하지 않습니다. 아브라함의 심장에 자리 잡고 있는 믿음은 단호하여 아내 사라뿐만 아니라 약속으로 얻은 아들 이삭도 하나님의 말씀보다 귀중한 것이 될 수 없었습니다. 이는 사랑에 대한 입증 문제입니다.

악인들은 언제나 의인들이 당하는 치욕을 보고 싶어 합니다. 일종의 복수와도 같은 것입니다. 의인들이 괴로워하고 치욕을 당하는 모습 속에서 자신의 악행들에 대한 핑곗거리를 찾아내면서 스스로 기쁨과 위로를 얻습니다. 욥의 친구들이 하나님께서 의롭다고 하신 욥을 비난하며 죄인으로 몰아가는 것은 의인이 죄인이 되었을 때 얻는 통쾌함을 얻고자 한 것입니다. 진정으로 욥이 말하고자 하는 것은 "주신 이도 여호와시요 거두신 이도 여호와시오니 여호와의 이름이 찬송을 받으실지니이다"(욥 1:21)입니다.

욥의 친구 엘리바스는 에서의 아내 가운데 헷 족속(Hittite) 아다(Adah)의 소생으로 에서의 아들입니다(욥 2:11; 창 36:2-4). 그러므로 욥은 아브라함 바로 직후의 시대에 살았던 인물로 아마도 야곱과 같은 시대의 인물일 것입니다. 하나님께서 의롭다고 하신 의인 욥의 마음은 아브라함에게서 비롯된 것이 분명합니다. 아브라함이 하나님의 명령에 괴로워 고민했다는 어리석은 상상과 싸웁시다. 건전한 상상력을 훈련시킵시다. 우리들이 아브라함과 같은 믿음에 도달하지 못했다고 그의 마음에서 어떤 흔들림을 찾아내어 우리 스스로의 만족을 추구하지 맙시다. 오히려 우리의 조상과 같은 믿음을 주시길 눈물로 기도합시다. 믿음의 씨는 우리의 마음에 뿌려졌으며, 그 좋은 밭은 오직 눈물로 가득한 기도 가운데 성장합니다. 욥에 대한 시련이 하나님으로부터 온 것처럼 아브라함에 대한 시험 역시 하나님으로부터 온 것입니다.

여하튼 아브라함은 브엘세바에서 예루살렘까지 걸어서 3일 만에 모리아 산에 도착하게 됩니다. 이는 모세가 3일 거리에 시내 산에 도착한 것과 평행을 이루고 있습니다(출 5:3). 멈추지 않고 끊임없이 걸어야 했을 것입니다. 왜냐하면 유대인의 날짜는 밤부터 계수하기 때문에 우리의 감각으로는 이틀 정도가 됩니다. 그는 진정으로 히트할레크(הִתְהַלֵּךְ, walk)를 입증하고 있습니다. 모세가 시내 산으로 가야 하는 것을 알았지만 그들을 이끈 것은 낮의 구름기둥과 밤의 불기둥이었듯이(출 13:22) 아마도 아브라함을 인도하신 것은 하나님이셨을 것입니다. 왜냐하면 하나님께서는 아브라함에게 "독자 이삭을 데리고 모리아 땅으로 가서 내가 네게 일러 준 한 산 거기서 그를 번제로 드리라"라고 말씀하심으로 모리아 산에 대한 언급 없이 하나님께서 일러 준 어떤 산을 말씀하고 계시기 때문입니다(창 22:2). 그곳에는 시온 산, 모리아 산, 그리고 감람산이 있었습니다. 다시 말해서 3일 만에 도착한 것은 하나님의 뜻이었습니다(창 22:4). 이는 충분히 모세가 하나님의 인도함을 받아 3일 만에 시내 산에 도착한 것과 평행을 이루고 있습니다.

모리아 산에 도착한 아브라함은 종들에게 말했습니다.

"너희는 나귀와 함께 여기서 기다리라 내가 아이와 함께 저기 가서 예배하고 우리가 너희에게로 돌아오리라"(창 22:5). 아브라함은 번제를 위해 쪼갠 나무들을 나귀에 실어 '종'이 아니라 '종들'과 함께 이동했습니다(창 22:3). 그리고 아브라함은 아들 이삭만을 이끌고 산에 올라갈 것을 말하고 있습니다. 그런데 아브라함은 '니쉬타하베 베나쉬바 알레켐'(נִשְׁתַּחֲוֶה וְנָשׁוּבָה אֲלֵיכֶם) 곧 '우리가 경배할 것이다. 그리고 우리는 너희들에게 돌아올 것이다'(I and the lad will go yonder and worship, and come again to you, KJV)라고 말하고 있습니다(창 22:5). 아브라함은 아들 이삭과 다시 돌아올 것을 믿고 있었습니다. 그렇다고 이삭을 번제 드리는 척만 하고 대강 형식적인 무대효과만을 갖춘 다음에 다시 돌아오겠다는 의미가 결코 아닙니다. 아브라함은 진정으로 이삭을 번제물로 드릴 마음이었습니다. 그러나 그 아들 이삭과 함께 돌아올 것도 알고 있었습니다. 바로 '엘 샤다이'(אֵל שַׁדַּי) 곧 전능하신 하나님을 의지한 믿음입니다. 다시 말해서 이삭의 부활을 신앙하고 있었음이 분명합니다. 아브라함은 이삭의 육신의 부활을 믿었습니다. 왜냐하면 그분은 흙으로 사람을 창조하신 엘 샤다이(אֵל שַׁדַּי)이시며, 아브라함은 그분에 대한 완전한 의존감을 가진 신앙을 품었기 때문입니다.

아브라함은 한 손에는 불을, 다른 손에는 칼을 들고 하나님께서 보여주신 그 모리아 산으로 올라갔습니다. 이삭은 번제에 쓸 나무를 메고 그 산에 올랐습니다(창 22:6). 그러나 희생의 제물은 없었습니다. 이에 이삭은 제물이 없음을 알고 제물 곧 "어린 양"(הַשֶּׂה, 하쎄)은 어디에 있는지 질문합니다(창 22:7). 여기서 이삭은 제물로 '어린 양'이 합당하다는 것을 알고 있었습니다. 이는 그동안 아버지 아브라함이 언제나 '어린 양'을 제단에 헌물했음을 암시하는 부분입니다. 아브라함의 삶을 규정하는 것은 '나그네'입니다. 그러나 이 나그네는 단순한 나그네가 아니라 제단 앞에 서 있는 나그네입니다. 이삭의 말 속에는 아브라함의 평소의 삶이 반영되어 있습니다.

이삭의 질문에 아브라함은 "번제할 어린 양은 하나님이 자기를 위하여 친히 준비하시리라"(창 22:8)라고 대답합니다. 그런데 여기서 '준비하다'라고 번역한 것은 히브리어로 '이르에-로'(יִרְאֶה־לּוֹ) 곧 '그를 위하여 보실 것이다'란 뜻입니다. 하나님께서 당신의 번제물을 보고 계신다는 의미입니다. 지금 번제를 드릴 아버지 아브라함은 칼과 불을 들고 있고, 집에서 준비해 온 번제에 쓸 나무는 이삭 자신이 어깨에 메고 있습니다(창 22:6). 그런데 지금 하나님께서 번제물을 '보고 계신다'라고 말하고 있습니다. 이삭은 이 순간 알았습니다. 자신이 번제물임을 알았습니다. 그러나 이삭은 걸음을 멈추지 않았습니다. 그 길이 아버지께서 정하신 뜻임을 알기에 아들은 그 길을 멈추지 않고 걸었습니다. 이삭의 겸손한 마음에는 두려움을 이길 인내와 순종의 영혼이 자리 잡고 있었습니다.

하나님께서 정하신 산에 도착한 아브라함은 단을 쌓고 이미 장성한 이삭을 결박하여 제단 나무 위에 놓았습니다(창 22:9). 이삭은 완전한 순종을 통해서 선지자 아브라함이 하는 일에 자신을 맡기고 있었습니다. 그리고 아브라함은 그 어떤 망설임도 없이 그의 칼을 제단 위의 이삭에게로 향합니다(창 22:9-10). 그러자 천사가 급히 나타나 아브라함을 막았습니다. 만약에 이것이 아브라함이 무대효과를 얻고자 한 것이라면 사람의 심중을 보고 계신 하나님께서 천사를 통해서 막지 않으셨을 것입니다. 천사가 급하게 아브라함을 막은 것은 그의 의지의 칼날이 아들 이삭에게 진실로 내려가고 있었기 때문입니다. 아브라함이 부활의 신앙 가운데 진정으로 칼을 아들의 심장에 꽂을 결단의 행위임을 아셨기에 그를 막으신 것입니다. 왜냐하면 부활은 그리스도를 기다려야 하는 일입니다. 아직은 아브라함에게는 너무 먼 미래의 계획입니다.

이를 통해 아브라함은 자신의 신앙을 충분히 입증했습니다. 그는 진정한 의미에서 믿음을 입증했습니다. 곧 믿음으로 말미암아 의롭다는 말씀을 들을 수 있는 현존하는 인간임을 증명했습니다. 이것을 다만 아들을 죽이려고 했던 행위 자체에 의로움이 있다는 의미로 읽어서는 안 됩니다. 이미 앞에서 언급한 것처럼 믿음과 신념이 선과 정의를 형성한다는 도덕철학적인 견지에서 이 말을 이해해야 합니다. 하나님께서는 '종교적인 일로 자녀들을 죽음으로 몰아가는 것'을 가증히 여기십니다(레 20:2-3; 렘 32:35).

아브라함은 전정한 의미에서 '이상' 혹은 '환상'(מַחֲזֶה, 마하쩨, 창 15:1)을 간직한 인간상을 제시하고 있습니다. 이 환상은 자신의 삶을 지배하는 절대자의 말씀이었으며, 일단 절대자의 말씀이라는 확신을 얻는다면 그는 그 마하쩨(מַחֲזֶה, Vision)를 완전히 믿었습니다. 그리고 일생을 바칠 만한 용기를 가지고 자신의 믿음을 위해서 살았습니다. 세상은 자신의 신념을 버리고 상업적인 사고 안에서 계산을 하라고 하지만 아브라함은 순수하게 신념대로 살았습니다. 그는 아들의 심장에 칼을 꽂으려 했습니다.

천사가 아브라함에게 급하게 외쳤습니다. 하늘로부터(מִן־הַשָּׁמַיִם, 민-하솨마임) 음성이 있었습니다. "아브라함아 아브라함아!"(창 22:11).

아브라함은 '하늘로부터의 음성'(קוֹל מִן־שָּׁמַיִם, 콜 민-솨마임)에 모든 것을 멈추고 우선적으로 부르심에 응답했습니다. '힌네니'(הִנֵּנִי)라는 짧은 감탄사로 대답했습니다. 이를 "내가 여기 있나이다"(Here I am)라고 읽어도 될 것입니다. 그러나 본문이 말하는 것은 아브라함이 전혀 뜻밖의 음성에 놀란 감탄사의 형식을 취하고 있습니다. 그래서 아마도 아브라함의 대답은 '앗! 네!' 정도로 읽을 수 있을 것입니다.

아브라함이 잠시 놀란 상황에서 천사는 계속 말했습니다.

"그 아이에게 네 손을 대지 말라 그에게 아무 일도 하지 말라 네가 네 아들 네 독자까지도 내게 아끼지 아니하였으니 내가 이제야 네가 하나님을 경외하는 줄을 아노라"(창 22:12).

천사의 말에는 아브라함에 대한 시험이 일어난 경위를 암시하고 있습니다. 천사는 '네가 하나님을 두려워하는 것을 이제야 내가 알았다'라고 말하고 있습니다. 욥의 경우처럼 하나님께서는 이미 아브라함의 마음을 알고 계셨으나 이를 천사들에게 입증하고자 하셨습니다. 이 세상에 입증하셔야 했습니다. 이 부분에 대해서는 〈욥기〉를 통해서 더 많은 것을 이야기할 기회가 있을 것으로 봅니다. 그러나 우선적으로 두 가지만을 언급하고자 합니다.

첫째, 하나님께서는 창조 때, 그 하루하루를 "보시기에 좋았더라"라고 말씀하신 것처럼 욥을 보시고 "네가 내 종 욥을 주의하여 보았느냐 그와 같이 온전하고 정직하여 하나님을 경외하며 악에서 떠난 자는 세상에 없느니라"(욥 1:8)라고 말씀하셨습니다. 이는 창조 때부터 욥은 정직한 자로 예정되어 있었던 것처럼 하나님께서 그의 의를 선언하신 것입니다. 이것은 세상에 입증되어야 했습니다. 왜냐하면 하나님께서만 그 진정성 있는 마음을 보시기 때문입니다. 욥이 성실함과 정직함을 가지고 있다고 하여도 그의 순수함을 입증할 필요가 있었습니다.

둘째, 욥은 의인들이 받는 이런 종류의 시험과 고통에 대하여 보다 깊은 이유를 알고자 했습니다. 의인들의 고통이 하나님께로부터 온 것임을 알고 있었으나 왜 하나님께서 이런 일을 허락하셨는지 알고 싶었습니다. 이런 욥에게 하나님께서는 창조 때의 이야기를 들려주십니다. 이에 욥은 "주께서는 못하실 일이 없사오며 무슨 계획이든지 못 이루실 것이 없는 줄 알았습니다"라고 고백하게 됩니다(욥 42:2). 의인의 고통은 창조 때부터 이미 정해진 일이며, 아브라함이나 욥뿐만 아니라 이삭이나 야곱은 그런 사명을 띠고 있었기 때문에 시험을 받은 것입니다. 사실 욥은 그리스도의 고난에 대한 지혜의 논쟁을 다루고 있습니다. 바로 의의 주님이신 그리스도의 고난은, 진정으로 못 하실 일이 없으신 전능하신 성부 하나님께서 정하신 십자가의 고통이었음을 우리는 받아들여야 합니다. 만약에 〈욥기〉가 없다면 세상 사람들은 의인이 고통을 당하는 하나님의 뜻을 이해하지 못하게 될 것입니다. 그 결과 그리스도의 죽음을 자신의 죄 때문이라고 엘리바스처럼 외칠 것입니다. 〈창세기〉를 다 읽었다면 반드시 〈출애굽기〉를 읽어야 합니다. 그러나 〈욥기〉를 함께 읽는다면 경건에 더 유익함이 있을 것으로 압니다.

천사는 '내가 알았다'라고 말함으로 이 시험이 천상 회의에서 결정된 것이며, 아브라함은 이미 그의 시초부터 이 일의 소명을 위해서 이 세상에 태어난 사람임을 선언하고 있습니다. 그리고 천사는 아브라함이 아들마저도 '아끼지 않았다'라고 말합니다. 여기서 '아끼다'라고 읽은 히브리어는 하싸크(חָשַׂךְ)입니다. 그래서 천사가 말한 것은 '로 하싸크타'(לֹא חָשַׂכְתָּ)로 그 뜻은 '네가 지체하지 않았다'(you have not withheld, NIV)란 말입니다. 히브리어 하싸크(חָשַׂךְ)는 '미루다',

'보류하다'(withhold, KJV, NIV, ASV, NASB, RSV)는 뜻으로 아브라함이 하나님의 말씀을 듣고 지체하거나 미루지 않고 곧바로 실행한 것을 천사가 보았음을 고백하는 것입니다.

하이델베르크 요리문답에서처럼 "지금부터 나를 진심으로 기꺼이, 그리고 언제라도 그를 위해서 살도록 만드셨습니다"(하이델베르크 요리문답 문답1에 답변 중에서). 아브라함을 그렇게 새롭게 창조하셨습니다.

또 천사는 '네가 하나님을 경외(두려움)하는 줄 알았다'라고 말합니다. 여기서 아브라함의 마음을 안 것은 하나님이 아니라 천사입니다. 다시 말해서 아브라함의 신앙의 입증은 천사들을 위한 것이었습니다. 하나님께서는 당신이 선택하신 아브라함의 신앙과 사랑, 그리고 그의 의로움을 천사들에게 입증해 보여주신 것입니다.

아브라함의 믿음과 의로움의 입증은 비단 아브라함에게만 국한된 것이 아닙니다. 우리가 반드시 기억해야 할 것은 이것이 이삭의 이야기라는 점입니다. 다시 말해서 이삭은 이미 자신이 제물임을 알고 있었습니다. 아마도 번제를 위한 나무를 쌓은 것은 이삭 자신이었을 것입니다. 그는 자신의 죽음을 그대로 받아들였습니다. 그래서 아버지가 자신을 결박할 때에도, 번제단 위에 올려놓을 때에도, 그리고 아버지의 칼날이 자신의 심장을 노릴 때에도 반항하지 않았습니다. 그는 순종했습니다.

아브라함은 이미 100세가 넘었고 이삭은 장성했습니다. 이삭은 37세 전후였고 아브라함은 137세 전후였습니다. 마음만 먹는다면 이삭은 충분히 도망치거나 아버지의 칼날을 피할 수 있었습니다. 그러나 그는 이 모든 것에 동참(참여)하고 있습니다. 바로 부활신앙에 동참하고 있었음이 분명합니다. 이는 이삭이 아브라함의 삶에 참여함을 의미하는 것입니다. 성경에는 다음과 같이 기록되어 있습니다.

> "아브라함은 시험을 받을 때에 믿음으로 이삭을 드렸으니 그는 약속들을 받은 자로되 그 외아들을 드렸느니라 그에게 이미 말씀하시기를 네 자손이라 칭할 자는 이삭으로 말미암으리라 하셨으니 그가 하나님이 능히 이삭을 죽은 자 가운데서 다시 살리실 줄로 생각한지라 비유컨대 그를 죽은 자 가운데서 도로 받은 것이니라"(히 11:17-19).

아브라함은 전능하신 하나님 '엘 샤다이'(אֵל שַׁדַּי)께서 능히 죽은 아들 이삭을 죽은 자들 가운데에서 다시 살리실 줄로 생각했습니다. 그리고 이 신앙은 아브라함에게서 이삭에게로 상속되었음이 분명합니다. 이것이 바로 이삭의 유업입니다. 이스마엘에게 없는 유업입니다.

만약에 부모가 물질을 상속한다면 그것을 가지는 것은 어렵지 않습니다. 그러나 만약에 부모가 눈에 보이지 않는 정신이나 신앙을 상속한다면 그것은 전혀 다른 문제가 됩니다. 이삭의 유업은 눈에 보이는 물질적인 것이 아니라 눈에 보이지 않는 것들입니다.

한편 천사는 '너로부터의 너의 독자를'(אֶת־יְחִידְךָ מִמֶּנִּי) 지체하지 않았다고 말했습니다(창 22:12). 앞에서도 언급했지만 여기서 말한 '독자'의 뜻은 외아들을 의미하는 것이 아니라 아브라함이 사랑한 유일한 아들이란 뜻입니다. 그리고 이 사랑으로 인해서 하나님의 말씀을 저버릴 것이라는 위험성에 놓여 있다고 판단했던 천사들에게 하나님께서는 아브라함의 사랑을 입증할 기회를 주신 것입니다. '시험'은 이것을 이겨내지 못하는 이들에게는 언제나 고통으로 기억되지만 이겨낼 이들에게는 자신이 얼마나 훌륭한 인간인지를 입증하는 기회이며 소망의 순간이 됩니다. 특히 사랑은 시련과 고난 가운데 그 사람의 훌륭함이 드러나 그것을 입증하게 됩니다. 그것은 겸허한 사랑으로 가득한 사람의 모습으로, 고결한 신앙을 영혼에 간직한 이가 언제나 자신을 살핌으로 삶 가운데 사랑을 증명하는 아브라함의 후손의 삶이 있습니다.

끝으로, 순수성에 관해서 생각해야 합니다. 예를 들어 욥이 자신의 시험을 인내함으로, 혹은 죄에 대한 회개를 통해서 보다 더 많은 경제적인 이득을 계산하고 있었다면 그것은 순수한 인내가 아닐 것입니다. 욥의 친구로 등장하는 에돔 사람으로 데만에 거주하는 엘리바스는 "볼지어다 하나님께 징계 받는 자에게는 복이 있나니 그런즉 너는 전능자의 징계를 업신여기지 말지니라"(욥 5:17)고 말합니다. 그리고 이어서 "하나님은 아프게 하시다가 싸매시며 상하게 하시다가 그의 손으로 고치시나니 여섯 가지 환난에서 너를 구원하시며 일곱 가지 환난이라도 그 재앙이 네게 미치지 않게 하시며"(욥 5:18-19)라고 자신의 노래를 이어갑니다. 그러나 이런 세속적인 지혜는 정말로 비열한 것입니다.

만약에 자신에게 죄가 있다면, 그리고 그것을 회개하고 용서를 빌 경우에 반드시 용서받을 것을 미리 계산하고 용서를 빈다면, 내적인 그 어떤 양심의 가책이나 내적인 고통도 없이 용서에 대한 계산만 있다면, 이것을 진정으로 용서받을 수 있는 문제라고 할 수 있을까요? 현재 받고 있는 고난과 역경을 인내하는 이유가 오직 고난 이후에 하나님께서 날 싸매시며 고치시며 온갖 환난에서 구원해 주실 것을 계산해서라면, 그것은 인내가 아니라 비열한 속셈이 아닐까요?

다윗 선지자는 "주께서는 제사를 기뻐하지 아니하시나니 그렇지 아니하면 내가 드렸을 것이라 주는 번제를 기뻐하지 아니하시나이다"(시 51:16)라고 노래했습니다. 〈레위기〉를 통해서 번제를 비롯한 제사제도를 주신 하나님께서 어찌 번제를 기뻐하지 않으신다고 노래할까요? 선지자는 계속 노래합니다. "하나님께서 구하시는 제사는 상한 심령이라 하나님이여 상하고 통회하는 마음을 주께서 멸시하지 아니하시리이다"(시 51:17).

우리는 〈레위기〉의 제사제도를 오해하지 않아야 합니다. 번제를 통해서 분명히 "그를 위하여 속죄가 될 것이라"(레 1:4)라고 약속하셨습니다. 그렇다고 죄인들이 무슨 죄를 범하곤 '나는 번제를 드리면 용서를 받아! 그러니 상관하지 마!'라는 식으로 생각한다면, '나는 회개하면 하나님께서 다 용서하셔! 그러니까 내 마음대로 살다가 적당한 때에 회개하면 되지!'라고 생각한다면, 죄를 범했고 '지금은 그로 인해서 고통을 받지만 나중에 하나님께서 갑절로 더 주실 거니 지금은 인내하자!'라고 마음으로 계산하고 있다면, 이처럼 죄를 범하고 용서와 인내를 계산해 두고 있다면 이것은 하나님께서 주신 선한 것들에 대한 비열한 응답일 것입니다. 천사가 아브라함을 다급하게 불렀을 때에, 아브라함이 이렇게 될 줄 알았다는 듯이, 계산대로 하나님께서 대강 적절한 때에 막으실 것이라는 속셈으로 이삭을 바치고 있다가 천사가 급하게 불렀을 때에 "내가 여기 있나이다"라고 대답한 것이라면 이것은 시험이 아닐 것입니다. 아브라함의 대답은 당혹감에서 나온 짧은 감탄사 '힌네니'(הִנֵּנִי)였습니다. 욥이 끝까지 주장하는 것은 자신의 인내에는 보상이 없다는 것입니다. 다윗 선지자의 노래는 순수한 마음 곧 '상한 심령'(a broken spirit)으로 드리는 제사입니다(시 51:17). 욥의 인내와 아브라함의 시험, 다윗의 회개에서 가장 중요한 것은 속셈이 없는 순수함입니다. 상업적 계산이 없는 마음입니다.

### 대신 드릴 제물 곧 대속권에 대한 예표

아브라함에게 있어서 번제를 드리는 문제는 아직 해결되지 않았습니다. 비록 이삭을 제물로 드리지 않는다고 하여도 하나님께서는 '번제를 드리라'고 명령하셨습니다(창 22:2). 이삭을 드릴 수 없다면 다른 것이라도 대신 번제로 드려야 할 것입니다. '이삭'이 제물이 아니라면 다른 무엇이 반드시 제물로 있을 것이라고 아브라함은 믿었습니다. 그래서 주변을 둘러보았고, 그의 눈에 아무 이유 없이 뿔이 수풀에 걸려 있는 숫양이 발견됩니다(창 22:13). 아브라함은 자신에게 주어진 명령을 멈추지 않고 지속적으로 행합니다. 단지 제물이 이삭을 대신하여 숫양으로 바뀐 것뿐입니다. 이렇게 대신하여 속죄하는 것을 대속(the Redemption)이라고 합니다.

아브라함은 모리아 산을 '여호와 이레' 곧 '야훼 이르에'(יְהוָה יִרְאֶה) 라고 불렀습니다(창 22:14). 이는 '여호와의 산에서 준비되리라', 다시 말해서 '여호와의 산에서 보게 될 것이다'(בְּהַר יְהוָה יֵרָאֶה, in the mount of the LORD it shall be seen, KJV)란 뜻입니다. 우리는 하나님께서 정하신 그 산, 그 언덕에서 보게 될 것입니다. 하나님의 대속의 사역을 보게 될 것입니다. 이는 그리스도에 대한 예언입니다. 선지자 아브라함은 오실 그리스도를 예언하고 있습니다.

우리는 먼 훗날 모리아 산에 세워지는 솔로몬의 성전을 통해서(대하 3:1) 기도에 응답하시는 하나님을 보게 됩니다(왕상 9:3). 그러나 '여호와 이레'의 예언은 더 높은 곳에 도달하고 있습니다. 그것은 예수 그리스도의 죽으심입니다. 그분은 우리의 참된 성전이시며(요 2:21), 우리의 죽음을 대신하여 대속하신 어린 양이십니다(요 1:29). 다시 말해서 그리스도의 대속에 대한 예언을 담고 있습니다.

하늘로부터 다시 음성이 들려왔습니다(창 22:15). '하늘로부터 음성'(קוֹל מִן־הַשָּׁמַיִם, 콜 민-솨마임)은 분명히 성령 하나님의 개입하심을 의미하는 것으로 읽어야 할 것입니다. 물론 하나님의 일꾼으로 천사가 등장하지만 그 본질에 있어서 우리는 성령 하나님의 사역들을 읽을 수 있습니다. 여하튼 천사가 다시 나타나 아브라함에게 말했습니다. "여호와께서 이르시기를, '내가 나를 가리켜 맹세하노니 네가 이같이 행하여 네 아들 네 독자도 아끼지 아니하였은즉 내가 네게 큰 복을 주고 네 씨가 크게 번성하여 하늘의 별과 같고 바닷가의 모래와 같게 하리니 네 씨가 그 대적의 성문을 차지하리라'"(창 22:16 17).

천사는 '여호와'의 말씀을 전달하고 있습니다. 모세는 여기서 앞에서 등장한 천사의 말(창 22:12)과 이후 천사가 하나님의 말씀을 전하는 부분을 구별하기 위해서 "여호와께서 이르시기를"(창 22:16)이란 말을 덧붙이고 있습니다. 사실 천사의 음성과 하나님의 음성은 완전히 동일한 것으로 다룹니다. 이것은 고대사회에서 가지는 가장 일반적인 관습입니다. 다시 말해서 '아버지'와 '아들'은 동일성을 가집니다. 그리고 '스승'과 '제자' 역시 동일성을 가집니다. 또한 '보낸 분'과 '보냄을 받은 이'가 동일성을 가집니다. 만약에 '제자'라고 말하면서 '스승'의 가르침에서 벗어난 것은 '제자'가 아님을 입증하는 것입니다. '아들'이란 '아버지'의 유업을 상속받는 자로 아버지의 뜻을 따르는 것입니다. 아들은 결코 아버지의 재물을 상속받는 자를 말하는 것이 아니라 아버지 아브라함과 완전히 동일한 삶을 살아가는 것을 말합니다. 이삭을 '독자'(יָחִיד, 야하드)라고 말하는 것은 그가 '외아들'이기 때문이 아니라 아브라함의 신앙을 계승한 유일한 한(יָחִיד, 야하드) 사람이기에 아브라함의 독자라고 부르는 것입니다. 이스마엘이 아브라함의 아들이 아니라고 말하는 것은 아버지의 유업인 믿음을 상속받지 못했기 때문입니다.

천사는 "네 씨로 말미암아 천하 만민이 복을 받으리니 이는 네가 나의 말을 준행하였음이니라"(창 22:18)라고 하나님의 말씀을 전했습니다. 여기서 천사는 '베짜르아카'(בְזַרְעֲךָ) 곧 '너의 씨 안에서'(in your seed, NKJV) 그 땅의 모든 백성들이 하나님께 무릎을 꿇고 축복을 받을 것이라고 말했습니다. 여기서 분명히 말하고 있는 것은 아브라함의 '씨'(단수형)입니다. 다시 말해서 아브라함의 후손 가운데 이 땅의 모든 민족들과 백성들이 하나님께 무릎을 꿇어 축복을 받은 것은 예수 그리스도밖에 없습니다.

이삭의 후손이라고 외치는 이스라엘 민족을 제외한 가나안 민족이나 다른 민족들은 축복을 받지 못했습니다. 이스마엘의 후손이라고 하는 이들도 자신들이 진정한 아브라함의 후손이라고 말하지만 그들이 이 땅에 축복이 된 일은 없습니다. 여기서 말한 '씨'는 곧 단 한 사람을 말하는 것으로 '예수 그리스도'를 예언한 것입니다. 성경에는 다음과 같이 기록되어 있습니다.

> "이 약속들은 아브라함과 그 자손에게 말씀하신 것인데 여럿을 가리켜 그 자손들이라 하지 아니하시고 오직 한 사람을 가리켜 네 자손이라 하셨으니 곧 그리스도라"(갈 3:16).

하나님께서는 아브라함에게 오실 그리스도에 대한 예언을 하고 계십니다.

〈창세기〉 22장 18절을 미래에 오실 그리스도로 읽는 것은 역사적인 사실에 따른 것입니다. 왜냐하면 아브라함의 씨를 이삭이든 아니면 이스마엘이라고 하든 결코 이 땅의 모든 백성들이 하나님의 축복으로 인도되지 않았다는 사실에 근거한 것입니다. 이삭이나 이스마엘을 말한 것이 아닙니다. 본문이 말하는 것은 보다 먼 미래에 있을 일들을 예언하고 있습니다. 아브라함이 소망하다가 그리스도를 보고 기뻐하였던, 바로 그 아브라함의 씨를 말하는 것입니다(요 8:56). 또한 이 본문이 말하는 축복은 재물이나 물질적인 것이 아닙니다. 이것은 사랑과 정의에 관한 문제입니다. 믿음을 입증하는 시험에 관한 문제입니다. 그래서 여기서 말하는 축복은 '악을 떠나는 것'을 말합니다. 성경에 기록되어 있길, "너희는 선지자들의 자손이요 또 하나님이 너희 조상과 더불어 세우신 언약의 자손이라 아브라함에게 이르시기를 땅 위의 모든 족속이 너의 씨로 말미암아 복을 받으리라 하셨으니 하나님이 그 종을 세워 복 주시려고 너희에게 먼저 보내사 너희로 하여금 돌이켜 각각 그 악함을 버리게 하셨느니라"(행 3:25-26)라고 하였습니다. 하나님의 축복은 우리의 삶의 길이 악에서 떠나는 것입니다. 사실 우리는 어디로 가야 할지 길을 잃어 방황하는 이들과 같습니다.

히트할레크(הִתְהַלֵּךְ, walk) 곧 스스로 끊임없이 하나님의 도(道, way) 곧 데레크(דֶּרֶךְ, way)를 걷는 것은 오직 혼자만이 길을 찾아서 의지와 완성과 덕의 훌륭함에 도달하는 것이 아닙니다. 이것은 공동체적인 문제이며 동시에 사회적인 문제입니다. 왜냐하면 우리 모두가 길을 잃었기 때문입니다. 악에서 떠나는 것은 바로 선악을 판단하는 주체로 자신을 버리고 번제단에 불타는 일입니다. "너희 몸을 하나님이 기뻐하시는 거룩한 산 제물로 드리라"(롬 12:1)라는 사도의 가르침입니다. '좋다'(טוֹב, 토브)라고 판단하고 결정하시는 분은 오직 하나님 한 분이십니다. 그분의 길 곧 데레크(דֶּרֶךְ, way)는 쩨데크(צֶדֶק)이기에 그 길을 걷는 것입니다. 이 길만이 악을 떠나는 길입니다. 이 길은 바로 그리스도의 길이며 하나님의 길이며 진리의 길이자 생명의 길입니다(요 14:6). 바로 하나님께서 축복하신 아브라함의 씨가 주는 축복입니다.

'악을 떠나는 것'은 수도원에서 혼자 내적인 양심의 고결함에 도달하는 문제도 아닙니다. 만약에 자신이 하나님의 길 곧 그리스도의 길 안에서 용서를 받은 자라면 그는 길을 찾지 못한 모든 이들에 대해서 책임이 있습니다. 그 사람은 빛으로서 사회적인 책임을 져야 합니다. 악인과 죄인들을 책임질 사람은 오직 길을 알고 있는, 악에서 떠나 죄가 없는 그 한 사람뿐입니다. 세상의 빛이 되는 축복에 관한 것입니다.

모세는 이 이야기의 마무리로 "이에 아브라함이 그의 종들에게로 돌아가서 함께 떠나 브엘세바에 이르러 거기 거주하였더라"(창 22:19)라고 말합니다.

## 리브가의 등장: 나홀의 족보

### D. 나홀의 족보(22:20-24)

창세기 22장 20절부터 24절에는 짧은 족보가 나옵니다. 이 족보는 데라의 둘째 아들 나홀 집안의 족보로 나홀은 아브라함의 동생입니다. 그 나홀에게는 '브두엘'이란 아들이 있었고, 브두엘에게는 '하얀 것'이란 뜻을 가진 라반(לָבָן)이라는 아들과 이삭의 아내인 '리브가'라는 딸이 있었습니다. 모세는 이 족보의 시작을 "이 일 후에 어떤 사람이 아브라함에게 알리어 이르기를 밀가가 당신의 형제 나홀에게 자녀를 낳았다 하였더라"(창 22:20)라고 합니다. '이 일 이후'란 표현을 통해 바로 아브라함이 대속의 축복 곧 그리스도에 대한 예언을 받은 이후에 일어난 일임을 밝히고 있습니다.

그런데 우리는 〈창세기〉 23장에서 사라가 죽음을 만나는 모습을 보게 됩니다. 사라가 향년 127세에 죽음을 보았으므로(창 23:1) 22장에서의 이삭은 아직 37세가량 된 것을 뜻합니다. 이삭은 충분히 나이가 들어 장성했으며, 아버지와 함께 노동하고 예배를 드리며 조용한 삶을 살아가기에 충분히 성숙해 있었습니다. 그러나 아브라함은 이삭의 배우자를 결정하지 않았으며, 사라 역시 아들의 결혼에 관해서 개입하지 않고 있습니다. 반면에 하갈은 스스로 이집트 여인을 이스마엘의 아내로 삼음으로써 아브라함의 결정을 따르지 않았음을 이미 보았습니다. 이런 가운데 한 사람이 '리브가'라는 브두엘의 딸에 대한 소식을 전하게 됩니다(창 22:20-23).

나홀의 족보를 보면 아래와 같습니다.

a. 나홀과 밀가 사이의 자녀들(창 22:21-22): 8형제 중 막내 브두엘

x. 브두엘의 딸 리브가(23절)

a'. 나홀과 르우마 사이의 자녀들(24절): 4형제

위의 도식에서 보는 바와 같이 모세는 '밀가'의 아들들과 '르우마'의 자식들을 대응(parallelism)하는 위치에 배열하고 '리브가'를 그 중심에 위치시키고 있습니다. 우선 모세는 '르우마'에 관한 정보를 전혀 제공하고 있지 않습니다. 그러나 '밀가'에 대해서는 약간의 정보를 제공하고 있습니다.

데라에게는 아브람(아브라함), 나홀, 그리고 하란이란 세 아들이 있었습니다(창 11:26). 이 가운데 하란은 메소포타미아 우르 땅에서 죽었습니다(창 11:28). 하란에게는 '롯'이란 아들과 '밀가'와 '이스가'라는 딸이 있었습니다. 이 가운데 나홀이 밀가를 아내로 맞이하여 8형제를 낳았습니다(창 11:29, 22:20-23). 맏아들이 '우스'(עוּץ, 우쯔)로 욥이 그의 땅에서 살았습니다(욥 1:1). 8형제 가운데 막내가 브두엘(בְּתוּאֵל, 베투엘)입니다. 그리고 이 브두엘의 아들이 '라반'이고 그 딸이 '리브가'입니다. 그러므로 '리브가'는 밀가 곧 데라의 족보 안에 있는 여인입니다. 아마도 나홀의 또 다른 아내 '르우마'는 이방 여인으로 추정됩니다. 왜냐하면 '르우마'란 이름의 뜻이 '길들여지지 않는 야생의 동물'(a wild and untamed animal)이기 때문입니다(W. Gesenius, *A Hebrew and English Lexicon of the Old Testaments,* 1951).

아브라함 때에는 이교도와의 결혼을 금하는 율법이 없었습니다. 이것은 모세에게 주신 법입니다(신 7:1-3). 그러나 아브라함은 율법이 아니라 마음으로, 이방여인을 이삭의 아내로 맞이하는 것을 원하지 않았습니다. 아들의 나이는 중요하지 않은 듯이 그는 흔들

림 없이 기다리고 있었습니다. 아브라함의 씨는 자신의 노력으로 얻어지는 것이 아님을 너무나도 잘 알고 있었기에 이삭의 씨, 곧 '그 씨'를 얻기 위하여 하나님께서 정하신 '그 밭'을 찾길 기다리고 있습니다.

아브라함이 이방여인을 멀리하고 있는 것은 율법(a laws)에 따른 것이 아니라 여인의 중요성을 강조한 것입니다. 아브라함의 언약이 아브라함만의 것이 아니라 그의 아내 사라와 공유된 언약이기 때문에 이삭에게도 아브라함의 축복이 유업으로 상속되는 것은 이삭만의 문제가 아니라 그의 아내의 문제이기도 합니다. 부부는 하나입니다. 그런데 어떤 사람이 아브라함에게 나홀의 자손들이 있음을 알게 했습니다. 이는 아브라함이 기다리던 소식과도 같았을 것입니다. 이제 문제는 한 가지입니다. 바로 그녀의 마음이 어떠한가의 문제입니다.

# 두 개의 길, 두 개의 죽음: 막벨라 밭 굴의 신비

## E. 사라의 죽음과 막벨라 밭, 굴을 구입함(23장)

모세는 그 어떤 설명도 없이 "사라가 백이십칠 세를 살았으니 이것이 곧 사라가 누린 햇수라"(창 23:1)라고 기록하고 있습니다. 유대 랍비들의 글인 미드라쉬(Midrash)에는 사라의 127세의 죽음에 관해서도 재치 있는 표현으로 설명하고 있습니다. 미드라쉬에 따르면, 100(מֵאָה, 메아)은 아주(מְאֹד, 메오드) 많은 것을 의미하고, 20(עֶשְׂרִים, 에쓰림)은 아름다움 혹은 부요함(עֹשֶׁר, 오쉐르)을 뜻하고, 그리고 7(שֶׁבַע, 쉐바)은 성결함 혹은 고결함(שָׂבָע, 싸바)을 의미한다고 해석합니다. 이는 언어유희를 통해서 어떤 의미를 문학적 가치로 증가시키려는 의도에서 유대인들이 만들어낸 것입니다. 여하튼 미드라쉬에 따르면, 사라의 죽음은 '아주 많은 고결하고 아름다움을 간직한 여인'의 죽음이라고 읽을 수 있습니다. 사실 이 의미가 매력적이지만 옳은 것인지 판단하기는 어렵습니다. 단지 우리가 사라의 자녀들로 우리의 삶이 '고결해야 한다'는 뜻에서 의미가 있을 것입니다.

그런데 사라는 가나안 땅 헤브론 곧 기랏아르바에서 죽었습니다(창 23:2). 아브라함의 거주지는 브엘세바에서 헤브론까지입니다. 사라가 임종할 때에 아브라함은 브엘세바에 있었던 것으로 보이기에(창 22:19) 아브라함과 사라는 떨어져 지냈던 것으로 추측됩니다. 그래서 모세도 "아브라함이 들어가서 사라를 위하여 슬퍼하며 애통하다"(Abraham went to mourn for Sarah and to weep over her, NIV)라고 쓰고 있습니다(창 23:2). 아마도 아브라함은 브엘세바에 있다가 급하게 헤브론으로 온 것으로 보입니다.

아브라함은 브엘세바에 정착해 농사를 짓고, 또 계절의 변화에 따라서 유목생활을 하며 헤브론으로 올라가 목축을 한 것으로 보입니다. 아브라함이 브엘세바를 중심으로 활동할 때에 사라는 헤브론에서 공동체를 이끌며 남편의 뜻에 순종함으로 동역자 역할을 했던 것으로 보입니다. 사라는 진정으로 아브라함에게 '연약한 그릇이요 또 생명의 은혜를 함께 이어받을 여인'이었습니다(벧전 3:7). 그녀는 아브라함에게 가장 귀한 여인이었습니다(벧전 3:7). 아브라함은 눈물로 슬픔을 위로했습니다.

아브라함이 사라의 부활을 믿지 않았기 때문에 슬피 운 것은 아닙니다. 그의 눈물은 소망 없는 자의 눈물과는 다른 것입니다(살전 4:13). 아브라함의 감동적인 눈물은 단순히 자신의 정신적 위로에 지나지 않습니다. 그래도 아브라함의 고결한 마음을 위로하는 데 도움이 된 것도 사실입니다. 장례식의 눈물은 살아남은 자를 위한 정신적이고 심리적인 위로가 될 뿐이지 죽은 이에게는 아무런 도움을 주지 못합니다. 이에 아브라함은 곧바로 자리에서 일어나 헷 족속에게 사라를 위한 '그 땅'을 구입하게 됩니다.

〈창세기〉 23장은 상업적인 문서로 땅의 구매 과정을 상세하게 기록하고 있습니다. 여기서 헷 족속 곧 히타이트 족속(Hittite)은 아브라함을 '나의 주 하나님의 지도자'(אֲדֹנִי נְשִׂיא אֱלֹהִים)라고 칭합니다(창 23:6). 아브라함이 자신만의 고립된 삶을 살아간 것이 아니라 이방인들의 빛이요 삶의 길 곧 악을 떠나는 길을 위한 등불로 살았음을 알 수 있습니다. 상업적 거래에서 상대방을 높이는 표현임을 감안한다고 해도 아브라함의 삶은 악을 떠나려는 의지의 삶이었음을 알 수 있습니다. 여하튼 헷(히타이트) 족속은 사라의 묘실을 "우리 묘실 중에서 좋은 것을 택하여" 아브라함 마음대로 사용해도 좋다고 말합니다(창 23:6).

그러나 아브라함은 이들과 다른 묘실을 요구했습니다. 아브라함이 원했던 땅은 소할의 아들 에브론의 '그 밭'이었습니다. 묘실은 그 밭(שָׂדֶה, 싸데)에 있는 막벨라(מַכְפֵּלָה, 막펠라) 굴이 될 것을 소망했습니다(창 23:8-9). 물론 아브라함은 그 땅에 대한 적합한 대금을 지불할 것입니다. 여기서 모세는 언어유희를 '밭'이란 단어로 의미심장하게 사용하고 있습니다. 히브리어로 '밭'을 싸데(שָׂדֶה, field) 혹은 싸다이(שָׂדַי)라고 합니다. 이는 '전능자' 곧 샤다이(שַׁדַּי)와 언어유희를 이루고 있습니다. 또한 막벨라(מַכְפֵּלָה, 막펠라)는 동사 카팔(כָּפַל)에서 파생한 지명입니다. 히브리어 카팔은 '두 배로 증가하다'(double), 둘로 '나누다'(divide)란 의미를 가지고 있습니다. 아마도 이 동굴은 밖에서 보면 입구는 하나이지만 내부로 들어가면 두 개로 나누어져 동굴이 두 개였을 것으로 보입니다. 또한 "소할의 아들 에브론"을 언급한 것도 역시, 어떤 영감을 받고 있는 것으로 보입니다(창 23:8). 소할(צֹחַר, 쪼하르)은 '반짝 빛나다'라는 뜻입니다. 그리고 '에브론'(עֶפְרוֹן, 에프론)은 '새끼 사슴'이란 뜻입니다.

여하튼 에브론은 자신의 밭과 그 밭에 있는 굴을 아브라함에게 그냥 준다고 선언합니다(창 23:11). 이것은 고대의 상업적인 표현으로 실질적으로는 그냥 준다는 뜻이 아닙니다. 이 뜻을 아는 아브라함도 돈을 지불할 것을 말합니다(창 23:13). 그리고 에브론은 은 400 세겔(대략 4.5kg)을 요구했고(창 23:15), 아브라함은 상업적인 거래에 따라서 은으로 값을 지불했습니다(창 23:16). 이로 인해 그 밭과 동굴, 그리고 그 주변의 모든 나무가 아브라함의 소유가 되었고(창 23:17), 이 거래가 합법적인 계약이었음을 '성 문에 들어온 모든 헷 족속이 보는 데서 아브라함의 소유로 확정되었습니다'(창 23:18). 헷 족속의 거의 모든 이들이 이 계약을 확증하는 증인이 되었습니다.

아브라함은 '마므레' 곧 헤브론 땅을 돈으로 구입했으며, 또한 그 밭 안에 두 개의 동굴을 가진 막벨라 동굴에 사라를 안치했습니다(창 23:19). 그리고 모세는 "이와 같이 그 밭과 거기에 속한 굴이 헷 족속으로부터 아브라함이 매장할 소유지로 확정되었더라"(창 23:20)라고 선언하면서 사라의 장례에 대한 기록을 마무리하고 있습니다.

모세는 상업적 거래를 사라의 죽음보다 더 자세히 기록하고 있습니다. 이 기록을 통해서 우리는 두 가지를 정리하여 기억하고 있어야 합니다.

첫째는 죽음에는 두 가지 길 곧 두 개의 동굴이 있음을 기억해야 합니다. 하나는 부활의 소망 가운데 있는 복된 죽음입니다. 다른 하나는 부활의 소망을 상실한 절망의 죽음입니다. 표면적으로는 모든 죽음이 동일한 것처럼 보입니다. 하지만 소망 있는 죽음과 '소망 없는 자들'(οἱ μὴ ἔχοντες ἐλπίδα)의 죽음이 있습니다(살전 4:13). 아브라함은 부활의 신앙을 가지고 있었으며 이를 막벨라 밭에서 분명히 보여주고 있습니다.

인간들의 육체의 죽음은 모두 본래적(기본적) 모습인 흙(dust)으로 돌아갑니다(창 3:19). 하지만 인간의 영혼은 불멸의 본질(an immortal subsistence)로, 죽거나 아무 의식이 없는 수면상태에 놓이는 것이 아닙니다. 분명히 의인들의 영혼(the souls of the righteous)과 악인들의 영혼(the souls of the wicked)은 서로 다른 길로 갈라져 있음을 믿습니다. 전자는 '빛과 영광 안에'(in light and glory) 있으며, 후자는 '고통과 완전한 어둠 속에'(in torments and utter darkness) 있습니다. 거룩한 경전인 성경은 죽은 자 곧 그들의 육신으로부터 분리된 영혼을 위한 두 장소 이외의 것을 인지하지 않습니다(Beside these two places, for souls separated from their bodies, the Scripture acknowledges none, 웨스트민스터 신앙고백서, 32장 1절).

막벨라 곧 하나의 입구 안에 담긴 두 개의 동굴은 인간의 죽음에 대한 비밀스러운 계시를 담고 있습니다. 또한 이것은 최후의 심판 곧 종말 때 '불의한 자들의 육체'(The bodies of the unjust)는 그리스도의 능력으로 말미암아 다시 일어나 치욕을 받을 것과 '의로운 자들의 육체'(the bodies of the just)는 그분의 영으로 말미암아(by His Spirit) 곧 성령 하나님으로 말미암아 영광에 이르고, 그분 자신의 영광스러운 육체 곧 부활하신 그리스도의 육신에 조화롭게 만들어질 것입니다(be made conformable to His own glorious body, 웨스트민스터 신앙고백서, 32장 3절).

사라의 무덤이 성경에 상세하게 기록된 데에는 이유가 있습니다. 이것은 반드시 우리의 신앙 안에 막벨라에 대한 신앙이 있어야 함을 뜻하는 것입니다. '믿는 이들'의 죽음과 '불신자들'의 죽음이 동일하게 보이지만 그 안에는 두 갈래 길 곧 두 영혼의 차이가 있습니다. 이는 이미 예정된 결정입니다.

> "인자가 자기 영광으로 모든 천사와 함께 올 때에 자기 영광의 보좌에 앉으리니 모든 민족을 그 앞에 모으고 각각 구분하기를 목자가 양과 염소를 구분하는 것같이 하여 양은 그 오른편에 염소는 왼편에 두리라" (마 25:31-33).

오른편과 왼편의 두 갈래 길이 있습니다. 그리고 이것은 〈창세기〉 안에서부터 예언된 일입니다. 그래서 주님께서는 오른편에 있는 양들에게 "내 아버지께 복 받을 자들이여 나아와 창세로부터 너희를 위하여 예비된 나라를 상속받으라"(마 25:34)라고 말씀하셨습니다.

둘째, 아브라함의 토지 매매는 그 땅의 소유권을 행사할 수 있는 중요한 문서라는 점입니다. 상업적 매매 증서 역할을 하고 있는 〈창세기〉 23장은 헤브론을 중심으로 한 땅이 아브라함과 그의 후손의 땅임을 확정하고 있습니다. 아브라함은 그 밭을 은 400세겔을 주고 구입했습니다. 이 돈은 그 당시에 막대한 돈이었을 것으로 보입니다. 왜냐하면 예레미야 시대의 은 17세겔도 퍽이나 큰돈으로 보이기 때문입니다. 잠시 예레미야의 본문을 읽어 보면 다음과 같습니다.

> "내 숙부의 아들 하나멜의 아나돗에 있는 밭을 사는데 은 십칠 세겔을 달아 주되 증서를 써서 봉인하고 증인을 세우고 은을 저울에 달아 주고 법과 규례대로 봉인하고 봉인하지 아니한 매매 증서를 내가 가지고……만군의 여호와 이스라엘의 하나님께서 이와 같이 말씀하시니라 사람이 이 땅에서 집과 밭과 포도원을 다시 사게 되리라 하셨다 하니라"(렘 32:9-11, 15).

위의 내용을 보면 유다 왕국이 멸망하던 시기인 주전 6세기에는 은 17세겔로 어느 정도의 밭을 구입할 수 있었던 것으로 보입니다. 그런데 아브라함 때에 은 400세겔로 그 밭과 굴을 샀다는 것은 보다 넓은 지역에 대한 아브라함의 소유권을 법적으로 증거하는 것이 분명합니다. 이 사실은 모세에게 중요한 의미를 담고 있습니다.

모세가 이스라엘의 열두 아들들 곧 열두 지파를 이끌고 가나안 땅에 돌아왔을 때, 모세는 그 땅에 대한 소유권이 자신들에게 있음을 법적으로 확정할 수 있었습니다.

하나님께서는 아브라함에게 땅을 주실 것으로 약속하셨습니다. 그러나 실질적으로 아브라함은 브엘세바 언약으로 농지를 얻었고, 사라의 죽음으로 소할의 아들 에브론의 밭을 돈을 주고 구입했습니다. 여기서 분명하게 알 수 있는 것은 우리에게 필요한 것은 기적이 아니라는 사실입니다. 오히려 조용히 일상의 생활 가운데 성실하게 살아가는 것이 더 중요함을 말하고 있습니다. 왜냐하면 신앙은 기적으로부터 오는 것이 아니기 때문입니다. 오히려 자신이 믿는 신념과 신앙이라는 현실로부터의 기적이라는 것을 이해하게 되는 것입니다.

# 순전한 미소에 하얀 꽃을 묶다

## X. 리브가 이야기(24장)

아브라함은 사라의 장례를 치른 이후에 이삭을 위한 결혼을 결단합니다. 우연(קָרָה, 카라)처럼 만난 어떤 사람의 말만 믿고 이삭의 결혼을 결단할 수는 없었겠지만 아브라함은 아마도 사라의 죽음을 계기로 결단하였을 것입니다(창 22:20). 사라가 향년 127세에 죽음을 보았으므로 이삭은 37세가 되었습니다. 모세는 이 과정을 아주 상세히 기록하고 있습니다. 사라의 죽음보다 리브가의 등장을 더 길게, 반복적으로 언급하고 있습니다.

〈창세기〉 24장의 짜임새를 보면, 먼저 아브라함이 자신의 늙은 종을 보내는 이야기를 합니다(창 24:1-9). 여기서 중요한 것은 아브라함이나 이삭은 결코 하란으로 가지 않는다는 사실과 늙은 종이 데려올 여인은 반드시 '리브가'여야만 한다는 사실입니다. 그래서 아브라함은 늙은 종과의 사이에서 맹세의 서약식을 하게 됩니다.

늙은 종은 기도 가운데 리브가를 만날 것을 간구하게 됩니다. 그리고 리브가를 만남으로 종의 경배가 이루어집니다(창 24:10-27). 또 종은 브두엘과 그의 아들 라반에게 그동안의 일을 다시 알림으로 내용은 반복해서 언급됩니다(창 24:34-48). 이야기를 다 들은 브두엘이나 라반은 이 문제는 자신들이 결정할 수 없다는 것을 알게 됩니다. 이에 늙은 종은 다시 한 번 아브라함의 하나님을 찬양하게 됩니다(창 24:52). 다음날 종은 지체하지 않고 주인에게 돌아가려고 합니다(창 24:54). 여기서 리브가도 가족들을 떠나갈 것을 결단합니다

(창 24:58).

리브가의 결단으로 지체 없이 '떠남'으로, 다시 말해서 가족들에게 점착되어 있지 않음으로 리브가는 이삭을 만나게 됩니다. 그리고 리브가로 인해서 이삭은 위로받게 됩니다(창 24:54-67).

이상의 내용을 도식으로 나타내면 아래와 같습니다.

**a. 리브가를 찾아서 떠남(창 24:1-9): 서약식**

**b. 리브가를 만남(창 24:10-27): 종의 찬양**

**x. 하나님의 뜻(창 24:28-54a): 이야기 반복**

**b'. 리브가의 결단(창 24:54b-61): 엔토우시아스무스(*enthousiasmus*)**

**a'. 리브가를 찾음(창 24:62-67): 이삭과 리브가의 만남**

67절로 구성된 이 긴 이야기는 의도적인 반복을 통해서 이삭과 리브가의 만남이 하나님의 뜻임을 고백하게 합니다. 이는 흡사 아담 앞으로 그의 아내를 이끌어 오신 하나님처럼(창 2:22), 아브라함은 이삭의 아내 리브가를 이끌어 옵니다. 여기서 이삭은 개인적인 정념(πάθος, passions)으로 아내를 맞이하지 않습니다. 오히려 자신에게 온 여인을 아내로 삼습니다.

## 너보다 천사가 먼저 도착했으리라

아브라함은 아들 이삭을 위해서 리브가를 찾아 늙은 종을 보내기로 결정했습니다. 이 일에 대해서 모세는 "아브라함이 나이가 많아 늙었고 여호와께서 그에게 범사에 복을 주셨더라"(창 24:1)라는 말로 시작합니다. 여기서 말하는 복이 무엇인지를 잔잔히 찾아가야 합니다. 사실 이 복 곧 하나님의 은총이 무엇인지에 대해서는 종의 긴 여정을 따라가다 보면 그 종의 고백 가운데 그 의미를 발견할 수 있게 됩니다.

아브라함은 자신의 늙은 종과 서약식을 거행합니다. 아마도 이 늙은 종은 아브라함이 자신의 상속자로 믿었던 엘리에셀이었을 것입니다(창 15:2). 우리가 알고 있는 유일한 종의 이름은 다메섹 출신의 엘리에셀뿐입니다. 그리고 한때 이 종 엘리에셀은 아브라함에게는 상속자로 여길 만큼 훈련된 종이었습니다(창 15:2).

여하튼 아브라함은 그에게 "내 허벅지 밑에 네 손을 넣으라"(창 24:2)라고 명령합니다. 아브라함은 허벅지 곧 대퇴골(the thigh) 아래쪽으로 손을 넣으라고 말함으로 목숨을 건 할례를 연상시키고 있습니다. 왜냐하면 아브라함뿐만 아니라 아브라함의 집안 모든 남자들이 할례를 받았기 때문입니다. 할례는 아브라함 집안사람과 그렇지 않은 사람으로 구별되는 경계 역할을 했음이 분명합니다. 아마도 종은 무릎(בֶּרֶךְ, 베레크)을 꿇고 할례를 연상할 수 있는 대퇴부에 손을 밀어 넣은 자세를 취했을 것입니다. 실질적으로 아브라함이 대퇴골 부근의 옷자락에 손을 넣는 수준이었을 것입니다.

아브라함은 늙은 종에게 맹세를 하도록 했습니다.

맹세의 내용은 기본적으로 하나의 내용으로 귀결됩니다. 바로 '리브가'입니다. 이를 위해서 먼저 "너는 내가 거주하는 이 지방 가나안 족속의 딸 중에서 내 아들을 위하여 아내를 택하지 말 것이다"라는 맹세입니다(창 24:3). 그리고 이어서 아브라함은 "내 고향 내 족속에게로 가서 내 아들 이삭을 위하여 아내를 택하라"라는 맹세를 하도록 합니다(창 24:4). 여기서 '고향'이란 어떤 지역을 의미하는 것을 넘어서 '내 족속' 곧 데라가 있는 하란을 의미하고 있습니다. 그러나 데라의 아들 브두엘의 딸에 대한 소식을 들었던 이 늙은 종에게는 한 가지 문제가 있었습니다. 만약에 그 여인이 따라오지 않는다면 그때에는 어떻게 할 것인가의 문제입니다. 이에 종은 "주인의 아들을 주인이 나오신 땅으로 인도하여 돌아가리이까?"라고 묻습니다(창 24:5).

아브라함은 단호했습니다. 비록 이삭이 결혼을 하지 못한다고 해도 결코 고향 곧 아버지의 혈족에게 돌아갈 수는 없습니다(창 24:6). 아브라함은 과거에 자신이 받은 말씀을 오늘 지금 이 순간에 받은 것처럼 되뇌어 말합니다. 곧 "하늘의 하나님 여호와께서 나를 내 아버지의 집과 내 고향 땅에서 떠나게 하시고 내게 말씀하시며 내게 맹세하여 이르시기를 이 땅을 네 씨에게 주리라"(창 24:7, 12:1). 아브라함은 언제나 과거를 회상하면서 살아갑니다. 어처구니없는 인간의 암울한 과거가 아니라 하나님의 말씀 곧 그 절대자의 약속을 추억하면서 살아갑니다. 사실 성경의 모든 내용은 과거의 일이며, 우리가 성경을 읽는 것은 바로 과거를 추억하는 것입니다. 그리고 이 약속에 의지해서 아브라함은 또 다른 신앙의 확신에 도달하고 있습니다. 아브라함이 늙은 종에게 말했습니다.

"그가 그 사자를 너보다 앞서 보내실지라 네가 거기서 내 아들을 위하여 아내를 택할지니라"(창 24:7).

아브라함의 영혼에는 확실한 보물이 깃들어 있었습니다. 오직 기도로만 그것을 찾을 수 있는 그런 보물이 깃들어 있었습니다. 아브라함은 브두엘의 딸이 정말 좋은 여인인지 아닌지를 묻지 않습니다. 그가 오지 않을 경우에 이삭의 결혼은 어떻게 해야 하는지에 대한 근심도 없습니다. 좋은 것과 나쁜 것을 판단하시는 분은 하나님이시며, 이삭을 위해서 가장 좋은 것은 하나님께서 결정하실 것입니다. 이 모든 일을 위해서 하나님께서는 천사(מַלְאָךְ, 말아크)를 먼저 보내실 것입니다. 이런 종류의 신앙의 확신에 도달하지 못한 종을 위해서 아브라함은 그의 의무를 다할 것을 맹세하도록 명령하고 있습니다.

아브라함은 종에게 말합니다. '이쉬라흐 말아코'(יִשְׁלַח מַלְאָכוֹ, he will send his angel, NIV). 하나님께서 천사를 보내실 것입니다. 그래서 아브라함이 말하는 것은 '너보다 천사가 먼저 도착했으리라. 그러니 너는 그저 이삭의 아내를 취해서 모셔오면 된다'는 것입니다. 만약에 그 여인이 오지 않는다면 이 맹세로부터 늙은 종은 자유 하므로 더 이상 다른 여인을 찾을 필요 없이 돌아오면 됩니다(창 24:8). 결코 이삭을 데려가면 안 됩니다. 가뭄과 기근 속에서 사라를 위험에 노출시키는 가운데에서도 부모의 집이 아니라 이집트로 걸어간 아브라함입니다. 이삭을 고향으로 돌려보낼 수는 없었습니다. 아브라함의 이런 강한 의지를 보면 하갈이 이스마엘의 아내로 이집트 여인을 택한 것이 얼마나 남편의 의지에 대립한 것이었는지 짐작할 수 있습니다. 하갈은 눈먼 여인처럼 자신 앞에 놓인 우물을 보지 못하고 울부짖었던 것처럼 이스마엘이 결혼하지 못하자 자신이 보기에 좋은 여인을 얻었습니다. 이는 아브라함의 뜻이 아닙니다. 아버지의 뜻에서 벗어난 아들은 유업을 받을 수 없습니다. 물질적인 돈 가운데 얼마를 상속 받았다고 해서 아버지의 유업을 상속 받은 상속자가 되는 것은 아닙니다. 상속은 영혼에 관한 문제입니다. 또한 모세가 율법 가운데 이방인 여인과의 결혼을 거부하는 것은 단순히 법의 문제가 아니라 아브라함의 마음을 간직하고 있는가의 문제입니다.

늙은 종은 무릎(בֶּרֶךְ, 베레크)을 꿇고 아브라함의 대퇴골에 손을 향하고 주인의 명령을 이행할 것을 맹세했습니다(창 24:9).

## 늙은 종이 하나님의 사랑과 진실함을 깨우침

늙은 종은 낙타 열 마리에 결혼 지참금으로 아브라함의 재물을 가득 실었습니다. 아마도 이 재물을 도적들로부터 지키기 위해서 더 많은 종들이 함께했을 것입니다. 식량과 재물, 그리고 많은 이들이 긴 여행을 떠났습니다. 지참금을 실은 낙타만 열 마리였습니다. 이것은 사막을 횡단하는 대상인의 행렬과 같았습니다.

그 종은 브엘세바 혹은 헤브론(마므레)에서 출발해서 메소포타미아 상류의 하란까지 긴 여행길을 떠났습니다(창 24:10). 모세는 이 여행의 과정을 모두 생략하고 이 늙은 종의 일행이 도착한 것을 바로 기록하고 있습니다. 그런데 모세는 이곳을 '나홀의 성'(עִיר נָחוֹר, the city of Nahor)이라고 말하고 있습니다. 아마도 아브라함의 동생 나홀은 하란 지역의 지배적 역할을 했던 것으로 보입니다. 그러나 이미 나홀은 죽었고 그의 아들 브두엘이 그곳에 살고 있었습니다. 그리고 브두엘은 나홀의 사회적 지위를 계승했을 것으로 보입니다. 다시 말해서 이 성에 사는 이들은 나홀의 가문에 대해서 충분히 인식하고 있었습니다.

늙은 종의 일행이 도착할 때에는 햇살이 서쪽으로 스치며 하늘이 붉은 노을로 물들기 시작했습니다. 새로운 하루가 시작되고 있습니다. 구약적 전통에서는 "저녁이 되고 아침이 되니" 하루라고 믿었습니다(창 1:5). 새로운 날을 위해서 성(城) 안의 여인들은 성 밖에 있는 우물로 물을 길으러 나오고 있었습니다(창 24:11).

늙은 종은 조용히 기도하기 시작했습니다. 아마도 이 늙은 종은 진정으로 천사(מַלְאָךְ, 말아크)가 와 있는지 시험이라도 하고 싶었던지 정말 '기도'라고 말하기 부끄럽고 어리석은 기도를 합니다. 이 기도를 보면, 늙은 종은 몇 가지 조건을 제시하고 있습니다. 먼저 물 길러 나오는 여인들 가운데 한 명이 '리브가'여야 합니다. 그리고 그 여인에게 물을 달라고 부탁을 하면, 그 여인은 나그네들을 잘 대접할 줄 아는 선한 여인으로 물을 대접할 뿐만 아니라 부탁하지 않은, 먼 길에 지친 낙타 열 마리에게도 따뜻하고 선량한 마음으로 자발적으로 물을 마시게 해야 합니다. 바로 그 여인이 브두엘의 딸이어야 합니다(창 24:13-14). 만약에 이 모든 조건들이 다 맞는다면 "주께서 내 주인에게 은혜(חֶסֶד, 헤쎄드, love) 베푸심을 내가 알겠나이다"라고 종은 말했습니다(창 24:14). 사랑(חֶסֶד, 헤쎄드, love)을 외적인 조건으로 판단하려고 하는 어리석은 모습입니다.

모세는 이 어리석은 기도에 채찍질을 하듯이 늙은 종이 말을 끝내기 이전에 리브가가 물동이를 메고 나왔다고 기록하고 있습니다(창 24:15). 다시 말해서 하나님께서 종의 기도에 응답하신 것이 아님을 보이기 위해서 모세는 "말을 마치기도 전에"라고 말하고 있습니다. 하나님의 뜻과 천사의 사역은 늙은 종의 열망 어린 기도로 결정되는 것이 아닙니다. 그러나 이 늙은 종의 마음속에도 떠오르는 잔별처럼 반짝이는 일깨움을 제공하시는 것이 분명합니다. 왜냐하면 우리는 아브라함이 범사에 어떤 축복(은총)을 받았는지를 확인할 수 있기 때문입니다. 바로 헤쎄드(חֶסֶד)와 에메트(אֱמֶת)입니다. 늙은 종이 일평생 섬긴 아브라함을 하나님께서 얼마나 사랑(חֶסֶד, 헤쎄드)하셨는지를 일깨우기 위한 것입니다.

일반 우물 곁에 별도로 짐승이 마실 수 있는 공간을 마련한 우물 유적지

늙은 종은 묵묵히 리브가가 물을 길어 자신과 낙타에게 나누어 주는 것을 지켜보면서 "여호와께서 과연 평탄한 길을 주신 여부를 알고자" 하였습니다(창 24:21). 리브가는 선한 마음으로 나그네를 선대((חֶסֶד, 헤쎄드, kindness)했습니다. 그저 나홀의 손녀라는 혈족만으로 이삭의 아내가 되는 것이 아님을 보여주듯이 그녀는 이 늙은 종의 조건들을 손쉽게 선대함으로 해결했습니다.

늙은 종은 리브가가 선대한 것에 대하여 답례로 선물을 하고(창 24:22) "네가 누구의 딸이냐 청하건대 내게 말하라 네 아버지의 집에 우리가 유숙할 곳이 있느냐"(창 24:23)라고 물었습니다. 여기서 늙은 종은 분명히 '우리가'라고 말하여 혼자 온 것이 아니라 여러 명의 종들과 함께 온 것을 암시하고 있습니다. 여하튼 리브가는 자신이 나홀과 밀가 사이에서 태어난 '리브가'임을 밝히고, 자신의 집에 유숙할 곳도 있음을 말했습니다(창 24:24-25). 리브가의 말을 들은 늙은 종의 마음에는 어둔 밤하늘의 반짝이는 잔별들을 보듯이, 들의 작고 순결한 하얀 꽃을 보듯이 기쁨으로 머리를 숙여 여호와께 경배했습니다(창 24:26). 그리고 "나의 주인 아브라함의 하나님 여호와를 찬송하나이다 나의 주인에게 주의 사랑(חֶסֶד)과 성실(אֱמֶת)을 그치지 아니하셨사오며 여호와께서 길에서 나를 인도하사 내 주인의 동생 집에 이르게 하셨나이다"(창 24:27)라고 노래했습니다.

하나님께서는 비록 종이지만 아브라함을 위해서 그 늙은 종에게도 아브라함에게 베푸신 헤쎄드(חֶסֶד, love)와 에메트(אֱמֶת, truth)를 베푸셨으며, 또한 주의 길(דֶּרֶךְ, 데레크)에서 인도하셨습니다(נָחָה, 나하). 구약 히브리어 성경에서 헤쎄드(חֶסֶד, love)와 에메트(אֱמֶת, truth)가 신약 헬라어 성경에서는 아가페(ἀγάπη)와 알레테이아(ἀλήθεια)로 곧 '사랑'과 '진리'를 뜻합니다. 이는 하나님의 은혜입니다.

고대 중근동과 사해 지역의 계단식 우물. 우물의 형태는 다양하다. 일반적인 우물과 함께 계단식 우물이나 가축 떼가 물을 마실 수 있는 공간을 연결한 우물 등이 있다

늙은 종이 엎드려 찬송의 고백을 할 때에 리브가는 집으로 달려갔습니다. 그리고 이 일들을 가족에게 알렸습니다(창 24:28). 왜냐하면 늙은 종이 리브가의 집에 유숙할 것을 청했기 때문입니다. 또한 거리에서 하나님을 경배한 사람을 보았기 때문입니다.

### 하나님의 뜻이기에 인간이 결정할 것이 아니다

리브가는 집에 돌아와 자신이 받은 팔찌와 코 고리를 보이면서(창 24:22) 자신이 본 일들을 알렸습니다(창 24:28). 아마도 리브가는 하나님을 찬양하는 사람을 만난 데 놀랐을 것입니다. 왜냐하면 리브가는 자신들 가족 이외에 하나님을 아는 이들이 없는 곳에서 살아왔기 때문입니다. 아브라함의 표현대로 '하나님을 경외할 줄 모르는 곳'에서 살고 있었습니다(창 20:11). 여기서 잠시 라반과 리브가의 신앙에 대한 이야기를 해야 할 것 같습니다.

아브라함의 아버지 데라는 '다른 신에 대한 예배'(they served other gods, KJV) 문제를 가지고 있습니다(수 24:2). 그리고 바로 이 문제로 아브라함은 아버지를 떠나야만 했습니다. 그리고 이런 신앙은 나홀을 통해서 브두엘과 라반에게도 계승된 것으로 보입니다. 왜냐하면 라반은 신상 드라빔을 섬겼으며(창 31:19) 이를 자신의 신 곧 '나의 하나님들'(אֱלֹהָי, 엘로하, my gods)이라고 칭하고 있기 때문입니다(창 31:30, 32). 이런 가정에서 성장한 리브가의 신앙 역시 유사한 형태를 취했을 것으로 볼 수 있습니다. 하지만 미드라쉬(midrash)에서는 그녀를 전혀 다르게 그리고 있습니다.

미드라쉬는 유대인의 거룩한 문서 곧 성경의 숨은 의미를 발견하기 위한 탐구를 통해서 찾은 것을 구전으로 전하다가 후대에 문서화된 유대인들의 성경 강론집입니다. 이에 따르면 리브가는 "가시나무 가운데 백합화 같은"(Like a lily among thorns, 아 2:2) 여인으로 자신을 둘러싼 반역의 마음들로부터 스스로 지키며 살아온 선지자, 의로운 여인(as a prophet and a righteous woman)으로 칭하고 있습니다. 가장 중요한 것은 리브가는 사라의 길에 서 있는 여인으로 사라의 연속성으로 인식된다는 점입니다. 그녀가 선지자의 면모를 보이는 것은 바로 그녀가 임신을 했을 때에 하나님께서 그녀에게 직접 말씀하셨다는 사실에 근거를 두고 있습니다(창 25:23). 이런 선지자의 삶은 아브라함과 이삭과 함께 신앙하는 생활 안에 들어와서 형성된 것이 아니라 리브가가 우상과 다른 신들을 섬기는 가운데에서도 하나님께서 그녀를 세상에 물들지 않도록 지켜 주셨음을 의미하는 것입니다. 아마도 그녀는 스스로를 가족들로부터 고립시켰을 것입니다. 그들로부터 '떠나 있는 삶'으로 분리되어 구별된 여인으로 살았을 것입니다. 아마도 초탈(abgeschiedenheit)이라고 말할 수 있을 것입니다. 이것은 아브라함이 했던 말 가운데서도 추론할 수 있습니다. 아브라함은 종에게 '이쉬라흐 말아코'(יִשְׁלַח מַלְאָכוֹ, he will send his angel, NIV)라고 말했습니다. 바로 천사가 종보다 먼저 리브가에게 도착해 있다는 사실입니다(창 24:7).

물론 미드라쉬의 내용이 해석에 있어서 절대적인 기준이 될 수는 없습니다. 그러나 리브가가 라반과 같이 우상과 다른 신들을 섬기는 여인으로 오직 나홀의 후손 즉 아브라함과 혈족이라는 육체적(물질적, physical)인 이유에서 이삭의 아내가 되었다고 볼 수는 없습니다. 리브가에게는 보다 내면적인 무엇인가가 있었음이 분명합니다. 이런 의미에서 내적인 의미를 추구하는 미드라쉬의 설명은 충분히 귀담아들을 이야기라고 생각합니다. 사실 아브라함의 늙은 종을 '엘리에셀'로 주석하고 있는 것도 미드라쉬입니다. 여하튼 미드라쉬에 따르면, 하나님의 천사들은 미리 도착해서 리브가에게 아브라함의 아들과 결혼하게 될 것이라는 소망을 주었다고 주석하고 있습니다. 성 아우구스티누스 역시 데라의 집안에 참된 신앙이 있었다고 지적하고 있습니다(《신국론》, XVI, 13). 리브가는 우상들 가운데에서도 초극(abgeschiedenheit)해 신앙을 지킨 여인으로 "가시나무 가운데 백합화 같은"(Like a lily among thorns, 아 2:2) 여인이었음이 분명합니다.

리브가는 하나님을 찬양하는 나그네를 만났을 때 천사라도 만난 듯이 놀라서 집으로 달려갔을 것입니다. 리브가의 오빠 라반은 이 이야기와 그 이야기를 확증하는 증거인 팔찌와 코 고리를 보고 우물 곁에 있는 늙은 종에게 달려갔습니다(창 24:30).

라반이 나그네에게 말했습니다.

"여호와께 복을 받은 자여 들어오소서 어찌 밖에 서 있나이까 내가 방과 낙타의 처소를 준비하였나이다"(창 24:31). 여기서 라반이 '여호와'를 알고 있었던 것은 아닙니다. 그러나 모세는 예변법으로 리브가와 라반이 하나님에 대한 신앙이 어느 정도는 있었음을 우리에게 알리기 위해서 이런 표현을 쓴 것으로 압니다. 적어도 리브가는 아브라함과 동일선상에 있는 신앙 곧 '여호와'에 대한 신앙이 있었던 것으로 보입니다. 모세는 여기서 의도적으로 '여호와'라는 수사학적인 표현을 통해서 리브가의 신앙을 암시적으로 우리에게 알려 주고 있습니다.

〈창세기〉 24장 28절부터 54절 상반절까지의 내용을 살펴보면 모세는 앞에서 이야기한 것을 그대로 반복하고 있습니다. 그래서 이 반복되는 부분들을 정리하여 그 전체 구조 곧 이 부분의 짜임새를 살펴보면 아래와 같습니다.

**a. 늙은 종을 영접하는 라반(창 24:28-33)**

**b. 종의 회상 1(창 24:34-41): 아브라함과의 맹세**

**b'. 종의 회상 2(창 24:42-48): 우물가의 일들**

**a'. 늙은 종에게 고백하는 라반(창 24:49-54a): 하나님의 뜻**

위의 짜임새를 보면 늙은 종의 긴 회고를 통해서 브두엘과 라반은 이 모든 일이 하나님의 뜻임을 고백하게 됩니다.

우선 라반은 나그네를 집으로 영접했습니다. 늙은 종뿐만 아니라 그의 동행자들의 발 씻을 물을 주고, 낙타에게도 쉼을 주었습니다. 모세는 이 늙은 종의 '동행자'가 있음을 명시적으로 기록하고 있습니다(창 24:32). 아마도 밖을 내다볼 수 있는 창에 비스듬히 다가온 붉은 노을이 점차 변해 아청빛 하늘에 잔별들이 창문에 내려앉았을 것입니다. 라반은 나그네들에게 저녁을 대접했습니다. 그러나 늙은 종은 자신의 일에 충실해서 먼저 자신의 소임을 말하기 이전에는 음식을 먹지 않을 것임을 밝힙니다(창 24:33). 라반은 나그네의 뜻을 받아들였습니다. 이에 늙은 종은 모든 일들을 다시 이야기합니다. 모든 것을 반복합니다. 그만큼 이 일은 중요한 것입니다.

모세는 이 반복된 이야기를 통해서 천사가 앞서서 늙은 종의 길을 '평탄함'(a success)으로 인도하셨음을 말하고 있습니다(창 24:40). 아마도 천사들이 리브가의 마음에 어떤 영향을 주었을 것이라는 생각이 듭니다. 또한 늙은 종을 통해서 하나님께서 '바른 길 안에서'(בְּדֶרֶךְ אֱמֶת, in the way of truth, KJV) 인도하시어 '리브가'를 만났다고 고백하게 합니다(창 24:48). 다시 말해서 하나님의 에메트(אֱמֶת, truth) 곧 '성실하심'을 고백하고 있습니다.

'바른 길'로 읽은 본문은 히브리어 원문에서 '데레크 에메트'(אֱמֶת דֶּרֶךְ)로 '진실한 길'(the way of truth)이란 뜻입니다. 에메트(אֱמֶת, truth)를 구약성경에서는 '성실한', '충실한' 등으로 읽고 신약성경에서는 '진리' 곧 알레테이아(ἀλήθεια, truth)로 읽습니다.

하나님께서 '리브가'를 찾는 일에 진정으로 성실하게 도우셨음을 고백한 나그네의 말이 끝났습니다. 그리고 이 나그네는 브두엘과 라반에게 "이제 당신들이 인자함(חֶסֶד, 사랑)과 진실함(אמֶת, 에메트)으로 내 주인을 대접하려거든 내게 알게 해주시고 그렇지 아니할지라도 내게 알게 해주셔서 내가 우로든지 좌로든지 행하게 하소서"(창 24:49)라고 말했습니다. 다시 말해서 리브가를 이삭의 아내로 보낼 것인지 아닌지를 결정할 것을 요구하는 것입니다.

라반과 브두엘은 평생 처음 만난 낯선 나그네의 말을 듣고 그에게 대답했습니다. "이 일이 여호와께로 말미암았으니 우리는 가부를 말할 수 없노라 리브가가 당신 앞에 있으니 데리고 가서 여호와의 명령대로 그를 당신의 주인의 아들의 아내가 되게 하라"(창 24:50-

51). 여기서도 모세는 신앙의 일체를 표현하기 위해서 '여호와'라는 예변법을 사용하고 있습니다.

라반의 마음에도 잔별처럼 하나님의 사랑과 진실함에 대한 빛이 빛났습니다. 비록 라반이 '다른 신'(우상)을 섬겼다고 하지만 일순간이라도 진리의 잔별들을 보는 은혜가 있었던 것은 분명합니다. 사실 밤하늘에 별들이 없는 것이 아니라 인간들이 고개를 들어 하늘을 보지 않기에, 그것이 있다고 인식하지 않고 살아갈 뿐입니다. 여하튼 라반은 이 모든 것을 인간인 자신이 결정할 수 없음을 깨닫고 있습니다. 천사는 기적을 보이는 것이 아니라 사람들의 마음에 사랑과 진실함으로 가득 채움으로 올바른 사고를 이끌어내도록 돕고 있습니다. 바로 '데레크 에메트'(דֶּרֶךְ אֱמֶת)를 일깨웁니다. 이 깨달음은 곧바로 히트할레크(הִתְהַלֵּךְ)의 삶을 살게 합니다. 라반은 주저함 없이 낯선 나그네의 말을 진심으로 믿고 여동생 리브가를 이삭의 아내로 줍니다.

사랑(חֶסֶד, 헤쎄드)과 성실(אֱמֶת, 에메트)은 성경 전체를 이끌어가는 아브라함의 축복입니다. 우리에게 필요한 것은 기적이 아닙니다. 신앙 가운데 우리의 삶이 사랑으로 가득 채워지며, 성실함으로 신앙을 견고하게 하는 것입니다. 이렇게 믿음으로 얻어지는 의로움이 우리의 삶에 자리하길 바라는 것입니다. 죄인이며 불의한 우리가 의인이 되는 것이 기적입니다. 기적이 신앙을 이끄는 것이 아니라 신앙이 기적을 이끌어냅니다. 아가페(ἀγάπη, love)와 알레테이아(ἀλήθεια, truth)의 복음은 이미 이삭의 이야기 안에서 아브라함의 축복으로 자리매김하고 있습니다. 또한 자신의 신념, 신앙을 용기 있게 일평생을 바칠 소명으로 확신하고 그렇게 살아가는 것이 기적일 것입니다.

늙은 종은 기쁜 마음에 자리에서 일어나 하나님을 찬양하고(창 24:52) 신부가 될 리브가에게 예물을 주고, 그 가족들에게도 지참금으로 가지고 온 재물을 주었습니다(창 24:53).

모든 일이 마무리된 저녁은 즐거운 잔칫집이 되었습니다. 늙은 종과 그의 일행들은 먹고 마시며 즐거운 시간을 보냈습니다(창 24:54).

그런데 어떤 이들은 라반이 이 재물 곧 지참금 때문에 동생 리브가를 주었다고 말하는 경우가 있습니다. 만약에 이것이 사실이라면 천사가 미리 오지 않았을 것입니다. 왜냐하면 천사가 없어도 사람들은 충분히 재물에 눈이 어두워 여동생을 낯선 사람에게 팔 수 있기 때문입니다. 그런 관점은 재물로 산 여인이 아브라함의 축복 한가운데에서 사라 곧 공동체의 지도자, 공동 삶(a common life)의 어머니가 되었다고 말하는 것입니다. 이것은 고결한 신앙을 물질화(materialization)함으로 타락시키는 불경한 상상력입니다. 오히려 미드라쉬처럼 건전한 상상력을 택하는 것이 타락과 부패의 사고를 피하는 길이라고 압니다.

### 아름다운 하얀 꽃을 만나다

지난밤은 축제와 같은 밤이었습니다. 비록 조촐하고 검소한 저녁이었으나 즐거운 마음으로 먹고 마셨습니다(창 24:54). 그리고 다시 새벽이 찾아왔습니다. 성경에 '아침'으로 번역한 '보케르'(בֹּקֶר)는 '이른 아침'으로 새벽을 의미합니다. 그 이른 아침에 아직은 잔별들이 몇몇 보였지만 대부분의 별들은 사라졌습니다.

'다음날 아침에' 이 늙은 종은 지체하지 않고 곧바로 주인 아브라함에게 돌아갈 것을 결정했습니다(창 24:54). 이에 라반과 리브가의 어머니는 결혼하는 딸과 며칠만 함께 있게 해줄 것을 청했습니다(창 24:55). 그러나 늙은 종은 기쁜 소식을 하루바삐 주인인 아브라함에게 알려야 하는 의무에 지체하길 원하지 않았습니다(창 24:56). 이에 양측은 리브가의 의견을 따르기로 정했습니다(창 24:57). 라반과 리브가의 어머니는 리브가에게 "네가 이 사람과 함께 가려느냐"(창 24:58)라고 물었습니다. 다시 말해서 '너는 지금 당장 이 사람과 함께 떠날 것이냐? 이별의 정이라도 나눌 수 있도록 며칠만 함께 있으면 안 되겠니?'라는 의미로 말했을 것입니다. 이에 리브가가 대답했습니다.

"가겠나이다!"(I will go, 창 24:58). 이 말이 의미하는 것은 '나는 떠날 것입니다. 당신들의 뜻과는 반대로 나는 갑니다'라는 뜻입니다. 여기서 신앙은 '떠남'의 문제를 강하게 반영하고 있습니다. 리브가는 가족들에게 '점착'되지 않았습니다. 그녀의 떠남은 미래에 대한 확고한 소망에서 일어난 것으로 하나님의 뜻에 의한 것입니다. 이미 하나님의 뜻임을 고백한 상황에서 인간의 정리(情理)를 나누는 것은 큰 의미가 없는 일입니다. 여기서 리브가는 하나님의 뜻에 순종하기로 결단한 여인의 모습을 보여주고 있습니다. 미드라쉬에서는 리브가의 이 결단을 출애굽하는 이스라엘 백성들의 마음이라고 주석하고 있습니다.

피와 살을 나눈 가족이지만 우상숭배에 점착된 가족입니다. 그 가족을 떠나서 낯선 땅, 소망의 땅으로 떠나는 순결한 신부의 이미지입니다. 이는 400년 동안 살아온 이집트이지만 우상숭배에 점착된 삶으로부터 떠나서 낯선 땅, 약속의 땅으로 떠나는 순결한 신부 이스라엘을 그려내고 있습니다. 이집트에서 나온 것은 신부의 이미지를 가지고 있습니다(렘 31:32).

리브가의 어머니와 라반은 리브가와 그녀의 유모 드보라를 함께 보냈습니다(창 24:59, 35:8). 그리고 떠나는 리브가를 축복하여 말했습니다.

"우리 누이여 너는 천만인의 어머니가 될지어다 네 씨로 그 원수의 성 문을 얻게 할지어다"(창 24:60).

우리는 수사학적인 표현 하나를 기억해야 합니다. 바로 엔토우시아스무스(*enthousiasmus*)입니다. 이것은 본인은 무슨 말을 하는지 모르지만 그 말 안에 미래의 예언이나 하나님의 뜻이 담겨 있는 것을 말합니다. 일반적으로는 아무 생각 없이 한 말이지만 어떤 사건의 복선이나 진실을 전하는 수사학적인 방법입니다. 다시 말해서 라반이 성령에 의해서 축복한 것도 아니며, 천사들의 계시를 받아서 리브가에게 이렇게 축복한 것도 아닙니다. 그저 그는 기계적인 축복에서 벗어나 사랑하는 여동생 앞에서 진정 의미 있는 축복을 하고 싶었을 것입니다. 그래서 라반의 말은 라반 자신의 소망을 담아 한 말입니다. 그러나 그의 말에는 하나님의 뜻이 숨어 있었습니다. 비록 라반은 인식하지 못했지만 그의 말에는 진정한 예언의 성격이 담겨 있었습니다. 이렇게 자신도 모르는 사이에 일의 진실, 미래의 예언이나 진리를 말하는 것을 엔토우시아스무스(*enthousiasmus*)라고 합니다.

리브가는 어머니가 될 것입니다. 바로 사라의 유업을 계승한 것입니다. 이는 하나님의 뜻이며, 천사를 보내어 이 일을 성취하신 것은 하나님이십니다. 라반은 미래를 예언하는 축복을 한 것입니다.

라반은 소유가 적은 가난한 사람이었습니다(창 30:30). 비록 라반은 가난하지만 그 마음 밭은 결코 초라하거나 비열하게 여동생으로 재물을 취할 만큼은 아니었습니다. 재물 앞에서 가난한 사람들이 모두 탐욕으로 눈이 머는 것은 아닙니다. 오히려 작지만 높은 고결한 마음으로 자신의 삶을 버티고 있는 경우가 더 많습니다. 여동생에 대한 축복은 그의 진심이었습니다. 그리고 그 가운데 라반도 모르는 미래의 예언, 진실이 숨겨져 있었습니다. 엔토우시아스무스(*enthousiasmus*)가 있었습니다. 바로 리브가가 천만인의 어머니 곧 사라의 자리를 얻을 것입니다. 라반은 소박하고도 선량한 마음씨와 솔직하고도 진지한 심정을 지닌 사람입니다. 마치 몇몇의 잔별들이 아직 새벽하늘에서 반짝이는 것과 같은 아주 작은 빛이 그런 그의 마음을 비추고 있었습니다. 그의 이름은 '라반'(לָבָן, 하얀 사람)입니다.

라반(לָבָן)은 일반 형용사로는 '하얀', '흰'(white)이란 뜻으로 동사 라반(לָבַן)에서 파생한 낱말입니다. 동사 라반(לָבַן)은 '하얗다'란 뜻입니다. 아마도 '라반'(לָבָן)이란 인물은 가난하지만 선량한 삶을 살아가는 인물임이 분명합니다. 여동생 리브가(רִבְקָה)가 사랑하는 야곱을 맡길 수 있는 인물로 확신할 만큼의 하얀 마음을 가진 사람이었을 것입니다. 아무리 리브가를 어리석은 여인이라고 몰아붙인다고 하여도 자신이 불신하는 라반에게 사랑하는 아들 야곱을 맡기지는 않을 것입니다.

리브가는 가족들과 떠나 나그네와 함께 낯선 땅으로 인도되었습니다(창 24:61). 나그네를 선대한(חֶסֶד, 헤쎄드) 그녀의 선한 마음은 하얀(לָבָן, 라반) 꽃처럼 순결했습니다. 이렇게 순결하고 아름다운 하얀 꽃이 이삭에게 올 때, 바로 그때 이삭은 저녁 묵상을 하고 있었습니다. 모세는 이에 대해서, "그때에 이삭이 브엘라해로이에서 왔으니 그가 네게브 지역에 거주하였음이라"(창 24:62)라고 기록하고 있습니다. 여기서 '브엘라해로이'는 하갈이 쫓겨나 천사를 만난 곳입니다. 이는 이삭이 '네게브'(נֶגֶב) 곧 남쪽 지방에 거주했음을 뜻합니다.

이삭은 어머니 사라가 죽음을 만난 헤브론이나 어머니의 묘실이 있는 막벨라 밭에 거주하지 않았습니다. 조용하게 아버지의 일을 도와 노동을 하고 있었습니다. 아마도 이때는 봄이라 아버지 아브라함은 헤브론에 있었던 것으로 보입니다.

모세는 "이삭이 저물 때에 들에 나가 묵상하다가 눈을 들어 보매 낙타들이 오는지라"(창 24:63)라고 쓰고 있습니다. 아마도 이삭은 석양의 붉은 노을을 바라보면서 어머니 사라의 부활에 대한 깊은 묵상을 했던 것으로 보입니다. 왜냐하면 이삭은 이미 부활 신앙 한가운데에 있었던 인물이기 때문입니다. 번제단의 제물로 죽음 앞에서 오직 부활의 신앙 가운데 아버지의 칼날을 평온하게 받아들였던 인물입니다. 그래서 아마도 이삭은 생각했을 것입니다. '저 태양이 석양에서 붉은 피를 토하며 쓰러져 깊은 어둠과 같은 무덤인 저 산에 장례되지만 그 어둠이 지나길 기다리고 기다리면 반드시 태양은 새로운 생명을 가지고 새로운 일출의 붉은 빛을 가지고 다시 찾아오는 것처럼 그렇게 어머니 사라를 다시 만날 것'을 생각했을 것입니다.

'묵상하다'라고 읽은 쑤아흐(שׂוּחַ)는 성경에서 거의 사용하지 않는 낱말입니다. 헬라어 구약성경인 셉투아진트(LXX)에서는 아돌레스케사이(ἀδολεσχῆσαι)로 읽습니다. 우선 마소라 본문(MT)으로 읽으면, 쑤아흐(שׂוּחַ)는 구약성경 전체에서 단 한 번 사용되고 있는 단어로 그 의미를 확정하기 어렵습니다. 단지 언어유희라는 수사학적으로 접근하여 이해를 한다면 쑤아흐(שׂוּחַ)는 '해 따위가 지다'(sink dawn), '가라앉다', '머리 따위를 숙이다', '겸손하다'란 뜻이 있습니다. 아마도 이삭은 해질녘에 붉은 노을을 보면서 땅에 엎드려 깊은 생각 혹은 기도를 하고 있었던 것으로 보입니다. 그리고 그가 고개를 들었을 때에 저 멀리 낙타 떼가 오는 것을 보았을 것입니다. 이런 언어유희에 따른 이해를 인정한다면 쑤아흐( )는 묵상의 내용보다는 기도하는 자세와 관련이 있는 것으로 보입니다.

한편 셉투아진트(LXX)의 아돌레스케사이(ἀδολεσχῆσαι)를 따른다면, 무의미한 일을 '말하다'(to talk idly), '재잘거리다'(prate) 혹은 '깊이 생각하다', '기도하다'(to meditate)란 뜻을 가지고 있습니다. 아무도 없는 들판에서 혼자 기도하고 있는 경우에는 광인(狂人)으로 취급받기 쉽습니다. 아마도 이삭은 석양의 노을이 세상을 아름답게 장식할 때쯤에 습관을 따라서 들에 나가 기도했던 것으로 보입니다. 그 모습은 흡사 허공에 무의미한 말들을 재잘거리는 것으로 보였을 것입니다. 그러나 이삭은 엎드려 기도하고 있었습니다. 분명히 그는 다른 사람들이 보았을 때에 오해할 정도로 작은 목소리를 내어 기도하고 있었을 것입니다. 고요한 정적 속에서 기도를 하고 있었을 것입니다.

이삭이 고개를 들어 늙은 종과 함께 낙타 무리가 보이자 이삭은 하던 기도를 멈추고 달려갔습니다. 바로 그때 리브가 역시 이삭을 발견하곤 무엇인가 알았다는 듯이, 자신의 주인을 맞이하듯이 낙타에서 내렸습니다(창 24:64). 그리고 늙은 종에게 물었습니다.

"들에서 배회하다가 우리에게로 마주 오는 자가 누구냐"(창 24:65). 여기서 '배회하다'라고 읽고 있는 것은 히브리어 본문(MT)에서는 없는 말입니다. 그래서 본문이 말하는 보다 정확한 의미는 '들판에서 우리에게 오는 저 사람은 누구입니까?'(Who is that man in the field coming to meet us?, NIV) 정도로 읽을 수 있습니다. 리브가는 들녘에 혼자 묵묵히 기도하고 있는 한 남자가 자신에게 오고 있는 것을 보았을 뿐입니다. 아마도 기도하고 있는 사람이 어떤 의미 있는 인물이란 생각이 들어 그녀 자신도 낙타에서 내려온 것으로 보입니다. 그녀는 기도하는 이삭의 모습에서 충분히 안도감을 느꼈을 것입니다. 본문에서 '배회하다'라는 단어는 생략해서 읽어야 할 줄로 압니다.

여하튼 늙은 종은 리브가에게 "이는 내 주인이니이다"라고 말합니다(창 24:65). 이 늙은 종은 성실하게 아브라함을 주인이라고 말하는 동시에 그의 아들 이삭을 자신의 주인이라고 말합니다. 이는 고대사회에서 아버지의 모든 것을 상속받은 아들은 아버지와 '동일하다'는 관념(abstraction) 곧 '하나'라는 사고(thought)에 따른 것입니다. 요즘 세상에서는 부모를 시대에 뒤떨어진 지식과 편견을 가진 고집덩어리로 받아들이게끔 되어 있어서 아버지와 아들을 동일성 곧 '하나 됨'에 대하여 생각하는 것은 불가능합니다. 그러나 고래(古來)에는 아버지의 생각과 신앙은 그대로 아들에게 상속되어 가문의 전통을 만들었습니다. 여하튼 리브가는 살포시 베일로 수줍은 마음을 가렸습니다(창 24:65). 아마도 붉은 노을로 인해서 리브가의 베일이 붉게 물들어 수줍은 여인의 모습을 감출 수 있게 도와주었을 것입니다.

늙은 종은 그동안의 일을 이삭에게 모두 알렸습니다(창 24:66). 특히 이방여인과 결혼시킬 수 없다는 아브라함의 의지와 그에 순종하는 늙은 종의 맹세, 어리석은 늙은이의 기도에 잔별처럼 반짝이는 일깨움을 준 천사들, 나그네를 진정으로 대접하는 선량한 리브가의 꽃같이 향기로운 행실들, 이 모든 일들이 인간이 판단할 수 없는 일임을 고백한 하얀 마음을 가진 라반의 고백, 그리고 가족들과의 정리(情理)를 생각하지 않고 하나님의 뜻이라 고백하고 지체하지 않고 고향을 떠난 리브가의 결단 등에 대해서 알렸을 것입니다. 하나님께서 이 모든 일을 헤쎄드와 에메트로 이끌어 주셨음에 대한 고백이 있었을 것입니다. 사랑과 진리 가운데 맞이하는 아름다운 하얀 꽃 같은 신부입니다. 이 모든 일에 하나님께서 천사를 보내어 그 길을 인도하셨습니다. '바데레크 나하니'(בַּדֶּרֶךְ נָחַנִי) 곧 '그가 나를 그 길 안에서 인도하십니다.' 그 길 곧 아름다운 사랑과 진실의 길입니다.

모세는 이 아름다운 만남 곧 천사의 인도함을 받아, 기도 가운데 미소 짓는 이삭('웃음'이란 의미)과 하얀 꽃과 같은 리브가('묶다'라는 의미)의 이 만남을 다음과 같이 마무리하고 있습니다.

"이삭이 리브가를 인도하여 그의 어머니 사라의 장막으로 들이고 그를 맞이하여 아내로 삼고 사랑하였으니 이삭이 그의 어머니를 장례한 후에 위로를 얻었더라"(창 24:67).

이삭은 37세에 어머니 사라의 죽음을 보았습니다. 그리고 한동안 사라의 죽음을 묵상하면서 살았고, 이제 리브가를 통해서 위로(נָחַם, 나함)를 받았습니다. 여기서 나함(נָחַם)은 니팔형(수동형)으로 '후회하다'(regret), '미안해하다'(be sorry), '위로하다'(comfort)란 뜻을 가지고 있습니다. 아마도 이삭이 받는 위로는 한 여자를 통해서 얻는 위로가 아니라 하나님께서 천사를 통해서 인도하심에 대한 위로일 것으로 보입니다. 모세는 줄곧 '바데레크 나하니'(בַּדֶּרֶךְ נָחַנִי)를 이야기하고 있습니다. 여기서 '인도하다'(נָחָה, 나하)와 '위로하다'(נָחַם, 나함)는 서로 유사발음으로 언어유희를 이루고 있습니다. 다시 말해서 하나님의 인도하심에 위로를 받았다는 의미로 이해할 수 있습니다.

이삭은 얼마 후에 리브가와 결혼을 하게 됩니다. 이때 이삭의 나이가 40세였습니다(창 25:20). 이때 리브가의 나이는 명확하게 제시되지 않았습니다. 그런데 미드라쉬에서는 20세로 추정하고 있습니다. 이는 충분히 가능합니다. 리브가가 떠나올 때에 그녀의 유모 드보라가 함께 온 것을 생각하면 그녀는 아직 20세가 되지 않은 여인으로 결혼과 출산에 대하여 도움을 받아야 했음이 분명합니다. 비록 리브가가 20세는 아니라고 하여도 그녀가 젊은 여인이었음은 분명합니다.

# 아브라함의 죽음

## E′. 아브라함의 죽음(25:1-11): 아브라함 175세 때

모세는 아주 세밀하게 사라의 죽음(E 부분, 23장)과 평행하게 아브라함의 죽음을 이야기하고 있습니다(E′ 부분, 25:7). 우선 사라의 죽음에서 중요한 것은 아브라함이 '그 밭'과 막벨라 굴을 매입하는 상업적 이야기입니다. 이 막벨라 묘실 곧 두 개의 이중적인 죽음에 대한 암시는 이미 아브라함이 가지는 부활의 신앙 가운데 소망이 있는 죽음과 소망이 없는 죽음이라는 두 가지 죽음에 관한 이야기가 있었습니다. 우리는 '소망'과 '믿음'이 같은 것임을 알고 있습니다. 우리는 부활을 믿기에 부활을 소망하게 됩니다. 그래서 거룩한 사도는 "우리가 소망으로 구원을 얻었으매 보이는 소망이 소망이 아니니 보는 것을 누가 바라리요"(롬 8:24)라고 하였습니다. 눈에 보이는 것은 바라는 소망이 아닙니다. 그것은 분석하고 고찰할 과학적이고 철학적인 대상일 것입니다. 그러나 우리는 사실 보는 것을 바라고 있는 어리석은 소망, 소망이 아닌 소망의 허상을 가지고 있는 경우가 많습니다.

여하튼 모세는 아브라함의 죽음에 앞서서 그의 또 다른 아내 '그두라'(קְטוּרָה, 케투라)에 관해서 언급하고 있습니다(창 25:1). 본문에서 '후처'라고 번역한 것은 의역한 것으로 히브리어 잇샤(אִשָּׁה, 여자)입니다. 히브리어 케투라(קְטוּרָה)는 동사 카타르(קָטַר, smoke)의 수동 분사형입니다. 동사 카타르는 '향 따위의 연기를 피우다', '향을 태우다'(incense), '제물을 태우다'(incense offering)라는 뜻을 가지고 있습니다.

아마도 아브라함은 사라의 죽음 이후에 생활에 그윽한 향기 같은 여인 그두라(קְטוּרָה, 케투라)와 결혼한 것으로 보입니다. 이때 아브라함은 이미 137세가 넘은 나이였으므로 누구나 가지는 청년기의 정념(passions) 곧 파토스(πάθος)나 에피튀미아(ἐπιθυμία)에 의한 것은 아닐 것입니다. 아브라함은 이미 삶의 괴로움과 격정(passions)을 위대한 신앙의 신비를 통해서 차차 고요함으로 바꾸었습니다. 다시 말해서 137세의 늙은 아브라함은 끓어오르는 청년의 혈기 대신에 온화함으로 가득한 노년기를 보내고 있었습니다. 137세가 넘은 노년기의 아브라함이 젊은 여인과 결혼한 것은 하나님의 섭리에 의한 것이지 수동적인 격정(激情, πάθος, passions)에 의한 것은 아닙니다.

하나님께서는 아브라함에게 "내가 너로 큰 민족을 이루고"(창 12:2)라고 약속하셨습니다. 이에 따라서 아브라함의 씨가 큰 민족을 이루었음을 보여주고 있습니다.

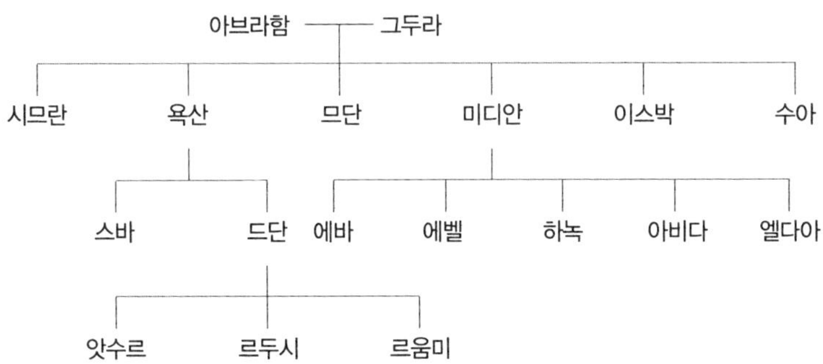


사라의 죽음에서 '그 밭' 이야기를 했다면 아브라함의 죽음에서는 '미디안 족속'과 '앗수르 족속'에 관한 이야기를 하고 있습니다.

다른 민족들은 이후 성경에서 큰 의미를 부여하지 않고 있습니다. 그러나 '미디안 족속'과 '앗수르 족속'은 지속적으로 등장하는 민족입니다. 성 아우구스티누스는 이들을 '육체적 의미들'(significent carnales) 가운데 하나로 읽고 있습니다(《신국론》 XVI, 34).

모세는 "아브라함이 이삭에게 자기의 모든 소유를 주었다"(창 25:5)라고 쓰고 있습니다. 그러나 이 본문에서 '소유'란 말은 없습니다. 본문을 그대로 읽으면 '그리고 아브라함이 모든 것 곧 그를 위해서 이삭에게 주었다'(וַיִּתֵּן אַבְרָהָם אֶת־כָּל־אֲשֶׁר־לוֹ לְיִצְחָק) 정도로 읽을 수 있습니다. 셉투아진트(LXX)에서는 '있는 것' 혹은 '소유하고 있는 것'이란 뜻을 가진 '휘파르콘토스'(ὑπάρχοντος)라는 낱말이 있습니다. 그래서 "자기의 모든 소유를 주었다"(창 25:5)라고 읽을 수 있습니다. 하지만 마소라 본문(MT)에서는 '모든 것'으로, 단순히 재화만을 의미하는 것이 아니라 신앙을 비롯한 아브라함의 모든 것으로 읽을 수 있도록 그 이해의 폭을 넓히고 있습니다. 아마도 모세가 말하고자 하는 것은 '모든 것'으로 아브라함의 신앙을 상속한 것을 말하는 것으로 보입니다. 왜냐하면 "자기 서자들에게도 재산을 주어 자기 생전에 그들로 하여금 자기 아들 이삭을 떠나 동방 곧 동쪽 땅으로 가게 하였더라"(창 25:6)라는 문장이 이어짐으로 아들들에게 재산을 분배하고 있기 때문입니다.

아브라함은 살아 있을 때에 재산을 이미 정당하게 분배함으로 정의의 문제를 실현하고 있습니다. 정의의 문제는 빵의 분배 문제임을 이미 언급했습니다. 그리고 이 분배에는 이스마엘을 비롯해서 그의 모든 아들들에게 정당하고 공정하게 분배되어 동방으로 이주하는 데 도움이 되었을 것입니다. 특히 '수아'는 〈욥기〉에서 '수아 사람 빌닷'과 관련이 있는 것으로 보입니다(욥 2:11).

사라가 죽을 때에 아브라함은 137세였습니다. 이후 이삭이 40세에 20세가량의 리브가와 결혼을 했습니다(창 25:20). 이때 아브라함은 140세가 됩니다. 이삭은 어머니가 죽은 후 3년 동안을 그리워했습니다. 그리고 이삭이 에서와 야곱을 얻은 것이 이삭이 60세 때의 일이므로(창 25:26) 이때 아브라함은 160세가 됩니다. 이후 15년을 더 살고 향년 175세에 죽음을 만났습니다(창 25:7). 아브라함은 적어도 야곱을 15년 동안 바라보고 있었습니다.

모세는 아브라함의 죽음에 대해서 "그의 나이가 높고 늙어서 기운이 다하여 죽어 자기 열조에게로 돌아가매"(창 25:8)라고 쓰고 있습니다. 여기서 '열조'라고 읽은 히브리어 '암'(עַם, people)은 복수형으로 '민족' 혹은 '백성들'을 의미합니다. 이는 죽어서 자신의 백성이나 민족에게로 돌아갔다는 의미보다는 인류의 일반적인 삶의 끝인 '흙으로 돌아간 것'을 뜻하는 것으로 보입니다. 여하튼 아브라함의 묘실은 이삭과 이스마엘에 의해서 사라의 묘실이 있는 에브론의 밭 곧 막벨라 굴에 마련되었습니다(창 25:9-10). 이 말은 아브라함이 그 열조의 묘실에 안치되지 않았음을 말하는 것입니다.

모세는 아브라함의 죽음에서 아브라함의 후손으로 앗수르 민족과 미디안 민족을 언급하면서 끝으로 "아브라함이 죽은 후에 하나님이 그의 아들 이삭에게 복을 주셨고 이삭은 브엘라해로이 근처에 거주하였더라"(창 25:11)라는 말을 덧붙이고 있습니다. 여기서 우리는 이삭의 삶에 대한 두 가지 사실을 기억할 필요가 있습니다. 하나는 이삭이 농경지가 있는 곳을 주요한 거주지로 결정했다는 사실입니다. 다른 하나는 하갈의 삶에서 계시된 '나를 살피시는 하나님' 곧 '엘 로이'(אֵל רֳאִי, the God who sees me, KJV)에 대한 삶이 그대로 이삭의 삶으로 투영되었다는 점입니다. '브엘라해로이' 곧 감찰하시는 분의 샘물 곁에서 이삭이 거주했다는 사실이 바로 이 점을 강하게 증명하고 있습니다.

하갈은 '엘 로이'(אֵל רֳאִי)를 직접 체험했으나 그 신앙이 그녀의 삶에 투영되지 못하여 망각 속에서 사라졌습니다. 스스로 만든 아픔에 눈이 멀어 아무것도 보지 못하고 절망 속으로 달려갈 뿐이었습니다. 그러나 이런 체험을 할 필요는 없습니다. 오직 '엘-로이'(אֵל רֳאִי)에 대한 신앙만으로도 충분하기 때문입니다. 기적과 체험이 신앙을 형성하는 것이 아니라 신앙이 기적을 형성하는 법입니다.

## 들나귀의 후손들

### D′. 이스마엘의 족보(25:12-18)

모세는 사라의 죽음을 이야기하기 이전에 나홀의 족보를 언급했습니다(D 부분, 창 22:20-24). 그런데 아브라함의 죽음 다음에 곧바로 이스마엘의 족보를 이야기함으로(D′ 부분, 창 25:12-18) 이 두 이야기는 일정하게 평행을 이루고 있음을 알 수 있습니다.

모세는 "사라의 여종 애굽인 하갈이 아브라함에게 낳은 아들 이스마엘의 족보는 이러하고"라고 말함으로 이스마엘이 진정한 아브라함의 씨가 아님을 암시하고 있습니다. 아브라함과 그의 늙은 종과의 맹약식을 상기한다면 이 부분에 대해서는 이집트 여인 하갈뿐만 아니라 이집트 여인과 결혼한 이스마엘마저도 아버지의 유업을 배반하였음을 암시하는 것으로 볼 수 있습니다(창 21:21). 여하튼 이스마엘의 아들들은 모두 열두 족장의 지도자로 하나님께서 약속하신 바대로 '큰 민족'을 이루었습니다(창 25:13-16).

모세는 이스마엘에 대해서 "이스마엘은 향년이 백삼십칠 세에 기운이 다하여 죽어 자기 백성에게로 돌아갔다"라고 기록하고 있습니다(창 25:17). 여기서 모세가 말한 "죽어 자기 백성에게로 돌아갔다"란 말은 아브라함에게 쓴 "죽어 자기 열조에게로 돌아갔다"란 말과 완전히 동일한 말입니다(창 25:8). 다시 말해서 이스마엘이 죽어서 그 조상인 아브라함의 품에 들어갔다는 말이 아니라 "너는 흙이니 흙으로 돌아갈 것이니라"라는 말씀대로 되었음을 뜻하는 것입니다(창 3:19). 곧 아담처럼 죽었다는 의미입니다.

한 가지 기억할 것은 이스마엘의 장자 '느바욧'입니다. 사실 느바욧보다는 그의 누이를 기억해야 합니다. '달콤한 향기'라는 뜻을 가진 바스맛(בָּשְׂמַת)입니다. 바스맛은 이스마엘의 딸로 훗날 에서의 아내가 됩니다(창 36:3). 그런데 모세는 이스마엘의 딸의 이름을 '마할랏'(מָחֲלַת, 마할라트)이라고 쓰고 있습니다(창 28:9). 그리고 다시 바스맛(בָּשְׂמַת)이라고도 합니다. 아마도 그녀의 이름은 '바스맛'이었으며 노래하는 은사와 관련이 있었기에 '마할랏'이란 별명이 생긴 것으로 보입니다(MT 시 53:1, 88:1). 시편에서 '마할랏'이란 부분은 히브리어 성경에서는 1절로 본문에 추가시키지만 한글번역에서는 표제부(a title)로 읽고 있습니다.

60세에 이삭이 에서와 야곱을 낳았습니다(창 25:26). 그리고 에서가 40세에 바스맛과 결혼했으므로(창 26:34) 이때 이삭은 100세가 됩니다. 아브람은 86세에 이스마엘을 얻었습니다(창 16:16). 그러므로 이삭이 100세일 때에 이스마엘은 114세가 됩니다. 이스마엘이 137세에 죽음을 만났으니(창 25:17) 에서의 결혼을 결정한 것은 '이스마엘'이었음이 분명합니다. 이 사실은 아브라함 이후에도 이삭과 이스마엘이 형제 사이에 우호적인 관계를 유지하고 있었던 것을 의미합니다.

'느바욧'의 이야기로 돌아오면, 선지자 이사야께서는 먼 미래에 어떤 빛으로 인도되는 수많은 민족에 관한 예언을 하고 있습니다(사 60:1-3). 이때 이스마엘의 장자 느바욧과 그다음 아들인 게달도 함께 그 빛으로 인도됨을 예언하고 있습니다(사 60:7). 이는 분명히 복음의 빛 가운데 이스마엘의 아들들이 함께 모일 것을 예언한 것입니다. 아브라함 때에는 비록 흩어진 형제이지만 복음의 빛 안에서 다시 모이게 될 것입니다. 아브라함의 언약은 만민을 향하고 있습니다. 이스마엘의 둘째 게달은 성경에 종종 등장합니다. 특히 '게달의 장막'이란 표현으로 아름답고 풍요로운 삶을 상징하는 시적 은유로 등장합니다(시 120:5; 아 1:5). 아마도 게달의 후손들은 지배적 위치에서 풍요로운 삶을 살았던 것으로 보입니다. 하지만 하나님께서 정하신 때가 오면 '게달의 영광'도 사라질 것이 예언되어 있습니다(사 21:16-17; 렘 49:28). 아마도 이들은 아라비아 광야에 거주했던 것으로 보입니다(겔 27:21).

끝으로 모세는 "그 자손들은 하윌라에서부터 앗수르로 통하는 애굽 앞 술까지 이르러 그 모든 형제의 맞은편에 거주하였더라"(창 25:18)라고 말함으로 천사를 통한 예언이 성취되었음을 말하고 있습니다. 천사는 이스마엘이 들나귀처럼 되고 "모든 형제와 대항해서 살리라"라고 하나님의 말씀을 전했으며(창 16:12), 지금 모세는 이 말씀이 일차적으로 이루어졌음을 알리고 있습니다(창 25:18). 여기서 '하윌라'는 스바와 더불어 아라비아 광야 지역을 말하는 것으로 보입니다(창 10:7). 이를 에덴 동산과 연결하지 않도록 주의합시다(창 2:11).

모세는 이후 이스마엘에 관한 언급을 하지 않습니다. 요셉이 이스마엘 상인들 곧 아라비아 상인들의 손에 의해서 이집트 관리 보디발에게 종으로 팔릴 때에 한 번 등장할 뿐입니다(창 39:1). 한편 미드라쉬에서는 흥미 있는 언급 하나를 읽을 수 있습니다. 바로 아브라함의 축복(안수)에 관한 것입니다.

이삭은 야곱에게 축복을 했으며, 야곱은 열두 아들들에게 축복을 했으나 아브라함은 하지 않았습니다. 이에 대해서 아브라함은 하갈의 아들 이스마엘과 그두라의 아들들에게 축복을 할 수 없었기에 사라의 아들 이삭에게도 축복을 하지 않았다고 말합니다. 결국 이삭은 하나님으로부터 직접 축복을 받게 되고, 이는 하나님께서 아버지처럼 아브라함의 축복으로 이삭에게 주었다고 합니다. 아마도 아브라함이 이삭에게 축복했다면 야곱과 에서 사이에서 일어날 형제살인의 문제가 이미 이때 일어날 수도 있었을 것입니다. 아브라함이 이삭을 이스마엘과 그두라의 아들들 손에서 지키기 위해서, 형제살인을 피하기 위해서 축복을 하지 않은 것은 지혜로 보입니다.

## 초태생의 의미

### C'. 장자권의 문제(25:19-34)

모세는 앞에서 아브라함과 이삭의 부활 신앙을 이야기하면서 대속권(the Redemption) 곧 아들을 되찾음(redemption)에 대한 이야기를 했습니다(창 22:1-19). 그런데 이 이야기는 아브라함의 브엘세바 언약 다음에 위치하고 있습니다. 모세는 이와 유사한 배열을 반복하고 있습니다. 먼저 초태생의 가치를 이야기하는 장자권의 문제를 이야기합니다(창 25:19-34). 그리고 다시 이삭의 브엘세바 이야기로 넘어갑니다. 이는 모세가 의도적이고 세밀하게 ㄱ의 문체적 특징으로 평행(parallelism)을 이루도록 배열하고 있음을 알 수 있습니다. 이는 결코 여러 사람들에 의해서 형성된 세속적인 고대 작품과는 완전히 다릅니다. 짜임새 있는 일관된 문체를 보여주고 있습니다.

장자권의 문제는 초태생에 관한 가치와 의미를 말하는 것입니다. 하나님께서는 모세에게 다음과 같이 말씀하셨습니다.

> "여호와께서 모세에게 일러 이르시되 이스라엘 자손 중에서 사람이나 짐승을 막론하고 태에서 처음 난 모든 것은 다 거룩히 구별하여 내게 돌리라 이는 내 것이니라 하시니라"(출 13:1-2).

초태생(בְּכוֹר, 베코르) 곧 첫 번째로 태어난 것들은 모두 하나님의 것임을 의미합니다. 모세는 이 사실을 배웠습니다. 레위인들은 바로 이 장자들을 대신해서 성막과 성전에서 일하는 것입니다. 다시 말해서 모든 '장자' 곧 베코르(בְּכוֹר)는 하나님의 것으로 하나님을 위해서 일해야 합니다. 하지만 모든 장자가 이렇게 일할 수 없으므로 이를 대신하기 위해서 레위인들이 그 장자의 역할을 하는 것입니다(민 3:12, 8:18). 장자는 하나님의 것으로 하나님을 위해서 살아야 한다는 사상을 가진 모세에게 이 장자권의 문제는 분명 보다 깊은 의미가 있었을 것입니다. 이것은 지금의 우리에게도 깊은 의미가 있습니다. 장자는 그가 가진 권리 때문에 중요한 것이 아니라 그가 가진 의무, 곧 하나님을 위해서 살아야 한다는 사실 때문에 중요한 것입니다.

만약에 장자가 이 초태생의 장자권을 멸시한다면 그것은 하나님을 섬기는 일을 멸시한다고 읽을 수 있습니다. 반대로 장자가 아님에도 불구하고 장자를 원한다면 그것은 하나님을 섬기려는 열망으로 이해될 수 있습니다. 아마도 모세는 이런 의도를 가지고 있었던 것으로 보입니다.

## 나중 된 자가 먼저 되리라

모세는 이삭과 리브가의 결혼 이야기로부터 시작합니다. 여기서 모세는 '라반'을 아람 족속이라고 말하고 있습니다(창 25:20). 이는 라반이 아람어를 쓰기 때문입니다. 성경은 혈통적인 문제가 아니라 언어적인 문제를 통해 민족이나 국가를 구별합니다. 이것은 현대인들보다 더 심오한 사고입니다. 언어가 다르면 다른 민족, 다른 국가라고 분류합니다. 이는 바벨탑 사건 이후의 가장 기본적(본질적)인 문제로 오순절 그날이 되어서야 극복되어 땅 끝까지 복음이 전해지게 됩니다(행 2:1-13).

여하튼 모세는 '라반'보다 리브가의 불임 사건을 더 중요하게 다루고 있습니다. "이삭이 그의 아내가 임신하지 못하므로 그를 위하여 여호와께 간구하매 여호와께서 그의 간구를 들으셨으므로 그의 아내 리브가가 임신하였더니"(창 25:21). 여기서 모세는 '간구하다'(עָתַר, 아타르)라는 말을 사용하고 있습니다.

아타르(עָתַר)는 '기도하다'(pray, NIV) '기원하다'(supplicate), '간구하다'(entreat, ASV), '변호하다'(plead, NKJV)라고 읽습니다. 이는 이삭이 아내 리브가를 위해서 하나님께 기도한 것을 의미합니다. 아마도 이삭은 늘 석양의 지는 해를 바라보면서, 부활의 신앙을 묵상하면서 하나님께 늘 기도했던 습관을 따라서 고요하게 기도했던 것으로 보입니다. 왜냐하면 그의 기도는 일회적으로 보이지 않으며, 또한 기도의 응답은 20년 뒤에 이루어지기 때문입니다. 모세는 이삭의 기도와 그 응답을 이야기하지만 이것은 20년 후의 응답입니다(창 25:26). 20년 동안 고요한 마음으로 기도하는 마음은 하나님과의 교제(communicatio)를 의미합니다(존 칼빈, 《기독교 강요》 3권 20장 2.). 그리고 이 교제를 통해서 우리는 보다 깊은 심원한 것들을 깨우치게 됩니다. 우리는 예배와 기도를 통해서 배웁니다. 기도가 거룩한 하나님과의 교제라는 의미는 '기도를 통해서 사람이 마음대로 말하는 것이 아니며, 준비되지 않고 말하는 것이 아님'을 뜻하는 것입니다.

16세기의 한 신학자는 기도에 대해서 다음 몇 가지의 의미 있는 충고를 하고 있습니다. 이를 살펴보면 첫째, '기도'란 우리의 온갖 필요에 우리 스스로 신성한 닻(a sacred anchor)처럼 그분을 의지하는 습관을 가지게 되는 동안에 그분을 사랑하며 섬기고자 하는 진지함과 열렬히 추구하는 욕망(ardent desire of seeking)으로 우리의 심장이 항상 불타오르게 해줍니다.

둘째, 기도는 우리를 부끄럽게 만드는 증거처럼 욕망(desires)이나 갈망(longing)을 말하는 것이 아닙니다. 우리 마음에 들어온 우리의 모든 소원들을 그분의 시선 안에 내어놓기를 배우며, 그분 앞에 우리의 심장을 쏟아놓기를 배우는 것입니다. 결국 우리가 진실한 보은(true gratitude)과 감사(thanksgiving)로 그분의 모든 은택(all his benefits)을 받을 수 있도록 준비시키며, 모든 은택이 그분의 손으로부터 오는 것임을 깨닫게 해줍니다. 더욱이 우리가 구한 것들을 받음으로 그분께서 우리의 기도에 답하신다는 것에 설득되게 하고, 우리는 그분의 호의를 더욱더 성실히 바라도록 인도됩니다.

마지막으로, 그분은 우리를 결코 실패하도록 하지 않으실 것에 대한 약속을 이해할 때에 기도의 향유(use)와 경험(experience)은 우리의 연약함에 대한 적합한 방법 안에서, 우리의 마음 안에서 그분의 섭리(providence)에 대한 생각(thought)을 확실히 입증해 줍니다(존 칼빈, 《기독교 강요》 3권 20장 4-16).

20년 동안 고요하게 기도한 이삭은 절망에 빠지지 않았습니다. 그의 심장은 더욱더 하나님에 대한 사랑과 그분의 말씀에 봉사할 의지로 불탔습니다. 그리고 20년 만의 응답은 그 간절함만큼 기쁨이 되었으며, 감사가 되었으며, 그분의 온갖 은택에 대하여 그분을 더욱더 의지하게 만들었을 것으로 압니다.

나이 60세에 아내의 임신은 기쁨으로 가득했지만 태중의 아이들이 서로 떠밀침으로(jostled, NIV) 리브가는 근심이 가득했습니다. 결국 리브가는 여호와께 묻기로 결심합니다(창 25:22). 여기서 리브가가 '여호와께 물었다'는 말은 선지자 아브라함을 찾아가 물었다는 의미입니다. 아브라함은 하나님의 뜻을 알고 있는 선지자였으며, 리브가가 찾아간 것은 선지자 말고 다른 것을 생각할 수 없기 때문입니다. 모세는 이 부분에 대해서 '그녀가 여호와를 찾기 위해 갔다'라고 쓰고 있으며, 분명히 '여호와를'(אֶת־יְהוָה)이라고 하여 직접 목적어로 쓰고 있습니다. 물론 다라쉬(דָּרַשׁ, seek)를 '묻다'(inquire)로 읽을 수 있습니다. 이 경우도 '그녀가 여호와를 묻기 위해 갔다'란 뜻으로 여전히 선지자를 찾아갔다는 의미에는 큰 변화가 없을 것입니다. 하나님께서는 선지자 아브라함을 통해서 리브가에게 말씀하셨습니다.

"두 국민이 네 태중에 있구나 두 민족이 네 복중에서부터 나누이리라 이 족속이 저 족속보다 강하겠고 큰 자가 어린 자를 섬기리라"(창 25:23). 이는 두 가지 의미를 생각해야 합니다. 하나는 리브가가 여호와의 응답을 받았다는 사실입니다. 아마도 아브라함을 통해서 받았을 것입니다. 그렇다고 하여도 이 말씀은 분명히 리브가에게 하신 말씀입니다. 이로 우리는 리브가를 선지자라고 해도 무방할 것입니다.

다른 하나는 리브가가 받은 하나님의 뜻입니다. 이는 먼저 태어난 민족이 나중에 태어난 민족을 섬기게 될 것에 대한 예언이었습니다. 아마도 이 예언은 아브라함이나 이삭, 그리고 리브가의 마음에 큰 영향을 미쳤음이 분명합니다.

훗날 하나님께선 말라기 선지자에게 둘 가운데 '나중 된 자' 곧 나중에 태어난 야곱이 '먼저 된다'는 곧 장자의 명분을 가지고 태어난 초태생 에서보다 장자의 권을 가지는 것에 대한 의미를 밝혀 주셨습니다. 그것은 바로 사랑입니다.

> “여호와께서 이르시되 ‘내가 너희를 사랑하였노라’ 하나 너희는 이르기를 ‘주께서 어떻게 우리를 사랑하셨나이까’ 하는도다 나 여호와가 말하노라 ‘에서는 야곱의 형이 아니냐 그러나 내가 야곱을 사랑하였고 에서는 미워하였으며 그의 산들을 황폐하게 하였고 그의 산업을 광야의 이리들에게 넘겼느니라’”(말 1:2-3).

거룩한 사도는 아직 태어나지도 않은 야곱이나 에서는 어떤 행위를 할 수 없었으나 이미 하나님께서 둘 중에 하나를 사랑하셨으며 다른 하나는 미워하셨음에 대한 큰 가르침을 말하였습니다(롬 9:10-16). 여기서 사도의 가르침에서 중요한 것은 “그 자식들이 아직 나지도 아니하고 무슨 선이나 악을 행하지 아니한 때에 택하심을 따라 되는 하나님의 뜻이 행위로 말미암지 않고 오직 부르시는 이로 말미암아 서게 하려 하사 리브가에게 이르시되 큰 자가 어린 자를 섬기리라 하셨나니”(롬 9:11-12)라는 것입니다. 성경은 분명히 말씀하고 있습니다. 인간의 행위로 하나님의 뜻이 결정되는 것이 아니라 하나님의 목적(God’s purpose, NIV)에 따라서, 하나님의 선택 안에 서 있게 하려는 것입니다. 우리가 선을 행하거나 경건한 삶을 살았기 때문에 하나님께서 우리를 사랑하시는 것이 아닙니다. “오직 긍휼히 여기시는 하나님으로 말미암음이니라”(롬 9:16). 하나님께서 우리를 사랑하신 것임을 배워야 합니다. 이 사실을 리브가에게 말씀하신 것입니다.

리브가가 해산의 기한이 되었습니다(창 25:24). 그리고 예언에 따라서 쌍둥이를 낳았습니다. 먼저 태어난 초태생은 그 몸이 붉고(אַדְמֹנִי, 아드모니) 전신이 털(שֵׂעָר, 쎄아르) 옷 같아서 이름을 ‘에서’(עֵשָׂו, 에싸브)라 하였습니다(창 25:25). 나중에 태어난 아들은 형 에싸브(עֵשָׂו)

의 발꿈치(עָקֵב, 아켑)를 잡고 태어났습니다. 그래서 그의 이름을 야곱(יַעֲקֹב, 야아콥)이라 하였습니다(창 25:26). 여기서 이름은 태어날 때의 상황과 미래적 예언을 그대로 반영하고 있습니다. 먼저 '에서'는 몸에 털이 많기에 '털'(שֵׂעָר, 쎄아르)에서 언어유희로 '에서' 곧 '에싸브'(עֵשָׂו)라고 칭하고 있습니다. 에서의 별명은 그가 붉은 털을 가지고 있었기에 '에돔'(אֱדֹם)이라고 했습니다. 이는 '붉음'이란 뜻을 가진 아드모니(אַדְמֹנִי)에서 온 말입니다.

한편 에서가 그 외적인 생김새에 따른 이름이라면 야곱의 경우는 그가 하는 행위로 이름이 결정되었습니다. 그는 초태생의 자리 곧 하나님을 섬기는 이가 되고 싶었는지 형의 발꿈치(עָקֵב, 아켑)를 잡았습니다. 히브리어 아캅(עָקַב)은 '뒤를 쫓다', '발목을 잡아 일을 망쳐 놓다'란 뜻을 가진 동사로 여기에서 야곱(יַעֲקֹב, 야아콥)이 나왔습니다. 그런데 이삭은 야곱의 이름에 미완료적 성격을 부여하여 과거에 발목을 잡은 것이 아니라 앞으로 미래의 어느 날에 발목을 잡을 것을 암시하고 있습니다. 그의 이름은 그의 미래를 암시하고 있습니다.

한편 우리 자신의 선택에 관해서도 생각해야 합니다. 그러나 이 '선택의 확신'(the certainty of our electio)을 '적당한 방법'(the proper way)에서 벗어나 '캐묻기 좋아하는 부패한 욕망'(a depraved desire of inquiring)으로 얻고자 하면 안 됩니다(존 칼빈, 《기독교 강요》 3권 24장 4). 캐묻기 좋아하는 타락한 욕망으로 우리 자신의 선택의 확신을 얻고자 한다면, 흙에 불과한 인간이 절대자의 지혜, 신성한 지혜의 숨겨진 깊은 내부(the hidden recesses of the divine wisdom)에 침입하려고 노력하는 것이 됩니다. 이런 방법으로 얻을 수 있는 것은 없습니다. 이런 방법으로는 오히려 암초가 있는 것을 알면서도 오직 궁금함과 호기심으로 침몰을 자초하는 꼴이 됩니다. 말씀 없이(without the word) 하나님의 영원한 선택의 계획(the eternal counsel of God)을 엿보려는 것은 고의적으로 침몰할 항해를 하는 것입니다. 우리에게 적합한 방법은 '말씀 안에'(in the word) 전개된 것을 찾는 것입니다. 이 방법은 위로의 풍요로운 열매를 얻게 할 것입니다. 우리의 질문 방식(our method of inquiry)은 바로 하나님의 부르심으로 시작해서 하나님의 부르심으로 끝내는 것입니다(to begin with the calling of God and to end with it).

존 칼빈은 '선택의 확신'을 가짐으로 얻는 풍성한 위로를 이야기하면서 이 '선택의 확신'을 추구하는 방법에 대해서 조심스럽게 접근할 것을 권면하고 있습니다. 바로 신성한 소명 곧 성경 안에 기록되어 있는 '하나님의 부르심'(the calling of God)이 우리가 추구하는 방법(method)입니다. 사도께서는 "우리가 알거니와 하나님을 사랑하는 자 곧 그의 뜻대로 부르심을 입은 자들에게는 모든 것이 합력하여 선을 이루느니라"(롬 8:28)라고 말씀하셨습니다.

## 하나님의 사랑은 인간의 행위에 움직이지 않습니다

"먼저 된 자로서 나중 되고 나중 된 자로서 먼저 될 자가 많으니라"(마 19:30). 이 말씀은 자신의 노력으로 이렇게 될 것을 말하는 것이 아닙니다. 오히려 하나님의 공의, 곧 공평함에 의한 것으로 이렇게 됨을 의미합니다(마 20:13-16). 특히 이 말씀은 율법의 먼저 됨과 복음의 나중 됨을 상징적으로 표현하고 있습니다. 에서 곧 에돔 족속에 대한 미움으로 이해하는 것보다는 율법과 복음의 관계로 이해하는 것이 더 건전할 것입니다. 율법이 먼저 인간에게 은혜로 주어졌고 복음이 나중에 주어졌습니다. 그러나 반드시 먼저 된 율법이 나중 된 복음보다 낮아질 것입니다. 여하튼 모세는 에서와 야곱 사이의 작은 일화를 소개하고 있습니다.

모세는 두 아이가 각기 다른 품성을 가지고 있음을 알려 주고 있습니다. 먼저 에서는 '익숙한 사냥꾼'으로 '들사람'(אִישׁ שָׂדֶה, 이쉬 싸데) 곧 주로 들에서 거주하는 사람이 되었다고 말합니다. 그리고 야곱은 '조용한 사람'(אִישׁ תָּם, 이쉬 탐)으로 주로 장막에 거주하는 사람이 되었다고 말합니다(창 25:27). 야곱에 대한 '이쉬 탐'(אִישׁ תָּם)은 '고요한 사람'(a quiet man, RSV, NIV)이나 '솔직한 사람'(a plain man, KJV, YLT), '온화한 사람'(a mild man, NKJV) 등으로도 읽습니다.

히브리어 탐(תָּם, complete)은 동사 타맘(תָּמַם)에서 온 형용사입니다. 동사 타맘(תָּמַם)은 '완성되다'(be complete), '끝내다'(finished)라는 의미를 가지고 있습니다. 그런데 우리는 이 단어를 〈창세기〉 안에서 보다 중요한 의미를 가지고 읽고 있습니다. 예를 들어 노아가 하나님의 은혜로 완전한(perfect) 사람이라고 말할 때에 타밈(תָּמִים)을 씁니다(창 6:9). 이는 동사 타맘(תָּמַם)에서 파생한 다른 형태의 형용사입니다. 또한 하나님께서 아브라함에게 완전함을 요구하실 때에(창 17:1) 노아에게 사용한 타밈을 씁니다. "너는 네 하나님 여호와 앞에서 완전하라"(신 18:13)라고 할 때 역시 타밈(תָּמִים)을 씁니다. 한편 〈욥기〉에서 욥을 '온전한'(perfect, ASV) 사람이라고 할 때에도 탐(תָּם)을 쓰고 있습니다(욥 1:1). 시편에서도 '온전한 사람'(perfect)은 탐(תָּם)을 씁니다(시 37:37). 이러한 측면에서 볼 때에 야곱을 '이쉬 탐'(אִישׁ תָּם)이라고 말한 것은 그가 바로 아브라함 언약 안에서 '완전한 사람'의 표상임을 뜻하는 것으로 읽어야 할 줄로 압니다. 바로 아브라함에게 명령하신 "나는 전능한 하나님이라 너는 내 앞에서 행하여 완전하라"(창 17:1)에서 이삭과 리브가의 삶이 히트할레크(התהלך, walk)에 대한 예시라고 한다면, 야곱은 타밈(תמים)에 대한 예시로 읽어야 할 줄로 압니다.

에서는 '이쉬 요데아 짜이드'(איש ידע ציד) 곧 '사냥을 알고 있는 사람'이라고 말합니다(창 25:27). 여기서 '요데아'는 '알다'(know) 내지는 '통찰력을 가지다'(have insight, judgment)란 뜻을 가진 '야다'(ידע)의 분사형입니다. 이는 에서가 사냥 기술을 누군가에 배웠으며, 그 배운 기술에 능숙했음을 의미합니다. 에서는 주로 사냥을 위해서 집 밖에서 생활했던 것으로 보입니다. 이런 의미에서 모세는 '들 사람'(איש שדה, 이쉬 싸데)이라고 부릅니다. 여하튼 모세는 "이삭은 에서가 사냥한 고기를 좋아하므로 그를 사랑하고 리브가는 야곱을 사랑하였더라"(창 25:28)라는 말을 덧붙이고 있습니다. 이는 후일에 있을 어떤 일에 대한 중요한 계기가 됩니다. 그 일은 다음에 이야기를 나눌 시간이 있을 것으로 봅니다. 여기서는 단지 본문을 직역하여 내용을 더 확정하는 것으로 만족하고자 합니다.

**a. 이삭은 에서를 사랑했다.**
**x. 왜냐하면 그의 입 안에 음식 때문이다.**
**a′. 리브가는 야곱을 사랑했다.**

모세는 '그의 입 안에 음식'(ציד בפיו)이란 말을 중심으로 이삭의 사랑과 리브가의 사랑을 평행하게 배열하여 서로 다른 아들을 사랑한 것으로 표현하고 있습니다. 여기서 중요한 것은 이삭의 입맛에 맞는 '별미 곧 사냥감'(game, NKJV, NIV, 창 27:7)을 실질적으로 요리하는 것은 아내 리브가라는 사실입니다. 다시 말해서 에서가 사냥한 것을 아내 리브가가 요리를 해서 남편 이삭이 즐겨 먹었다는 점을 기억해야 합니다.

또한 앞에서 언급했지만 '맛'은 히브리어로 타암(טַעַם)이라고 합니다. 탐(תָּם)과 언어유희를 이룰 수 있습니다. 특히 타암(טַעַם)은 '맛'이란 의미 안에서 분별력(sense)을 의미합니다. 그래서 다윗이 사울 왕을 피해 가드로 도망쳐 "그의 행동을 변하여 미친 체"했을 때, 그 '행동'(behaviour, KJV)이라고 읽은 것은 타암(טַעַם)으로 '맛이 간 것처럼' 행동했음을 뜻하는 것입니다(삼상 21:13; MT 21:14). 다시 말해서 분별력(지각) 없는 것처럼 행동했음을 뜻하는 것입니다. 타암(טַעַם)이 분별력(지각)이란 뜻이 있기 때문에 '지혜'(advice, KJV, 삼상 25:33), 판단(understanding, KJV, 욥 12:20), 명철(judgment, KJV, 시 119:66) 등으로 읽습니다.

'입 안의 음식'이란 표현은 '맛'을 의미합니다. '맛'(טַעַם)은 주관적인 것입니다. 그러나 이 판단은 타인도 동일한 판단을 하게 할 수도 있습니다. 다시 말해서 '내 입 안의 음식이 맛있다'는 판단은 온전히 주관적인 판단이지만 동시에 다른 사람도 그 음식을 맛있다고 판단, 지각(sense)하는 경우가 있습니다. 이처럼 주관과 더불어 다른 사람들이 같은 판단을 내릴 수 있는 상호-주관적(inter-subjective) 판단이 가능한 것이 맛(טַעַם)입니다. 그리고 상호-주관적인 이 지각은 결국 객관성(objectivity)을 보장하는 길을 열어 놓게 됩니다.

삶의 맛이 있습니다. 그러나 우리는 삶의 맛을 모릅니다. 그래서 맛을 잃은 소금처럼, 분별력 없이 미친 사람처럼 이 세상을 살아갑니다. 오직 생존본능을 절대적인 진리라도 되는 것처럼 여기며, 살기 위해서 무엇이든 하려고 하고, 이를 정당한 것으로 믿고 살아갑니다. 사실 맛(טַעַם)은 배우는 것입니다. 부모님에게서 배운 것입니다. 그래서 '맛'(טַעַם)에는 추억이 서려 있습니다. 그래서 평생 처음 먹어본 '만나'의 맛을 '꿀 섞은 과자'라고 이미 알고 있는 것으로 표현하게 됩니다(출 16:31). 그러나 같은 것을 '기름 섞은 과자'라고도 표현합니다(민 11:8). 또한 지혜의 시에서는 "내가 주의 계명들을 믿었사오니 좋은 명철과 지식을 내게 가르치소서"(시 119:66)라고 간청합니다. 여기서 '명철'은 히브리어로 타암(טַעַם) 곧 '맛'입니다. '맛'을 배우게 되면 우리는 그 맛을 추억하며 그 맛을 찾게 됩니다. 삶에 변화가 일어나게 됩니다. 이삭이 그저 입 안에 음식 맛을 즐겨 분별력 없이 에서를 사랑했다는 의미가 아닙니다.

하나님께서는 에서와 야곱이 어떤 행위를 하기 이전에 오직 당신의 자비하심으로 야곱을 사랑하셨습니다. 그러나 인간인 이삭은 두 아들의 행위를 보고 '에서를 야곱보다 더' 사랑하게 되었습니다. 여기서 우리는 절대자와 인간 사이에 완전한 심연(틈)을 발견하게 됩니다. 인간은 외모를 취하고 하나님은 중심을 보십니다(삼상 16:7). 미드라쉬에 따르면, 리브가는 하나님의 예언을 의지해서 비록 에서가 더 사랑스러운 행위를 하지만 그래도 여전히 미래를 자신의 삶에 투영하여 '야곱을 에서보다 더' 사랑했다고 말합니다. 미드라쉬의 안목 가운데 배울 것이 있다면, 이삭은 '야곱보다 에서를 더' 사랑했다는 말입니다. 다시 말해서 이삭이 에서를 사랑했다고 해서 아들 야곱을 미워한 것이 아니었습니다. 리브가 역시 마찬가지입니다. 아마도 이삭은 야곱의 발아래에 들어갈 에서가 안쓰럽고 가여웠나 봅니다.

이제 장자권 곧 하나님께 봉사할 초태생에 대한 이야기로 돌아가겠습니다.

## 장자권 곧 초태생에 대한 멸시와 열망

에서와 야곱은 장성했습니다(창 25:27). 아버지 이삭을 도와 함께 노동할 수 있는 나이가 되었습니다. 하나님의 제단 앞에 서 있는 예배적인 삶, 인간의 창조적 목적인 노동하는 삶, 그리고 자신을 지키는 삶 곧 아바드와 솨마르의 삶에 성실하게 살아갈 수 있을 만큼 장성했습니다. 인내와 순종의 아들들로 성장했습니다.

어느 날 야곱이 스튜(a stew) 곧 나찌드(נָזִיד)를 끓이고 있었습니다. 들에서 사냥에 지친 몸으로 형 에서가 돌아왔습니다. 에서는 체력이 심하게 저하되어 지쳐 있었습니다(עָיֵף, 아예프). 에서는 야곱이 스튜(נָזִיד)를 끓이는 것을 보고 '나는 이미 지쳤다(עָיֵף, 아예프). 그러니 그 붉은(אָדֹם, 아돔) 스튜를 먹게 해달라'고 청합니다(창 25:30). 여기서 '에서'가 나찌드(נָזִיד)라고 말하지 않고 지친 상내에서 희미한 정신으로 그저 '붉은 것' 곧 '아돔'(אָדֹם)이라고 말한 것으로 그의 별명이 '에돔'(אֱדוֹם) 곧 '붉은 사람'이라고 불리게 되었습니다(창 25:30). 여하튼 야곱은 지쳐 정신마저 희미한 형에게 "형의 장자의 명분을 오늘 내게 팔라"(창 25:31)라고 요구합니다.

'베코라'(בְּכוֹרָה) 곧 초태생의 권리를 상업적으로 팔라는 요구입니다. 여기서 야곱의 태도가 진정으로 옳은지 생각하게 됩니다. 형제의 어려움을 이용해서 자신의 욕망을 채우는 것은 진정으로 바람직한 일이 아닙니다. 모세는 이미 초태생의 의무 곧 '베코라'(בְּכֹרָה)에 대한 율법을 알고 있습니다. 그것은 하나님의 일에 봉사하는 권리이자 의무입니다. 그러나 야곱에게는 아직 율법이 주어진 것이 아닙니다. 그럼에도 불구하고 그는 마음으로 초태생을 열망했고, 정신이 희미한 형제의 아픔을 자신의 이득을 취하는 기회로 삼고 있는 것처럼 보입니다. 그러나 이미 언급한 바와 같이 '초태생'은 권리가 없이 오직 장자의 의무만 있을 뿐입니다. 그러므로 야곱이 형제의 어려움을 빌미로 자신의 이득을 취한 것은 아닙니다. 오히려 형제의 지친(עָיֵף, 아예프) 모습을 보고 그의 의무를 구하는 것입니다. 이것을 비열한 행동이라고 말할 수는 없습니다. 왜냐하면 '의무'(a duty)는 '빚'(a debt)이기에 지친(עָיֵף, 아예프) 상황 속에서도 성실을 요구하는 짐이기 때문입니다.

여하튼 에서는 스스로 혼잣말로 말했습니다.

"내가 죽게 되었으니 이 장자의 명분이 내게 무엇이 유익하리요"(창 25:32). 여기서 우리는 야곱의 행동에 대한 분명한 이유를 발견하게 됩니다. 이를 위해서 본문을 다시 독해해서 읽도록 하겠습니다. 에서가 한 말은 다음과 같습니다.

'자!(הִנֵּה) 나는 죽음에 걸어가는 자(אָנֹכִי הוֹלֵךְ לָמוּת), 그러니 이것이 무엇이기에(וְלָמָּה־זֶּה) 나에게(לִי) 장자의 권리(בְּכֹרָה)' 정도로 읽을 수 있습니다. 다시 말해서 에서의 말이 의미하는 바는 '장자로 태어났다는 것은 죽음으로 걸어가는 자를 의미한다. 그러니 이것이 나에게 무엇인가? 장자의 권리라는 것은 그저 죽음으로 걸어가는 것인데 도대체 나에게 무슨 의미가 있는가? 아무 의미가 없지 않은가!'라고 말하는 것입니다. 에서는 충분히 장자의 역할을 알고 있었습니다. 그것은 '죽음에 걸어가는 자'(הוֹלֵךְ לָמוּת)를 말합니다. 여기서 모세는 '걷다'란 뜻을 가진 할라크(הָלַךְ)에 분사형을 쓰고 있습니다. 그리고 초태생은 모두 하나님의 것으로(출 13:2, 12) 희생제물 혹은 희생하는 삶을 살아야 했습니다. 에서는 죽기까지 희생해야 하는 장자의 명분에 대한 거북한 감정을 드러내고 있습니다.

에서의 말에는 언어의 이중성(ambiguity)이 담겨 있습니다. 그 옛

날 뱀이 여자를 유혹할 때에도 그의 두 개의 혀로 이중적인 말을 한 것처럼 에서의 입에서 두 개의 말이 나왔습니다. 하나는 장자의 명분을 지키다가 기력이 다해서 쓰러져 죽을 것 같다는 의미로 자신이 장자의 명분을 판 것은 모두 야곱의 악한 유혹 때문이라는 의미를 내포하고 있습니다. 다른 하나는 장자의 권리라고 하지만 그것은 결국 하나님 앞에서 자신을 죽이는 것을 의미하는데 자신은 죽고 싶지 않다는 것입니다. 분명히 장자는 하나님의 것이므로 그것은 이 세상의 삶으로부터 떠나는 것(abgeschiedenheit) 곧 죽음을 의미합니다. 율법에서는 이를 레위인이 대신함으로 레위인들에게는 개인적인 삶을 허락하지 않게 됩니다. 그것은 이생의 생활(삶)에 있어서 죽은 자의 삶을 살아야 합니다(신 33:9).

야곱도 장자의 명분이 무엇을 의미하는지를 알고 있었습니다. 그것은 하나님 앞에서, 하나님을 위해서 죽어야 하는 삶입니다. 그러므로 야곱이 장자의 명분을 달라고 하는 것은 형인 에서를 죽음에서 구하는 일이며, 자신은 죽어야 하는 희생을 말합니다. 레위인들(제사장)이 모든 장자를 대속하는 것처럼(민 3:49) 야곱은 에서를 대속하고 있는 것입니다. 그는 하나님 앞에서 죽고 싶은 열망으로 가득했습니다. 타인의 죽음을 대신하기 위해서 그의 정신이 희미한 틈 곧 그 맛을 잃은 상태에서 그를 대신해서 죽고자 하는 것은 의인의 삶입니다. 그는 '이쉬 탐'(אִישׁ תָּם)입니다.

야곱은 맹세를 요구했고, 에서는 맹세함으로 장자의 권리 곧 하나님 앞에 죽을 권리를 동생에게 팔았습니다(창 25:33). 에서는 스스로 자기 자신을 망치고 있습니다. 그도 이것이 자신을 망치고 있다는 것을 알고 있습니다(창 27:36). 그러나 오히려 그것을 향락하고 즐거워합니다. 이제 죽지 않아도 됩니다. 야곱은 이제 '홀레크 라무트'(הוֹלֵךְ לָמוּת) 곧 '죽음에 걸어가는 자'가 되었습니다. 아마도 이런 의미에서 에서의 칼날 속에서 나와 밧단아람으로 도망가야 하는 삶이 전개되었는지도 모릅니다.

야곱은 맹세 이후에 레헴(לֶחֶם)과 네찌드 아다쉼(נְזִיד עֲדָשִׁים)을 에서에게 주었습니다. 에서는 야곱이 주는 '레헴'과 '네찌드 아다쉼'을 먹고 자리를 떠났습니다(창 25:34). 여기서 레헴(לֶחֶם)은 식사용 빵(bread)을 의미하는 것이고, 네찌드 아다쉼(נְזִיד עֲדָשִׁים)은 렌틸 콩 스튜(lentil stew, NIV)를 말합니다. 그런데 야곱이 끓이고 있던 스튜를 뜻하는 '나찌드'(נָזִיד)는 언어유희로 나찌르(נָזִיר)와 유사한 형태를 취하고 있습니다.

히브리어 자음에서 'ㄷ'(ד)와 'ㄹ'(ר)는 유사한 형태로 '나찌드'(נָזִיד)는 손쉽게 '나찌르'(נָזִיר)로 문학적 형태 안에서 옮겨갈 수 있습니다. 나찌르(נָזִיר)는 형제들 가운데 특별히 구별된 한 사람이란 의미로 '나실인'을 말합니다(민 6:2). 그래서 야곱이 '나찌드'(נָזִיד)를 끓이고 있었다는 것은 그의 내적인 열망으로 '나찌르'(נָזִיר)에 대한 구별된 삶을 영혼의 불로 끓이고 있었음을 의미하는 것으로 읽을 수도 있습니다.

장자의 권리를 가진 자는 먼저 태어난 이를 의미하는 것이 아니라 형제들 가운데 하나님을 위해서 죽을 수 있는 열망을 가지고 구별된 삶을 살고자 영혼을 불태우는 자를 말하는 것입니다. 사실 야곱의 열두 아들 가운데 레위는 장자가 아님에도 불구하고 장자를 대속하여 장자로 하나님 앞에서 죽은 자로 살아갑니다. 율법에 의하면, "이스라엘 자손 중 모든 처음 태어난 자 대신에 레위인을 취하고 또 그들의 가축 대신에 레위인의 가축을 취하라 레위인은 내 것이라 나는 여호와니라"(민 3:45)라고 기록되어 있습니다. 에서는 장자입니다. 그러나 야곱은 이 장자를 대속하는 레위인과 같은 일을 함으로 실질적으로 '레위는 내 것이라'라고 하신 말씀처럼 '야곱은 내 것이라'라고 읽게 됩니다.

또한 유다도 장자는 아니지만 그에게는 왕의 권세가 있으며, 요셉 역시 장자가 아니지만 죽음으로 장자의 역할을 하게 됩니다. 복음은 사랑의 희생으로 율법을 대신하게 됩니다.

# 하나님께서 함께 하실 것을 약속하심

## B′. 이삭의 브엘세바(26:1-33)

모세는 앞에서 아브라함의 브엘세바 이야기를 했습니다(B 부분, 창 21:22-34). 그런데 모세는 브엘세바에 대한 이야기를 이삭의 경우에도 기록하고 있습니다. 먼저 아브라함의 브엘세바가 이삭이 태어난 내용을 담고 있는 이야기 다음에 기록되고 있는데, 이와 평행하게 이삭의 브엘세바는 이삭의 퇴장 앞에서 언급되고 있습니다. 이는 모세가 분명히 평행(parallelism)하게 이야기를 의도적으로 배열했음을 알 수 있게 합니다.

그리고 모세는 우리가 아브라함을 연상할 수 있도록 "아브라함 때에 첫 흉년이 들었더니 그 땅에 또 흉년이 들매 이삭이 그랄로 가서 블레셋 왕 아비멜렉에게 이르렀더니"(창 26:1)라고 시작하고 있습니다.

### 아브라함 언약의 상속

아브라함은 임종 시에 아들 이삭에게 자신의 언약을 안수하지 않았습니다. 아브라함은 절대적 과거로의 회귀 문제에서 자신을 창조하신 하나님, 절대자이신 엘 샤다이(אֵל שַׁדַּי), 그 전능자께서는 자신을 지켜보고 계신다는 엘 로이(אֵל רֳאִי) 하나님에 대한 회귀 문제를 다루었습니다. 그러나 이삭의 경우는 이 모든 것을 상속함으로 과거로의 회귀는 곧바로 아버지 아브라함에게로의 회귀와 동일시됩니다. 그래서 모세는 이삭의 삶과 아브라함의 삶에 대한 동일성을 강조하는 의도를 반영하여 고대의 역사를 서술하고 있습니다. 여기서 안수와 같은 외적인 행위는 중요하지 않습니다. 중요한 것은 삶의 동일성의 문제입니다. 만약에 안수를 받고도 삶이 아버지와 전혀 다르다면 그것은 아무 의미 없는 일입니다. 모세는 먼저 삶의 동일성을 이야기한 이후에 야곱의 이야기에서 외적인 안수 문제의 중요성도 언급합니다. 한편 앞에서 언급했듯이 미드라쉬에서는 아브라함이 이삭만을 축복했을 때에 일어날 수 있는 불행한 사건들에 대해서 이삭을 지키기 위한 처사로 안수를 하지 않았다고 하였습니다. 여하튼 모세는 '가뭄'에 관한 이야기로 시작하고 있습니다.

가뭄에 아브라함이 이집트로 가서 아내 사라를 이집트 왕 파라오에게 준 것처럼 이삭의 삶도 완전히 동일성을 보입니다. 여하튼 가뭄으로 고생하던 이삭은 그랄 곧 블레셋 왕 아비멜렉에게 의탁하게 됩니다(창 26:1). 여기서 아비멜렉은 사람의 이름이 아니라 '블레셋의 왕'을 지칭하는 이름임을 이미 언급했습니다.

가뭄은 계속되었습니다. 그곳에 물은 없고 바위뿐, 바위는 있지만 물은 없고 모랫길뿐이었습니다. 땀마저 말라 버리고 발은 모래 속에 파묻혔습니다(T. S. 엘리엇, 《황무지》 중). 아마도 가뭄이 계속되자 이삭은 곡식이 풍부한 이집트로 갈 마음을 먹었던 것으로 보입니다. 하나님께서는 이삭에게 나타나셔서 "애굽으로 내려가지 말고 내가 네게 지시하는 땅에 거주하라"(창 26:2)라고 말씀하셨습니다. 여기서 하나님께서는 아브라함 언약을 이삭에게 하심으로 이삭은 명실상부한 아브라함 언약의 유일한 상속자가 됩니다. 인간의 안수가 아니라 하나님께서 직접 말씀하셨습니다(창 26:3-5).

"이 땅에 거류하면 내가 너와 함께 있어 네게 복을 주고 내가 이 모든 땅을 너와 네 자손에게 주리라 내가 네 아버지 아브라함에게 맹세한 것을 이루어 네 자손을 하늘의 별과 같이 번성하게 하며 이 모든 땅을 네 자손에게 주리니 네 자손으로 말미암아 천하 만민이 복을 받으리라 이는 아브라함이 내 말을 순종하고 내 명령과 내 계명과 내 율례와 내 법도를 지켰음이라 하시니라"(창 26:3-5).

하나님께서는 이삭에게 '아브라함에게 맹세한 것'을 이루어 주실 것을 말씀하셨습니다(창 26:3-4). 그리고 여기서도 여전히 '너의 씨'는 단수형으로 사용하심으로 아브라함의 씨(זֶרַע, 쩨라) 가운데 유일한 한 사람으로 말미암은 천하 만민의 축복이 재차 확인되고 있습니다(마 1:1). 그런데 하나님께서는 아브라함이 순종함과 더불어 "내 명령과 내 계명과 내 율례와 내 법도를 지켰음"(창 26:5)이라고 말씀하십니다. 사실 아브라함에게는 율법을 주지 않으셨습니다. 그럼에도 불구하고 아브라함은 모든 율법을 지킨 인물로 인정되고 있습니다. 믿음으로 의롭다고 하신 하나님께서는 이것을 율법의 성취로 말씀하십니다.

위의 본문에서 '말을 듣다'란 뜻을 가진 솨마(שָׁמַע, hear)와 '지키다'란 뜻을 가진 솨마르(שָׁמַר, keep)를 같이 쓰고 있습니다. 하나님의 말씀을 '듣는다'(שָׁמַע, hear)라는 것은 그분의 율법 곧 계명과 율례와 법도를 '지킨다'(שָׁמַר, keep)라는 뜻입니다. 여기서 율법을 지키는 진정한 의미를 알 수 있습니다. 그것은 행위로 법적인 조항들(a laws)을 실천한다는 말이 아니라 오히려 마음으로 그분에게 순종함을 의미하는 것입니다.

하나님께서는 율법이 없었던 아브라함에게는 율법을 지켰다고 말씀하시지만, 율법을 지키려고 했던 모세와 아론에게는 "너희가 므리바 물에서 내 말을 거역한 까닭이니라"(민 20:24)라고 하여 약속의 땅에 들어가지 못하게 하셨습니다. 율법이 없었으나 순종으로 율법을 지켰다는 평을 받은 아브라함이 있습니다. 그러나 율법을 지켰던 아론과 모세는 순종하지 못했다는 평을 듣습니다.

여하튼 이삭은 하나님의 말씀에 따라 그랄 땅에 거주하게 됩니다(창 26:6). 그런데 리브가가 그랄 사람들 눈에 '좋게'(טוב) 보였습니다. 히브리어 토브(טוב, good)는 '아름다운'(beautiful, NIV)으로 읽습니다(창 26:7). '좋은'(good)이나 '아름다운'(beautiful)이란 판단도 주관적인 것이며 상호-주관적인 성격을 가지고 있습니다. 이삭의 눈에 좋아 보이는 것은 블레셋 사람들에게도 좋아 보일 것입니다. 그리고 이것은 좋고 나쁜 것을 자기 자신이 판단함을 의미합니다.

인간이 선악을 알게 하는 나무의 열매를 먹음으로 비로소 '선악을 알게 된 것'이라는 의미가 아니라, 인간이 이제 신의 자리에 앉아서 선악의 판단 주체가 되었음을 의미하는 것입니다. 만약에 이런 뜻에서 토브(טוב, good)를 '아름답다'라고 읽는다면, 다시 말해서 인간이 아름다운 것들을 자신의 판단에 따라서 결정하는 것이 흡사 신의 위치에서 결정하는 것으로, 타락의 본성을 드러내는 것으로 읽는다면 토브(טוב, good)를 '아름답다'고 읽어도 언제나 동의할 수 있습니다. 이것은 비단 그랄 주민에게만 적용되는 것이 아닙니다. 우리 자신도 선과 아름다움을 기도와 예배, 그리고 성경을 통해서 배우는 대신에 자신이 결정권자처럼 신의 자리에서 판단하는 본성을 가지고 있습니다. 〈잠언〉에서는 "너는 마음을 다하여 여호와를 신뢰하고 네 명철을 의지하지 말라 너는 범사에 그를 인정하라 그리하면 네 길을 지도하시리라"(잠 3:5-6)라고 하였습니다. 우리에게 어떤 것을 분별할 수 있는 능력으로 '명철'(בִּינָה, 비나, understanding)이라는 것이 있다고 스스로 판단된다면 그것을 신뢰하지 않는 것이 지혜입니다.

그랄 주민들의 눈에 좋게 보인 리브가의 모습으로 인해서 이삭은 리브가를 '아내'가 아니라 '여동생'이라고 말합니다(창 26:7). 이삭은 리브가의 문제로 자신이 죽을 수도 있다는 두려움 때문에 이렇게 한 것입니다(창 26:7). 이러한 모습은 아브라함의 이전 모습과 완전히 동일합니다. 사실 모세는 이삭의 이야기를 통해서 아브라함의 일을 다시 추억하고 있습니다. 본래 역사가들이란 자크 르 고프(Jacques Le Goff, 1912-2014)가 한 말처럼, 과거의 삶으로 한가운데에 뛰어들어 그 사라진 삶을 연장시키고 부활시키는 기쁨을 알고 있습니다. 아마도 모세는 이삭의 삶을 통해서 아브라함을 만날 수 있다는 기쁨을 알고 있었을 것입니다. 여하튼 이삭과 아브라함은 공통점이 많습니다. 그러나 그 가운데 분명한 차이점들도 있습니다. 예컨대 아브라함은 사라를 아비멜렉에게 주었지만 이삭은 아내를 주지는 않습니다. 그저 그랄 땅에 오래 거주함으로 자연스레 이삭과 리브가의 모습 가운데 부부의 모습이 드러나게 됩니다(창 26:8). 그리고 아비멜렉은 다른 사람의 아내와 동침하는 것이 죄임을 분명하게 인식하고 있습니다(창 26:10). 반면에 이삭은 "내 생각에 그녀로 말미암아 내가 죽게 될까 두려워하였음이로라"(창 26:9) 라고 말하는 것으로 보아 그는 아버지 아브라함의 이유 있는 편견마저 놀랍도록 이어받고 있음을 알 수 있습니다. 이는 편견의 문제가 아니라 아버지와 아들의 동일성(the same)의 문제입니다. 다시 말해서 아브라함과 아들 이삭은 그 본질(essence)에 있어서 완전히 동일함을 말하는 것으로, 우리는 아버지와 아들이 똑같음(the same)을 말할 수 있습니다. 우리는 아버지와 아들이 하나(the one) 곧 동일성을 갖는다고 충분히 이해할 수 있습니다. 여기서 '하나'는 수사(數詞, number)가 아니라 명사(名詞, noun)로 일치(unit)를 말합니다.

아비멜렉은 자신의 모든 백성들에게 명령했습니다. 이삭과 그의 아내를 범하는 자 곧 접근하거나 만지는 자는 죽을 것이라고 선언합니다(창 26:11). 이로 인해서 일시적으로 이삭과 리브가는 안전을 확보하게 됩니다. 그러나 곧바로 이성 잃은 질투로 인해서 이런 명령, 규율 같은 것은 쉽사리 무시됩니다. 사실 사람들은 경쟁 관계에 있을 때에는 협력이나 조화보다는 질투심을 느낍니다. 그것도 이성 잃은 질투심으로 상대방을 무너뜨리기 위해서, 자신에게 전혀 유익함이 없음에도 불구하고 병적인 행동을 서슴지 않고 하게 됩니다. 부모와 선생들은 자식과 학생들에게 돈을 벌기 위해서 '무엇이라도' 두려워하지 말고 도전할 것을 가르칩니다. 고결한 삶이나 순결하고 순수한 삶에 대한 관심을 잃어버렸습니다. 그래서 경쟁자의 풍요로움을 발견하는 때에는 정말 창의적으로 파괴적 행동을 아무 부끄러움 없이, '무엇이든' 실천하게 됩니다.

### 이삭의 떠돌이 생활

아비멜렉은 블레셋인들에게 명령을 내려 이삭 부부가 안전하게 살 수 있도록 해주었습니다(창 26:11). 하지만 물질적인 질투로 이 안전에 대한 보장은 그리 오래가지 못합니다. 이삭은 풍요로움으로 인해 아브라함처럼 긴 여행길에 오르게 됩니다. 모세는 이삭의 긴 여정을 "이삭이 그 땅에서 농사하여 그해에 백 배나 얻었고 여호와께서 복을 주시므로 그 사람이 창대하고 왕성하여 마침내 거부가 되었다"라고 말합니다(창 26:12-13). 여기서 세 가지 점에 유의해야 할 것 같습니다. 첫째는 이 기록이 아브라함의 일과 평행을 이루고 있다는 점입니다. 아브라함이 이집트에서 나올 때 많은 재물을 가지고 돌아오는 것처럼, 이삭은 리브가를 여동생이라고 말한 이후에 경제적으로 '거부'(very wealthy, NIV)가 되었다는 점을 이야기합니다(창 26:13). 그리고 아브라함이 이 경제적인 부유함으로 롯과 이별하게 되는 것처럼 이삭 역시 이 경제적인 부유함으로 인해서 아비멜렉과 결별하게 됩니다.

둘째, 이삭이 농경생활에 익숙해 있다는 점입니다. 그가 목축을 하지 않는다는 뜻이 아니라(창 26:14) 농업이 주된 노동이었음을 의미하는 것입니다. 이삭이 농경생활에 익숙했다는 사실은 유대인들이 떠돌이 생활을 하기는 했지만 기본적으로는 정착민의 삶을 유지하고 있음을 알 수 있습니다. 이스라엘은 목축을 했을 뿐 완전한 유목민은 아니었습니다. 이들은 반농반목(半農半牧) 생활을 했다고 보는 것이 적절할 것으로 압니다. 모세는 농사일을 언급한 다음에(창 26:12) 곧바로 "양과 소가 떼를 이루고 종이 심히 많으므로"(창 26:14)라고 말합니다.

셋째, 인간은 순진한 마음을 보게 되면 이것을 무너뜨리려는 더러운 욕망이 들끓게 됩니다. 이것이 질투이든 아니면 인간의 마음속에 숨어 있는 타락한 야수의 냉소적인 시선이든 그저 방해하고 파괴하고 싶은 병적인 마음이 있습니다. 비록 자신에게 이익이 되지 않을 뿐만 아니라 손해가 되어도 걸핏하면 성을 내는 야수, 희생당한 피해자의 비명과 눈물로 더욱 흥분하는 그런 야수의 심장이 있습니다. 결국 블레셋 사람들이 아브라함의 샘을 흙으로 메웠습니다(창 26:15). 모세는 이것을 '시기'(envied) 곧 카나(קָנָא, jealousy)로 인한 것이라고 말합니다(창 26:14). 그런데 카나(קָנָא)는 '열심을 내다'(be zealous), '간절히 바라다'(be eager)란 뜻도 가지고 있습니다. 다시 말해서 이것은 이삭에 대한 질투와 시기에서 비롯된 것이기도 하지만 동시에 그저 무너뜨리고 싶은 열망에서 일어난 인간의 본모습으로 읽을 수도 있습니다.

블레셋 사람은 이성 잃은 질투심으로 아브라함의 우물을 메웠습니다(창 26:14). 농사를 위해서, 가축 떼를 위해서 물은 절실했습니다. 그러나 그 우물을 빼앗는 것도 아니고 그냥 메웠습니다. 또 아비멜렉은 이삭에게 이렇게 말했습니다. "네가 우리보다 크게 강성한즉 우리를 떠나라"(창 26:16). 이에 이삭은 고요히 떠납니다. 자신에게 가해지는 부당한 힘과 강압과 강제성에 대해서 저항 한 번 하지 않고 그대로 떠납니다. 아버지 아브라함이 살던 땅을 그냥 조용히 떠납니다.

이삭은 먼저 그랄 골짜기에 도착했습니다(창 26:17). 그랄은 가데스(Kadesh)와 술(Shur) 사이로 예전에 아브라함이 머물던 곳이었습니다(창 20:1). 이곳에도 아브라함이 땀 흘려 파 놓은 우물이 있었고, 그것을 이전에 블레셋 사람들이 흙으로 메웠던 것으로 보입니다.

이삭은 이 샘을 다시 팠습니다(창 26:18).

이삭의 종들이 골짜기를 파서 샘의 근원을 얻었습니다(창 26:19). 하지만 이내 그랄 목자들과 샘을 두고 다투게 되었고, 그 우물 이름을 에섹(עֵשֶׂק, 에쎄크)이라고 했습니다(창26:20). 여기서 에쎄크(עֵשֶׂק)는 '싸우다', '다투다'란 뜻을 가진 동사 아싸크(עָשַׂק)에서 온 낱말입니다. 그런데 모세는 여기서 아싸크(עָשַׂק)의 히트파엘형(재귀형)인 히트아쓰쿠(הִתְעַשְּׂקוּ)를 씁니다. '히트아쓰쿠'는 '그들이 끊임없이 다투었다'란 뜻으로 의도적으로 이삭을 괴롭혔음을 말하고 있습니다. 다시 말해서 샘을 두고 종들이 다투었을 뿐만 아니라 이삭의 종들이 그 샘을 쓸 수 없도록 하기 위해서 그랄의 목자들이 막았기에 싸움이 발생한 것입니다. 함께 조화와 협력으로 그 샘을 사용할 의도가 전혀 없었습니다. 그 샘을 함께 쓸 수 있었으나 그렇게 하지 않았던 것입니다. 무엇인가에 함께 참여하여 평등하게 사용한다는 것은 정의의 문제입니다. 다시 말해서 그랄 목자들이 불의하게 이삭을 괴롭혔다는 뜻입니다. 그 샘의 이름이 '에섹'인 것은 불의한 싸움을 당했다는 의미입니다(창 26:20). 그러나 이삭은 이 불의를 대적하지 않고 그곳을 떠납니다. 그는 샘에 점착되지 않았습니다.

그곳을 떠나서 이삭은 또 다른 우물을 팠으나 그들로 인해 또 다투게 되었습니다. 그래서 이곳의 이름을 싯나(שִׂטְנָה, 씨트나)라고 하였습니다(창 26:21). 히브리어 씨트나(שִׂטְנָה)는 '반대편'이란 의미에서 '증오', '고소'(accusation)를 뜻합니다. 사실 씨트나(שִׂטְנָה)는 동사 싸탄(שָׂטַן)에서 파생한 낱말입니다. 싸탄(שָׂטַן)은 말이나 행위가 적대적인 것(be adversary)을 의미합니다. 여기서 이삭은 이미 블레셋이 자신을 의도적으로 적대자로 대하고 있음을 인식하게 됩니다. 만약에 이삭의 부유함이 이유가 되었다면 이렇게까지 적대적이지는 않을 것입니다. 이것은 이삭을 미워(증오)한 것입니다(창 26:27).

여하튼 다시 그곳을 떠나서 이삭은 묵묵히 고요한 마음으로 다른 우물을 팠습니다. 그리고 그곳에서는 다툼이 없었습니다. 그래서 그곳 이름을 르호봇(רְחֹבוֹת)이라 하였습니다(창 26:22).

성경을 읽을 때에는 특정한 단어의 의미를 단순하게 하나로만 보지 말고, 두 가지 형태를 모두 살펴보아야 하는 경우가 있습니다. 르호보트(רְחֹבוֹת)의 경우를 예를 들어 보면, 먼저 이 단어는 사전적으로 '넓은'이란 의미를 가진 르호브(רְחֹב)의 복수형입니다. 그러나 사전적인 의미와는 별개로 이삭은 이곳의 의미를 "이제는 여호와께서 우리를 위하여 넓게 하셨으니 이 땅에서 우리가 번성하리로다"(창 26:22)라고 칭합니다. 여기서 일차적으로 르호봇(רְחֹבוֹת)은 '넓은 곳'으로 읽습니다. 그리고 '넓은 곳'으로 이해하는 것을 넘어서 보다 깊은 의미, 보다 높은 의미로 하나님께서 '넓게 해주실 것' 곧 번성함으로 이해하길 원해서 그 의미를 덧붙이고 있습니다. 본문을 언어적으로 자연스럽게 이해하는 것을 테마(thema)라고 한다면 성경 자체가 의미를 밝히고 있는 것을 레마(rhema)라고 합니다. 성경에서 레마(rhema)가 등장하면 반드시 기억하고 있어야 합니다.

이삭은 르호봇(רְחֹבוֹת)에서 다시 아버지의 땅인 브엘세바로 올라왔습니다(창 26:23). 왜냐하면 이삭이 하나님께 받은 약속의 조건이 바로 "이 땅에 거류하면"(창 26:3), 다시 말해서 '이 땅에 살아라'라고 말씀하셨기 때문입니다. 그래서 그는 아버지의 땅으로 다시 돌아왔습니다. 이삭은 그랄에서 시작해서 '싸움'과 '다툼'(에섹)을 지나서 다시 '미움의 대적'(싯나), 그리고 '넓은 곳'(르호봇)을 지나서 '일곱 개의 샘'(브엘세바)에 왔습니다. 여기서 얼마간 욥의 모습을 보게 됩니다. 풍요했던 욥과 이삭은 대적자의 미움으로 인해서 굶주림이란 상황에 놓이게 됩니다. 욥은 모든 것을 잃었지만 이삭은 다른 곳으로 이주해서 노동을 멈추지 않고 성실하게 노동하는 삶을 이어갑니다. 우리는 욥과 이삭에게서 묵묵히 인내하고 있는 모습을 보게 됩니다. 욥이 까닭 없이 고난을 겪는 것과 같이 이삭 역시 자신에게 무슨 잘못이나 죄가 있어서 고난을 겪는 것이 아닙니다. 우리는 불의와 대적하지 않고 인내함으로 살아가는 이삭을 보았습니다. 칼빈의 말처럼 이삭은 그의 시련 가운데 침착하고 평온한 마음(a composed and tranquil mind)을 잃지 않았음을 지적합니다.

이삭이 브엘세바로 다시 돌아온 그 밤에 여호와께서 이삭에게 나타나 말씀하셨습니다.

"나는 네 아버지 아브라함의 하나님이니 두려워하지 말라 내 종 아브라함을 위하여 내가 너와 함께 있어 네게 복을 주어 네 자손이 번성하게 하리라"(창 26:24)고 다시 한 번 아브라함의 언약을 확증해 주셨습니다. 여기서 이삭은 '너와 함께'(עִמְּךָ, 임카, 창 26:3)하신다는 하나님의 음성 가운데 위로를 받았을 것으로 보입니다. 아브라함의 언약은 이삭에게 상속되었음이 분명합니다. 이것은 안수가 아니라 직접적인 하나님의 말씀(the Vision)에 의한 것입니다.

검붉은 하늘에 별들이 사라지고 오렌지 빛 노란 하늘이 점차 파란빛으로 변해가면서 점점 검은 어둠을 물들여 파란 빛으로 바꾸는 그 새벽이 밝아왔습니다. 지난밤에 들은 하나님의 말씀을 회상하며 이삭은 아침에 일어나 그곳에 제단을 쌓고, 여호와의 이름을 부르며 그곳에 장막을 쳤습니다. 그리고 이삭의 종들이 흙으로 메워진 우물을 팠습니다(창 26:25).

이삭은 아브라함과 같이 종들과 일정한 공동체를 이루고 있었습니다. 이들은 성실하게 이삭에게 충성을 다했으며, 아들 에서와 야곱도 이 긴 여행에 참여했음이 분명합니다. 그리고 두 아들은 아브라함의 축복과 언약이 그대로 아버지 이삭에게 있음을 제단 앞에서 보았습니다. 그리고 아버지 이삭이 하나님의 말씀을 들은 그곳에 단을 쌓는 것을 보면서 아브라함에게 주신 그 길, 정의의 길에 대해서 배웠을 것이 분명합니다. 성실함과 진실함으로 이루는 정의의 길을 배웠을 것입니다. 불의에 대해 싸워서 강제적인 힘으로 얻어지는 정의가 아니라 오직 인내함 가운데 침착하고 평온한 마음을 지킴으로 이루는 정의의 길을 보았습니다. 정의(צֶדֶק, 쩨데크)와 진실(אֱמֶת, 에메트)이란 두 글자는 같은 것입니다. 루소(Jean-Jacques Rousseau, 1712-1778)의 말처럼, 사람의 영혼 속에는 정의와 진실이라는 두 개의 동의어가 있습니다. 어떤 어려움과 역경 가운데서도 자신의 진실함을 상실하지 않고, 자신에게 주어진 이상 곧 하나님께서 주신 약속을 믿고 그것에 자신의 인생을 걸며 용기 있게 묵묵히 살어가는 삶, 그것은 믿음으로 의롭다고 했던 아브라함의 삶입니다. 그는 아브라함에게 배운 대로 하나님의 길을 걸었습니다(창 18:19). 진실함으로 악을 악으로 되갚지 않고, 항상 선을 따르는 삶입니다(살전 5:15). 진실함을 말하고 그 진실을 지키는 삶입니다. 정의로운 삶입니다. '판토테 토 아가톤 디오케테'(πάντοτε τὸ ἀγαθὸν διώκετε) 곧 '언제나 선을 좇으라!'(ever follow that which is good, KJV)

### 이삭의 브엘세바

긴 여정을 끝낸 이삭은 이제 아버지의 삶이 있는 곳인 브엘세바에 정착하게 됩니다. 그리고 그의 아버지 아브라함 때와 마찬가지로 아비멜렉이 그 친구 아훗삿과 군대장관 비골과 더불어 그랄에서부터 이삭에게로 찾아왔습니다(창 26:26). 여기서 비골은 사람의 이름이 아니라 아비멜렉과 같은 직무상의 대리인을 지칭하는 것으로 보입니다. 한편 아훗삿(אֲחֻזַּת, 아후짜트)이 사람의 이름인지 어떤 직무의 이름인지 확정하기란 어렵습니다. 그러나 다른 것과 비교할 때에 직무와 관련된 이름일 가능성이 높습니다. 아마도 아후짜(אֲחֻזָּה) 곧 '소유', '재산 따위의 상속'이라는 의미에서 파생한 것으로 아훗삿(אֲחֻזַּת, 아후짜트)은 아비멜렉의 후계자 혹은 왕의 서열에서 우선 순위자로 이해됩니다. 한편 이 아후짜트(אֲחֻזַּת)를 '친구'(friend, KJV)라고 읽고 있는 메레아(מֵרֵעַ)는 '친구'뿐만 아니라 관계에 있어서 매우 가까운 사이를 의미합니다. 그래서 조언자(his personal adviser, NIV, RSV, 현대인의 성경)라고 읽기도 합니다.

이삭은 이들에게 "너희가 나를 미워하여 나에게 너희를 떠나게 하였거늘 어찌하여 내게 왔느냐"(창 26:27)라고 물었습니다. 이삭은 미움의 대상이었습니다. 그래서 경계하는 마음으로 먼저 말문을 열었습니다. 이삭 때부터 아브라함의 후손들은 가나안의 거주민들로부터 질투와 인간의 본성으로 대적자, 미움의 대상으로 취급되었습니다. 왜냐하면 그가 많은 것을 가졌기 때문에, 풍요했기 때문입니다.

아비멜렉은 이삭의 물음에 "여호와께서 너와 함께 계심을 우리가 분명히 보았으므로 우리의 사이 곧 우리와 너 사이에 맹세하여 너와 계약을 맺으리라"(창 26:28)고 대답했습니다. 이삭의 긴 여행이 입증하는 것은 단 한 가지였습니다. 그것은 하나님께서 이삭에게 약속하신 바 '너와 함께'(עִמְּךָ, 임카, 창 26:3)라는 사실을 입증하는 것입니다. 여하튼 아비멜렉은 서로에게 '좋은'(טוֹב, 토브) 일을 행할 것을 맹세하자고 요구했습니다(창 26:29).

인간이란 지극히 바른 일을 하고서도 부끄러워하기 쉬운 법입니다. 이삭은 잘못한 것이 없지만 오히려 이들을 위해서 잔치를 베풀었습니다. 그리고 그들이 먹고 마셨습니다(창 26:30). 그리고 다음날 아침 일찍 지평선에서 붉은 태양이 어두운 하늘을 오렌지 빛과 레몬 빛으로 물들일 때에 이삭과 아비멜렉은 서로 맹세를 했습니다(창 26:31).

이날 이삭의 종들이 브엘세바의 물을 다시 파서 샘물을 얻었습니다(창 26:32). 이삭은 이곳을 '세바'라고 하였습니다. 모세는 이에 "그 성읍 이름이 오늘까지 브엘세바더라"라는 말을 덧붙이고 있습니다. 이는 이삭의 삶이 모세 자신에게 그대로 이어지고 있음을 의미하는 것입니다. 이집트에서 약속의 땅까지의 긴 여정은 세상의 미움과 질투 속에서도 고요하게 하나님께서 함께하심을 믿고 조상 아브라함에게 주신 땅으로 걸어가는 여정임을 말히는 것입니다. 또한 이는 보다 먼 미래 곧 신약시대의 교회의 삶입니다.

역사는 본래 아주 먼 과거의 이야기를 합니다. 모세는 아브라함과 이삭의 이야기를 통해서 현재라는 울타리를 벗어나 아주 먼 시간 속으로 우리를 떠나게 해줍니다. 그러나 바로 이곳에서 우리는 현재를 생생하고 예민하게 느끼게 됩니다. 모세 자신은 바로 그 브엘세바를 두 발로 걸었으며, 우리는 이삭과 같은 삶 곧 인내함으로 침착하고 평온한 마음 가운데 신앙의 길, 아브라함에게 제시된 정의의 길을 걸어야 합니다. 자크 르 고프의 말처럼, 역사는 과거로 떠나게 하지만 현재로 가장 생생하게 해주는 마술적인 힘을 발휘하고 있습니다.

우리는 아브라함의 브엘세바 언약과 이삭의 브엘세바 언약으로 두 가지를 배워야 합니다.

첫째, 이삭이 물질적인 상속을 받은 것은 아무 의미가 없다는 것입니다.

모세는 '이삭'과 '이스마엘'의 관계에서 하나님의 뜻을 분명하게 밝히고 있습니다. 곧 사라는 남편 아브라함에게 이스마엘에 대해서 "이삭과 함께 기업을 얻지 못하리라"(창 21:10)라고 권면하여 도와주었습니다. 아브라함은 잠시 근심을 했지만(창 21:11), 하나님께서도 "근심하지 말고 사라가 네게 이른 말을 다 들으라"(창 21:12)라고 말씀하셨습니다. 이에 아브라함은 이스마엘을 내쫓았습니다(창 21:14). 이는 이삭에 대한 정당한 상속권으로 이해됩니다. 그러나 이것은 물질적인 상속에 관한 것이 아니었습니다.

이삭과 이스마엘을 비롯한 다른 자식들 모두 재산을 상속받았습니다(창 25:6). 하지만 이삭은 아브라함에게 받은 우물에서 쫓겨났습니다. 그랄에서 쫓겨나 여러 곳을 여행한 끝에 브엘세바로 다시 이주했습니다(창 26:23). 그는 아버지에게 받은 모든 것을 빼앗기고 '다툼', '적대감' 속에서 '넓은' 영혼의 세계로 스스로 이주하기를 멈추지 않았습니다.

이삭은 우물을 파고, 황무지를 개간해 농사를 지었으며, 가축 떼를 돌보았습니다. 가족들과 병자들을 돌보았을 것입니다. 종들과의 아주 특별한 공동체는 아버지 아브라함 때부터의 관례(ἔθος, 에토스)로 전통으로 지켰을 것입니다. 게으른 자들과 자신의 약속을 배신하는 이들에게는 엄중했을 것입니다. 왜냐하면 이삭은 적어도 물질적인 측면에서 아버지 아브라함에게 상속받은 것이 없기 때문입니다. 아니, 하나님께서는 그 어떤 물질적인 것이라도 아브라함 곧 조상에게서 물려받지 못하게 하셨습니다. 그는 필요한 물질적인 것을 스스로 땀 흘려 구했습니다. 그는 물질에 대한 욕구와 필요를 조절하고 극복하는 법을 배워야 했을 것으로 압니다. 그는 자족을 배웠을 것입니다(빌 4:11). 그리고 하나님께서는 그와 함께하여 그를 도우셨습니다.

만약에 부모나 조상으로부터 물질을 상속받을 경우, 물질적인 혜택을 얻으려고 가족의 죽음을 원하는 생각이 생겨날 수도 있을 것입니다. 아들이 부모의 죽음을 기다리면서 살아갑니다. 왜냐하면 부모의 재물은 부모가 죽자마자 자신의 것으로 상속될 것이라는 기대감 때문입니다. 이것은 인간의 참된 영혼을 병들게 하고 약해지게 하는 일입니다. 하나님께서는 공동체의 구성원의 죽음에서 그 어떤 혜택도 누릴 수 없게 하셨습니다. 아브라함이 부모를 떠나 스스로 땀 흘려 살아갔던 것처럼 이삭은 그렇게 스스로 고통의 땀으로 살아가야 했습니다. 그리고 성실한 노동을 함으로써 하나님께서 자신을 돕고 계심을 체험하였을 것입니다.

만약에 부모로부터 물질을 상속받는 것이라면 아무나 아브라함을 계승할 수 있을 것입니다. 만약에 부모로부터 물질을 상속받는 것이 조상의 유업을 달성하는 것이라면, 하나님께서 도움을 주시는 것을 부잣집의 자녀로 태어나는 것이라고 이해하게 될 수도 있을 것입니다. 하지만 성경의 가르침은 그런 것이 아닙니다. 하나님께선 인간들이 땀 흘려 노동하도록 결정하셨습니다(창 3:19). 이것은 하나님께서 메우신 멍에이자 형벌이므로 잠잠히 노동하는 삶은 그리스도인의 의무입니다(애 3:28). 인간에게 진정한 저주는 노동 자체가 아니라 그 노동에 대한 정당한 수확이 없다는 사실입니다(신 28:38-42). 이삭이 하나님의 축복 가운데 있음을 확인하는 것은 바로 그의 노동이 무의미한 것이 아니라 그의 땀만큼 정당한 수확을 얻었음에 있습니다. 축복을 물질화(materialization)하는 것은 부패이며 타락을 의미합니다. 만약에 노동이 인류의 죄에 대한 하나님의 형벌이라면 조용히 그 형벌을 받는 것이 진실함으로 뉘우치는 죄인의 모습일 것입니다. 세상이 둥근 공이라 결코 구석진 곳이란 없음을 알지만 그래도 조용히 숨은 듯이 외진 곳에 터를 잡고 울면서 죄없던 그 옛날, 아담의 때를 회상하며 자신에게 주어진 형벌인 노동에 성실한 것이 속죄의 방법일 것입니다.

둘째, 브엘세바의 언약(בְּרִית, 베리트)이 가지는 법(a laws)의 가치입니다. 다시 말해서 아브라함이나 이삭에서 법(the Law)이나 법들(a laws)은 상호 관계 안에서의 약속 곧 베리트(בְּרִית)를 의미합니다.

'법'이란 형태는 바로 약속에서 나오는 것입니다. 아니, '약속'(בְּרִית, 베리트)이 상호 언약 관계 안에서 법이 되는 것입니다. 그리고 약속을 지킬 의무와 책임이 수반됩니다. 자신에게 주어진 맹세와 약속들에 얼마나 성실할 것인가의 문제입니다. 이 문제에 대해서는 야곱의 이야기에서 더 분명하게 드러날 것입니다. 우선 이삭의 이야기에서 우리는 블레셋 곧 팔레스타인의 왕 아비멜렉이 아브라함과의 약속을 어겼으며, 이삭은 상대방의 불성실한 태도에 대해서 항거하여 싸우지 않았다는 사실을 기억해야 합니다.

약속 안에서 주어진 책임과 의무는 언제든지 이행할 것을 요구하는 것이지 폭력적인 응징이나 처벌을 목표로 삼지 않습니다. 가족들을 돌보지 않거나 병자를 외면하거나 학대하는 사람, 게으름뱅이, 배신자를 처벌하는 것은 의미 없는 일들입니다. 중요한 것은 이러한 의무에 성실하도록 인도하는 것입니다. 약속 혹은 스스로에게 한 맹세는 한평생을 두고 지켜갈 법이 됩니다. 그래서 '사랑'이 법(the Law)이 될 수 있는 것입니다. 이 세상 어떤 철학이나 종교도 '사랑'을 법으로 규정할 수 없습니다. 그러나 성경은 '사랑하라'

가 법입니다. '너의 이웃을 사랑하라'라는(레 19:18) 법(the Law)이 가능한 것은 그것이 약속과 맹세이기 때문입니다. 이것에 성실함을 '믿음'이라고 말합니다. 그렇다고 완전한 책임과 완벽한 의무를 요구하는 것이 아닙니다. 단지 목숨을 아끼지 않고 의무에 성실하기를 요구하는 것입니다.

## 장자의 명분을 가진 야곱에게 임한 아브라함 언약

### A′. 이삭의 퇴장과 야곱의 축복(26:34-27:30): 이삭 100세 때

모세는 앞에서 아브라함이 100세에 이삭을 얻은 이야기를 했습니다(A 부분, 창 21:1-21). 이삭의 등장이 아브라함 100세 때의 일이라면 이제 이삭의 퇴장을 다루고 있는 부분에서 이삭의 나이가 100세라는 것은 대단히 치밀한 구조적인 특징으로 우연의 일치가 아닐 것입니다(A′ 부분, 창 26:34-27:30). 이는 하나님께서 모세에게 말씀하신 바와 또한 조상들로부터 구전으로 내려온 모든 것들 가운데 하나님의 뜻이 〈창세기〉 안에 기록되었음을 의미하는 것입니다. 이삭의 등장(A)과 퇴장(A′)은 분명히 평행을 이루고 있습니다.

우선 이삭의 나이를 계산하면 그는 나이 60세에 에서와 야곱을 얻었습니다(창 25:26). 에서는 나이 40세에 헷 족속 브에리의 딸 유딧과 헷 족속 엘론의 딸 바스맛을 아내로 맞이하였습니다(창 26:34). 이는 이삭의 나이가 100세였음을 의미하는 것입니다. 그러나 이 이야기는 이삭의 임종에 관한 것이 아닙니다. 왜냐하면 이삭은 향년 180세에 죽음을 만났기 때문입니다(창 35:28). 이때 에서와 야곱의 나이는 120세로 아버지의 장례를 주관하게 됩니다(창 35:29). 다시 말해서 〈창세기〉 27장에서 야곱을 축복한 이삭은 이후로도 80년을 더 살았습니다. 그러므로 이 본문은 이삭의 임종이 아니라 이삭의 퇴장이라고 말하는 것이 적절할 것입니다.

이삭의 퇴장 부분에 대한 전체 짜임새를 살펴보면 다음과 같습니다(창 26:34-27:30). 먼저 이 이야기는 에서의 결혼 이야기로부터 시작해서(창 26:34-35) 에서의 결혼 이야기로 마무리하고 있습니다(창 28:6-9). 여기서 이삭과 리브가는 아브라함과 늙은 종의 맹약식을 추억(기억)하고 있듯이 에서의 결혼 문제로 근심했습니다(창 26:35).

이삭이 별미로 에서를 축복할 것을 말합니다(창 27:1-4). 그리고 리브가가 남편 이삭의 말을 듣고 야곱을 돕기 위해서 요리를 하고 이삭의 축복을 야곱이 받도록 합니다(창 27:5-17). 야곱은 리브가의 뜻에 따라서 축복을 받게 됩니다(창 27:18-30a). 야곱이 축복을 받은 이후에 에서가 찾아와 축복을 요구하게 되지만 받지 못하고 이삭이 에서를 위한 별도의 축복을 하게 됩니다(창 27:30b-40). 이후에 에서는 야곱을 미워하여 형제에 대한 살의(殺意)를 느끼게 됩니다. 이를 알게 된 리브가가 어떻게 해서라도 형제 살인을 피하고자 야곱을 피신시킬 준비를 합니다(창 27:41-45). 이후 리브가는 이삭에게 자신의 마음을 진심으로 이야기를 하고, 이삭은 야곱을 다시 축복을 하는 이때에 비로소 아브라함의 축복을 하게 됩니다(창 27:46-28:5). 여기서 이삭은 야곱에게 결혼 문제를 거론합니다. 이상의 내용을 도식으로 나타내면 아래와 같습니다.

**a. 에서의 결혼 문제(창 26:34-35): 헷 족속의 아내들**

**b. 이삭이 에서를 축복하려고 함(창 27:1-4): 별미**

**c. 리브가가 야곱을 도움(창 27:5-17): 축복 받을 준비**

**d. 에서의 축복을 받는 야곱(창 27:18-30a): 물질적 축복**

**d′. 에서가 받은 축복들(창 27:30b-40)**

**c′. 리브가가 야곱을 도움(창 27:41-45): 도피할 준비**

**b′. 이삭이 야곱을 축복함(창 27:46-28:5): 아브라함의 축복**

**a′. 에서의 결혼 문제(창 28:6-9): 이스마엘의 딸 마할랏**

위의 구조에서 볼 수 있는 바와 같이 전체는 일정한 이야기 가운데 평행을 이루고 있어서 구조적으로 완전한 체계를 보이고 있습니다. 이는 모세의 문체적 특징이자 유대인들의 글쓰기 특징을 잘 반영하고 있습니다.

야곱은 아버지 이삭을 통해서 두 차례의 축복을 받는데, 두 번째 축복에서 아브라함의 축복이 등장하므로 사실 야곱은 형 에서의 축복을 가질 필요가 없었을 것으로 판단할 수도 있습니다. 왜냐하면 본래 이삭이 에서에게 주고자 했던 축복이란 물질적 축복들뿐이기 때문입니다. 그러나 리브가의 판단은 달랐습니다. 하나님의 뜻은 야곱에게 있기에 비록 그것이 물질적인 축복이라고 하여도 에서가 아니라 야곱이 받아야 한다고 보았습니다. 더욱이 "만민이 너를 섬기고 열국이 네게 굴복하리니 네가 형제들의 주가 되고 네 어머니의 아들들이 네게 굴복하며 너를 저주하는 자는 저주를 받고 너를 축복하는 자는 복을 받기를 원하노라"(창 27:29)라는 축복은 단순한 물질적 축복 이상의 가치와 의미를 가진 것입니다. 리브가는 하나님으로부터 "두 국민이 네 태중에 있구나 두 민족이 네 복중에서부터 나누이리라 이 족속이 저 족속보다 강하겠고 큰 자가 어린 자를 섬기리라"(창 25:23)는 말씀을 듣고 그 말씀을 기억하며 살아온 여인이었습니다.

우리가 야곱의 축복 이야기를 할 때에 반드시 기억해야 할 것은 이삭은 처음부터 에서에게 아브라함의 축복을 줄 의도가 없었다는 사실입니다. 이삭도 알고 있었습니다. 야곱이 이미 태중에서 하나님의 사랑 가운데 아브라함의 씨를 계승할 것이라는 사실을 알고 있었습니다(말 1:2; 롬 9:13). 단지 사랑하는 아들 에서가 이 세상을 녹록하게나마 살아갈 수 있도록 물질적인 축복을 주고 싶었던 것입니다. 이삭은 야곱을 위해서 아브라함의 축복을 간직하고 있었습니다. 하지만 리브가는 전혀 다르게 생각했습니다.

물질도 하나님께서 창조하신 것입니다. 그렇기 때문에 아브라함의 축복에 대해서도 물질적인 것은 배제하고 추상적인 것만을 소유하는 것은 말이 되지 않습니다. 물질적이고 일상적인 변화들이 역사를 이루는 근본적인 요소입니다(자크 르 고프, 《중세를 찾아서》). 역사는 전쟁이나 왕과 정부와 같은 정치적인 문제에만 국한되는 것이 아닙니다. 어떤 것들이 있다가 사라집니다. 인간의 사고방식과 관행들이 물질과 함께 등장하고 소멸합니다. '냉장고'가 없던 시절과 일반화된 시대의 사람들이 가지는 사고방식이 다릅니다. 망탈리테(mentalités, 심성)는 역사의 중요한 요소입니다. 물질과 그 배후에 있는 추상적인 정신은 분리될 수 없는 것입니다. 육체와 영혼은 분리될 수 없습니다. 만약에 영과 육을 분리하는 사고를 한다면 그것은 생명이 아니라 죽음을 말하는 것이 될 것입니다. 삶의 진실은 먹고 마심에 있습니다. 그래서 경건은 하나님 앞에서 먹고 마시면서 배우는 것입니다(신 14:23). 이삭의 생각에 어떤 절실한 도움이 필요했습니다. 그것이 물질적인 축복이라고 하여도 영적인 축복과 분리되지 않고 야곱에게 가야 했습니다. 현숙한 여인 리브가는 '뱀 같은 지혜' 하지만 '비둘기 같은 순결함'을 가지고(마 10:16) 사랑하는 남편을 도움으로써 남편을 비웃음거리가 되지 않게 했으며, 사랑하는 아들 에서가 저주 아래에서 빨간 피로 자신의 붉은 몸을 적시며 죽지 않게 했습니다. 리브가는 이삭과 에서를 도운 것입니다. "지혜로운 여인은 자기 집을 세우되 미련한 여인은 자기 손으로 그것을 허느니라"(잠 14:1)라고 하였습니다. 리브가는 지혜로운 여인이자 비둘기처럼 순결한 여인이었습니다.

‘비둘기 같은 순결함’(ἀκέραιοι ὡς αἱ περιστεραί, 마 10:16)이라고 말할 때에 ‘순결함’(ἀκέραιος, 아케라이오스)이란 도시나 국가 혹은 마을이나 자신을 지키는 울타리 등이 외부로부터의 침입(침공)을 받지 않은 것, 혹은 침입을 받았어도 여전히 견고함으로 굳건히 서 있어서 본래의 상태(an original state)를 유지하는 것을 인간의 감각(sense)에 비유해서 사용한 말입니다. 그래서 아케라이오스(ἀκέραιος)는 본래의 상태를 유지하는 것으로 ‘완전함’ 내지는 ‘전체성’(totality)이란 뜻을 가집니다. 또한 도덕적으로 때 묻지 않음(moral innocence), 부패하거나 타락하지 않음, 매수되지 않음 등을 의미합니다. 이는 내적으로 다른 것과 섞이지 않고 본래의 마음을 그대로 유지하고 있음을 의미합니다. 다시 말해서 리브가는 두 아들을 임신했을 때 하늘로부터의 음성(קוֹל מִן־שָׁמַיִם, 콜 민-솨마임)을 들었습니다. 그리고 그 상태로 온전히 40년을 살아왔습니다. 어떤 흔들림이나 변화나 섞임이 없이 오직 하나님의 말씀 안에 서 있었습니다. 이것은 지혜이며 순결함입니다. 남편과 두 아들에 대한 변하지 않는 사랑입니다. 리브가는 신앙하는 모든 이들의 영혼 속의 하얀 꽃입니다. 생생하고 건전한 하얀 마음입니다.

### 이삭이 에서를 축복하려고 하다

에서는 40세에 두 명의 아내를 얻었습니다. 두 아내 모두 헷 족속 브에리의 딸 유딧과 엘론의 딸 바스맛이었습니다(창 26:34). 아마도 이름이 ‘유딧’(יְהוּדִית, 예후디트)인 것으로 보아서 이삭과 친분이 깊었던 것으로 보입니다. 왜냐하면 브에리가 자신의 딸 이름을 ‘유대인’이란 뜻을 가진 예후디트(יְהוּדִית)라고 칭한 것은 그만큼 이삭과의 친분이 있었음을 추론하게 만들기 때문입니다. 아마도 에서는 이런 일들이 부모에게 슬픔이 되지 않을 것으로 여겼을 것입니다.

하지만 모세는 "그들이 이삭과 리브가의 마음에 근심이 되었더라"(창 26:35)라고 말하고 있습니다. 여기서 '마음에 근심'(a grief of mind, KJV)이라고 한 것은 '마음의 슬픔'(מֹרַת רוּחַ, bitterness of spirit) 혹은 '마음의 고통'(life bitter, RSV)으로 견디기 어려울 정도로 아픈 슬픔이 었음을 의미합니다. 이삭과 리브가의 마음은 먹먹했을 것이 분명합니다. 그들의 마음은 슬픔과 견디기 어려운 고통으로 가득했습니다. 하지만 이삭과 리브가는 에서의 결혼에 적극적인 반대를 하지 않았던 것으로 보입니다. 왜냐하면 에서는 모든 일이 끝난 이후에 가서 "또 본즉 가나안 사람의 딸들이 그의 아버지 이삭을 기쁘게 하지 못하는지라"(창 28:8)라는 것을 깨닫게 되었기 때문입니다. 부모가 강제적으로 강압적으로 자식의 결혼 문제를 서둘러 재촉하거나 반대하는 것, 곧 자식들의 마음마저 힘으로 간섭하려는 것은 지혜롭지 못한 처사입니다. 부모로서 자식들의 행복을 지나치게 염려한 나머지 오히려 자식을 불행한 사랑으로, 불안하고 위태한 사랑으로 몰아가는 것은 지혜가 아닙니다. 사랑이란 이름으로 강압으로 마음마저 결정하려고 한다면 비록 부모라고 하여도 불쾌감을 본능적으로 느끼게 되어, 자발적으로 하던 선행도 강요당한다는 그 이유 하나만으로 싫어지고 마는 법입니다.

이삭과 리브가는 부모로서 하기 어려운 행동을 보여주고 있습니다. 자신들은 영혼의 고통을 느끼지만 에서에게는 전혀 내색하지 않고 그의 사랑을 인정해 줍니다. 게다가 이삭은 사랑하는 그 아들 에서를 위한 축복까지 염두에 두고 있습니다. 투구를 벗지 않는 기사와도 같습니다. 진정 '공의를 갑옷으로 삼으시며 구원을 자기의 머리에 써서 투구로 삼으시며 보복을 속옷으로 삼으시며 열심을 입어 겉옷으로 삼는' 부부입니다(사 59:17).

영혼의 슬픔(מָרַת רוּחַ, bitterness of spirit)은 그 사람의 마음속에서 일어나는 다른 모든 감각을 송두리째 삼켜 버립니다. 그래서 이 슬픔을 충분히 인식한다는 것은, 그 어떤 유혹이라도 물리칠 수 있는 가장 견고한 갑옷으로 무장하고 있는 것과도 같습니다. 아마도 리브가는 이런 슬픔으로 인해서 무엇이든 할 수 있는 마음을 소유하게 되었을 것입니다.

사람들이 이 '영혼의 슬픔'을 망각하지만 않는다면 그 슬픔 가운데 다른 모든 감각에 따라 섞이거나 흔들리지 않게 될 것입니다. 아케라이오스(ἀκέραιος)입니다. 언제나 문제가 되는 것은 영혼의 쓰디쓴 고통마저도 인간은 시간 앞에서 망각하게 된다는 현실입니다. 그리고 그 불안한 망각이 시작되었습니다. 이삭은 나이가 많아 눈이 어두워 잘 보지 못하였습니다(창 27:1). 다시 말해서 이삭의 눈이 어스레하게 어두워 사물을 식별할 수 없게 되었다는 의미입니다. 그러나 이것은 '나이' 탓은 아닙니다.

이삭은 100세입니다. 그의 아버지 아브라함은 오랜 세월 세상에 시달린 눈을 가지고도 100세에 아들 이삭을 낳았으며, 그를 명확하게 구별할 수 있는 지성을 가지고 있었습니다. 지혜자는 "나의 법을 잊어버리지 말고 네 마음으로 나의 명령을 지키라 그리하면 그것이 네가 장수하여 많은 해를 누리게 하며 평강을 더하게 하리라"(잠 3:1-2)라고 말했습니다. 이삭이 100세에 실명에 가깝게 사물을 식별하지 못한 것은 '어쩔 수 없는' 다시 말해서 '필연적인' 일이지 나이가 원인이 되는 것은 아닙니다.

우리는 필연적인 사건에 대해서 확고하게 하늘의 뜻이라고 말할 수 있습니다. 이삭은 자신의 눈이 어스레하게 사물을 식별하기 어렵게 된 것이 하나님의 뜻이며, 자신이 상속받은 축복을 아들에게 베풀어 주어야 할 때임을 충분히 인식했습니다. 이는 임종을 직시한 것이 아닙니다. 이삭은 이후로도 80년을 더 생존하게 됩니다. 그러므로 이 축복은 임종 때에 하는 것이 아니라 필연성에 의해서 하는 것임을 알 수 있습니다. 그러나 이삭은 자신이 죽을 날을 알 수 없었으므로(창 27:2) 어떤 필연성 곧 어찌 할 수 없는 상황에 놓인 것을 충분히 인식하고 있었습니다.

여하튼 이삭은 '큰 자'(גָּדוֹל, 까돌)를 불렀습니다. 여기서 '큰아들'은 에서를 말합니다. 젊은 시절 야곱이 에서에게 장자의 명분을 구매했다고 하여도 아버지 이삭에게는 여전히 에서가 큰 자였습니다. 젊은 시절에 있었던 두 형제 사이의 장난스러운 일로 장자의 명분이 사라지는 것은 아닙니다. 장자의 명분은 아버지에게서 나오는 것이지 형제들 사이에 장난으로 매매할 수 있는 것은 아닙니다.

"내가 즐기는 별미를 만들어 내게로 가져와서 먹게 하여 내가 죽기 전에 내 마음껏 네게 축복하게 하라"(창 27:4)라고 이삭은 에서에게 말했습니다. 여기서 '별미'(מַטְעַמָּה, 마트아마)는 '맛있는 음식'(the kind of tasty food, NIV) 혹은 '풍미 가득한 음식'(savory food, ASV)을 말합니다. 이를 위해서 이삭은 에서에게 사냥할 것을 요구했습니다(창 27:3). 여기서 이삭은 에서의 아내들로 인해 얻은 쓰디쓴 고통과 슬픔을 망각한 사람처럼 오직 입맛을 추구해서 축복을 하는 것처럼 보입니다. 어리석은 결정을 내린 것처럼 보입니다. 지혜자는 "악한 눈이 있는 자의 음식을 먹지 말며 그의 맛있는 음식을 탐하지 말지어다"(잠 23:6, Do not eat the food of a stingy man, do not crave his delicacies, NIV)라고 하였습니다. 이삭은 육체적인 맛을 추구하고 있습니다.

아버지 아브라함과 늙은 종의 맹약식을 기억한다면 헷 족속의 아내를 얻은 에서에게 아브라함의 축복을 준다는 것이 얼마나 어리석은 일인지 알았을 것이며, 이삭(יִצְחָק, 이쯔하크)은 결국 이스마엘에게 비웃음(צְחֹק, 쩨호크)거리가 될 것입니다. 그의 이름이 '웃음'이 아니라 '비웃음'이 될 위험에 노출되었습니다.

이삭(יִצְחָק, 이쯔하크)은 진실로 웃어 본 적이 없는 삶을 살았습니다. 그는 어린 시절 형 이스마엘에게 비웃음거리가 되었으며, 아버지의 번제단 위에 순종하는 마음으로 올라갔으며, 아내를 여동생이라고 말하기도 했으며, 풍요로운 농경지에서 쫓겨나 미움과 질투의 대상으로 떠돌아다녔습니다. 그리고 이제 늙어서 시력을 잃었습니다. '웃음'이란 이름이 어울리지 않는 슬픔의 삶이었습니다. 영혼의 슬픔을 간직함으로 모든 유혹 앞에서 흔들리지 않는 영혼의 소유자였습니다. 그는 진정으로 웃음을 애통으로 바꾼 인물이었습니다(약 4:9). 그런데 이제 나이 100세에 입 속의 즐거움을 위해서 아브라함의 축복을 에서에게 주려고 합니다. 위기의 순간입니다. 아브라함의 언약이 위태한 순간입니다. 아니, 이삭과 에서의 생명이 위태로운 상황에 놓이게 되었습니다.

만약에 헷 족속의 여인(그 밭)에게 아브라함의 축복이 간다면 하나님께서는 반드시 이것을 막으실 것입니다. 아브라함의 씨는 아브라함만의 것이 아니라 사라와 함께하는 것입니다. 이는 이삭만을 의미하는 것이 아니라 리브가와 함께할 때에만 온전한 것이 됨을 뜻합니다. 마찬가지로 에서의 씨는 에서만의 것이 아니라 그의 아내들(그 밭) 곧 헷 족속의 것이 됩니다. 라반에게 두 딸이 있었고, 이삭에게 두 아들이 있었던 것은 아마도 우연만은 아닐 것입니다.

만약에 이삭이 에서에게 아브라함의 축복을 준다면 반드시 하나님께서 이를 막으실 것입니다. 그리고 이삭은 진정으로 비웃음거리가 될 것입니다. 하나님께서 에서를 어떻게 하실지 예측할 수 없습니다. 분명한 것은 재앙의 그림자가 다가오고 있다는 것입니다. 하나님께서는 에서를 미워하셨습니다(말 1:3; 롬 9:13). 한여름 천둥과 번개를 한 아름 머금은 검은 구름이 저 멀리서 밀려오고 있습니다. 바람에 밀려, 누군가 의도적으로 우리 머리 위에라도 옮겨놓으려는 듯이 그렇게 떠밀려 오고 있습니다. 미움은 재앙이 되어, 그렇게도 많은 천둥과 번개를 머금은 재앙의 먹구름으로 바람에 가볍게 밀려옵니다.

에서는 들로 사냥하러 나갔고, 리브가는 근심에 사로잡혔습니다. 리브가가 남편 이삭을 사랑하지 않은 적은 한 번도 없었습니다. 그녀는 남편의 결점과 단점에서조차 사랑할 만한 사소한 것들을 찾아낼 정도로 그를 사랑했으며, 지혜로운 여인이었습니다. 그런데 이제 '이삭'(웃음)이 하나님의 길에서 벗어났기에 아브라함의 축복을 이방여인의 아들들에게로 돌아가게 할 위험 앞에 서 있습니다. 남편을 비웃음거리가 되게 할 수는 없었습니다. 무슨 일이 있어도 막아야 했습니다. 그러나 이 문제는 아브라함의 축복 곧 아브라함의 언약에 관한 문제입니다. 이는 신앙에 있어서 가장 핵심적인 문제입니다. 이삭은 결코 아내의 말을 따르지 않을 것입니다.

아담은 아내의 말을 듣고 하나님을 배신했습니다(창 3:17). 이것이 아담이 죄를 범한 원인입니다. 아브라함은 사라를 버리는 한이 있어도 하나님의 말씀을 지키고자 노력함으로 아담의 문제를 겨우 극복하는 것처럼 보였습니다. 그리고 이삭은 아브라함을 그대로 닮아 있습니다. 그러니 이삭이 이 신앙의 문제에서 리브가의 말을 들어줄 가능성은 거의 없습니다. 그러나 이삭의 판단이 잘못된 것처럼 보입니다. 결국 리브가는 자신을 희생해서라도 이 문제를 극복하기로 결정하게 됩니다. 다른 방법은 없어 보였습니다. 이것은 어쩔 수 없는 일이었습니다. 왜냐하면 리브가는 돕는 배필로 창조되었기 때문입니다(창 2:18). 사랑은 희생이 아니라 도움입니다. 그러나 그 도움이 다른 이들이 볼 때에는 너무나도 힘겹고 이해하기 어려워 희생이라고 말하지만 당사자들에게는 희생이란 생각이 들지 않습니다. 그것은 이삭만의 일이 아니라 바로 리브가 자신의 일이 되었습니다. 사랑은 '그대의 문제가 더 이상 그대만의 문제가 아니라 나 자신의 문제임을 인식하게 하는 지성'(νοῦς, intelligence)입니다. 상대를 이해(νοῦς, understanding)하는 것입니다.

'잇샤'(אִשָּׁה, 여자, 창 2:23)는 남편 아담(אָדָם)의 '돕는 배필'로 창조되었으나 그녀의 도움은 오히려 아담을 죽음으로 몰아갔습니다. 모세가 말한 '돕는 배필' 곧 '에젤 케네그도'(עֵזֶר כְּנֶגְדּוֹ)는 '맞은편에서의 도움'을 말합니다. 히브리어 네게드(נֶגֶד)는 '정반대편의 것' 혹은 '마주 보는 자'(opposite)란 의미를 가지고 있습니다. 또한 동등함(counterpart)이란 의미에서 '에젤 케네그도'(עֵזֶר כְּנֶגְדּוֹ)는 '필적할 만한 돕는 자'(a helper comparable to him, NKJV)란 의미로 읽습니다. 중요한 것은 '잇샤'가 '아담'을 정반대편으로 도왔다는 사실입니다. 그래서 아담은 죽음의 길로 접어들었습니다. 그런데 리브가 역시 이삭을 정반대로 돕고 있습니다.

아담은 아내의 도움으로 유혹을 이기지 못하고 내적인 싸움에 패배한 인간으로 비웃음거리가 되었으나 이삭은 리브가의 도움으로 진정한 웃음을 얻게 됩니다. 리브가의 행동은 '잇샤'의 문제를 극복하고 있습니다. 아브라함이 아담의 문제를 극복하고 있다면, 리브가는 '여자'(이브)의 문제를 극복하고 있습니다. 이브의 도움이 아담에게는 치명적인 유혹이었다면, 리브가의 도움은 이삭에게 웃음이 되었습니다. 이 둘의 차이는 명백합니다.

남자와 여자가 함께하고 싶다는 의미는 함께 머물러 살고자 하는 것이 아닙니다. 함께 있길 원하는 것은 같은 길을 걷기를 원하는 것입니다. 서로 손을 잡고 가는 것이 아닙니다. 여자는 남자의 맞은편 곧 반대편에서 돕는 자입니다. 같은 편에 있다면 그것은 남자에게 육체적으로나 정신적으로 예속되게 됩니다. 하지만 반대편은 여자도 남자에게 필적할 만큼 동격적인 위치를 가지게 합니다. 그러나 그 반대편이라는 말은 어디까지나 하나님의 말씀 안에서의 반대편입니다. 네게드(נֶגֶד)는 이중적인 가치를 가지고 있습니다.

남자와 여자는 육체적으로나 정신적으로 동등한 존재가 아닙니다. 그러나 완전히 동격적으로 창조되었으며, 여자의 도움에 따라서 남자의 노동에 전혀 다른 결과를 초래할 수도 있습니다. 성경은 남녀의 동등함이 아니라 동격, 곧 하나님 앞에서 나란히 설 자격을 가진 존재임을 말합니다(벧전 3:7).

이삭의 결정에 리브가가 침묵으로 대응하는 것은 남편의 결정을 존중한다는 의미입니다. 침묵은 정중함을 뜻했습니다. 하지만 하나님께서 작은 자를 택하신 것을 남편이 잘못 이끌어가고 있습니다. 더는 침묵할 수 없었던 리브가였습니다. 그의 마음은 사랑으로 가득한 순결한 여인이었습니다.

지금 리브가에게는 선택의 여지가 없었습니다. 남편 이삭은 아브라함의 길을 걷고 있어서, 하나님의 가르침에 있어서는 아내의 유혹에서 완전히 벗어난 인물입니다. 그렇다고 이삭의 잘못된 결정에 침묵하며 그대로 놓아 둔다면 이삭은 비웃음거리가 되고, 어쩌면 하나님께서 이 축복을 막기 위해서 에서를 죽이실 수도 있습니다. 이제 침묵은 상대를 인정하는 정중함이 아니라 잘못된 길에 동참한 것이 될 것입니다.

하나님께서는 야곱을 사랑하시고 에서를 미워하셨습니다(롬 9:13; 말 1:2-3). 그러니 이삭의 웃음을 위해서, 에서의 생명을 위해서 리브가는 자신을 희생하기로 했습니다. 이삭을 지키고, 사랑하는 아들 에서를 지키기로 한 것입니다. 하얀 꽃으로 모든 잘못을 숨길 수 있는 장식을 해야 했습니다. 리브가가 야곱을 사랑했다는 말은(창 25:28) '에서보다 야곱을 사랑했다는 말'이지 '에서는 미워하고 야곱만 사랑했다'는 말은 결코 아닙니다. 리브가는 에서를 사랑했고, 아들을 도울 수 있는 방법을 찾아야 했습니다.

리브가는 야곱에게 자신의 계획을 말합니다. 그러나 야곱은 "내가 아버지의 눈에 속이는 자로 보일지라 복은 고사하고 저주를 받을까 하나이다"(창 27:12)라고 걱정합니다. 야곱은 자신이 아버지에게 '속이는 자처럼'(כִּמְתַעְתֵּעַ, 키므타테아) 보이게 될 것을 걱정하고 있습니다. 이 말은 모세에게는 야곱의 행위가 속임수가 아님을 말하는 것입니다. 이것은 아버지를 비웃음에서 구하는 것이며, 형 에서를 하나님의 저주에서 구하는 길입니다. 하지만 아버지는 이런 마음을 모를 것이라고 판단합니다. 리브가뿐만 아니라 야곱마저도 이삭이 바른 판단을 하지 못한다고 생각하고 있습니다. 세상은 리브가와 야곱을 오해할 것입니다. 흡사 '속이는 자처럼'(כִּמְתַעְתֵּעַ) 말을 할 것입니다. 우리 주 하나님이시며 그리스도이신 예수님께서 너무나 나약하게 십자가에 들려올려졌을 때, 그것은 사랑하는 인간을 구원하기 위한 것이었으나 인간들은 그저 나약함이라고 비웃으며 "자기 머리를 흔들며 예수를 모욕하여 이르되 성전을 헐고 사흘에 짓는 자여 네가 만일 하나님의 아들이어든 자기를 구원하고 십자가에서 내려오라"(마 27:39-40)라고 외쳤습니다. 또한 "그와 같이 대제사장들도 서기관들과 장로들과 함께 희롱하여 이르되 그가 남은 구원하였으되 자기는 구원할 수 없도다 그가 이스라엘의 왕이로다 지금 십자가에서 내려올지어다 그리하면 우리가 믿겠노라"(마 27:41-42)며 비웃었습니다. 이것은 암흑의 정념(a passions of a darkness)에 빠진 인간들의 오류이자 치명적인 실수 곧 죄입니다. 자신을 사랑 가운데 돕는 이에게 모욕감을 주고 희롱하는 것은 그의 무지(ignorance) 때문입니다.

야곱은 자신이 아버지에게 키므타테아(כִּמְתַעְתֵּעַ) 곧 '속이는 자처럼'(as a deceiver, ASV) 보이게 될 것을 염려했습니다. 여기서 키므타테아(כִּמְתַעְתֵּעַ)는 동사 타아(תָּעַע)의 피엘(강조능동) 분사형에 접두 전치사 '~처럼'을 붙인 형태입니다. 동사 타아(תָּעַע)는 '속이다'란 의미보다는 '조롱하다', '무시하다', '실망시키다'(mock, RSV)란 뜻을 가지고 있습니다. 이는 리브가와 야곱은 자신들의 행위를 전혀 속임수라고 인식하지 않고 있음을 뜻하는 것입니다. 단지 이런 행동이 오해를 사서 이삭에게 아들이 아버지를 무시한 처사로 보일 것을 걱정한 것입니다. 이에 리브가는 야곱의 마음을 달래 주면서 말했습니다.

"내 아들아 너의 저주는 내게로 돌리리니 내 말만 따르라"(창 27:13). 리브가는 다소 급한 마음에 자신이 저주를 받을 것이라고 단정합니다. 이 모든 일에 대한 비방은 자신이 받을 것임을 알고 있었습니다. 리브가는 남편을 속인 여인으로 오해받을 것입니다. 지혜로운 여인은 자신을 낮추고 비방받으면서 남편을 비웃음거리로 만들지 않습니다.

리브가는 염소 새끼 두 마리로 풍미 가득한 요리를 만듭니다(창 27:9). 아들 야곱에게 에서의 옷을 입히고 염소 털로 손과 목을 꾸며

줍니다(창 27:15-16). 그리고 야곱의 손에 자신이 만든 풍미 가득한 맛있게 요리된 음식을 주어 남편에게 이끌었습니다(창 27:17).

"내 아버지여"라고 야곱이 아버지 이삭을 불렀습니다.

"내가 여기 있노라 내 아들아 네가 누구냐." 어스레한 눈으로 확인할 수 없었던 이삭은 아들들이 쌍둥이이므로 에서인지 아니면 야곱인지를 확인하고자 했습니다(창 27:18). 그 음성으로 판단해 보면 야곱이었으나 혹시 하는 마음에 확인하고자 했습니다.

"나는 아버지의 맏아들 에서로소이다. 아버지께서 내게 명하신 대로 내가 하였사오니 원하건대 일어나 앉아서 내가 사냥한 고기를 잡수시고 아버지 마음껏 내게 축복하소서." 야곱이 아버지 이삭에게 대답했습니다(창 27:19).

리브가와 야곱은 자신들의 정직한 마음을 남편이나 형인 에서, 그리고 세상 사람들이 오해하여 비방할 것을 알고 있었습니다. 그러나 사랑하는 아버지와 형을 위해서 이 모든 비방과 희롱과 모욕을 받아야 했습니다. 특히 리브가는 이미 '큰 자가 어린 자를 섬기리라'는 사실을 알고 있었습니다(창 25:23). 리브가는 이삭을 위해서 그의 곁에서 그의 실수를 온몸으로 감당하고 있습니다. 이삭은 아름답고 지혜로운 하얀 꽃을 입었습니다. 하나님께서는 웃음 곁에 하얀 꽃을 묶어 두셨습니다.

여기서 한 가지 확인할 것이 있습니다. 모세는 리브가가 야곱에게 "그의 맏아들 에서의 좋은 의복을 가져다가 그의 작은 아들 야곱에게 입히고"(창 27:15)라고 쓰고 있습니다. 이 말 가운데 에서의 '좋은 옷'(the best clothes of Esau, NIV)이란 표현은 에서가 야곱에게는 없는 옷, 곧 에서임을 확증할 만큼의 '좋은 옷'을 가지고 있었음을 의미하는 것입니다. 비록 이삭이 눈이 희미하게 되었다고 하여도 맏아들(장자)만이 가진 옷은 에서라는 확증이 될 것입니다. 훗날 야곱도 사랑하는 아들 요셉에게 특별한 옷을 선물한 일이 있습니다(창 37:3).

에서가 소유한 이 옷은 아마도 아버지 이삭이 선물한 옷일 것입니다. 이삭은 사랑의 표현으로 장자라는 명분과 어떤 의식 곧 아버지에게 축복의 안수를 받는 날에 어울리는 '좋은 옷'을 주었을 것입니다. 그러나 미드라쉬에서는 조금 다른 이야기를 합니다.

에서는 사냥꾼이었습니다(창 25:27). 그런데 성경에서는 구스의 아들 니므롯에 관해서 "그는 세상에 첫 용사라 그가 여호와 앞에서 용감한 사냥꾼이 되었으므로 속담에 이르기를 아무는 여호와 앞에 니므롯같이 용감한 사냥꾼이로다"(창 10:8-9)라고 하였습니다. 구스는 함의 아들이며(창 10:6), 홍수 심판 이후에 가장 유명한 사냥꾼이 바로 '니므롯'이었습니다. 그래서 미드라쉬에서는 에서가 니므롯 족속에게서 '좋은 옷'을 취한 것으로 봅니다. 다시 말해서 에서가 니므롯같이 용감한 사냥꾼이며, 그들보다 더 뛰어난 사냥꾼으로서 그들의 것을 취할 정도였다고 보고 있습니다. 미드라쉬의 이런 입장을 확증적으로 수용하기는 다소 어려움이 있으나 미드라쉬는, 에서는 하마드(חמד, secretly desired)가 있어서 '좋은 옷' 따위를 즐겼다(חמד, 하마드)라고도 언급하고 있습니다(창 3:6). 히브리어 하마드는 이를 '탐내다'란 의미로 읽습니다(출 20:17).

### 이삭이 야곱을 에서로 알고 축복하다

"내 아들아 네가 어떻게 이같이 속히 잡았느냐"(창 27:20)라고 이삭이 야곱에게 물었습니다.

"아버지의 하나님 여호와께서 나로 순조롭게 만나게 하셨음이니이다"(창 27:20)라고 공손하게 야곱은 아버지에게 대답했습니다. 여기서 '순조롭게 만나다'(הִקְרָה, 히크라)라고 한 말은 히브리어 카라(קָרָה)의 히필형(사역능동형)입니다. 카라(קָרָה)는 '우연히 만나다', '마주치다'(encounter), '만나다'(meet), '일어나다', '발생하다'(happen, befall)라는 뜻으로 읽습니다. '우연히'란 말은 사람에게는 알 수 없는 일이지만 하나님의 섭리가 있음을 뜻합니다. 예를 들어 룻이 보아스의 밭으로 우연히 인도된 것은 룻이나 보아스에게는 알 수 없는 일이지만 하나님의 뜻에 의한 것임을 말합니다(룻 2:3).

"내 아들아 가까이 오라 네가 과연 내 아들 에서인지 아닌지 내가 너를 만져보려 하노라"(창 27:21). 이삭이 야곱에게 말했습니다. 야곱은 이삭에게 가까이 갔고, 이삭은 야곱을 만졌습니다. 그리곤 "음성은 야곱의 음성이나 손은 에서의 손이로다"(창 27:22)라고 말함으로 자신에게 있는 의혹을 버렸습니다. 그리고 야곱을 에서로 알고 야곱의 손에 있는 음식과 포도주를 먹고 마셨습니다(창 27:25). 그리고 서로 평화의 입맞춤으로(창 27:26) 이삭은 야곱을 에서로 알고 축복하기 시작했습니다(창 27:27). 이삭은 염소 요리를(창 27:9) 사냥한 고기 요리로 알고 야곱을 전혀 의심하지 않습니다. 특히 리브가가 염소 고기로 "네 아버지를 위하여 그가 즐기시는 별미를 만들리니"(창 27:9)라고 말하는 것으로 보아 사실 이삭이 요구한 것이 에서가 사냥한 음식이 아님을 암시하고 있습니다.

이삭은 야곱이 입고 있는 옷의 향을 맡고 "내 아들의 향취는 여호와께서 복 주신 밭의 향취로다"(창 27:27)라고 말하면서 축복을 시작했습니다. 이 축복의 서문을 시작으로 야곱에게 축복이 상속되게 됩니다. 여기서 우리는 두 가지 사실을 배워야 합니다. 하나는 축복의 성격에 있어서 인식의 작용이 절대적인 것은 아니라는 사실입니다. 다시 말해서 '이삭'은 '야곱'을 '에서'로 잘못 인식하고 한 축복입니다. 그럼에도 불구하고 이 축복은 합법적인 것으로 번복되거나 취소될 수 없다는 것입니다. 이것의 중요성은 바로 '유아세례'에서 아직 인식 능력이 없는 아이들이 받는 세례의 축복이나 아직 미숙한 집례자의 세례와 성찬 안에 있는 축복도 합법성을 가진다는 것을 뜻합니다. 특히 유아세례는 의무가 없이 오직 축복의 권리만을 가진다는 의미에서 비록 유아들의 인식 능력이 없어도 야곱에게 한 축복처럼 결코 철회되지 않습니다. 또한 이삭이 눈멀어 잘못 한 축복이지만 여전히 합법적인 것처럼 유아세례 역시 집례자와 무관하게 아이가 받은 모든 축복은 유효한 것입니다. 유아세례는 축복의 의미를 정확하게 이해하고 실행되고 있는 아름다운 예배입니다.

다른 하나는 이삭이 추구했던 별미 곧 마트아마(מַטְעַמָּה)의 문제입니다. 이삭은 아들의 사냥한 요리를 즐긴 것으로 표현되고 있습니다(창 25:28). 그런데 그는 리브가의 염소 요리를 사냥한 고기로 알고 그대로 먹고 있습니다. 이는 이삭이 즐긴 것이 에서가 사냥한 짐승이 아니라 지난 60년 동안 먹어 온 리브가의 요리였음을 뜻하는 것입니다. 이삭이 말한 마트아마(מַטְעַמָּה)는 그저 맛있는 요리를 의미하는 것만이 아닐 것입니다. 에서가 사냥해 온 것을 리브가가 요리를 해준다면, 이삭의 이 축복을 리브가 역시 동의했다는 뜻이 될 것입니다. 그러므로 에서는 급하게 사냥을 하는 것보다 어머니에게 승인을 받는 일이 더 중요함을 알아야 했습니다. 그러나 에서는 어머니의 승인보다 자신이 받을 축복에 대한 열망만을 생각했습니다. 우리는 이삭과 리브가를 하나, 곧 부부는 하나라는 사실을 인식해야 합니다.

이삭의 축복 서문을 보면, 이삭은 끝까지 에서임을 확인하기 위해서 향기에 의존하고 있음을 볼 수 있습니다. 청각으로는 야곱의 음성이지만 이를 확인할 방법이 없습니다. 그래서 그는 후각의 감각을 사용하고 있습니다. 그리고 "내 아들의 향취는 여호와께서 복 주신 밭의 향취로다"(창 27:27)라고 확인하게 됩니다. 만약에 이삭에게 시각이 있었다면 아마도 이삭은 에서를 축복했을 것입니다. 그래서 하나님께서는 그의 시각을 거두어 가심으로 이삭이 하나님의 뜻에서 크게 벗어나지 않도록 도우셨습니다. 이삭의 눈이 어스레하게 사물을 분별하지 못했던 것은 하나님께서 야곱을 축복하기 위한 뜻이었음을 알 수 있습니다.

축복의 내용은 크게 두 가지로 나뉩니다. 하나는 하늘과 땅의 풍요로움으로 물질적인 축복을 하고 있습니다(창 27:28). 이어진 또 하나의 축복은 형제 사이의 관계를 다루고 있습니다. 여기서 이삭은 "만민이 너를 섬기고 열국이 네게 굴복하리니 네가 형제들의 주가 되고 네 어머니의 아들들이 네게 굴복하며"(창 27:29)라고 말하고 있습니다. 이 부분이 리브가가 걱정했던 부분입니다. 왜냐하면 하나님께서 40년 전에 정하신 내용은 "큰 자가 어린 자를 섬기리라"(창 25:23)라는 예정이었기 때문입니다. 그러나 이삭은 이 예언 곧 하나님의 뜻과는 상반된 길을 걷고 있습니다. 만약에 리브가가 자신에게 돌아올 비난과 모욕과 속이는 자라는 오명을 듣기 싫어서 남편이 하나님의 뜻에 역행하는 것을 침묵으로 참여한다면 그것은 돕는 배필이 아닐 것입니다. 리브가의 지혜와 사랑의 도움으로 이삭은 진정으로 웃음을 잃지 않게 되었습니다. 이스마엘에게 웃음거리가 되지 않을 수 있었습니다.

그런데 이삭의 축복에는 대단히 암시적인 내용이 숨겨져 있습니다. 이삭은 '네가 형제의 주가 되고 네 어머니의 아들이 네게 굴복하며'라고 축복하는 대신에 "네가 형제들의 주가 되고 네 어머니의 아들들이 네게 굴복하며"(창 27:29)라고 축복하고 있다는 사실입니다. 리브가는 단둘 곧 에서와 야곱만을 낳았습니다. 그럼에도 불구하고 이삭은 '아들'이 아니라 '아들들'이라고 칭하고 있습니다. 이는 이삭의 축복이 야곱을 향하고 있는 것이 아니라 보다 먼 미래 곧 그리스도와 교회를 향하고 있음을 의미하는 것입니다. 아브라함의 후손 예수 그리스도를 주님이라고 섬길 날을 바라보고 있습니다. 이것이 에서가 이 축복을 받을 수 없는 여러 이유 가운데 하나입니다.

이삭이 야곱에게 축복하기를 마쳤습니다. 이에 야곱이 그의 아버지 이삭 앞에서 나왔습니다(창 27:30). 그리고 얼마 후에 야곱의 형 에서가 사냥하여 돌아왔습니다. 그는 사냥한 것을 손질하고 직접 요리를 했습니다. 보세는 "그가 별미를 만들어"(창 27:31)라고 밝힘으로 에서가 어머니 리브가에게 부탁하지 않은 것을 확실히 하고 있습니다. 이를 보아서 에서는 어머니 리브가의 슬픔을 알고 있었던 것으로 보입니다. 게다가 두 명의 아내에게도 요리를 맡기지 않은 것으로 보아서 이삭은 며느리들의 음식을 즐거워하지 않았던 것으로 보입니다. 여하튼 에서는 어머니와 두 명의 아내가 있음에도 불구하고 자신이 직접 맛있는 요리를 만들어 아버지 이삭에게 가져갔습니다.

"아버지, 일어나 이 아들이 사냥해 온 고기를 잡수시고 나를 축복해 주십시오"(창 27:31, 현대인의 성경). 에서가 아버지 이삭에게 말했습니다. 그때 모든 것이 밝혀졌습니다. 이삭의 눈은 어스레히 에서를 바라보았으나 그의 마음은 한순간에 일어난 바람으로 먹구름이 사라지고 잔뜩 찌푸린 하늘은 이내 맑고 밝은 파란빛으로 가득한 것처럼 모든 것이 명백해졌습니다. 이삭은 알았습니다. 축복 받은 것이 야곱임을 깨달았습니다. 한순간에 모든 것이 명백해진 상황에서 너무 당혹스러웠던 이삭은 "너는 누구냐?"(창 27:32, 현대인의 성경)라고 물었습니다. 이에 무슨 영문인지 파악이 되지 않은 에서가 대답했습니다.

"아버지의 맏아들 에서입니다"(창 27:32, 현대인의 성경).

이삭이 심히 크게 떨며 말했습니다. "그러면 사냥한 고기를 내게 가져온 자가 누구냐 네가 오기 전에 내가 다 먹고 그를 위하여 축복하였은즉 그가 반드시 복을 받을 것이니라"(창 27:33).

이삭은 온몸이 떨리는 전율 같은 것(trembled violently, NIV)을 느꼈습니다. 그 전율(חָרַד, 하라다)은 그가 깊은 일깨움을 얻었음을 뜻하는 것입니다. 하나님의 말씀의 씨앗은 언제나 의식적으로 영혼 속에 받아들여야 하는 것입니다. 의식(conscience) 안에 있을 때에만 믿음이며 소망이 됩니다. 의식하지 못하는 것을 소망하거나 믿을 수는 없습니다.

하나님께서 40년 전에 선지자를 통해서 이삭과 리브가에게 주신 말씀 곧 "큰 자가 어린 자를 섬기리라"(창 25:23) 하신 그 미래의 일을 영혼에 간직하지 못한 것은 자신의 슬픔을 망각했기 때문입니다. 사랑과 진실함에 문제가 일어나는 경우는 바로 망각의 순간입니다. 인류는 본래 하나님의 동산에서 살았으나 불순종함으로 추방당한 영혼이 되었다는 과거의 역사, 본래는 하나님의 일꾼으로 그 동산을 돌보며 지키던 자였으나(창 2:15) 그 신분과 지위를 상실하여 타락하게 되었다는 과거의 자취들, 이런 흔적들을 기억하며 영혼의 슬픔을 간직한 사람들은 결코 유혹에 넘어가지 않습니다.

**예전에 왕이던 자가 지금은 죄수다.**

He's now a captive that was king of late.

— 앤 브래드스트리트(Anne Bradstreet, 1612–1672)

'타락'(*pravitas*)이란 말은 '떨어지다'란 의미입니다. '비뚤어졌다'란 말이며 '흠', '결함', '썩었음'(부패)을 의미합니다. 이는 본래는 그러하지 않았음을 뜻하는 것입니다. 문제는 언제나 망각입니다. 그러나 이삭에게는 자신을 희생해서 남편의 명예를 지킨 지혜로운 여인이 있었습니다. "집과 재물은 조상에게서 상속하거니와 슬기로운 아내는 여호와께로서 말미암느니라"(잠 19:14)라는 말은 확실합니다. 이삭에게 리브가를 주신 분은 하나님이십니다. 하지만 에서는 자신이 원하는 여인을 아내로 맞이했습니다. 주신 것을 받은 것이 아니라 자신이 추구하는 것을 얻었습니다. 이 이야기는 분명히 '그 밭'에 관한 이야기입니다.

만약에 하나님께서 에서를 축복하고자 하셨다고 가정한다면, 리브가라는 여인의 속임수에 하나님께서 속아 넘어가서 어쩔 수 없이 야곱을 축복하게 되었다고 말한다면 이는 성경을 이해하는 것이 아니라 신성을 모독하는 것이 될 것입니다. 처음부터 하나님께서는 야곱을 축복하시려 했으며, 오히려 이삭이 이를 방해한 것입니다. 그러자 하나님께서 이삭의 눈을 멀게 만드신 것입니다. 리브가가 하나님의 뜻에 따라서 야곱이 축복을 받을 수 있도록 한 것입니다. 그녀는 이삭과 에서, 곧 사랑하는 두 남자를 위해서 스스로 속이는 여인이란 오명을 쓴 것입니다. 문제는 그녀의 방법이지, 그녀의 생각과 판단은 옳았습니다. '거짓말'이란 방법상의 문제는 다음에 이야기하기로 하고 우선 축복을 받지 못한 에서의 이야기를 계속하도록 하겠습니다.

에서는 울었습니다(צְעָקָה, 창 27:34).

모세는 '에서가 울었다'는 대목에서 히브리어 짜아카(צְעָקָה)를 씁니다. 짜아카는 절규하며 비명을 지르며 우는 것으로 웃음(צָחַק, 짜하크)과 언어유희를 이루고 있습니다. 다시 말해서 '짜하크'(צָחַק)가 '짜아카'(צְעָקָה)로 변한 것입니다. 모세는 에서의 울음에 대해서 '이쯔아크 쩨아카 게돌라'(יִּצְעַק צְעָקָה גְּדֹלָה) 곧 '그가 큰 절규를 터뜨렸습니다(he burst out with a loud and bitter cry, NIV)라고 말함으로 에서가 받은 충격을 표현하고 있습니다.

묵직한 그림자처럼 절규하는 마음으로 에서는 아버지 이삭에게 말했습니다. "내 아버지여 내게 축복하소서 내게도 그리하소서"(창 27:34). 울고 있는 아들에게 이삭은 "네 아우가 와서 속여 네 복을 빼앗았도다"(창 27:35)라고 말했습니다. 여기서 이삭은 분명히 타아(תָּעַע, 조롱하다)가 아니라 미르마(מִרְמָה)라고 말했습니다. 이는 '속여'(deceitfully, NIV)라고 읽는 히브리어 미르마(מִרְמָה)로 '교묘함', '약삭빠름'이란 의미로 '미묘함' 내지는 '세밀함'(subtlety, KJV)으로 읽는 것이 더 적절할 것입니다. 셉투아진트(LXX)의 경우에도 돌로스(δόλος)로 읽어서 '속임수'의 의미도 있지만 이보다는 '약삭빠름'(cunning), 미묘해서 파악하기 '어려움'(subtlety)이란 의미로 읽습니다. 또한 '빼앗다'(take)는 라카흐(לָקַח)로 '취하다'(take)란 뜻입니다. 그래서 이삭이 말한 바는 '네 형제 야곱이 왔다. 그런데 미묘하게 알 수 없어서 그의 세밀하게 준비함으로 너의 축복을 그가 취했다. 또 다른 축복은 없단다'라는 의미입니다. 다시 말해서 이삭도 리브가와 야곱이 한 일이 자신을 조롱하거나 무시한 것은 아니었음을 인정하는 형태로, 그들의 행위에 대하여 온당함을 인식하기 시작한 것입니다. 그래서 이후에 이삭은 아내 리브가나 아들 야곱에게 자신을 속인 일로 화를 내거나 질책하지 않습니다.

여하튼 에서는 "그의 이름을 야곱이라 함이 합당하지 아니하니이까"(창 27:36)라고 대답합니다. 다시 말해서 '야곱'이 '에서' 자신의 '발목을 잡았다'는 뜻입니다. 그는 계속해서 "그가 나를 속임이 이것이 두 번째니이다 전에는 나의 장자의 명분을 빼앗고 이제는 내 복을 빼앗았나이다"(창 27:36)라고 말합니다. 여기서 '그가 나를 속였습니다'(He has deceived me)라고 말한 것은 동사 '아카브'(עָקַב)로 '속이다'란 의미가 아니라 '발뒤꿈치를 잡다'란 의미로 본문은 '그가 나의 발꿈치를 잡은 것이 이번이 두 번째입니다'라는 의미입니다. 에서는 젊은 시절 장자의 명분 문제와 지금의 축복 문제가 모두 속임수가 아니라 '발목 잡은 것'으로 이해하고 있습니다. 이것이 더 정확한 고백입니다. 여하든 에서는 절규하는 가운데 말했습니다.

"아버지께서 나를 위하여 빌 복을 남기지 아니하셨나이까?"(창 27:36) 에서가 아버지 이삭에게 물었습니다. 이에 이삭은 "내가 그를 너의 주로 세우고 그의 모든 형제를 내가 그에게 종으로 주었으며 곡식과 포도주를 그에게 주었으니 내 아들아 내가 네게 무엇을 할 수 있으랴"(창 27:37)라고 말함으로 더 줄 것이 없다고 말합니다. 이삭은 야곱의 상전(a lord) 됨과 모든 형제의 종들(a servants) 됨을 선언하면서 야곱에게 물질적인 풍요를 주었다고 말합니다. 그런데 에서는 아버지의 말에 대해서 답답하다는 듯이 말합니다.

"내 아버지여 아버지가 빌 복이 이 하나뿐이리이까 내 아버지여 내게 축복하소서 내게도 그리하소서"(창 27:38)라고 말하며 소리 높여 울었습니다. 우리는 여기서 에서의 마음을 읽을 수 있습니다. 그는 상전(a lord) 됨과 물질적인 풍요를 완전히 일치된 하나로 인식하고 있습니다. 경제적인 풍요는 물질적 상황으로 인간사회의 문명을 형성하게 됩니다. 그리고 이 문명사회에서 경제적인 우월성은 상전(a lord) 됨이라는 기본적인 구조를 형성하게 됩니다. 하지만 우리는 앞으로 진행될 야곱의 이야기에서 야곱의 상전(a lord) 됨은 전혀 다른 모습으로 반영됨을 보게 됩니다.

또한 우리는 이삭의 축복에서 아주 중요한 것이 빠져 있음을 확인하게 됩니다. 다시 말해서 에서의 말처럼 이삭은 더 축복할 것이 없는가의 문제입니다. 이 문제에 대해서 답을 한다면 '아닙니다.'

이삭은 아직 아브라함 언약의 내용을 언급하지 않고 있습니다. 아니, 처음부터 언급하지 않고 있습니다. 다시 말해서 이삭은 에서에게 아브라함의 축복을 줄 의도가 처음부터 없었다는 것을 확인할 수 있습니다. 이것은 야곱의 것이었습니다. 단지 사랑하는 아들을 위해서 물질적인 축복이라도 주고 싶었을 뿐입니다. 그러나 이삭은 분명히 물질적 축복 그 이상을 '에서'에게 주고 싶었습니다.

울고 있는 아들 에서에게 이삭은 몇 가지 축복을 덧붙여 줍니다. 그러나 축복을 번복하거나 철회할 수 없기 때문에 그 내용이 제한적입니다. 먼저 에서에게 "네 주소는 땅의 기름짐에서 멀고 내리는 하늘 이슬에서 멀 것이며 너는 칼을 믿고 생활하겠고 네 아우를 섬길 것이며 네가 매임을 벗을 때에는 그 멍에를 네 목에서 떨쳐 버리리라"(창 27:39-40)라고 축복합니다. 이는 에서가 야곱의 그림자에서 벗어나는 것을 의미합니다. 다시 말해서 본문이 말하는 것은 "네가 칼을 믿고 살 것이나 네 동생을 섬길 것이다. 그러나 네가 끊임없이 몸부림치게 될 때 그의 지배 하에서 벗어나게 될 것이다"(현대인의 성경)란 의미입니다.

에서의 마음은 황무지처럼 황량해졌습니다. 그가 의지할 수 있는 것은 칼뿐입니다. 여기서 '칼'(a sword)은 히브리어로 헤레브(חֶרֶב)입니다. 그런데 이 헤레브(חֶרֶב)는 '메마르다'(be dry), '황량하다'란 뜻을 가진 동사 '하레브'(חָרֵב)에서 파생한 낱말입니다. 에서는 이제 냉혹한 칼날 위에서 살아가는 것만이 유일한 방법처럼 보입니다. 먼지만 가득한 황무지 같은 마음으로 살아가는 것만이 에돔의 삶으로 규정된 것처럼 보입니다. 이삭은 '알-하르베카 티흐예'(עַל־חַרְבְּךָ תִחְיֶה) 곧 '너는 칼 위에 있을 것이다'라고 예언했습니다. 에서의 마음은 차가운 칼날 위에, 황무지, 광야 위에서 살아가게 될 것입니다. 에서의 마음에 차가운 먼지로 덮인 황무지가 되었습니다.

**그러면 내 너에게 보여주마,**
**아침에 네 뒤를 성큼성큼 따르던 너의 그림자도 아니고,**
**저녁때에 네 앞에 솟아서 널 맞이하는 그림자와도 다른 무엇을,**
**한 줌 먼지 속의 공포를 보여주마.**

– T. S. 엘리엇, "황무지" 중

에서의 후손들인 에돔은 황량한 틈에서 살아갑니다(옵 1:3). 그리고 이들은 형제 야곱에게 포학하게 함으로 형제애를 버린 족속으로 등장합니다(옵 1:10). 칼로 형제를 공격하는 족속이 됩니다(암 1:11). 여하튼 에서의 마음은 그 형제 야곱에 대한 살의로 불타고 있었습니다. 마음은 이미 메말라 황무지가 되었습니다.

## 이삭이 야곱을 야곱으로 알고 축복하다

모세는 아주 중요한 사실을 말하고 있습니다. "그의 아버지가 야곱에게 축복한 그 축복으로 말미암아 에서가 야곱을 미워하여 심중에 이르기를 아버지를 곡할 때가 가까웠은즉 내가 내 아우 야곱을 죽이리라 하였더니"(창 27:41). 다시 말해서 에서는 아버지의 축복 때문에 야곱을 죽일 마음이 생겼습니다. 왜냐하면 이삭의 축복을 다시 생각하면 에서는 칼을 들고 있으며, 자신의 노력으로 동생의 굴레에서 벗어날 수 있기 때문입니다.

'축복'도 믿음에 따라서 달라집니다. 믿음에 따라서 선한 길을 걷기도 하고 악한 길을 걷기도 합니다. 예를 들어 다윗 왕은 하나님께 왕이 됨을 허락받았습니다. 그래서 그는 사울 왕을 죽이지 않습니다. 왜냐하면 하나님께서 결정하신 일이므로 자신은 믿고 기다리면 되기 때문입니다. 다윗 자신을 왕으로 세우신 분은 하나님이시므로 기다림, 인내 가운데 있게 된다면 왕이 될 것입니다. 그런데 엘리사가 아람의 하사엘에게 왕이 될 것이라고 예언을 했을 때(왕하 8:13), 이 예언을 들은 하사엘은 그대로 왕을 죽이고 자신이 왕이 됩니다(왕하 8:15). 이는 하사엘의 예언이 성취된 것처럼 보이지만 사실상 하사엘은 예언을 빌미로 살인을 범하고 왕위를 찬탈한 것이지 예언이 성취된 것은 아닙니다. 하사엘은 하나님의 말씀을 믿고 묵묵히 기다렸어도 왕이 될 것입니다. 단지 그는 믿지 않았기에 기다리지도 않았으며, 살인을 통해서 자신의 욕망을 채우려고 했을 뿐입니다. 예언을 빌미로 삼아 스스로를 정당화했을 뿐입니다. 여기서 하사엘에게 임한 미래의 축복은 자신의 정념(πάθος, 파토스), 정욕(ἐπιθυμία, 에피튀미아)으로 인해 저주가 됩니다. 에서의 경우는 하사엘과 같습니다.

에서는 흡사 이삭의 축복 때문에 야곱을 미워한 것처럼 보입니다. 그러나 이는 오히려 에서의 믿음 없음과 자신의 욕망 곧 하마드(חמד, secretly desired)를 채우기 위해서 형제 살인을 마음에 품은 악한 자임을, 영혼에 병이 깊어 야수의 혼을 가진 자임을 입증하고 있을 뿐입니다.

**그대가 우리의 더러운 야수성을 치유하지 않으시니,**
**차라리 우리는 당신을 쫓아내겠습니다.**

– 리처드 윌버(Richard Wilbur, 1921~)

스스로의 야수성을 유지하기 위해서 신에게 모든 핑계를 대곤 신을 자신의 삶에서 제거하기 위한 타당성을 찾는 것이 바로 우리 자신의 모습입니다. 인류의 본성입니다.

에서의 살의(殺意)를 들은 리브가는 야곱을 도피시킬 준비를 합니다. 그러면서 "네 형 에서가 너를 죽여 그 한을 풀려 한다"고 알려 줍니다(창 27:42). 여기서 '한을 푼다'는 말은 나함(נחם, 위로)의 히트파엘형(재귀형)을 사용해서 에서가 스스로 위로받고자 함을 말하고 있습니다. 살의(殺意)를 통해서 분노심과 적대감을 분출함으로 스스로 위로를 받으려는 것입니다. 물론 이런 위로는 지속적인 분노로 스스로를 사막 한가운데로 이끌어 가는 것입니다.

여하튼 리브가는 야곱에게 형제 에서의 분노가 사라질 때까지 라반의 집으로 도피할 것(창 27:43-44)과 에서의 분노가 사그라지면 사람을 보내어 알려 줄 것을 약속합니다. 그리고 끝으로 "어찌 하루에 너희 둘을 잃으랴"라고 말을 마칩니다(창 27:45).

리브가의 말은 야곱이 떠나지 않는다면 하루에 둘을 다 잃게 된다는 것입니다. 그러나 야곱이 떠나면 하나만 잃게 되는 것입니다. 다시 말해서 에서가 야곱을 죽이면 에서도 살아남을 수 없음을 리브가는 알고 있었습니다. 에서를 지키기 위해서 야곱은 도망을 쳐야 합니다. 리브가와 야곱은 형을 위해서 속임수를 사용했고, 그로 인해 야곱은 형을 위해서 떠나는 것입니다. 그러나 이 부분을 이해하기란 어려운 듯이 보입니다. 왜냐하면 우리들 마음에는 에서(에돔)에 대한 사랑의 빛이 없기 때문입니다. 야곱은 축복을 받으나 에서는 버림을 받아야 한다고 생각합니다. 하지만 리브가에게는 사랑하는 두 아들입니다. 하나님께서는 모세에게 "너는 에돔 사람을 미워하지 말라 그는 네 형제임이니라 애굽 사람을 미워하지 말라 네가 그의 땅에서 객이 되었음이니라"(신 23:7)라고 말씀하셨습니다.

창세기에 흐르는 '떠남'과 '점착'의 이야기는 아브라함에서 이삭으로, 그리고 다시 야곱에게로 옮겨가고 있습니다. 야곱이 떠날 준비를 하는 동안에 리브가는 남편에게 자신의 속마음을 이야기합니다.

"내가 헷 사람의 딸들로 말미암아 내 삶이 싫어졌거늘 야곱이 만일 이 땅의 딸들 곧 그들과 같은 헷 사람의 딸들 중에서 아내를 맞이하면 내 삶이 내게 무슨 재미가 있으리이까"(창 27:46)라고 리브가가 남편인 이삭에게 말했습니다. 여기서 리브가는 에서가 야곱에게 품은 살의(殺意)를 말하지 않습니다. 오히려 이 모든 일의 발단이 된 결혼 문제를 이야기함으로 이삭이 다시금 영혼의 슬픔을 기억하도록 돕습니다. 물론 이삭 역시 리브가를 탓하지 않습니다. 모든 것은 '그 밭' 곧 아내를 얻는 결혼 문제였습니다.

이삭은 리브가의 결정을 존중하고 있습니다. 아내가 돕는 배필이라면 남편은 반드시 도움을 받아야 하는 존재로 창조된 것입니다. 그러므로 아내의 올바른 도움은 정중하게 받아들이는 것이 장부의 면모이자 지혜자의 자세일 것입니다. 그렇다고 '거짓말'이란 방법을 존중한 것이 결코 아닙니다. 이삭이 존중하는 것은 리브가의 올바른 판단 곧 하나님의 길에 서고자 모든 희생을 다 취했다는 사실입니다. 아브라함의 언약의 한 축인 히트할레크(הִתְהַלֵּךְ)의 삶입니다. 믿음 안에서 정의의 길을 걷는 것입니다.

지난 60년 동안을 함께한 사랑입니다. 오랫동안 서로를 사랑해 온 사이인 이들에게, 입에서 흘러나오는 말은 종종 두 사람의 생각과 느낌을 방해할 뿐이었습니다. 말과 행동과 같이 인간은 외적인 모든 것을 거짓으로 꾸밀 수 있습니다. 오직 내면의 깊은 진정성 있는 사랑에 대한 존중함이 있을 뿐입니다. 이는 헤쎄드(חֶסֶד, 사랑)와 에메트(אֱמֶת, 성실, 진정)에 대한 앎이며, 앎의 풍요로움이 주는 즐거움입니다. 아브라함에게 요구하신 히트할레크(הִתְהַלֵּךְ)입니다(창 17:1).

목마른 사슴이 시냇물을 얻는 즐거움은 갈증을 해소한 육체의 만족에 있는 것이 아닙니다. 목이 말라 입은 갈라졌고, 혓바닥이 부풀어 오르는 시련과 아픔의 끝자락에서 만나게 되는 시냇물이 주는 즐거움이 있습니다. 그것은 만남 자체의 즐거움이며, 그 물이 주는 영혼을 달래는 물맛에 대한 앎이 주는 즐거움입니다. 알아가는 즐거움입니다. 그 맑고 상쾌한 시냇물 곁에서 태어나 일생 동안 그 시내 옆에서 사는 사람이라도 그의 영혼은 결코 목마른 사슴과 같은 영혼이 아는 사실을 절대 모를 것입니다. 그 시냇가에서 100년이나 200년의 세월을 살았더라도 그는 느끼지 못할 앎이 주는 즐거움이 있습니다. "하나님이여 사슴이 시냇물을 찾기에 갈급함같이 내 영혼이 주를 찾기에 갈급하니이다"(시 42:1)라고 노래할 수 있는 영혼만이 알 수 있는 '만남'과 '앎'이 주는 풍요로운 즐거움이 있습니다. 눈먼 이삭을 지혜롭게 도운 여인에 대한 감사와 존중을 통해서 하나님의 사랑과 신실함을 배워가는 즐거움이 있습니다. 리브가의 행동은 하나님의 뜻이었습니다. 그래서 이삭은 리브가의 행동에 대해서 침묵합니다. 이 침묵은 그녀에 대한 존중입니다. 그녀의 희생적인 사랑에 대한 존중입니다.

이제 이삭이 야곱을 불렀습니다. 그러나 그에게 화를 내지 않습니다. 이삭은 이제 자신의 신앙을 회복하고 있습니다. 여하튼 이삭은 야곱에게 당부해서 말했습니다. "가나안 사람의 딸들 중에서 아내를 맞이하지 말라"고 말했습니다(창 28:1). 그리고 라반의 딸 가운데 아내를 삼으라고 말합니다(창 28:2). 그러면서 야곱을 다시 축복합니다.

> "전능하신 하나님이 네게 복을 주시어 네가 생육하고 번성하게 하여 네가 여러 족속을 이루게 하시고 아브라함에게 허락하신 복을 네게 주시되 너와 너와 함께 네 자손에게도 주사 하나님이 아브라함에게 주신 땅 곧 네가 거류하는 땅을 네가 차지하게 하시기를 원하노라"(창 28:3-4).

이삭은 비로소 야곱에게 아브라함의 축복을 상속합니다.

이삭은 자신의 입맛 때문에 하나님께 죄를 범할 생각은 처음부터 없었습니다. 단지 아들을 사랑하는 마음이 깊어 병이 된 것입니다. 아브라함이 자신을 번제단 위에 올려놓은 것을 추억하지 않는다면 아들로 인해서 위태로울 수 있는 상황이 전개되었을 것입니다. 그러나 이삭은 아름다운 꽃으로 옷 입었습니다. 진정으로 리브가는 하나님께서 주신 여인입니다. "아내를 얻는 자는 복을 얻고 여호와께 은총을 받는 자니라"(잠 18:22)라는 지혜자의 말을 기억합시다. 순전한 미소에 하얀 꽃을 묶으신 것은 하나님의 사랑 깊은 은총입니다.

이삭은 처음부터 에서에게 아브라함의 축복을 줄 생각은 없었습니다. 그저 에서에게는 물질적인 축복을 주고, 야곱에게 아브라함의 축복을 주고자 했을 뿐입니다. 그러나 그 모든 축복이 야곱에게 주어져야 했습니다. 특히 "만민이 너를 섬기고 열국이 네게 굴복하리니 네가 형제들의 주가 되고 네 어머니의 아들들이 네게 굴복하며 너를 저주하는 자는 저주를 받고 너를 축복하는 자는 복을 받기를 원하노라"(창 27:29)라는 축복을 에서에게 준다는 것은 하나님의 뜻에 정면으로 대립된 것으로 대단히 위험한 축복이었습니다. 이런 측면에서 이삭은 자신의 잘못을 시정하는 방향으로 도운 아내의 사랑을 존중하고 하나님의 뜻에 따라서 야곱에게 아브라함의 축복을 상속합니다(창 28:3-4).

야곱은 라반의 집으로 떠났습니다(창 28:5). 그리고 떠나는 야곱을 보면서 에서는 자신의 문제를 직시하게 됩니다. 바로 야곱은 도피의 성격이 아니라 아내를 찾아 떠나는 것이었습니다(창 28:6). 모세는 다음과 같이 쓰고 있습니다.

"에서가 또 본즉 가나안 사람의 딸들이 그의 아버지 이삭을 기쁘게 하지 못하는지라 이에 에서가 이스마엘에게 가서 그 본처들 외에 아브라함의 아들 이스마엘의 딸이요 느바욧의 누이인 마할랏을 아내로 맞이하였더라"(창 28:8-9). 모세는 이삭이 다시금 영혼의 슬픔을 인식했고, 아들 에서는 결혼 문제로 인해서 아버지를 결코 기쁘게 할 수 없음을 깨달았습니다. 이것은 별미의 문제가 아니라 '그 밭'에 관한 문제입니다. 아브라함 언약의 한 축인 히트할레크(הִתְהַלֵּךְ)의 문제입니다.

에서는 자신이 취한 가나안 사람들의 딸들이 부모님에게 기쁨이 되지 못했음을 알게 됩니다. 여기서 '기쁘게 하지 못한다'라고 읽은 히브리어는 '라'(רַע)로 '나쁜', '악한'이란 뜻입니다. 에서는 부모와 상의하지 않습니다. 여전히 자기 판단으로 이스마엘에게로 가고 있습니다. 좋고 나쁜 것은 언제나 에서 자신이 판단합니다. 부모와

상의함으로 이삭과 리브가의 기쁨이 되는 아내를 얻는 데에는 관심이 없습니다.

끝으로 한 가지 반드시 다시 되뇌어 기억할 것이 있습니다. 이삭은 야곱에게 물질적인 축복을 했지만 실질적으로 물질은 상속하지 않았다는 점입니다.

하나님께서는 조상이나 공동체의 죽음을 통해서 이득을 얻는 것을 허용하지 않습니다. 기본적(본질적)으로 악한 인간들인 현존하는 우리는 부모의 죽음으로 얻는 재물로 인해서 그 부모를 살해할 수 있을 만큼 충분히 타락한 존재임을 기억해야 합니다. 배신자 아담의 타락을 추억합시다. 우리들의 역사입니다. 부모의 죽음으로 재물을 얻고 축복을 얻는 것은 허락되어 있지 않습니다. 그래서 야곱은 빈손으로 자신만의 긴 여행 길 곧 하나님의 길을 지키는 온전한 삶의 길을 떠나게 됩니다. 빈손으로 떠남으로 앞으로 그가 얻는 물질적 축복은 전적으로 하나님께서 주신 것이라고 고백할 수 있습니다. 만약에 부모에게 상속받은 것이라면 그것은 하나님께서 주셨다고 고백할 수 없습니다.

# 3부

# 고요하게 그러나 밝게 빛나는 별

*

## 야곱 이야기

# 구약성경의 간략한 기호들

히브리어 성경 '비블리아 헤브라이카 슈튜트가르텐시아'(BHS: Biblia Hebraica Stuttgartensia, 1977)는 모두 네 부분으로 구성되어 있다. 아래 그림은 창세기 1장 1절에서 16절까지의 BHS다.

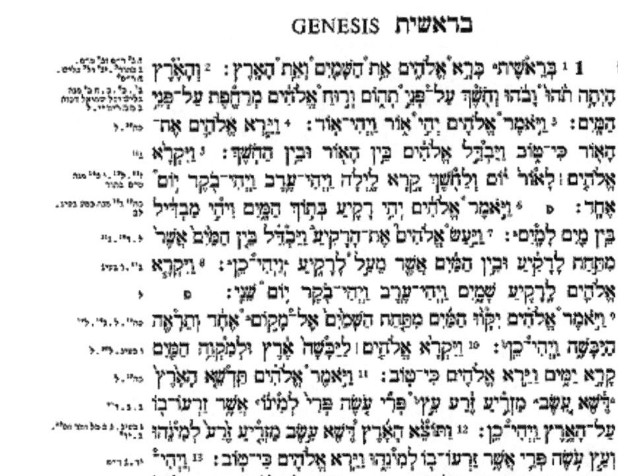

위의 그림에서 보는 바와 같이 MT는 중앙에 성경 본문이 위치한다. 그리고 페이지에 따라 다르지만 본문 좌우 여백에 마소라 파르바(Masorah parva, Mp) 곧 소–마소라(samll Masorah)를 기재한다. 그리고 본문 바로 아래에 마소라 매그나(Masorah magna, Mm) 곧 대–마소라(large Masorah)가 온다. 마소라 매그나 아래 부분에는 구약성경의 사본(text)에 대한 다양한 차이점들을 다룬 원진 연구(text criticism)가 있다. 여기서 사본들은 다양한 기호로 표시된다. 약자들을 살펴보면 다음과 같다.

| | | | | | |
|---|---|---|---|---|---|
| 𝔔 | 사해사본 | 𝔪 | 사마리아 오경 | 𝔊 | 셉투아진트 |
| α´ | 아퀴라 | σ´ | 심마쿠스 | θ´ | 테오도티오 |
| 𝔖 | 페쉬타 | 𝔗 | 탈굼 | 𝔙 | 벌게이트 |
| 𝔏 | 이탈라(고 라틴) | Sa | 사히딕 | 𝔎 | 콥틱(보하릭) |
| 𝔈 | 에티오피아 | 𝔄 | 아랍 | Arm | 아르메니아 |

## 다섯 번째 이야기

# 씨의 이야기, 완전한 삶의 표상 야곱의 이야기

(창 27:31-36장)

아브라함 언약을 통해 하나님께서는 "나는 전능한 하나님이라 너는 내 앞에서 행하여 완전하라"(창 17:1)고 명령하셨습니다. 이 명령은 히트할레크(הִתְהַלֵּךְ) 곧 끊임없이 하나님의 길을 지키며 걷는 삶이 요구됩니다. 이는 아브라함과 그의 후손들의 의무입니다. 이에 대해서는 '이삭의 이야기'를 통해서 이야기한 바 있습니다. 이삭에게 리브가의 도움이 있었던 것처럼 우리의 의무에도 아름다운 하얀 꽃으로 묶어 도움을 주실 것입니다. 늙은 종의 길에 천사를 미리 보내신 것처럼 우리보다 앞서 도움을 주실 것입니다. 또한 이삭의 이야기는 그와 함께한 아내 곧 '그 밭' 리브가의 이야기입니다.

이제는 '완전하라'에 대해서 이야기해야 합니다.

헤예 타밈(הֱיֵה תָמִים) 곧 '너는 완전함이 있어라'는 명령에 있어서 우리는 자신의 능력을 핑계 대며 말할 수 없습니다. 우리는 '완전함이 있어라'는 명령을 받았으며 그렇게 해야 할 의무만이 우리에게 중요한 가치를 가지게 됩니다. 이를 위해 야곱의 이야기를 통해서 우리에게 완전한 삶이 무엇인지 작은 그림을 그릴 수 있게 됩니다.

결국 직접적인 방법으로는 언급할 수 없어서 간접적으로, 추상적으로 언급됩니다. 이는 아브라함의 씨에 관한 이야기입니다. 모세는 이와 관련하여 야곱을 '이쉬 탐'(אִישׁ תָּם)이라고 부르고 있습니다(창 25:27).

성스러운 경전에 따르면 야곱은 성장하면서 '조용한'(quiet, NIV, ASV, RSV) 사람이라고 말합니다. 이는 히브리어 탐(תָּם)을 독해한 것으로 욥의 경우에서처럼 도덕적으로 순전한 사람을 말합니다(욥1:1). 다시 말해서 성경은 야곱을 욥만큼이나 도덕적인 온전함을 가진 인물이라고 평하는 것과 같습니다. "그 사람은 온전하고 정직하여 하나님을 경외하며 악에서 떠난 자"(욥 1:1)라는 표현은 욥뿐만 아니라 야곱에게도 쓸 수 있을 것입니다. 또한 까닭 없이 의인들이 고난을 겪는 것이 하나님의 뜻임을 주장하는 욥의 외침은 아브라함이나 이삭, 그리고 야곱의 역경과 고난을 설명하는 중요한 논점입니다.

하나님께서 아브라함에게 분명하게 말씀하셨습니다.

> "내가 그로 그 자식과 권속에게 명하여 여호와의 도를 지켜 의와 공도를 행하게 하려고 그를 택하였나니 이는 나 여호와가 아브라함에게 대하여 말한 일을 이루려 함이니라"(창 18:19).

하나님께서 약속하신 아브라함의 언약을 성취하기 위해서 아브라함의 후손들은 일정한 의무를 감당해야 합니다. 바로 주의 도(道, דֶּרֶךְ, 데레크)를 지키는 것입니다(창 18:19).

솨마르(שָׁמַר, keep) 곧 아담처럼 지켜야 할 것(창 2:15), 에녹이나 노아처럼 걸어야 할 길이 있습니다(창 5:24, 6:9). 바로 정의(צְדָקָה, 쩨다카)와 공정함(מִשְׁפָּט, 미쉬파트)입니다. 야곱의 이야기에서 말하는 '완전함'

은 정의와 공의에 관한 것입니다.

속임수를 통해서 얻을 수 있는 것은 아무것도 없습니다. 야곱은 결코 속임수를 통해서 축복을 얻은 것이 아닙니다. 처음부터 이삭은 아브라함의 언약을 야곱에게 주려고 했습니다(창 28:4). 단지 이삭은 아들에 대한 사랑으로 흔들렸을 뿐입니다. 그리고 모든 비난과 오해를 받음에도 남편인 이삭과 아들 에서를 하나님 앞에서 죄를 범하지 않도록 지킨 여인이 리브가였습니다. 이삭에게 리브가는 하나님의 선물이었습니다.

리브가의 마음에는 사랑과 진실함 곧 헤쎄드(חֵסֵד, love)와 에메트(אֱמֶת, truth)가 있었습니다. 이미 아브라함의 늙은 종의 이야기에서 헤쎄드와 에메트는 아브라함의 축복임을 이야기했습니다(창 24:27). 야곱은 어머니의 마음을 알고 그녀에게 순종한 것입니다. 비록 아내의 말을 듣지 않는다고 하여도 지혜로운 어머니의 말을 듣는 것은 자녀들의 의무입니다. 지혜자는 "내 아들아 네 아비의 명령을 지키며 네 어미의 법을 떠나지 말고"(잠 6:20)라고 권면하였으며, 또한 "내가 선한 도리를 너희에게 전하노니 내 법을 떠나지 말라 나도 내 아버지에게 아들이었으며 내 어머니 보기에 유약한 외아들이었노라"(잠 4:2-3)라고 하였습니다.

'완전함'에 대한 이야기는 고요한(quiet), 하지만 어두운 밤하늘의 빛나는(bright) 별처럼 모든 언약 백성들에게 어두운 세상에서 방향을 알려 주는 북극성(the Polestar)과 같은 야곱의 이야기입니다. 사랑하기에 비난과 오해를 온몸으로 받으면서도 '헤예 타밈'(הֱיֵה תָמִים)을 살아간 고요한 별과 같은 인생입니다. 이삭과 리브가의 삶이 우리 발밑에 핀 아름다운 작은 꽃과 같이 살아간 인생이라고 한다면, 야곱의 삶은 밤하늘의 별과 같은 인생입니다. 하늘의 별처럼, 들의 꽃 같은 삶은 우리의 의무입니다.

야곱은 속임수를 통해서 하나님의 축복을 가로챈 것이 아닙니다. 하나님께서는 거짓말하는 자를 멸하시며, 속이는 자를 싫어하십니다(시 5:6). 또한 하나님께서 정하신 뜻을 인간의 속임수로 그것을 바꾸지 않으십니다. 하나님께서 에서에게 축복하고자 하셨던 것을 한 여인이 속임수를 써서 그 동생이 가로챘다고 말하는 것은 불경한 이야기입니다. 우리는 오히려 고요하지만 밝게 빛나는 별을 어둠 중에서 찾아야 할 줄로 압니다. 만약에 우리가 이 작은 꽃들과 밤하늘의 작은 별들을 기적으로 받아들인다면 모세가 추구했던 것들이 얼마나 아름다운 삶에 대한 것인지 알 수 있을 것 같습니다.

**아! 누가 이리도 많은 기적 만들었는가?**
**맨해튼 길거리를 나 홀로 걷든 아니든**
**나에겐, 기적이라고 하지 않을 것을 난 모른다오,**
**하늘 향한 지붕 위로 내 눈길 던져도……(중략)**
**새들도 - 허공 속에 벌레의 놀라움도**
**석양과 고요하게 빛나는 별빛들의 훌륭함도……(생략)**
WHY! who makes much of a miracle?
As to me, I know of nothing else but miracles,
Whether I walk the streets of Manhattan,
Or dart my sight over the roofs of houses toward the sky,……(중략)
Or birds - or the wonderfulness of insects in the air,
Or the wonderfulness of the sun-down--or of stars shining so quiet and bright,……(생략)

– 월트 휘트먼(Walt Whitman, 1819–1892)의 "기적" 중에서

하나님께서 창조하신 것들 속에 "그의 보이지 아니하는 것들 곧 그의 영원하신 능력(δύναμις, 뒤나미스)과 신성(θειότης, 테이오테스)이" 있습니다(롬 1:20). 하나님께서 당신의 영원하신 능력으로 메뚜기의 뛰는 튼튼한 뒷다리와 날개를 만드셨으며, 그분의 테이오테스(θειότης)가 이 작은 생명에게도 정결함(הַטָּהוֹר, 하타호르)을 허락하셨습니다(레 10:10, 11:22). 기적입니다.

## 야곱 이야기의 짜임새

모세는 일정한 문체(style)의 특징을 가지고 글을 쓰고 있습니다. 이것은 야곱의 이야기에서도 찾아볼 수 있는 특징입니다. 예를 들어 벧엘에서 서원의 맹세를 하고(창 28:10-22), 이후 라헬을 만나게 됩니다(창 29:1-20). 그런데 야곱은 훗날 벧엘을 다시 찾게 되고(창 35:1-15) 그 이후에 라헬의 죽음으로 야곱과 라헬은 이별하게 됩니다(창 35:16-20). 이는 일정한 이야기를 서로 평행(parallelism)하게 배열하는 모세의 문체적 특징이라고 말할 수 있습니다.

그 가운데 라반이 결혼을 빌미로 야곱을 속이게 되는 이야기가 나옵니다(창 29:21-30). 그런데 유사한 이야기가 평행하게 다시 등장합니다. 바로 레위가 결혼을 빌미로 속임수를 쓰는 이야기가 나옵니다(창 34장). 이렇게 서로 평행을 이루는 이야기를 정리하면 아래와 같습니다.

A. 에서가 받은 축복과 복수에 대한 다짐(27:31-45)
B. 벧엘에서의 서원 맹세(27:46-28:22) → 라헬과의 만남(29:1-20)
C. 깨어진 결혼 약속(29:21-30): 라반의 속임수
D. 야곱이 얻은 아들들(29:31-30:24)
E. 야곱이 얻은 서원 맹세의 축복(30:25-43)
F. 라반에 대한 두려움으로 길을 떠남(31:1-42)
X. 미스바의 언약(31:43-55): 야곱과 라반의 언약
F′. 에서에 대한 두려움으로 길을 떠나지 못함(32:1-23)
E′. 야곱이 얻은 이름의 축복(32:24-32): 이스라엘
D′. 야곱이 얻은 형제, 에서(33장): 엘엘로헤 이스라엘
C′. 깨어진 결혼 약속(34장): 레위의 속임수
B′. 벧엘에서의 서원 맹세 이행(35:1-15) → 라헬과의 이별(35:16-29)
A′. 에서가 받은 축복의 실현(36장): 에서(에돔)의 족보와 에돔의 왕들

성경은 시간의 흐름에 따라서 순서대로 기록되었지만 어느 부분에서는 집중시키고, 또 다른 부분에서는 생략시켜 그 의미와 가치를 전달하고 있습니다. 그래서 성 아우구스티누스가 일정한 시간 배열에 대한 사고로 성경을 읽지 않도록 우리에게 작은 가르침을 주고 있다는 것을 앞에서 언급했습니다. 성경은 신앙의 의미와 가치를 강조하는 순서를 더 중요하게 취급하고 있음이 분명합니다. 그래서 성경은 기록한 순서에 따라서 읽는 것과 더불어 그 의미를 강조하는 방식으로 읽을 수도 있어야 합니다. 야곱의 이야기에서는 이 두 가지 방법을 적절하게 사용해서 읽도록 하겠습니다.

## 에서와 그의 후손 에돔에 관한 이야기

### A. 에서가 받은 축복과 복수에 대한 다짐(27:31-45)

모세는 에서에 관해서 두 번 언급하고 있습니다. 먼저 에서가 아버지 이삭에게 받은 축복에 관한 부분입니다(창 27:31-45). 이 부분에 대해서는 이미 살펴보았습니다. 우리가 기억해야 할 것은 축복의 내용입니다. 이를 다시 확인하면 다음과 같습니다.

> "네 주소는 땅의 기름짐에서 멀고 내리는 하늘 이슬에서 멀 것이며 너는 칼을 믿고 생활하겠고 네 아우를 섬길 것이며 네가 매임을 벗을 때에는 그 멍에를 네 목에서 떨쳐 버리리라"(창 27:39-40).

위의 내용을 보면 실질적으로 축복이라고 말할 것은 사실상 없습니다. 단지 야곱의 지배에서 벗어나기 위한 자기 노력을 암시하고 있습니다. 특히 주의해서 기억해야 할 것은 '알-하르베카 티흐예'(עַל־חַרְבְּךָ תִחְיֶה) 곧 이를 독해하면 '너는 너의 칼 위에 있을 것이다'입니다. 여기서 동사 '하야'(חָיָה)는 '있다', '존재하다'란 뜻을 가지고 있기에 '살다'(live, KJV, NIV, RSV, ASV)로 읽습니다. 그래서 이 본문은 에서가 자신의 칼로 야곱의 지배를 벗어날 것을 암시하는 것으로 읽을 수 있습니다. 실질적으로 에서는 이 예언으로 인해 야곱을 죽이고자 했을 것입니다. 하지만 이는 완전히 다른 독해를 가능하게 합니다. 다시 말해서 자신의 칼 위에 서 있는 에돔으로, 스스로 죽음으로 몰아가는 것을 예언한 것으로 읽을 수도 있습니다.

그런데 모세는 에서의 후손 곧 에돔 족속에 대해서 전혀 다른 것을 기록하고 있습니다. 그들은 야곱의 종이 아니라 야곱보다 더 번창한 족장 세력을 가지고 있었다고 합니다. 〈창세기〉 36장을 보면 '에서' 곧 '에돔'의 족보가 기록되어 있습니다(A' 부분). 이 부분을 먼저 살펴보도록 하겠습니다.

모세는 에서에게 두 명의 아내가 있음을 밝히고 있습니다. 그런데 여기서 약간 복잡한 문제가 발생합니다. 우선 모세는 36장에서 "에서가 가나안 여인 중 헷 족속 엘론의 딸 아다와 히위 족속 시브온의 딸인 아나의 딸 오홀리바마를 자기 아내로 맞이하고"(창 36:2)라고 쓰고 있습니다. 여기서 언급된 것은 헷 족속 여인 '아다'와 히위 족속 여인 '오홀리바마'입니다. 그런데 모세는 26장에서 "에서가 사십 세에 헷 족속 브에리의 딸 유딧과 헷 족속 엘론의 딸 바스맛을 아내로 맞이하였더니"(창 26:34)라고 쓰고 있습니다. 여기서 두 여인은 헷 족속 '유딧'과 '바스맛'으로 기록되어 있어서 두 본문에 차이가 있는 것으로 오해할 수 있게 되어 있습니다.

한편 에서는 이삭과 리브가가 가나안 여인과 결혼하는 것을 쓰디쓴 아픔과 고통으로 생각하는 것을 알고 이스마엘의 딸 느바욧의 누이 '바스맛'을 맞이하였습니다(창 36:3). 하지만 이 문제에 대해서 에서는 부모님과 전혀 상의하지 않습니다. 물론 아들의 마음까지 강압적으로 지배하는 것이 올바른 일이 아님을 알고 있던 이삭과 리브가는 아들의 결혼에 대해서 침묵하고 있습니다. 여하튼 모세는 28장에서 "아브라함의 아들 이스마엘의 딸이요 느바욧의 누이인 마할랏을 아내로 맞이하였더라"(창 28:9)라고 쓰고 있습니다. 결국 에서의 결혼 관계가 상당히 복잡하다는 것을 알 수 있습니다. 그리고 이 복잡한 일부다처제(一夫多妻, polygamy)는 에서가 어떤 사람이었는지를 확인시켜 주는 대목이기도 합니다.

성경은 "모든 사람은 결혼을 귀히 여기고 침소를 더럽히지 않게 하라 음행하는 자들과 간음하는 자들을 하나님이 심판하시리라"(히 13:4)라고 하였습니다. 또한 "너는 네 우물에서 물을 마시며 네 샘에서 흐르는 물을 마시라"(잠 5:15)라고 하였습니다. 그리고 "그 물이 네게만 있게 하고 타인과 더불어 그것을 나누지 말라 네 샘으로 복되게 하라 네가 젊어서 취한 아내를 즐거워하라"(잠 5:17-18)고 하였습니다. 에서에게는 삶에 대한 통찰력, 지혜가 부족했지 않았나 싶습니다.

## 에서의 아내들과 그 아내들의 자식들

진정한 행위란 반드시 '말'(word)과 '행위'(work)가 함께 있습니다. '말'은 아무리 사소한 것이라도 그 안에는 자신의 정신(신앙)이 반영되어 있는 일정한 교의(doctrine) 혹은 격률(maxim)을 품고 있기 마련입니다. 그래서 '말'이란 도덕적 체계 혹은 마음의 도덕적 감정이나 성향을 드러내게 됩니다. '말' 없는 '행위'는 '진정한 행위'가 아니라 그저 '몸짓'에 불과합니다. 말과 행위가 있을 때에 역사를 기록하고, 역사를 이해할 수 있게 됩니다. 역사는 시간의 학문이며 말과 행위의 학문입니다.

사람들은 진정한 행위 곧 말과 그 말에 따른 행위를 하면서 자신이 누구인지를 입증하여 보여줍니다. 그리고 능동적으로 자신의 고유한 인격적 정체성을 드러내며 인간세계에 자신의 모습을 나타냅니다(한나 아렌트, 《인간의 조건》, 2008). 말과 행위 속에서 우리의 인격이 드러나게 되는 것입니다. 다시 말해서 에서의 결혼 문제는 에서가 어떤 사람인지를 드러내는 행위입니다. 그러나 모세는 에서의 말을 다음과 같이 기록하고 있습니다. 곧 "에서가 또 본즉 가나안 사람의 딸들이 그의 아버지 이삭을 기쁘게 하지 못하는지라"(창 28:8)고 합니다. 그리고 모세는 에서의 아내들에 관한 짧은 정보를 제공해 주고 있습니다.

우리는 에서의 말에서 그가 처음 결혼했을 때에 부모의 뜻(의중)은 전혀 중요하게 여기지 않았음을 알 수 있습니다. 부모가 영혼의 고통을 느낄 정도의 아픔이 있었는데도 불구하고 에서는 자신이 좋아하는 여인들을 취했습니다. 부모를 무시했습니다(תָּעַע, 타아). 진정으로 그에게는 하마드(חמד, secretly desired)가 있었습니다.

에서는 나이 40세에 부모의 동의나 허락 없이 두 명의 헷 족속 곧 히타이트 여인과 결혼을 했습니다. 모세가 기록하고 있는 바와 같이 헷 족속 브에리의 딸 유딧과 헷 족속 엘론의 딸 바스맛을 아내로 맞이하였습니다(창 26:34). 하지만 이들이 이삭과 리브가에게 영혼의 슬픔 같은 여인들이었음을 일깨운 사건으로 인해서 에서는 이스마엘의 딸이요 느바욧의 누이인 마할랏을 아내로 맞이하게 됩니다(창 28:9). 이렇게 해서 세 명의 아내 곧 '브에리의 딸 유딧', '엘론의 딸 바스맛(בָּשְׂמַת)', 그리고 '이스마엘의 딸 마할랏'이 됩니다.

이후에 무슨 이유에서인지 알 수 없지만 에서는 다시 '엘론의 딸 아다'를 아내로 맞이합니다(창 36:2). 여기서 생각할 수 있는 것은 '아다'와 '바스맛'이 동일 인물이거나 아니면 에서가 엘론의 두 딸을 동시에 아내로 맞이했다고 읽을 수도 있습니다. 아마도 '아다'와 '바스맛'은 자매 관계에 있었던 것으로 보입니다. 왜냐하면 에서의 족보에는 '브에리의 딸 유딧'과 '엘론의 딸 바스맛'의 후손에 대한 언급이 없기 때문입니다. 아마도 이 둘은 야곱이 라반에게로 떠난 이후에 곧바로 이혼을 했던 것으로 보입니다.

에서는 헷 족속의 여인들이 부모에게 슬픔이 되는 것을 알고 이혼을 한 이후에 이스마엘의 딸 '마할랏'을 아내로 삼았을 것입니다. 그리고 이후에 다시금 엘론의 딸 '아다' 곧 '바스맛'의 자매와 다시 결혼을 했을 것으로 짐작됩니다. 개연성(probability) 있는 이유를 찾을 수는 없지만 아마도 그의 하마드(חמד, secretly desired) 내지는 에피튀미아(ἐπιθυμία, 정욕, 롬 1:24)와 관련된 것으로 보입니다. 여하튼 에서는 이후에 다시 히위 족속 시브온의 딸인 아나의 딸 오홀리바마를 자기 아내로 맞이하게 됩니다(창 36:2). 그래서 에서의 아내는 다시 세 명의 여인이 됩니다. 곧 이스마엘의 딸 '마할랏', '엘론의 딸 아다', 그리고 히위 족속의 '오홀리바마'입니다. 그런데 모세는 이스마엘의 딸 이름을 다시 "이스마엘의 딸 느바욧의 누이 바스맛(בָּשְׂמַת)을 맞이하였더니"(창 36:3)라고 쓰고 있습니다. 아마도 '바스맛' 곧 바쉬마트(בָּשְׂמַת)는 '달콤한 향기'란 뜻으로 이름이며, '마할랏'의 별칭이었을 것입니다. 모세는 에서의 족보에서 앞에 버려진 두 명이 여인에 대해서는 언급 없이 세 명의 여인들의 후손을 언급합니다.

a. 서언(1절): 에서 곧 에돔의 족보

  b. 에돔의 족보(2-8절): 세일 산으로 이주

    c. 세일 산에서 거주하는 에돔 족속(9-14절)

      x. 에돔의 족장들 명단(15-19절): 엘리바스와 데만

    c′. 세일의 자손들(20-30절)

  b′. 에돔의 왕들(31-39절)

a′. 갈무리(40-43절): 에돔 족속의 조상은 에서더라(43절)

창세기 36장은 에돔의 족보로 그 중심에 에돔의 족장들의 명단을 위치시키고 있습니다. 그리고 족보는 일정한 규칙에 따라서 반

복되고 있습니다. 여기서 두 가지 정도를 정리해 볼 수 있습니다. 먼저, 첫째로 에서가 '세일'로 거주지를 옮긴 것입니다. 모세는 이를 라반의 집에서 돌아온 야곱과 에서가 풍요로운 재산으로 갈라졌다고 말합니다(창 36:6-7). 하지만 야곱은 이미 알고 있었습니다. 형 에서가 눈앞이 희미한 아버지를 버려두고 세일로 이주한 것을 알고 있었습니다. 왜냐하면 야곱이 돌아올 때에 에서에게 종을 보내는데 바로 세일로 보내고 있기 때문입니다(창 32:3, 33:16).

모세가 "두 사람의 소유가 풍부하여 함께 거주할 수 없음이러라 그들이 거주하는 땅이 그들의 가축으로 말미암아 그들을 용납할 수 없었더라"(창 36:7)고 말한 것은 아브라함과 롯의 이별을 추억하도록 유사한 표현을 쓴 것입니다. 아마도 이들은 진정으로 풍요로운 재산으로 인해 갈라졌을 것입니다. 그러나 에서는 이미 그 이전부터 세일에 거주지를 정하고 눈먼 아버지 이삭을 돌보지 않고 있었습니다. 풍요가 축복이 되는 것이 아니라 부도덕의 원인을 제공하는 경우가 흔히 있습니다. 그렇다고 물질문명 자체를 잘못된 것이라고 생각할 수는 없습니다.

지혜자는 "자기의 재물을 의지하는 자는 패망하려니와 의인은 푸른 잎사귀 같아서 번성하리라"(잠 11:28)고 하였습니다. 자신의 부유함, 재력을 의지하는 사람은 가을 잎사귀가 바람에 날리듯이 흩어져 떨어지듯이 떨어져 황량하게 될 것입니다. 이는 재물 곧 부유함(עֹשֶׁר)이 문제가 되는 것이 아니라 그 안에 있는 우리들의 내면의 모습이 더 중요함을 말하는 것입니다. 에서의 경우는 상전(a master)이란 의미와 물질적 풍요를 동일시하고 있었습니다(창 27:38). 사실 세상은 경제적인 부요함과 그렇지 못함으로 사회적인 신분을 결정합니다. 충분한 재산을 가지고 있지 않다는 것은 그의 명예뿐만 아니라 학문, 지식이 온전하지 못함을 의미합니다. 인간은 돈과 관련이 있을 때에 그야말로 열정적이며 고도의 독창적인 모습을 보입니다. 돈이라는 것이 무엇보다도 더럽고 밉살스러운 것은 그것이 인간에게 재능까지 부여하는 경우가 있다는 이유 때문입니다. 중요한 것은 물질이 우리들의 삶의 태도를 변화시킨다는 점입니다. 냉장고가 없던 어린 시절 어머니의 심부름으로 얼음가게에서 커다란 얼음을 사 가지고 집으로 가던 모습은 이제 결코 찾아볼 수 없는 삶이 되었습니다. 인간에 대해서 가장 잘 알고 계신 주님께서 "네 보물 있는 그곳에는 네 마음도 있느니라"(마 6:21)고 말씀하셨습니다. 문제는 물질과 더불어 그 물질 안에 깃들어 있는 우리의 마음과 사회에 관한 문제입니다. 보다 내면화된 우리들의 마음은 물질문명 안에 있습니다.

에서는 아버지로부터 물질적 축복을 받지 못했으나 부유한 자로 살아갔으며 에돔이 족장들의 조상이 되었습니다. 모세는 이 일을 언급함으로 이삭의 축복에 대한 회의(懷疑)를 불러일으키게 합니다. 그리고 이 회의로 인해서 부유한 나라를 세웠으며 열네 족장을 얻은 에서는 필시 이삭의 축복을 무시했을 것입니다. 아버지 이삭의 축복이 있든 없든 상관없이 자신은 하나님으로부터 축복을 받았다는 확신에 도달하여 부요함을 입증하고자 했을 것입니다. 이런 모습은 자칫 잘못하면, "너희 재물은 썩었고 너희 옷은 좀먹었으며 너희 금과 은은 녹이 슬었으니 이 녹이 너희에게 증거가 되며 불같이 너희 살을 먹으리라 너희가 말세에 재물을 쌓았도다"(약 5:2-3)라는 책망을 받게 할 수 있습니다.

하지만 우리는 이제 야곱이 받은 물질적인 축복에 대해서 현실적 재물뿐만 아니라 보다 추상적인 부유함으로 인식하도록 인도함을 받게 됩니다. 예를 들어 거룩한 사도의 말씀처럼 "확실한 이해의 모든 풍성함"(the full riches of complete understanding, 골 2:2)이라는 것도 있습니다. 또한 "우리 주 곧 구주 예수 그리스도의 영원한 나라에 들어감을 넉넉히 너희에게 주시리라"(벧후 1:11)는 부요함도 있습니다. 또한 형제를 위해서 내가 받은 부요함을 나눌 수 있는 사랑의 마음이 있습니다. 사도 요한은 "누가 이 세상의 재물을 가지고 형제의 궁핍함을 보고도 도와줄 마음을 닫으면 하나님의 사랑이 어찌 그 속에 거하겠느냐"(요일 3:17)라고 하였습니다. 물질과 더불어 있는 하나님의 사랑이 우리 안에 있습니다.

두 형제는 물질의 풍요로움으로 인해 갈라졌습니다(창 36:7). 한 형제가 두 쪽으로 나누어졌습니다. 하나는 이삭의 축복을 무시할 수 있는, 아브라함의 축복을 조롱할 수 있는 재물을 얻었습니다. 이제 부유함이 곧 하나님의 축복이며, 스스로 의로움을 입증하는 것이라고 주장할 수 있게 되었습니다. 하지만 다른 하나는 자신이 가진 것을 다 형제에게 줌으로, 야곱이 자신의 것을 에서에게 주듯이 그렇게 줌으로 형제를 얻고자 하는 길이 있습니다. 물질을 의로움을 위한 좋은 도구로 이용하고 사용하려는 길이 있습니다. 우리는 물질을 경시해서는 안 됩니다. 그것은 하나님께서 창조하신 것으로 우리에게 기적을 가르쳐 주는 것들입니다. 그러나 그것을 섬겨서는 안 됩니다. 물질의 종이 되어서는 안 됩니다(마 6:24). 의미를 이해하기 위해서 곱씹어 생각해야 합니다. 오늘날의 경제 개념은 윤리적인 개념과 분리시키려는 노력을 하고 있으나 적어도 역사학자인 자크 르 고프의 분석에 따르면, 산업혁명 이후에 시장 개념이 등장하기 이전까지 경제란 우선적으로 윤리적인 문제였습니다.

둘째, '에서'의 장자로 언급된 인물이 바로 '엘리바스'입니다(창 36:15). 그리고 '엘리바스'의 아들이 '데만'입니다(창 36:11; 대상 1:36).

에돔 족장 엘리바스는 아들의 이름을 따라서 성을 쌓았던 것으로 보입니다. 그래서 그를 '데만 사람 엘리바스'라고 칭합니다(욥 2:11). 가인이 성을 쌓고 아들의 이름 '에녹'을 따라서 그 성을 '에녹성'이라고 칭한 것처럼 아버지가 아들을 기념(memory)하는 것은 고대사회에서 종종 있는 일이었습니다(창 4:17).

에서의 장자 엘리바스의 말에서 우리는 에서의 생각을 어느 정도 짐작할 수 있습니다. 그는 인생의 고통과 죄를 결부시켜 사고합니다. 엘리바스는, 하나님께서는 죄에 대하여 반드시 응징하신다는 믿음에 근거를 두고 있습니다. 엘리바스는 말합니다.

"생각하여 보라 죄 없이 망한 자가 누구인가 정직한 자의 끊어짐이 어디 있는가 내가 보건대 악을 밭 갈고 독을 뿌리는 자는 그대로 거두나니 다 하나님의 입 기운에 멸망하고 그의 콧김에 사라지느니라"(욥 4:7-9)고 주장했습니다. 이 주장이 옳다면 물질과 자식들의 번성함을 얻은 에서는 하나님의 축복을 받은 것이 됩니다. 반면에 고난 가운데 있던 '욥'은 자신도 인식하지 못하는 사이에라도 분명히 죄를 범한 것이고, 그에 합당한 징벌을 받는 것이 됩니다. 이는 그대로 야곱의 고난과 어려움은 그 자신의 죄에 대한 하나님의 응징이라는 의미가 됩니다. 이런 논리라면 야곱이 고난과 삶의 어려움을 당한 것은 모두 자신의 죄에 대한 의로우신 하나님의 징계인 것입니다. 엘리바스는 "악인은 그의 일평생에 고통을 당하며 포악자의 햇수는 정해졌다"라고 말하면서 악인의 고통을 길게 나열합니다(욥 15:20). 아마 에서도 이와 유사하게 사고했을 것입니다. 그래서 에서는 아브라함의 축복보다는 물질적인 축복을 야곱에게 빼앗긴 것이 정말로 눈물이 날 정도로, 절규할 정도로, 형제 살의(殺意)를 느낄 정도로 힘들었을 것입니다. 그렇기에 눈먼 아버지를 버려두고 물질적 축복을 찾아서 세일로 거주지를 옮겼을 것입니다. 그리고 열네 족장의 우두머리 자리에 앉았을 때에 그의 마음에 하나의 인식이 자리 잡았을 것입니다. '아브라함의 축복이든 이삭의 축복이든 그런 것은 없어도 된다. 왜냐하면 하나님의 축복인 재물이 있기 때문이다'라고 생각했을 것입니다. 하나님께서는 의인을 축복하십니다.

하지만 하나님께서는 엘리바스에게 "내가 너와 네 두 친구에게 노하나니 이는 너희가 나를 가리켜 말한 것이 내 종 욥의 말같이 옳지 못함이니라"(욥 42:7)고 말씀하셨습니다. 이는 엘리바스의 논리에 오류가 있음을 뜻합니다. 이에 대해서는 〈욥기〉에서 더 자세히 다룰 수 있는 기회가 있을 것으로 봅니다. 그러나 여기서 반드시 기억해야 할 것은 만약에 성경 전체에서 〈욥기〉가 없다면, 의인의 고난이 하나님의 뜻이라는 계시가 없다면, 세상은 그리스도이신 예수님께서 자신의 죄 때문에 고난당한다고 말할 것입니다(사 53:4). 하지만 〈욥기〉의 계시를 통해서 하나님께서는 창조 이전에 이미 당신의 계획 가운데 의인들이 당할 고난을 그들의 삶 가운데 놓아 두셨음을 봅니다.

이삭은 물질적인 축복과 더불어 야곱이 에서를 지배하는 축복을 주었습니다. 반면에 에서는 "네 주소는 땅의 기름짐에서 멀고 내리는 하늘 이슬에서 멀 것이며"(창 27:39)라고 말했습니다. 그러나 에서와 그의 후손들은 족장 세력을 이루면서 잘 살아가게 됩니다.

### A'. 에서가 받은 축복의 실현(36장): 에서(에돔)의 족보와 에돔의 왕들

에돔의 족장들을 보면 아래와 같습니다(창 36:15-19).

에서의 아내 아다의 아들, 장자 엘리바스의 자손에서 7명의 족장

① 데만 ② 오말 ③ 스보 ④ 그나스

⑤ 고라 ⑥ 가담 ⑦ 아말렉

에서의 아내 바스맛의 아들, 르우엘의 자손에서 4명의 족장

① 나핫 ② 세라 ③ 삼마 ④ 미사

에서의 아내 오홀리바마의 아들들로 3명의 족장

① 여우스 ② 얄람 ③ 고라

위의 족보에서 볼 수 있는 것은 에돔 열네 족장의 번성함입니다. 이는 이삭의 축복 내용과 차이가 있습니다. 다시 말해서 이삭은 에서를 축복할 때에 "내가 그를 너의 주로 세우고 그의 모든 형제를 내가 그에게 종으로 주었으며 곡식과 포도주를 그에게 주었으니 내 아들아 내가 네게 무엇을 할 수 있으랴"(창 27:37)라고 말함으로 에서에게 줄 것이 없음을 분명히 밝혔습니다. 그러나 야곱이 나그네 생활을 계속하고 있을 때에 에서의 자손들은 족장 세력을 구축하고 있습니다. 다시 말해서 이삭이 자식들에게 축복하려고 했던 것은 이 세상에서 자신의 욕망을 만족시키며 잘 살아가는 것을 뜻하는 것과는 차이가 있다는 점을 기억해야 합니다. 우리는 이삭의 축복을 물질적으로 이해하는 것과 더불어 보다 깊은, 보다 먼 미래에 있을 그리스도 안의 교회에 대한 인식으로 확장할 수 있어야 합니다.

한편 에서의 후손 곧 에돔 족속들 가운데 몇몇을 기억해 둘 필요가 있습니다. 먼저 엘리바스에서 나온 일곱 족장들 가운데 '그나스'와 '아말렉'을 기억할 필요가 있습니다. 왜냐하면 '그나스 족장'의 후손 가운데 바로 갈렙과 첫 사사인 옷니엘이 있기 때문입니다(민 32:12; 수 15:17; 삿 3:9). 이들은 진정으로 자신의 칼로 그 형제 야곱의

지배에서 벗어나 참된 형제애에 도달한 인물들입니다. 하지만 '아말렉 족장'의 후손들의 이야기는 사뭇 다르게 전개됩니다. 하나님께서는 '아말렉'과 싸우심을 선언하셨습니다(출 17:16). 이 이유에 대해서 모세는 〈신명기〉에서 이렇게 기록하고 있습니다.

"너희는 애굽에서 나오는 길에 아말렉이 네게 행한 일을 기억하라 곧 그들이 너를 길에서 만나 네가 피곤할 때에 네 뒤에 떨어진 약한 자들을 쳤고 하나님을 두려워하지 아니하였느니라 그러므로 네 하나님 여호와께서 네게 기업으로 주어 차지하게 하시는 땅에서 네 하나님 여호와께서 사방에 있는 모든 적군으로부터 네게 안식을 주실 때에 너는 천하에서 아말렉에 대한 기억을 지워 버리라 너는 잊지 말지니라"(신 25:17-19).

약한 자의 어려움을 이용해서 자신의 성공을 얻는 자들에 대한 싸움입니다. 에서의 또 다른 칼, 엘리바스의 날카로운 칼날 같은 주장 가운데 있는 아말렉이 있습니다. 이는 고대의 한 족속을 말하는 것이 아니라 바로 성공을 갈망하는 우리 자신에 대한 싸움입니다. 아말렉은 진정으로 자신의 칼로 그 형제의 지배를 벗어난 것이 아니라 스스로 그 칼에 의해 쓰러지게 되었습니다. 아마도 우리 자신의 마음에도 성공을 위해서 약한 자들의 어려움마저 이용하고 싶은 욕망이 있을 것입니다. 우리가 아말렉과 싸우는 것은 바로 이 마음과의 싸움일 것입니다. 이것이 아말렉과의 싸움입니다.

선행과 같은 아름다운 인간의 행위들을 통해서 하나님의 은혜를 받아서 구원에 이른다고 보는 이가 있습니다. 펠라기우스(Pelagius, 360?-420)와 같은 인물은 가난하고 어려움과 고통을 당하는 이들을 자신의 성공, 자신의 구원에 이용하자고 말합니다. 예배와 기도, 거룩한 성례들(세례, 성찬)을 자신의 성공을 위해서 이용할 것을 말합니다. 인간의 이런 아름다운 행위들로 하나님의 은총을 얻을 수 있다고 보았습니다. 하지만 이것은 비열한 것입니다. 구제를 통해서 자신의 이득, 성공, 그것도 의인이 되려는 의도를 가진다는 것은, 속셈이 있다는 것은 비열한 것입니다. 오직 하나님의 사랑이 우리 안에 있어서, 하나님의 은총으로 그분의 사랑이 우리 안에 살아 있음으로 해서(요일 2:5) 그 어떤 속셈도 없이 순수하게, 아주 작은 감사의 말조차 듣기를 바라지 않고 그와 함께하려는 사랑만이 선을 보장하는 것입니다. 그대의 문제가 곧바로 나의 문제임을, 그리스도께서 우리와 함께하신 것처럼 그렇게 우리가 함께하는 순수한 동정심, 형제애만이 선이라고 말합니다. 선행에서 얻어진 기쁨, 선행으로 얻어질 축복에 대한 아주 작은 섬광 같은 생각이 잠시라도 마음에 번쩍였나면 그것은 선이 아닙니다. 그는 아말렉입니다. 우리가 싸워야 할 우리 자신입니다. 요한 사도는 "사랑하는 여러분, 이제 우리는 하나님의 자녀입니다. 장차 우리가 어떻게 될지는 아직 모르지만 예수님이 나타나시면 우리도 그분처럼 되어 그분의 참모습을 보게 될 것입니다"(현대인의 성경, Dear friends, now we are children of God, and what we will be has not yet been made known. But we know that when he appears, we shall be like him, for we shall see him as he is. NIV, 요일 3:2)라고 하였습니다. 성경은 '우리가 그분과 같이 될 것이다'(ὅμοιοι αὐτῷ ἐσόμεθα)라고 말합니다. 그리고 그리스도처럼 될 것입니다. 하나님의 사랑이 우리 안에 있어서 우리는 하나님이신 그리스도처럼 될 것입니다. 이는 창조의 사역이 구원의 사역으로 마무리되는 것입니다.

## 이삭의 예언: 오실 그리스도에 대한 예언

이삭의 축복은 〈창세기〉 안에서 야곱에게나 에서에게나 성취되지 않는 형태로 등장합니다. 사실 에서의 세력이 분명히 야곱의 세력보다 더 확장된 것이 분명합니다. 아마도 에서의 이러한 성공은 야곱에 대한 미움을 극복하는 데 중요한 역할을 했을 것입니다. 다시 말해서 아버지의 축복을 절실하게 요구했던 에서는 아버지의 축복 없이도 자신의 힘과 노력, 그리고 아들들의 칼로 충분히 세력을 키울 수 있음을 알았을 때에 사실상 야곱에게 빼앗겼다고 생각했던 '아버지 이삭의 축복'에 대해서 큰 의미를 부여하지 않았을 것입니다. 왜냐하면 에서는 이미 재물이 많은 부유한 사람이었으며, 이는 그가 타인을 지배하는 상전(a master)이 되었음을 의미하기 때문입니다. 에서는 아버지 이삭이 틀렸음을 입증했습니다.

하지만 에서의 성공은 하나님께서 뜻하셨던 것이 분명합니다. 모세가 "호리 사람도 세일에 거주하였는데 에서의 자손이 그들을 멸하고 그 땅에 거주하였으니 이스라엘이 여호와께서 주신 기업의 땅에서 행한 것과 같았느니라"(신 2:12)는 계시를 받아쓰고 있기 때문입니다. 비록 에서 자신이 하나님의 뜻을 알지 못한다고 하여도 세일에서의 성공은 분명히 하나님의 뜻이었습니다. 그리고 이것은 이삭의 축복 내용과는 사뭇 다른 일들입니다.

이삭의 축복을 보다 추상적으로, 보다 먼 미래를 향하는 예언으로 읽도록 인도하는 것이 바로 에돔의 족보입니다. 우선 야곱과 에돔의 관계를 살펴보도록 합시다. 그렇게 살펴봐야 할 이유는 에돔이 야곱의 지배를 받을 것이며, 그들은 칼 위에서 살아갈 것이며, 그들의 지속적인 노력은 야곱의 굴레에서 벗어날 수 있는 유일한 방법이라는 예언이 있기 때문입니다(창 27:40). 그래서 먼저 이 예언의 성취에 관해서 확인해 봅시다.

첫째, 모세는 에돔과의 전쟁을 피하고 있습니다. 왜냐하면 그들은 형제이기에 싸울 수 없기 때문입니다(신 23:7). 그러나 사울 왕(대략 1050-1010 B.C.) 때에는 에돔과의 전쟁에서 승리하는 기록이 전해집니다(삼상 14:47). 하지만 에돔이 야곱의 종이 된 것은 바로 다윗 왕(대략 1010-970 B.C.) 때입니다(삼하 8:13-14). 다시 말해서 이삭의 축복은 '다윗 왕 때'의 일을 예언하고 있습니다. 이후 에돔은 야곱에게 조공을 바치는 관계로 야곱의 지배 아래 있었음이 분명합니다. 왜냐하면 에돔에 왕이 없던 때도 있었으며(왕상 22:47), 여호람 왕 때에(대략 848-841 B.C.) "에돔이 유다의 손에서 배반하여 자기 위에 왕을 세운 고로 여호람이 모든 병거를 거느리고 사일로 갔더니 밤에 일어나 자기를 에워싼 에돔 사람과 그 병거의 장관들을 치니 이에 백성이 도망하여 각각 그들의 장막들로 돌아갔더라"(왕하 8:20-21)는 기록이 있기 때문입니다.

그런데 "이와 같이 에돔이 유다의 수하에서 배반하였더니 오늘까지 그러하였으며 그때에 립나도 배반하였더라"(왕하 8:22)는 말씀으로 미루어 보아 에돔은 지속적으로 독립을 갈구했으며, 아하스 왕(대략 736-716 B.C.) 때에는 유다를 공격할 만큼의 세력으로 확장하고 독립했음을 알 수 있습니다(대하 28:16-17). 이에 아하스 왕이 앗수르 왕에게 도움을 청하고 있는 것으로 보아 북이스라엘이 멸망하기(대략 722 B.C.) 이전에 에돔은 독립적 지위를 얻은 것으로 보입니다. 이는 이삭의 예언이 그대로 성취되었음을 의미합니다.

둘째, 〈오바댜〉 선지서를 보면 이들 에돔에 대한 하나님의 심판을 다루고 있습니다. 여기서 에돔이 심판을 받는 것은 바로 오만함 때문입니다. 오바댜 선지자는 "너의 마음의 교만이 너를 속였도다"

(옵 1:3)라고 노래합니다. 마음이 독수리처럼 높이 날고, 별들 사이에 자리를 잡았습니다(옵 1:4). 이것은 에돔의 죄악이 심판을 받아야 하는 근본적인 원인이 됩니다. 모든 죄악은 교만(the pride)에서 비롯됩니다. 그리고 그 교만(זָדוֹן, 짜돈)으로 에돔은 결국 야곱을 칼로 치게 됩니다. 오바댜 선지자를 통해서 하신 하나님의 말씀은 이러합니다.

> "네가 네 형제 야곱에게 행한 포학으로 말미암아 부끄러움을 당하고 영원히 멸절되리라 네가 멀리 섰던 날 곧 이방인이 그의 재물을 빼앗아 가며 외국인이 그의 성문에 들어가서 예루살렘을 얻기 위하여 제비 뽑던 날에 너도 그들 중 한 사람 같았느니라"(옵 1:10-11).

형제가 타인에게 고통을 당하고 있을 때에 그 타인과 더불어 형제를 괴롭힌 것에 대한 하나님의 심판입니다. 이는 에돔 민족에게 한 예언인 동시에 바로 그리스도에 대한 예언을 담고 있습니다. 〈오바댜〉 선지서는 그리스도에 대한 예언을 담고 있습니다.

신약성경에서는 '에돔'을 헬라어로 음역해서 부릅니다. 이를 '이두매'(막 3:8, Ἰδουμαία)라고 합니다. 그리고 이두매 사람들 가운데 가장 유명한 인물들이 바로 '헤롯 가문'입니다. 특히 헤롯 대왕(Herodes Magnus, 73-4 B.C.)은 자신의 칼로 유다 곧 다윗의 혈통을 제거하기 위해서 어린아이들을 학살했습니다(마 2:16). 또한 분봉왕 헤롯(4 B.C.-A.D. 39)은 구약의 마지막 선지자라고(마 11:13) 할 수 있는 세례자 요한을 죽였습니다(마 14:8-10). 이삭이 예언한 칼과 오바댜의 형제에 대한 살의(殺意)는 신약시대 그리스도의 오심에 대한 에돔의 슬픈 미래를 예언하고 있습니다. 헤롯을 예언하고 있습니다.

하지만 에돔의 칼이 헤롯의 칼만 있는 것은 아닙니다. 갈렙과 이스라엘의 첫 번째 사사 옷니엘의 칼도 있습니다.

셋째, 끝으로 창세기 36장 24절에는 재미있는 내용이 있습니다. 곧 "아나(עֲנָה)는 그 아버지 시브온의 나귀를 칠 때에 광야에서 온천을 발견하였고"(창 36:24)라는 기록이 있습니다. 여기서 흥미를 끄는 것은 '온천'입니다.

'온천' 곧 옘(יֵם)이란 단어는 성경에서 단 한 번 등장하는 낱말입니다. 사실 우리는 히브리어 옘(יֵם)에 대한 정확한 뜻은 모르고 있습니다. 그래서 어떤 번역본에서는 '노새'(mule, KJV)라고 번역하거나 '샘'(the water in the wilderness, NKJV)으로 번역합니다. 또 다른 번역본에서는 '온천'(the hot springs, NIV ASV, RSV)이라 번역하고 있습니다. 아니면 그 뜻을 모르기 때문에 그냥 '이밈'(the Imim)으로 번역하지 않기도 합니다(YLT). 만약에 루터(M. Luther, 1483-1546)나 유대의 탈무드(Talmud), 그리고 랍비 라쉬(Rashi; Shlomo Yitzchaki, 1040-1105) 경우처럼, 옘(יֵם)을 '노새'로 읽을 경우 에돔 족속들이 일종의 변종을 만들어냈음을 뜻하는 것입니다. '노새'는 수나귀와 암말 사이에서 태어난 것으로 인간이 오직 노동력만을 위해서 만들어낸 생식능력이 없는 변종입니다. 결국 '아나'라는 여인이 '노새'를 만들기 위해서 접붙였음을 의미하는 것으로 노동력을 위해서는 변종 곧 부정한 짐승도 만들 수 있는 족속임을 말하는 것입니다. 칼빈의 경우는 '아나'가 불법적인 간음으로 '노새'를 얻은 것으로 읽습니다. 당나귀는 말에 비해 값이 싸고 힘이 세고 참을성도 좋아 일을 잘해 유익한 동물이라고 말할 수 있을 것입니다. 하지만 '노새'는 자연스러운 것이 아니라 인위적으로 인간의 이기심을 채우기 위해서 만들어낸 불쌍한 동물입니다.

페쉬타(The old Syriac Peshitta)나 라틴어 번역본인 벌게이트(Vulgate)의 경우처럼 옘(יֵם)을 '뜨거운 물'(*aquas calidas*) 곧 '온천'으로 읽을 수

도 있습니다. 이는 어근(√ימם)이 바다(יָם, 얌)와 관련을 맺고 있는 것을 감안해서 주석적으로 읽은 것입니다.

한편 셉투아진트(LXX)에서는 '야민을'(τὸν Ιαμιν) 발견한 것으로 기록되었습니다. 이를 히브리어로 읽을 경우 야민(יָמִין)은 '오른쪽'이란 뜻으로 정확하게 '아나'가 무엇을 발견했는지 알 수 없습니다. 단지 아나(עֲנָה)가 발견한 것을 아람어 아나(עֲנָה)와 관련해서 읽을 경우에 '대답하다' 혹은 '겸손하다'라고 읽을 수 있습니다. 이는 '아나'가 광야에서 어떤 대답을 얻었다는 의미로 칼빈이 지적한 바와 같이 음란한 생활과 관련한 것으로 읽을 수도 있게 합니다.

현대의 번역본들은 탈무드의 '노새'나 페쉬타와 벌게이트의 '온천'이란 이해를 계승하고 있습니다. 이는 히브리어 옘(יֵם)이 '바다'를 뜻하는 '얌'(יָם)과 관련이 있는 것으로 봅니다. 그래서 옘(יֵם)을 얌(יָם, sea)과 관련하여 '물'(water)로 읽습니다. '샘'이 전통적으로 '정신적 기원'(a source spirituality)을 상징하는 것을 감안한다면 '아나'는 인간의 뜨거운 정념(a hot passions)을 찾았다고 읽을 수 있을 것입니다. 한 여인이 들판에서 자신의 뜨거운 정념을 찾았다는 것은 어떤 불법적인 간음과 관련된 것이거나 종교적으로 은밀한 우상숭배와 관련된 것으로 읽을 수 있으며, 전체적으로는 하마드(חָמַד, desire, take pleasure in)와 관련된 것을 발견한 것으로 보입니다.

시브온은 세일에 거주하던 호리 족속의 족장으로(창 36:20) 그의 아들이 아나(동명이인)입니다. 그리고 아나의 딸이 오홀리바마(אָהֳלִיבָמָה)입니다. 바로 이 여인 오홀리바마는 에서의 아내들 가운데 한 명입니다(창 36:2). 이는 세일 지역은 에서의 아내 오홀리바마의 세력권이었으며, 에서는 이를 기반으로 세력을 확장했던 것으로 보입니다.

## 야곱이 부활의 신앙 가운데 그리스도를 보다

B. 벧엘에서의 서원의 맹세(27:46-28:22) → 라헬과의 만남(29:1-20)

이삭은 리브가와 야곱에 대해서 전혀 질타하거나 분노하지 않았습니다. 이삭은 야곱의 걱정처럼 아내와 사랑하는 아들 야곱을 키므타테아(כִּמְתַעְתֵּעַ, 창 27:12) 곧 눈먼 자신을 조롱하는 것으로 보지 않았습니다. '속이는 자처럼'(כִּמְתַעְתֵּעַ, 키므타테아, 창 27:12) 생각하지 않았습니다. 오해하지 않았습니다. 사랑하는 아내에게 실망하거나 자신을 멸시했다고 생각하지 않았습니다. 오히려 지난 60년 동안 성실한 아내 리브가의 고통과 슬픔을 이해하고 야곱을 아브라함의 축복으로 인도했습니다. 아내 리브가를 위로해 주었습니다. 리브가는 남편에게 자신만의 고통이 아니라 남편과 함께 느꼈던 그 아픔을 진실한 마음으로 고백했습니다(창 26:35).

"내가 헷 사람의 딸들로 말미암아 내 삶이 싫어졌거늘 야곱이 만일 이 땅의 딸들 곧 그들과 같은 헷 사람의 딸들 중에서 아내를 맞이하면 내 삶이 내게 무슨 재미가 있으리이까"(창 27:46)라고 리브가는 이삭에게 말했습니다. 리브가는 쿠쯔(קוּץ)란 말을 쓰고 있습니다. 히브리어 쿠쯔(קוּץ)는 혐오의 감정(feel a disgust)이 일어나는 것을 말합니다. 리브가는 다른 사람을 혐오하는 것이 아니라 자기 자신을 미치도록 혐오스러워하는 감정에 사로잡혀 있었습니다. "내 삶이 내게 무슨 재미가 있는가?"라는 리브가의 말은 수사학적으로 반어법(a rhetorical question)입니다. '재미'란 말은 문맥의 흐름을 위해서 없는 말을 덧붙여 번역한 것입니다. 리브가가 말하는 것은 '삶들이

나에게 무엇인가?'라는 말로 '왜 내가 살아야 하는가?'(why do I live?, YLT)라고 말한 것입니다. 자기 혐오감에 빠져 버려 더 이상 삶의 의미를 찾을 수 없음을 말하는 것입니다. 그리고 이 혐오감의 원인은 에서가 헷 족속의 여인들과 결혼한 것입니다. 사랑하는 아들 에서가 이방여인과 결혼을 한 것이 어머니의 고통이 되었으며, 아들 에서는 이런 부분에 대해서 조금도 신경 쓰지 않고 있습니다. 그리고 이 문제는 이삭에게도 영혼의 고통(מֹרַת רוּחַ, a bitterness of spirit, YLT)이었습니다(창 26:35). 단지 잠시 망각했을 뿐입니다.

리브가에게 이방여인과의 결혼 문제가 무슨 특별한 이유가 있는 것은 아닙니다. 이방인 여인들과 결혼하면 반드시 우상숭배에 빠지고, 반드시 지금보다 더 도덕적으로 악해지는 것이 절대적인 법칙이기 때문에 싫어하는 것이 아닙니다. 이러한 내용보다 먼저 다가서는 것은 리브가 자신이 삶, 선지자 아브라함의 마음을 보았다는 사실입니다. 그리고 리브가는 아브라함의 마음(창 24:3-4)을 간직하지 못한 아들 에서를 볼 때마다 스스로 자괴감에 빠지고 말았습니다. 리브가는 선지자 아브라함, 아버지의 길을 걷고 싶은 마음, 지키고 싶은 마음으로 고통을 받았습니다. 여기서 '지키고 싶은 마음' 때문에 이방여인과 결혼하면 안 된다는 삶의 태도, 삶의 제한을 율례(חֻקָּה, 후카)와 법도(תּוֹרָה, 토라)라고 부릅니다(창 26:5). 모세는 이 마음 안에서 이방여인과 결혼할 수 없는 것이 율법이 되어 그 내용을 풍성하게 채우게 됩니다. 여러 가지로 설명하고 그에 합당한 이유를 덧붙여 장식하게 됩니다.

아버지의 법도 곧 토라(תּוֹרָה)를 기억한 이삭도 리브가와 같은 마음으로 야곱에게 충고를 하게 됩니다. 이삭은 야곱에게 아브라함의 축복을 상속하면서(창 28:3-4) 중요한 명령을 내립니다.

"가나안 사람의 딸들 중에서 아내를 맞이하지 말라"(창 28:1). 그리고 "밧단아람으로 가서 네 외조부 브두엘의 집에 이르러 거기서 네 외삼촌 라반의 딸 중에서 아내를 맞이하라"(창 28:2). 야곱은 아버지에게 명령을 받았습니다. 이젠 야곱의 삶도 '지키는 자'의 삶을 살아가게 됩니다. 성실함, 정직함, 인내 가운데 순수함(순결함) 곧 정결함으로 지켜야 합니다. 완전하게 지켜야 할 의무가 생긴 것입니다.

야곱은 분명히 에서의 형제 살의(殺意)를 피해서 도망하는 길을 떠났습니다. 그러나 그 길의 진정한 가치는 첫째, 부모의 '영혼의 고통'을 해소하기 위한 길입니다. 또한 둘째, 부모의 고통을 해소하는 방법으로 제시된 것이 바로 결혼 문제입니다. 야곱은 결혼 여행을 떠나는 길 곧 데레크(דֶּרֶךְ) 위에 서게 됩니다. 야곱은 반드시 라반의 딸과 결혼해야 합니다.

이삭은 아브라함의 거주지 가운데 하나였던 브엘세바 곧 아브라함의 7개의 샘이 있던 베에르-쉐바(בְּאֵר־שֶׁבַע)에서 살고 있었습니다(창 26:23). 아마도 야곱은 이곳 브엘세바에서 출발해서 하란(חָרָן) 곧 밧단아람으로 향했을 것입니다(창 28:10). 그런데 한 가지 생각할 것이 있습니다. 아브라함과 그의 충실한 늙은 종의 맹약에서 아브라함은 절대로 이삭을 '아버지의 집'으로 이끌지 말라고 했습니다. 그러나 이삭의 경우는 성실한 종들을 보내는 것이 아니라 아들 야곱을 직접 보내게 됩니다. 게다가 야곱의 여행은 아브라함의 늙은 종의 여행과는 사뭇 비교되는 부분이 많습니다. 우선 아브라함은 충분한 지참금을 낙타 열 마리에 가득 실어 보냈습니다. 많은 종들이 늙은 종을 수행했습니다. 하지만 야곱에게는 종이 없을 뿐만 아니라 중요한 것은 지참금을 주지 않았다는 사실입니다. 지참금 없이는 결혼할 수 없습니다. 물질이 인간의 문명과 사회를 구성합니다. 결혼이란 문화는 물질의 변화에 따라서 변합니다. 인간의 정신과 심성(mentalité)이 물질 안에 놓여 있습니다. 이삭은 야곱을 사실상 결혼이 불가능한 상황으로 몰아가고 있습니다. 뿐만 아니라 아브라함은 나홀에게 곧 나홀의 아들 브두엘에게 '리브가'라는 딸이 있다는 소식을 듣고 종을 보냈습니다(창 22:20). 그러나 이삭은 라반에게 딸이 있다는 소식을 접하지 않고 딸이 있다는 가정하에서 보내고 있습니다. 이삭은 보지 않았을 뿐만 아니라 듣지도 않고 오직 하나님께서 야곱의 아내를 미리 예정하신 것처럼, 천사들을 미리 보내어 모든 것들을 준비해 놓으실 것을 확신하는 것처럼 보입니다.

이삭은 눈이나 귀로 얻은 모든 것들이 자신을 충분히 속일 수 있다는 사실을 깨달았기에 전혀 다른 것을 의지하고 있습니다. 하나님께서 자신과 함께하심을 신뢰하고 있는 것이 분명합니다. 하나의 약속 곧 '너와 함께'(עִמְּךָ, 임카, 창 26:3)하신다는 약속만을 믿고 있습니다. '임마누엘'(עִמָּנוּאֵל, 사 7:14) 곧 '우리와 함께하신 하나님'에 대한 신앙은 아브라함에게, 그리고 이삭에게 주신 전능자의 약속입니다. 이삭은 눈으로 보려 했으나 보지 못했고, 듣는 것(음성, 창 27:22)은 의심했으나 그냥 그대로 믿었고, 향기를 맡았으나 분별할 수 없었고, 손으로 만졌으나 속았습니다. 진실(real)은 그저 객관적으로 사실(fact) 안에 찾을 수 없는 것들이었습니다. 그것은 믿음의 문제였습니다. 이삭은 '라반의 딸들로부터 여자'(אִשָּׁה מִבְּנוֹת לָבָן) 곧 '아내를 취하라'고 야곱에게 명령했습니다. 야곱에게 지켜야 할 법이 생겼습니다. 아니, 지키고 싶은 법을 받았습니다. 이제 야곱은 어쩔 수 없이 고향을 떠나게 됩니다.

'어쩔 수 없다'는 것은 대단히 중요합니다. 왜냐하면 인간에게 다른 방법이 없어서 어쩔 수 없이 그렇게 할 수밖에 없다면 그것은 필연적인(necessary) 것으로 바로 하나님의 뜻임을 고백할 수 있게 합니다. 그러나 인간이 의도적으로 개입해서 자신의 뜻을 이루어 성공한 다음에 어떤 승리감 속에서 겸손한 듯이 하나님의 섭리라고 말하는 것은 단순한 무대효과에 지나지 않습니다. 사도가 "내가 부득불 할 일임이라"라고 한 것은 하나님의 뜻으로 복음을 전한 것이지 결코 자신의 열정에 의한 것이 아님을 고백한 것입니다(고전 9:16). 비록 자신에게 슬픔과 고통이라고 하여도 어쩔 수 없이 해야 하는 상황이 되었을 때에, 인간의 힘으로 피할 수 없을 때에 그 가운데 하나님의 뜻을 희미하게 읽을 수 있습니다. 이삭이 야곱을 불가능한 상황으로 몰아가는 것은 그의 결혼이 야곱의 욕망에 의한 것이 아니라 하나님의 뜻임을 고백하게 하기 위한 것입니다. 야곱의 후손은 아브라함의 후손으로 인간의 욕망이 아니라 하나님의 뜻으로 결정됩니다. 야곱의 열두 아들들과 딸 디나는 하나님께서 그렇게 결정하셨으며 그렇게 성취하신 것입니다.

이삭의 신부를 찾아 떠난 곳에서 리브가를 만났을 때에 늙은 종의 어리석은 기도는 하나님의 뜻에 따라서 천사들이 이 모든 일에 개입하고 있음을 보이기 위한 것입니다. 이제 야곱의 결혼에 있어서도 하나님의 뜻과 천사의 개입을 확인해야 합니다. 그렇다고 늙은 종과 같이 어리석은 구덩이에서 오물을 뒤집어쓴 노예의 기도를 할 수는 없습니다. 자유하게 된 자 곧 친구 된 자의 기도가 요구됩니다(요 15:14-15). 결국 이삭은 결혼을 위해서 떠나는 아들 야곱에게 아무것도 주지 않음으로써 야곱이 오직 하나님만을 의지하게 만들었습니다. 야곱의 아내가 누구이든 하나님의 뜻으로 결정되어야 했습니다. 다시 말해서 야곱은 어쩔 수 없이 필연적인 결혼을 해야만 했습니다. 자신의 욕망으로 사랑하는 여인과 결혼하는 것은 중요하지 않습니다. 비록 그것이 두 명의 아내라고 하여도 하나님의 뜻으로 결혼을 해야 합니다. 충분한 지참금과 많은 노예들이 있었다면 야곱으로 하여금 '그 밭'을 자신의 뜻, 하마드(חָמַד, desire) 곧 인간의 어두운 마음에 숨겨 놓은 욕망(ἐπιθυμία, 에피튀미아), 정념(πάθος, 파토스)으로 고르게 만들 것입니다. 그러나 그의 빈손은 그의 결혼을 자신의 욕망(정념)에 따라서 결정하지 못하게 할 것입니다. 그리고 오직 하나님의 뜻에 순종할 수밖에 없는 '어쩔 수 없는' 상황에서 진정성 있게 하나님의 뜻을 고백하게 만들 것입니다.

한편으로 결혼 지참금은 야곱의 이야기에서 대단히 중요한 요소로 작용합니다. 그렇기 때문에 지참금 자체보다는 사회적인 요소를 충분히 이해하고 있어야 합니다. 바로 '내가 가진 모든 것은 타자에게 받은 것이다'란 사실을 기억해야 합니다. 우리가 소유한 생명은 신과 부모에게서 받은 것이며, 그 생명을 유지하기 위해서 먹고 마시는 모든 것은 자연과 타인에게서 받은 것이며, 살고 있는 집과 입고 있는 의복 역시 자연과 타인의 기술과 노력에 의해서 얻은 것입니다. 그렇기 때문에 우리는 정당하게 그 값을 지불해야 합니다. 자신의 것을 자연과 타인에게 제공해야 합니다.

남자가 한 여인을 아내로 삼고자 하는 것은 사실상 그녀의 부모에게서 소중한 보석(딸)을 얻는 것입니다. 딸이 부모의 소유라는 의미가 아니라 그 딸의 생명은 부모에게서 받은 것이기 때문에 그 생명을 주신 부모에 대한 존중과 예의를 표현하는 것입니다. 물론 생명의 참된 기원이신 하나님께도 예의를 표현해야 합니다. 이것은 정당함 곧 정의의 문제입니다. 의로운 삶을 살고자 한다면 야곱은 라반의 딸과 결혼하기 위해서 그에 대한 정당한 값을 지불해야 하며, 아버지 라반은 딸들을 위해서 또한 정당한 값을 주어 그 재산과 생명을 보존시켜야 합니다. 우리가 소유한 것은 그것을 이용하기 위한 것으로 절대적인 우리의 소유처럼 생각해서는 안 됩니다. 모든 것은 자연이나 다른 사람, 그리고 기본적(본질적)으로는 신께 받은 것임을 기억해야 합니다. 그러므로 신께 감사하며, 자연을 존중하며, 다른 사람에 대한 예의를 지켜야 합니다. 이것은 정의의 문제입니다.

하지만 이삭은 야곱에게 아무것도 주지 않았습니다. 오직 눈에 보이지도 않는 축복만 했을 뿐입니다. 이 점이 중요한 부분입니다. 만약에 이삭이 야곱에게 재물을 주었다면, 그리고 그 재물로 라반의 딸을 얻었다면 우리는 야곱의 삶을 이끄신 하나님의 섭리 대신에 이삭의 재력을 보게 될 뿐입니다. 그러나 이삭이 야곱에게 축복 이외에 아무것도 주지 않음으로써 야곱이 그 아버지의 축복대로 살아가는 것을 지켜보는 증인(μάρτυς, 마르튀스)이 됩니다. 하나님께서 야곱을 이끌고 계심을 목격하는 감격스러운 순간에 참여하게 됩니다. 그리고 이 사실에 진실함(אֱמֶת)으로 마르튀스(μάρτυς, 증인)가 되어 자신의 생명까지도 그 진실함 앞에 내려놓을 수 있는 순교자(martyrdom)가 됩니다. '증인'이란 뜻의 마르튀스(μάρτυς)와 '순교'를 의미하는 라틴어 마르튀룸(martyrum)은 같은 말입니다. 성 아우구스티누스의 말처럼, '부디 이 낱말이 마음 안에 머물러 있음으로,

우리가 순교자들의 고난을 본받게 되길 바랍니다'(*the Ten Homilies on the First Epistle of St. John,* I. 2.).

야곱의 이 이야기는 야곱 개인에게서 끝나는 것이 아니라 엘-샤다이 곧 전능하신 하나님께서 오늘을 살아가는 당신의 백성들, 신앙의 축복 외에는 아무것도 없이 살아가는 이들을 인도하고 계심을 일깨우게 됩니다.

### 꿈에서 본 사닥다리: 예수 그리스도에 대한 예표

이틀 정도를 걸었을 것입니다. 그는 루스(לוּז, 루쯔)라는 곳에 도달했습니다. 아마도 이곳에는 개암나무(hazel, KJV) 혹은 아몬드 나무(almond, NKJV, NIV)가 많은 곳으로 보입니다. 루쯔(לוּז)가 '개암나무'를 의미하는지, 아니면 '아몬드 나무'(Vulgate, *amigdalinas*)를 의미하는지 알 수는 없습니다. 분명한 것은 야곱이 나무숲이 우거진 '루스'라는 곳에 도착했다는 사실입니다.

석양의 붉은 노을이 숲을 아름답게 물들이며 비스듬히 스치는 저녁의 고운 햇살이 야곱의 피곤한 여행에 작은 위로가 되었을 것입니다. 그리고 숲의 어둠은 깊고 사랑스러웠습니다. 그는 잠시 그곳에 머물러 쉬고자 했습니다(창 28:11). 그곳에 있는 커다란 돌(אֶבֶן, 에벤)을 취해서 '베개로 삼고 거기 누워 잤습니다'(he put it under his head and lay down to sleep, NIV, 창 28:11). 여기서 '베개'(pillow, KJV)라고 읽은 것은 히브리어 메라아샤(מְרַאֲשָׁה)의 복수 연계형을 쓰고 있습니다. 히브리어 메라아샤(מְרַאֲשָׁה)는 머리 부분(place at the head)이므로 그 복수형은 머리를 중심으로 한 상체 부분을 말하는 것입니다.

야곱은 꿈을 꾸었습니다(חָלַם, 할람, dreamed). 야곱은 지난 40년 동안 수천 번의 꿈을 꾸었을 것입니다. 그러나 이 꿈은 다른 모든 것과 달랐습니다. 그것은 꿈의 내용 때문이 아니라 그에 대한 인식 때문입니다. 야곱은 그 꿈속에서 '여호와의 말씀'이라는 분명한 인식에 도달하고 있습니다(창 28:13).

할롬(חֲלֹם, a dream) 속에서 야곱은 쑬람(סֻלָּם, a ladder) 곧 사닥다리를 보았습니다. 이 쑬람(סֻלָּם)은 "그 꼭대기가 하늘에 닿았습니다"(창 28:12). 그리고 그 쑬람(סֻלָּם) 주변에서 "하나님의 사자들이 그 위에서 오르락내리락"(עֹלִים וְיֹרְדִים, 올림 베 요르딤)하는 것을 보았습니다(창 28:12). 그리고 "여호와께서 그 위에 서서" 계셨습니다(창 28:13). 여기서 우리는 확고한 예표를 읽을 수 있습니다. 먼저 모세는 수사학적인 개념으로 일종의 압운(押韻, rhyme)을 맞추고 있는 것처럼 보입니다. '할람', '쑬람', 그리고 '올림'(עֹלִים, ascending)과 '요르딤'(יֹרְדִים, descending, NIV)은 우리로 하여금 이 본문에서 무엇인가를 읽어내도록 자극하고 있습니다. 그리고 쑬람(סֻלָּם)은 샬롬(שָׁלֹם, peace)을 연상시키기에 충분합니다. 특히 지상과 천상의 하늘 곧 여호와 하나님을 땅과 연결시키고 있는 '쑬람'에 대해서 우리가 알고 있는 것은 단 하나뿐입니다. 바로 천상과 지상을 연결하시는 오직 예수 그리스도뿐입니다.

예수 그리스도께서는 지상과 천상의 성부 하나님을 연결시키는 유일한 통로이자 길입니다. 그분은 참된 하나님의 길입니다(요 14:6). 그래서 '길'이신 그리스도 "그의 안에 산다고 하는 자는 그가 행하시는 대로 자기도 행할지니라"(요일 2:6)고 말씀하는 것입니다. 그분의 길을 지키는 것입니다. 오직 성경 전체에서 여호와 하나님과 땅을 연결시키는 것은 성자 하나님 예수 그리스도뿐입니다. 뿐만 아니라 천사들이 그리스도를 시중 든 것처럼(마 4:11), 쑬람 주변을 천사들이 올라가고, 그리고 내려가는 것(עֹלִים וְיֹרְדִים, 올림 베 요르딤)은 천사들이 지상과 천상을 연결하신 분 주변에서 그분을 시중드는 것을 상징적으로 표현한 것입니다. 야곱은 천상의 그리스도에 대한 예표를 본 것입니다. 그리고 성부 하나님께서는 성자 하나님을 통해서 말씀하셨습니다.

"나는 여호와니 너의 조부 아브라함의 하나님이요 이삭의 하나님이라 네가 누워 있는 땅을 내가 너와 네 자손에게 주리니 네 자손이 땅의 티끌같이 되어 네가 서쪽과 동쪽과 북쪽과 남쪽으로 퍼져 나갈지며 땅의 모든 족속이 너와 네 자손으로 말미암아 복을 받으리라 내가 너와 함께 있어 네가 어디로 가든지 너를 지키며 너를 이끌어 이 땅으로 돌아오게 할지라 내가 네게 허락한 것을 다 이루기까지 너를 떠나지 아니하리라"(창 28:13-15).

하나님의 말씀은 세 가지 정도의 약속을 담고 있습니다. 첫째, 이 말씀은 이삭을 통해서 야곱에게 상속된 축복을 하나님께서 보증하시는 말씀입니다.

이삭에게 말씀하신 하나님께서 이제 야곱에게 직접 말씀하심으로 아브라함의 언약이 야곱에게 상속되었음을 확증해 주셨습니다. 이는 야곱이 받은 축복이 모두 합당한 것임을 하나님께서 인정하신 것입니다. 우리들의 눈에는 야곱이 무슨 속임수라도 쓴 것처럼 보이지만 사실 이삭이 야곱을 축복했던 것은 인간적인 사랑에 의한 것이 아니라 어쩔 수 없는 필연의 사건이었습니다. 하나님께서는 야곱을 원하셨습니다. 그래서 '가시밭의 백합화' 같은 여인(아 2:2) 리브가의 '뱀 같은 지혜'를 통해서(마 10:16) 이삭의 삶을 웃음으로 꽃피울 수 있게 하신 것은 하나님의 뜻이었습니다. 만약에 리브가가 하나님의 뜻에 위반된 짓을 했다면 우리는 보다 엄청난 재앙과 같은 저주를 목격하게 되었을 것입니다. 우리는 하나님께서 이삭이 야곱을 축복한 것이 합당하다는 이 선언을 겸손하게 받아들여야 합니다. 이 사실에 대한 증인으로, 이 진실을 밝힘으로 의로움을 회복하고, 이 진실을 지킴으로 죽을 수 있는 순교자의 마음이 요구됩니다. 하나님께서 당신의 사랑하는 자녀들을 돌보심을 알아야 합니다.

둘째, 하나님께서는 아브라함과 이삭의 경우처럼 당신의 선택한 백성인 야곱과 함께하실 것임을 약속하셨습니다. 이 약속은 이후 야곱의 삶에서 가장 중요한 요소가 됩니다. 당신 백성과 함께하시는 하나님에 대한 계시입니다. 임마누엘 하나님에 대한 신앙입니다.

끝으로, 하나님께서는 당신을 '아브라함의 하나님, 이삭의 하나님'이라고 말씀하셨습니다. 이후 모세에게도 같은 형식으로 당신을 계시하셨습니다. 하나님께서는 모세에게 "나는 네 조상의 하나님이니 아브라함의 하나님, 이삭의 하나님, 야곱의 하나님이니라"(출 3:6)라고 계시하셨습니다. 이 계시를 잘못 읽어서 '아브라함의 하나님, 이삭의 하나님, 야곱의 하나님'을 이스라엘 민족의 민족신 혹은 조상신으로 읽는 악의적인 독해법이 있습니다. 하지만 성경 안에 이런 지역적인 신은 존재하지 않습니다.

모세에게 계시된 하나님의 이름, 그리고 지금 야곱에게 당신을 '아브라함의 하나님, 이삭의 하나님'으로 계시하신 여호와 하나님이 의미하는 것은 바로 '부활의 하나님'을 계시하는 것입니다. 이는 아브라함과 이삭의 부활 신앙을 야곱에게 계승하는 것이며, 모세에게까지 계승하는 것입니다.

"하나님이 또 모세에게 이르시되 너는 이스라엘 자손에게 이같이 이르기를 너희 조상의 하나님 여호와 곧 아브라함의 하나님, 이삭의 하나님, 야곱의 하나님께서 나를 너희에게 보내셨다 하라 이는 나의 영원한 이름이요 대대로 기억할 나의 칭호니라"(출 3:15).

'아브라함의 하나님, 이삭의 하나님, 야곱의 하나님'은 우리가 영원히 기억해야 할 거룩하신 전능자의 '영원하신 이름'이며, '대대로 기억할 그분의 칭호(זֵכֶר, 쩨케르)'입니다. '칭호' 곧 '기억'(זֵכֶר, 쩨케르, memory)입니다. 우리의 '기억'입니다. 부활의 하나님을 기억해야 합니다. 부활은 이미 토라(율법) 안에서 주어진 하나님의 계시입니다. 부활의 하나님으로 읽는 것은 바로 우리 주 하나님 예수 그리스도께서 이 본문을 우리에게 그렇게 가르쳐 주셨기 때문입니다. 주님께서는 거룩한 당신의 사도들에게 말씀하셨습니다.

"죽은 자의 부활을 논할진대 하나님이 너희에게 말씀하신 바 나는 아브라함의 하나님이요 이삭의 하나님이요 야곱의 하나님이로라 하신 것을 읽어 보지 못하였느냐 하나님은 죽은 자의 하나님이 아니요 살아 있는 자의 하나님이시니라 하시니"(마 22:31-32).

이것은 부활에 관해서 이야기를 하시면서 하신 말씀입니다. 하나님께서 모세에게 아브라함과 이삭이 가졌던 부활의 신앙을 말씀하신 것입니다. 부활의 하나님이심을 계시하신 것입니다. 그리고 루스에서 야곱에게도 그리스도를 통한 부활을 예표하고 계신 것입니다. 야곱의 사닥다리는 그리스도를 통한 부활 신앙을 예표하고 있습니다.

야곱은 아직 어둠이 아몬드 나무 숲을 덮고 하늘에는 별빛이 무수히 반짝이고 있는 것을 보면서 잠에서 깨어났습니다(창 28:16). 그리고 그는 자연의 아름다움과는 대조적으로 밀려오는 두려움에 사로잡혔습니다(창 28:17). 이 두려움(יִרְאָה, 이르아)은 단순한 감정적인 공포심과는 다른 것입니다. 이는 거룩함과 신성함 앞에서 일깨워지는 절대자에 대한 경외심(경건한 마음)으로 자기 자신을 발견하는 순간입니다. 절대자 앞에 서 있는 미력하기 그지없는 흙(먼지)과 같은 자신을 발견하는 것입니다. 이는 '거룩한 어둠'(a Holy Darkness)입니다. 신 앞에서 존재의 실존을 자각하는 것입니다.

야곱은 두려움에 떨며 "여호와께서 과연 여기 계시거늘 내가 알지 못하였도다"(창 28:16)라고 말했습니다. 그리고 야곱은 이어서 "두렵도다. 이곳이여! 이것은 다름 아닌 하나님의 집이요(בֵּית אֱלֹהִים) 이는 하늘의 문이로다(שַׁעַר הַשָּׁמָיִם)"라고 고백했습니다(창 28:17). 야곱은 내적인 확신에 도달하고 있습니다. 야곱은 난순한 꿈을 꾼 것이 아닙니다. 하나님께서는 말씀을 통해서 아브라함의 언약을 확증하셨으며, 야곱은 꿈을 통해서 하나님의 말씀 가운데 하나님의 집, 하나님의 문 앞에 서 있음을 충분히 인식하고 있었습니다. 그리고 야곱은 이것을 자연현상 안에서 일어나는 꿈들 가운데 하나가 아니라 완전히 다른 것이라는 사실을 구별하여 하나님의 계시임을 인식(conscience)하고 이를 고백하고 있습니다.

프랑스의 한 시인은 "최면상태처럼 인식이 없는 상태에서 빛나는 걸작을 쓰기보다는 멍청한 의식 상태에서 평범한 작품을 쓰는 편이 더 나을 것이다"라고 말했습니다[폴 발레리, 《시의 추억》(*Mémoires du poète*)]. 중요한 것은 아무리 작은 것이라도 인식하고 살아가는 것입니다. 아브라함의 언약을 자신의 삶에 그대로 인식하고 살아가는 것입니다. 또한 두려움(יִרְאָה, 이르아) 곧 경외심을 가지고 살아가는 것입니다. 야곱의 이르아(יִרְאָה, a fear) 곧 두려움은 깊은 아몬드 숲을 덮고 있는 어둠이나 자신의 생명을 위협하는 짐승들에 대한 것이 아니었습니다. 야곱은 쑬람(סֻלָּם)을 보았습니다. 이 사닥다리(סֻלָּם, 쑬람)는 여호와 하나님을 만날 수 있는 유일한 방법, 천상과 지상을 연결하는 유일한 길이었습니다. 야곱은 그것을 꿈이라고 인식하는 것이 아니라 "이것은 다름 아닌 하나님의 집이요 이는 하늘의 문이로다"(창 28:17)라고 인식합니다. '베트 엘로힘'(בֵּית אֱלֹהִים, 하나님의 집)이나 '솨아르 하솨마임'(שַׁעַר הַשָּׁמַיִם, 그 하늘의 문)이란 특정한 장소에 귀속된 특별한 인식을 담고 있습니다. 벧엘 곧 '베트 엘로힘'(בֵּית אֱלֹהִים, 하나님의 집)의 또 다른 말인 '베트-엘'(בֵּית־אֵל)이라는 구체적인 장소에서 경험한 것이 야곱의 심장에 하나의 인식(conscientia, La.)으로 새겨졌습니다. 그리고 그의 도덕적 인식(a conscience) 곧 양심은 그의 마음에 가득 채워져 입으로 흘러넘쳤습니다. 고백(confession)이란 내적인 영감이 양심의 동의와 이성적인 이해를 바탕으로 한 것이 입으로 흘러나오는 것입니다. 이것은 결코 강압적이거나 강제적으로 얻어지는 것이 아닙니다. 의지적인 참된 동의가 있어야만 합니다. 진정으로 '모든 것에 앞서 있는 것이 고백(confessio, La.)이며, 그다음이 사랑(dilectio, La.)'입니다(St. Augustinus, *the Ten Homilies on the First Epistle of St. John*, I. 6.). 이제 '베트 엘로힘'(בֵּית אֱלֹהִים, 하나님의 집)과 그 집으로 들어가는 유일한 문(שַׁעַר, 솨아르)인 '솨아르 하솨마임'(שַׁעַר הַשָּׁמַיִם, 그 하늘의 문)은 야곱의 고백 가운데 있습니다. 그것은 루스 땅 곧 벧엘이라는 지명에 있는 것이 아닙니다. 다시 말해서 그리스도께서는 하나님의 성전이시며(요 2:21), 문이심(요 10:9)을 예표하는 계시입니다. 우리는 야곱의 이 꿈 가운데 그리스도의 예언을 읽는 감격을 경험하게 됩니다. 야곱의 두려움을 우리도 함께 느끼며 경건한 마음을 키우게 됩니다.

야곱은 자신의 인식을 바탕으로 해서 일어난 고백, 다시 말해서 마음에서 믿고, 머리로 확실하게 그 내용을 인식하여 입으로 고백하였습니다. 사람들은 자신의 마음에 확실한 것이 무엇인지 모르기 때문에 입으로 제대로 고백하지 못합니다. 자기 자신에 대한 인식 부족에서 일어나는 일입니다. 그러나 야곱은 자신의 마음에서 일어나는 그 두려움이 하나님 앞에 서 있는 자아를 발견한 것임을 인식하고 고백한 것입니다. 야곱의 삶은 하나님 앞에서 살아가는 것입니다. 이것이 완전한 삶의 모습입니다.

### 벧엘의 서원의 맹세

늦은 밤의 놀라운 꿈은 분명히 일반적인 꿈과는 다른 것이었습니다. 분명히 야곱은 지난 40년 동안 수많은 꿈(חֲלוֹם, 할람)을 꾸었을 것입니다. 그러나 그 밤의 꿈은 그동안의 것과는 완전히 다른 것임을 충분히 인식할 수 있었습니다. 그 꿈은 자연현상으로 일어나는 일반적 꿈과는 다른 것으로 그는 그 꿈(חֲלוֹם, 할람)의 의미와 가치를 정확하게 인식했습니다. 그런 그의 인식이 믿음에 도달했습니다. 구체적이며 눈으로 볼 수 없는 것들이기에 꿈으로 다가서는 것들이 있습니다. 절대적인 것들은 직접적이며 구체적으로 제시될 수 없기에 간접적이며 추상적으로, 곧 꿈으로 이야기합니다. 먼 미래의 그리스도를 이해하기 위해서 천상과 지상을 연결하는 쑬람(סֻלָּם)을 봅니다. 야곱은 이런 두려운 경험 가운데에서 다시금 잠을 청합니다.

〈시편〉에서 “여호와께서 그의 사랑하시는 자에게는 잠을 주시는도다"(시 127:2)라고 노래한 것처럼 야곱은 그 밤에 평온한 잠에 들었습니다. 아마도 고향 곧 아버지의 집에 놓아 둔 형제간의 불화, 앞으로 라반의 집에서 찾을 아내의 문제, 그리고 아버지 이삭의 뜻을 성취하고 고향으로 돌아올 일들에 대한 모든 근심으로부터 떠나 평온하게 그 밤의 어둠을 이불로 덮고 주님께서 주신 잠, 꿈 가운데 있는 잠을 청했을 것입니다. 진실로 인간이 밤낮으로 수고하여 '일찍이 일어나고 늦게 누우며 수고의 떡을 먹음이 헛된' 것은(시 127:2) 하나님께서 돕지 않으시면 인간의 노력은 아무런 의미가 없기 때문입니다. 그러나 하나님께 사랑을 받는다면 그 마음이 평온함으로 잠을 청할 수 있을 것입니다. 야곱은 하나님께서 자신과 함께하실 것을 믿기에 평온하게 잠을 청한 것이며, 이것을 하나님께서 주신 '잠'이라고 찬양하는 것입니다.

야곱은 비록 길거리에서 잠을 청했지만 그의 마음은 평온했습니다. 그리고 다음날 이른 새벽에 자리에서 일어났습니다(창 28:18). 그는 자신이 침상(베개)으로 쓴 커다란 바위를 비석처럼 세워 기둥(מַצֵּבָה, 마쩨바)으로 일으켰습니다(창 28:18). 그리고 마쩨바(מַצֵּבָה)에 기름을 부었습니다. 그리고 자신이 본 그대로 그곳 루스(לוּז, 루쯔)를 '벧엘'(בֵּית־אֵל, 베트-엘)이라고 칭했습니다(창 28:19). 여기서 '베트-엘'(בֵּית־אֵל)은 '하나님의 집'(בֵּית אֱלֹהִים, 베트 엘로힘)이란 뜻입니다(창 28:17).

야곱은 이 기념물인 마쩨바(מַצֵּבָה) 앞에서 서원(נֶדֶר, 네데르)을 약속했습니다(נָדַר, 나다르). 히브리어 네데르(נֶדֶר)는 '서원' 혹은 '맹세'(vow)를 뜻합니다. 그리고 나다르(נָדַר)는 '맹세하다', '약속하다'(vowed)라는 뜻을 가지고 있습니다. 하나님의 지시에 따라서 서원한 것도 아니며 누군가에 의해서 강제적으로 이루어진 서원은 더더욱 아닙니다. 오직 지난밤의 일을 기억하고자 스스로 정한 맹세였습니다.

야곱의 다짐을 살펴보면, 먼저 이 맹세의 서론이자 대전제가 되는 것은 바로 '임-이흐예 엘로힘 임마디'(אִם־יִהְיֶה אֱלֹהִים עִמָּדִי) 곧 '만약에 하나님께서 나와 함께 있다면'이란 뜻입니다(창 28:20). 이는 이삭에게 하신 말씀으로(창 26:3) 임마누엘 신앙을 의미합니다. 그리고 지난밤 꿈에 야곱이 들은 하나님의 약속입니다. 여기서 야곱은 아주 신중하게 지난밤의 꿈과 두려움을 초극하여 하나님의 말씀을 자신의 맹세로 환언하고 있습니다.

만약에 지난밤의 꿈이 진정으로 하나님의 말씀이라면, 그래서 그 거룩하신 분께서 진정으로 '나와 함께'(עִמָּדִי, 임마디)하신다면 모든 것이 해결될 것임을 고백하는 것입니다. 여기서 야곱은 세 가지의 문제를 해결하고자 합니다.

첫째는 인간으로 살아갈 기본적인 조건을 말합니다. 곧 인간으로 살아갈 수 있는 기본적인 조건으로 먹을 것과 마실 것, 그리고 입을 것을 요구합니다(창 28:20). 야곱이 이삭에게 축복 이외에 아무것도 받지 않았음을 알 수 있는 부분입니다. 만약에 야곱이 재물과 종들을 이끌고 나왔다면 그는 먹고 마실 걱정을 하지 않아도 될 것입니다. 하지만 아무것도 없었던 야곱에게 생존본능은 일차적으로 가장 중요한 문제입니다. 그래서 역사는 물질의 변화 곧 그 물질로 구성된 문명의 변화와 그 문명 안에 있는 인간의 심성(mentalité)에 관한 이야기입니다. '보물 있는 그곳에는 우리의 마음도 있습니다'(마 6:21).

인간은 본성(nature)에 있어서 일반적인 동물처럼 먹고 마실 것 등과 같이 생존본능을 가지고 있습니다. 이것을 인간의 인간됨을 위한 기본적인 조건이라고 말할 수는 없지만, 이 문제를 해결하지 않고서는 결코 인간의 삶을 말할 수 없게 됩니다. 왜냐하면 굶주림으로 어미가 자기 자식들을 삶아 고기로 먹는 상황에서 영혼의 문제와 도덕성의 문제는 공허한 가르침이 되기 때문입니다(신 28:57; 왕하 6:28-29). 인간의 자유와 정의는 경제적 조건에서 일어나는 문제와 결부되어 있습니다. 경제적인 문제는 시장의 문제가 아니라 윤리의 문제입니다. 다시 말해서 야곱은 먹을 것과 입을 것으로 상징되는 생존의 본능에 필수적인 것들을 제공받지 못한다면 스스로 모든 경건과 모든 도덕성을 잃을 수도 있는 연약함을 가지고 있음을 인정하고 있는 것입니다. 또한 이 연약함을 인정할 뿐만 아니라 그 연약함을 오직 하나님께만 의지하여 해결하고자 합니다. 지혜자는 다음과 같이 간구하고 있습니다.

> "내가 두 가지 일을 주께 구하였사오니 내가 죽기 전에 내게 거절하지 마시옵소서 곧 헛된 것과 거짓말을 내게서 멀리하옵시며 나를 가난하게도 마옵시고 부하게도 마옵시고 오직 필요한 양식으로 나를 먹이시옵소서 혹 내가 배불러서 하나님을 모른다 여호와가 누구냐 할까 하오며 혹 내가 가난하여 도둑질하고 내 하나님의 이름을 욕되게 할까 두려워함이니이다"(잠 30:7-9).

지혜자의 간구는 야곱의 마음과 다르지 않으며 모든 경건한 이들의 마음과도 다르지 않습니다. 그런데 이 지혜자의 기도 가운데에서 이미 일차적인 인간의 모습은 초극되고 있습니다. 한 철학자가 지적하고 있듯이, 현존재는 충동(an impulse)과 본능에 지배받습니다. 이는 오직 현존하는 인간이 자기를 보호할 뿐만 아니라 보존과 확대라는 가장 우선적인 목적을 지향합니다. 현존재의 의지가 자기의 욕구에만 집중하고 있다고 지적합니다. 칼 야스퍼스(Karl

Jaspers, 1883-1969)는 이런 단순한 현존재인 인간은 직접성과 무관심의 상태에서 살아가고 있다고 지적합니다. 다시 말해서 자기 자신에 대해서 무관심하다고 말합니다. 오직 생존본능만이 모든 것을 합리화하는 수단일 뿐입니다. 만약에 철학자의 분석에 어느 정도의 가치를 부여한다면 지혜자가 말한 것은 이미 생존본능을 초극하여 절대자이신 하나님 앞에 서 있는 자아에 관심을 두고 있음을 알 수 있습니다. 우리는 분명히 생존과 자기 본능 이외에는 무관심이라는 '생각하지 않음'(thinklessness)이란 악에 빠져 있음이 분명합니다. 오직 생존본능에 방해되는 것을 강력하게 물리치는 것에 정신이 집중되어 있습니다(K. Jaspers, *Philosophie,* III, 108). 하지만 야곱은 아닙니다. 그의 삶은 생존을 위한 것에 머물러 점착되지 않습니다. 그는 고향 곧 아버지의 집으로 돌아갈 것을 소원하고 있습니다.

둘째, 야곱은 "내가 평안히 아버지 집으로 돌아가게 하시오면"(창 28:21)이라고 청합니다. 평화(שָׁלוֹם, 샬롬) 가운데 다시 아버지의 집으로 돌아갈 수 있길 소원하고 있습니다. 여기서 우리는 중요한 변화를 발견하게 됩니다.

아브라함에서 '아버지의 집'은 돌아가서는 안 될 곳으로 지칭됩니다. 그러나 야곱에게 '아버지의 집'이란 바로 아브라함의 집이자 이삭의 집으로 자신이 반드시 돌아가야 할 곳을 의미합니다. 바로 회귀(redire)를 의미합니다. 아버지의 집은 돌아가서는 안 되는 곳이 아니라 반드시 자신이 돌아가야 할 곳임을 의미합니다. 이러므로 아브라함의 언약은 새로운 국면을 맞이하게 됩니다. 아버지 집을 떠나는 것이 아니라 아버지 집으로의 회귀의 문제입니다. 아버지에게 점착되어 떠나지 않음을 의미합니다. 야곱은 평화 속에서 자신의 회귀를 소원하고 있습니다. 또한 벧엘 곧 '하나님의 집'이란 특정한 지역이나 장소의 문제가 아닙니다. 진정한 '하나님의 집'은 임마누엘 신앙에 있습니다.

마지막, 셋째로 야곱은 이 맹세의 종결문으로 "여호와께서 나의 하나님이 되실 것이요"(창 28:21)라고 고백합니다. 이 간구가 의미하는 바는 하나님께서 이 모든 일을 하지 않으신다면 야곱은 하나님을 섬기지 않겠다는 의미가 아닙니다. 마쩨바(מַצֵּבָה)는 전혀 다른 성격을 가집니다. 야곱은 이 마쩨바(מַצֵּבָה)를 통해서 ① 하나님께서 하신 약속의 말씀과 자신의 서원 안에서 나약한 자신을 스스로 묶어두고자 했던 것입니다. 하나님의 말씀을 환언해서 자신의 맹세로 전환함으로 자신의 모든 삶을 하나님의 말씀 안에 살아가도록 만드는 것입니다.

야곱의 이야기는 '하나님 앞에서 타밈(תָּמִים, 온전한)의 삶'을 살아가는 그리스도인의 이야기입니다. 그런데 만약에 자기 스스로의 맹세마저 무시한다면, 자신의 이익을 위해서 한 그 작은 맹세마저 지키지 못한다면 거룩하고 신성한 하나님의 도를 지키는 완전한 삶을 기대할 수 없습니다. 야곱은 마쩨바(מַצֵּבָה)를 통해 하나님과 자신을 묶어서 자신을 스스로 규제하려는 것입니다. 절제는 무조건 참는 것이 아니라 자신을 하나님의 말씀에 점착시킴으로 자신의 모든 욕구를 제한하는 것입니다.

② 야곱의 서원은 하나님의 약속을 믿었기에 그 약속을 반복하는 것입니다. 이 사실은 하나님의 약속과 야곱의 서원을 비교해 보면 보다 명확하게 드러나게 됩니다.

**"내가 너와 함께 있어 네가 어디로 가든지 너를 지키며 너를 이끌어 이 땅으로 돌아오게 할지라 내가 네게 허락한 것을 다 이루기까지 너를 떠**

나지 아니하리라 하신지라"(창 28:15).

"하나님이 나와 함께 계셔서 내가 가는 이 길에서 나를 지키시고 먹을 떡과 입을 옷을 주시어 내가 평안히 아버지 집으로 돌아가게 하시오면 여호와께서 나의 하나님이 되실 것이요"(창 28:20-21).

야곱이 요구하는 것은 자신의 욕망에 따른 것이 아니라 오히려 철저하게 하나님의 약속을 믿고, 하나님의 약속이 성취될 것을 소망하는 형식으로 이루어졌습니다.

③ 야곱이 먹을 양식과 입을 옷을 구하는 것을 물질적인 것이며 세속적인 욕망으로 읽으면 안 됩니다. 우리는 자신의 모든 것이 타자에 의해서 받은 것임을 이야기했습니다. 그런데 참된 경건자라면 자신이 '무엇이든' '다른 곳'에서 받은 것들을 하나님 앞에 갖고 와서는 안 될 것입니다. 왜냐하면 인간의 본성은 전적으로 타락했으며 부패하고 치유할 수도, 자각할 수도 없는 병에 걸려 있기에 그들이 가지고 오는 모든 것들은 하나님의 예배를 더럽히는 일이 되기 때문입니다(존 칼빈, 《창세기 주석》 중에). 오직 하나님께 받은 것만이 하나님 앞에 합당한 것입니다. 하나님께 받았기에 하나님께 돌려드리는 것입니다. 거룩한 것은 거룩한 이들에게만 합당한 것입니다. 그래서 야곱의 맹세는 십일조로 이어지고 있음을 발견하게 됩니다. 십일조가 의미하는 것은 바로 '하나님의 것을 하나님께 드리는 것'입니다(말 3:8).

야곱이 "여호와께서 나의 하나님이 되실 것이요"(창 28:21)라고 말한 것은 이미 아브라함의 하나님, 이삭의 하나님이신 하나님께서 또한 야곱의 하나님이심을 선언하는 것입니다. 임마누엘 신앙 가운데 있는 부활의 신앙입니다. 살아 있는 이들의 하나님이십니다.

문맥 안에서 조건들에 따른 결론이므로 미래형으로 독해(讀解)한 것입니다. 그러나 히브리어 본문에서는 완료형으로 맹세의 결론 부분의 마지막 부분입니다. 그래서 본문을 직역하면, '여호와께서는 하나님을 위해서 나에게 계십니다'(הָיָה יְהוָה לִי לֵאלֹהִים, 창 28:21)라는 말입니다. 이 말은 하나님께서는 당신의 뜻을 이루시고, 아브라함에게 하신 약속을 성취하시기 위해서라도 자신과 함께 계심을 선언하는 것입니다. 바로 아브라함의 씨, 단 한 명의 씨 곧 그리스도의 성육신을 위해서 하나님께서는 야곱을 지키실 것을 고백하는 것입니다.

야곱은 말했습니다.

"내가 기둥으로 세운 이 돌이 하나님의 집이 될 것이요 하나님께서 내게 주신 모든 것에서 십분의 일을 내가 반드시 하나님께 드리겠나이다"(창 28:22)라고 맹세를 했습니다. 여기서 야곱의 맹세를 기억하고 있어야 합니다. 왜냐하면 이 맹세는 적어도 야곱의 삶 전체를 지배하는 법이 되기 때문입니다. 또한 이미 이삭의 이야기에서도 언급했듯이 야곱은 실질적으로 이삭에게 물질적인 것을 상속받지 않았음을 기억해야 합니다.

야곱은 이삭으로부터 모든 축복을 받았습니다. 그 축복 안에는 물질적인 축복이 포함되어 있었습니다. 하지만 실질적으로 야곱은 이삭으로부터 여행을 위한 최소한의 것만을 제공받았을 뿐입니다. 아마도 이삭의 실질적인 재산은 에서의 소유가 되었을 것입니다. 그리고 이삭의 임종 때에 두 형제는 일정부분 동일하게 상속받았을 것입니다. 그러므로 야곱이 현실적으로 상속을 받지 못한 것은 전혀 다른 의미가 있음을 알 수 있습니다. 이것은 공동체의 구성원의 죽음으로 그 어떤 이득을 얻는 것으로 인해서 영혼이 타락하고 약해지는 것을 막기 위한 하나님의 뜻일 것입니다. 야곱은 아버지 이삭처럼, 그리고 조상 아브라함처럼 오직 성실함과 땀 흘림의 멍에 가운데 하나님께 먹을 것과 마실 것을 구할 뿐입니다. "네가 흙으로 돌아갈 때까지 얼굴에 땀을 흘려야 먹을 것을 먹으리니"(창 3:19)라는 말씀은 아브라함과 그 후손의 삶 안에서 성취되고 있습니다.

앞에서 십일조에 관해서 이야기할 때에 우리는 십일조가 '사랑'과 '정의', 그리고 '신앙'(믿음)에 관한 일이라고 말했습니다. 이는 야곱이 아버지의 집 곧 자신의 기원으로 회귀하는 것에 대해서 하나님의 사랑을, 하나님께서 자신과 함께하심에 대한 신앙을, 그리고 성실함으로 노동한 것에 대하여 그 땀의 열매를 정당하게 주신 것에 대한 감사를 표현한 것입니다. 이 벧엘의 이야기는 우리 자신의 신앙 이야기입니다. 〈시편〉을 보면 다음과 같은 노래가 있습니다.

> "내 눈으로 잠들게 하지 아니하며 내 눈꺼풀로 졸게 하지 아니하기를 여호와의 처소 곧 야곱의 전능자의 성막을 발견하기까지 하리라 하였나이다 우리가 그것이 에브라다에 있다 함을 들었더니 나무 밭에서 찾았도다"(시 132:4-6).

시인은 '야곱의 전능자'에게 서원 찬양을 합니다(시 132:2). 이 서원은 '야곱의 전능자의 성막을 발견하기까지' 자신은 아무것도 하지 않을 것을 결단하는 맹세의 노래입니다. 심지어 이 예배자는 잠을 자지도, 졸지도 않을 것을 맹세함으로 자신의 굳은 결단을 노래하고 있습니다(시 132:4). 그런데 시인은 하나님의 집 곧 야곱의 전능자의 성막을 곧바로 찾았다고 노래합니다. 시인은 하나님의 집을 '에브라다에서'(בְּאֶפְרָתָה) 들었고, 이내 '우거진 숲 들판에서'(בִּשְׂדֵי־יָעַר) 찾았다고 노래합니다. 다시 말해서 에브라다 곧 베들레헴에서 '하나님의 집이 있다'는 소식을 들었고(미 5:2) 그 전하는 기쁜 소식을 따라서 끝내 '하나님의 집'을 '우거진 숲 들판에서' 찾았다는 의미입니다. 여기서 '우거진 숲 들'에서 '숲'을 히브리어로 야아르(יַעַר)라고 하는데 이는 '기럇여아림'(현대인의 성경, Jaar, NIV, RSV)이라고 독해하도록 만듭니다. 그리고 '기럇여아림'은 다윗과 언약궤에 대한 중요한 지명이기에 이런 독해에 대한 타당성을 부여하게 합니다(대상 13:5; 대하 1:4). 그러나 시인이 찾고 있는 것은 이 언약궤가 아닙니다. 그것은 '주의 기름 부음 받은 자' 곧 '그리스도'입니다.

> "주의 종 다윗을 위하여 주의 기름 부음 받은 자의 얼굴을 외면하지 마옵소서 여호와께서 다윗에게 성실히 맹세하셨으니 변하지 아니하실지라 이르시기를 네 몸의 소생을 네 왕위에 둘지라"(시 132:10-11).

시인은 다윗이 아니라 '다윗을 위해서' '주의 기름 부음 받은 자'를 찬양하고 있습니다. 이는 하나님께서 다윗에게 약속하시길 "네 몸의 소생을 네 왕위에 둘지라"(시 132:11)라고 하셨기 때문입니다. 이 약속이 솔로몬 왕에게 성취되었다면 다시 미래의 약속으로 노래하지는 않았을 것입니다. 이것은 다윗의 후손 가운데 기름 부음을 받은 분께서 다윗의 왕위에 앉으시어 하나님의 백성을 다스릴 것을 찬양한 것입니다. 시인이 찾는 '하나님의 집'은 '그리스도'입니다. 그리고 우리는 그분을 '비쓰데-야아르'(בִּשְׂדֵי־יָעַר) 곧 '숲 밭에서' 찾았습니다.

그리스도를 찾아 예배하기 전까지 잠도 자지 않으며 졸지도 않을 것이라고 노래합니다. 그리고 베들레헴에서 그분이 오셨다는 기쁜 소식을 들었습니다. 그리고 우리는 숲의 들판에서 발견합니다(We found it in the field of the woods). 우리는 모든 민족 안에서 교회를 발견합니다(St. *Augustinus, the Ten Homilies on the First Epistle of St.* John, I. 8.). 야곱처럼 우리는 하나님의 집을, '우거진 숲속'(루스)에서라도 그리스도를 만납니다.

## 야곱이 라헬을 만나다

야곱이 동방의 땅에 도착합니다(창 29:1). 한낮의 태양이 뜨겁게 내리쬐고 있었습니다. 목동들이 양 떼에게 풀을 먹이는 대신에 상내석으로 마시기 어려운 물을 먼저 먹이려고 우물로 모였습니다. 왜냐하면 우물은 커다란 돌을 덮어 놓았기 때문에 여러 사람이 모여서 돌을 치우고 양 떼에게 물을 마시게 했기 때문입니다(창 29:2-3). 이런 상황은 모세가 십보라를 만나는 상황과 유사하게 대응(parallelism)을 이루고 있습니다(출 2:17). 여하튼 야곱은 그곳에서 목동에게 어디서 왔는지 물었습니다(창 29:4). 그런데 야곱은 그 목동에게 '형제'라고 부르고 있습니다. 이는 야곱이 어머니 리브가의 언어를 배웠음을 의미하는 것입니다. 리브가는 아람 여인으로 아람어를 알고 있었고, 목동들이 아람어를 사용하고 있기에 야곱은 자신이 라반의 집에 도착했음을 알았을 것입니다. 그래서 그 아람어를 쓰는 이들을 '형제'라고 칭한 것입니다.

민족을 구별하는 것은 혈통의 문제가 아니라 언어의 문제입니다. 인류는 본래 노아의 후손으로 한 혈족이며 하나의 언어를 가지고 있었습니다. 하지만 하나님께서는 언어를 나누어 서로 다른 민족으로 나누셨습니다(창 11:9). 이스라엘과 아람은 한 혈족이나 그 언어의 차이로 이스라엘 족속과 아람 족속으로 구별하게 됩니다. 만약에 언어적인 장벽을 넘는 것이 아니라 그 장벽이 없어진다면, 언어의 문제가 완전히 해결된다면 우리는 다시금 형제가 될 수 있습니다. 오순절 그날에 모든 언어의 장벽이 없어진 것처럼 그렇게 우리는 형제가 될 수 있습니다. 하나가 될 수 있습니다. 우리가 같은 고백(confession)을 한다면 그것은 우리가 한 형제임을 말하는 것이 됩니다. 여하튼 야곱은 긴 여행 끝에서 서로 의사소통이 되는 사람들을 만났기에 '형제'라고 부른 것입니다. 이 목동들은 이삭이 말한 바로 '밧단아람'(창 28:2) 곧 '하란'에서 온 이들이었습니다(창 29:4).

야곱이 목동들에게 라반의 소식을 묻는 가운데(창 29:5) 라반의 딸 라헬(רָחֵל, 암양)이 성에서 우물로 오게 됩니다(창 29:6). 라헬은 아버지 라반의 양 떼를 치고 있었습니다(창 29:9).

야곱은 목동들에게 "해가 아직 높은즉 가축 모일 때가 아니니 양에게 물을 먹이고 가서 풀을 뜯게 하라"(창 29:7)고 권합니다. 야곱의 이 말은 목동에게 '부지런히 양 떼를 먹이라'는 충고로 야곱 자신이 목동의 일을 잘 알고 있음을 암시하고 있습니다. 하지만 목동은 우물의 돌 때문에 양 떼에게 물을 먹이지 못한다고 하소연을 합니다. 바로 그때에 라반의 딸 라헬이 우물가로 도착하게 됩니다(창 29:9).

야곱은 우물의 돌을 치우고 라헬의 양 떼에게 물을 마시게 했습니다(창 29:10). 여기서 모세는 분명하게 야곱 혼자 그 돌을 옮겼다고 쓰고 있습니다. 성인 남성 몇 명이 모여야 옮길 수 있는 그 돌을 야곱은 혼자 옮겼습니다. 야곱은 괴력을 가진 인물임이 분명합니다.

그러나 모세는 야곱의 이런 괴력이 드러나지 않도록 글을 쓰고 있습니다. 그래서 우리는 야곱의 모습을 다소 유약하게 상상하는 경우가 있습니다. 특히 에서는 사냥꾼으로, 야곱은 조용히 장막에 머무는 모습에 대해서(창 25:27) 야곱을 유약한 인물로 상상합니다. 그러나 야곱은 에서만큼의 체격을 가짐으로 아버지 이삭마저도 그를 만졌을 때에 그 체격을 구별하지 못했습니다. 야곱의 힘은 성인 남성 몇 사람의 힘이었습니다. 그러나 야곱은 사냥이나 싸움으로 이름을 얻은 것이 아니라 조용한 삶 가운데 부드러운 사람, 온유한 사람으로 이름을 얻었습니다. 힘으로 기억되기는 쉬우나 온유함으로 기억되기는 진실로 어려운 일입니다. 그리고 야곱의 이런 모습은 모세와 십보라의 만남과 평행을 이루고 있습니다(출 2:17).

라헬의 양 떼에게 물을 마시게 한 이후에 야곱은 라헬에게 입 맞추고 그녀 앞에서 울기 시작했습니다(창 29:11). 여기서 '입 맞추다'(נָשַׁק, 나솨크)는 기쁨의 인사를 했다는 의미로 읽어야 할 것입니다. 나솨크(נָשַׁק)는 한 번을 제외하곤(창 41:40) 대부분 '입 맞추다'라고 읽습니다. 한편 셉투아진트에서는 '에필레센'(ἐφίλησεν) 곧 '필레오'(φιλέω)의 부정과거형(aorist)을 쓰고 있습니다. 헬라어 '필레오'(φιλέω)는 '사랑하다', '좋아하다'란 의미로, 감정적으로 어떤 것을 좋아하는 것을 말합니다. 예를 들어 외식하는 이들이 사람들에게 보이려고 기도하는 것을 좋아하는 것처럼 '좋아한다'란 의미입니다(마 6:5). 처음 만난 사람들이 신체적으로 접촉하면서 인사를 하거나 입맞춤을 한 것이 아닙니다. 성경을 보면 야곱은 입맞춤 이후에 자신이 라반의 여동생 리브가의 아들이란 사실을 밝힙니다(창 29:12). 아마도 야곱은 긴 여행의 끝자락에서 라반의 식솔을 만난 것에 대한 기쁨과 좋아하는 마음에서 눈물까지 흘렸던 것으로 보입니다. 사실 야곱은 라반의 집에 대한 아무런 정보를 가지고 있지 않았습니다. 낯선 길, 긴 여행이 문제가 되는 것이 아니라 목적지에 대하여 모르고 있다는 점이 더 큰 어려움이었습니다. 그런데 어려움 없이 라반의 식솔을 만났을 때에 감사와 기쁨의 눈물이 쏟아져 라헬에게 기쁨의 인사를 나눈 것입니다.

그런데 모세는 야곱에 대해서 몇 가지 암시적인 방법으로 그를 묘사하고 있습니다. 첫째는 야곱이 성인 남성 몇 명이 옮길 수 있는 돌을 혼자 옮길 수 있을 정도의 체격과 힘을 가지고 있는 인물임을 암시하고 있습니다. 이는 벧엘의 돌이 결코 작은 돌이 아님을 추론하게 합니다. 또한 그가 장막에서 조용한 삶을 살았다는 것이 육체적인 연약함이 아니라 오히려 육체로는 강성하지만 육체로 이름을 얻는 것이 아님을 암시하고 있습니다. 육체적으로 강한 남성은 육체로 명성을 얻고자 합니다. 하지만 야곱은 육체적으로 강인한 남성이었지만 결코 육체로 이름 얻는 것을 원하지 않았습니다.

둘째, 야곱은 양 떼를 돌보는 일에 익숙한 사람처럼 목동들에게 충고를 하고 있습니다. 그는 에서와는 다르게 아버지 이삭을 도와 농사를 짓고, 가축 떼를 돌보았을 것입니다. 여하튼 라헬은 야곱의 말을 듣고 곧바로 아버지 라반에게 달려갑니다. 그런데 이 모습이 아브라함의 늙은 종과 리브가의 만남, 그리고 모세와 십보라의 만남과 서로 대응(parallelism)을 이루고 있음을 알 수 있습니다.

라반(לָבָן)은 비록 가난하지만 비열하거나 인간의 품위마저 저버리는 파렴치한은 아닙니다. 라반(לָבָן)은 오히려 그의 이름처럼 하얀(לָבָן, 라반) 사람이었습니다. 라반은 자신의 여동생의 아들이 왔다는 말에 달려와서 그를 영접하여 안고 입 맞추며 자기 집으로 인도하여 들였습니다(창 29:13). 야곱은 자기의 모든 일을 라반에게 말했습니다(창 29:13). 아마도 야곱은 이삭과 리브가가 라반의 딸들 가운데 한 명과 결혼하라고 했다는 사실을 말했을 것입니다. 사실상의 청혼이었습니다. 하지만 지참금이 없는 것이 문제였습니다.

야곱은 한 달 가량을 어머니 리브가의 소식과 라반의 결정을 기다리며 고요하게 노동을 했습니다. 왜냐하면 야곱이 집을 떠날 때에 리브가는 "네 형의 분노가 풀려 네가 자기에게 행한 것을 잊어버리거든 내가 곧 사람을 보내어 너를 거기서 불러오리라"(창 27:45)고 말했기 때문입니다. 그러나 소식은 없었습니다. 그저 어머니의 소식을 기다리며 야곱은 묵묵히 고요하게 노동을 했습니다. 인간은 아바드(עָבַד, to work) 곧 노동하는 인간, 예배드리는 인간으로 창조되었습니다. 일하는 것은 경건한 자의 의무입니다(살전 4:11). 거룩한 사도는 "누구든지 일하기 싫어하거든 먹지도 말게 하라"(살후 3:10)고 하였습니다. 하지만 야곱은 이런 명령이 없어도 스스로 노동하는 삶을 살아가는 인물입니다.

"네가 내 친척이라고 해서 아무런 대가도 없이 어찌 내 일만 할 수 있겠느냐? 보수를 얼마나 주면 좋겠는지 말해 보아라"(창 29:15, 현대인의 성경). 라반이 야곱에게 말했습니다. 라반은 정직하고 의로움을 아는 사람이었습니다. 그래서 아무리 친척이라고 하지만 일한 것에 대하여 정당한 대가를 주지 않는 것은 부당함을 알고 있었습니다.

야곱이 라반에게 대답했습니다.

"내가 외삼촌의 작은 딸 라헬을 위하여 외삼촌에게 칠 년을 섬기리이다"(창 29:18). 야곱은 라반의 집에 온 지 한 달 만에 정식으로 청혼했습니다. 어머니 리브가에게서 소식이 없어 지참금을 줄 수 없는 상황에서 지참금을 대신하여 노동을 하기로 했습니다. 그래서 이 본문이 의미하는 바는 다음과 같습니다. '내 품삯이 얼마든지 상관없습니다. 7년 동안의 나의 모든 품삯을 라헬을 위한 지참금으로 줄 생각이니 삼촌의 딸 라헬을 아내로 주십시오. 내 아버지 이삭과 어머니 리브가의 지시(법)입니다. 또한 난 라헬을 연모합니다.'

라반은 가난하지만 경우 없이 자신의 조카를 부려먹지 않고 정당한 대가를 지불하려고 했습니다. 노동에 대한 정당한 대가를 받는 것은 정의의 문제입니다. 사실 라반은 비열한 사람이 아닙니다. 만약에 라반이 비열한 인간이었다면, 그가 돈에 동생이나 딸을 팔아먹는 사람이었다면 야곱에게 품삯을 먼저 계산하지는 않았을 것입니다. 라반은 작지만 의로운 면을 보이고 있습니다.

야곱은 지참금이 없는 상황에서 7년간의 임금을 지참금으로 지불하고 라반의 딸 라헬과 결혼할 수 있길 원했습니다. 라반도 이방인들에게 라헬을 주는 것보다는 같은 족속에게 주는 것이 선하다(טוֹב, 토브)고 판단하여 결혼 계약이 성사됩니다(창 29:19). 이때 야곱의 나이가 40세 혹은 그 이후였습니다(창 26:34). 그럼에도 불구하고 이 7년이란 기간을 그저 며칠 정도로 여길 만큼 라헬을 사랑(אָהַב, 아하브)했습니다(창 29:20).

19절의 라반의 말에서 알 수 있듯이, 라반 역시 이방인들 곧 같은 혈족이 아닌 사람들과의 결혼을 기피하고 있음을 볼 수 있습니다. 아마도 조상들의 가르침, 곧 전통을 유지하려는 노력 가운데 이런 심성이 발생한 것으로 보입니다. 여하튼 모세는 7년이란 세월에 대해서 아무런 언급을 하지 않고 있습니다.

모세는 라반에게는 두 명의 딸이 있음을 말합니다. 첫째 딸은 레아(לֵאָה)로 그녀는 "시력이 약했다"고 말합니다(창 29:17). 여기서 눈이 '약하다'(weak, NIV)고 읽은 것은 히브리어 라크(רַךְ)로 '부드러운'

(tender, KJV), '우아한'(delicate, NKJV)이란 뜻입니다. 이 라크(רַךְ)라는 단어의 사용 용례를 보면, 아브라함이 하나님을 만나서 영접했을 때에 '기름지고 좋은 송아지'를 대접했다는 부분에 나옵니다(창 18:7). 이때 '기름진'으로 읽은 것이 바로 라크(רַךְ)입니다. 아마도 레아(לֵאָה)는 그 눈빛이 부드럽고 우아했으며 자상함이 흘렀을 것으로 보입니다. 그녀를 '시력이 좋지 않아 무언가 문제 있는 여인'으로 상상하는 것은 적절하지 않아 보입니다. 레아는 충분히 아름다웠으며 눈빛에 매력적으로 고운 기름이 흐르는 듯했을 것입니다. 단지 야곱이 사랑한 여인이 라헬이었을 뿐입니다.

레아의 시력이 '약하다'라고 읽은 히브리어 라크(רַךְ)는 사전적으로 '부드러운'(tender), '유연한'(soft), 그리고 '우아한'(delicate)이란 뜻을 가지고 있습니다. 그런데 '마음이 부드럽다'(רַךְ הַלֵּבָב, 라크 하레바브)는 의미는 부정적으로 두려움과 공포심에 '마음이 허약하다'라고 읽습니다(신 20:8). 이는 셉투아진트에서 레아의 시력에 대해서 '아스테네스'(ἀσθενής) 곧 '약하다', '병들다'로 읽은 것의 영향으로 보입니다. 레아는 성품에 있어서 우아하고 아름다운 여인으로 읽어야 할 것으로 압니다.

둘째 딸 라헬(רָחֵל)에 대해서 모세는 '예파트-토아르 비파트 마르에'(יְפַת־תֹּאַר וִיפַת מַרְאֶה)라고 말합니다(창 29:17). 이를 독해하면, '외모가 매력적이고 보기에도 매력적이다'라고 말하고 있습니다. 히브리어 야페(יָפֶה)는 '매력적인', '어여쁜', '아름다운'이란 뜻을 가지고 있는데 모세는 이를 라헬의 외적인 모습에 두 번이나 사용하고 있습니다. 야곱은 라헬을 사랑했습니다. 모세는 이를 "야곱이 라헬을 위하여 칠 년 동안 라반을 섬겼으나 그를 사랑하는 까닭에 칠 년을 며칠같이 여겼더라"(창 29:20)라고 평하고 있습니다. 여기서 우리는 치명적인 위험성에 노출된 상황을 만나게 됩니다.

만약에 야곱이 그저 자신의 눈에 좋아 보이는 대로 외모만을 추구해서 라헬을 사랑하는 연모의 마음으로 결혼을 한다면, 우리는 과연 이 결혼이 하나님의 뜻이라고 말할 수 있는가 확신할 수 없게 됩니다. 왜냐하면 남자가 여성의 외모에서 감지되는 매력에 대한 끌림을 하나님의 뜻이라고 결코 말할 수 없기 때문입니다. 사랑을 하기 위해서는 우리는 분명히 이성(異性)에게 매력을 느껴야 합니다. 하지만 인간이 자기 충동성을 신격화해서 이성에게 끌리는 매력으로 얻은 사랑을 하나님의 뜻으로 몰아가는 것은 경건하지 않은 일입니다.

이제 아브라함의 씨와 땅의 언약에서 먼저 '그 밭'에 관하여 이삭과 리브가의 이야기에서 나누었다면, 우리는 '그 씨'에 관해서 야곱의 이야기에서 다시 확인해야 합니다. 여성의 외모로 인해 아브라함의 언약이 상속되어서는 안 됩니다. 보다 필연적인 사건, 다시 말해서 야곱도 어쩔 수 없는 사건이 여기서 요구됩니다. 우리는 야곱도 어쩔 수 없는 필연적 상황 안에서 하나님의 뜻이 어디에 있는지 묻게 됩니다. 인간의 충동(impulse) 곧 정념(πάθος, 파토스)에서 벗어난 야곱의 결혼을 원합니다. 여성의 얼굴이 매력적인 이유에서 아브라함의 씨가 아내를 얻고 결혼을 한다는 것은 성경의 가르침과 사뭇 거리가 멀다고 할 것입니다.

## 야곱이 어쩔 수 없이 두 명의 아내를 얻다

### C. 깨어진 결혼 약속(29:21-30): 라반의 속임수

모세는 7년이란 세월 동안 무슨 일이 있었는지 전혀 관심이 없습니다. 19절에서 라반과 야곱이 결혼 계약을 맺고, 20절에서 야곱의 사랑을 언급한 모세는 곧바로 21절에서 "내 기한이 찼으니 내 아내를 내게 주소서 내가 그에게 들어가겠나이다"(창 29:21)라는 야곱의 결혼 요청을 기록하고 있습니다. 이에 계약대로 라반도 결혼을 승낙하고 결혼 잔치를 준비합니다. 여기서 우리는 야곱이 지난 7년간 라반의 마음에도 흡족하도록 성실하게 노동했음을 추론할 수 있습니다. 만약에 야곱이 게으름과 나태함으로 7년을 보냈다면 라반은 쉽게 결혼을 허락하지 않았을 것입니다.

7년의 세월을 기다린다는 것은 그저 7년의 세월이 흘렀음을 뜻하는 것은 아닙니다. '기다림'은 내적으로 그것을 소망하고 지속적으로 그날을 곱씹으며 묵상하는 가운데 그날을 맞이하는 것입니다. 아무 생각 없이 세월을 보낸 이후에 그날이 되어 기다렸다고 말할 수는 없습니다. 교회가 주님의 파루시아(παρουσία) 곧 재림을 기다리면서 그분을 생각하지 않고 그저 세상 속에서 살아갈 것만을 추구하다가 그날이 왔다면, 그것을 기다림이라고 말할 수 없습니다. 파루시아(παρουσία)는 매일 매일의 소망 가운데 기다림으로 맞이하는 것입니다.

라반은 결혼을 위해서 '그곳 사람들'을 모으고 잔치를 베풀었습니다(창 29:22). 잔치는 즐겁게 하루 종일 지속되었습니다. 그리고 해가 서산에 스치듯이 붉은 노을 속에 사라져 어둠이 부끄러운 신부의 붉은 얼굴을 감추어 줄 때에 라반은 라헬이 아니라 레아를 야곱에게 주었습니다(창 29:23). 아침이 되어 야곱은 자신이 속은 것을 알게 되었습니다(창 29:25). 여기서 어떤 이들은 왜 사랑하는 라헬을 구별하지 못하고 아침이 되어 라헬이 아니라 레아인 줄 알았냐고 불평을 토정(吐情)하는 경우가 있습니다. 그러나 이것은 현대적인 남녀 사이와 고대의 남녀 사이에서 발생하는 관계의 차이에 대한 이해 부족으로 발생하는 토정일 뿐입니다.

현대의 남녀 사이에서는 부모의 허락 없이 먼저 외적인 조건들에 매력을 느껴서 서로 정분을 통할 뿐만 아니라 사실혼 관계를 유지하기도 합니다. 그러니 어두운 밤중이라 그녀를 알아보지 못하는 것이 이해되지 않을 것입니다. 그러나 부모의 허락이 없이는 교제가 불가능하며, 비록 정혼한 사이라도 한 걸음 떨어져 대화를 하는 사이여서 서로의 육체에 대해서 깊은 관계를 유지하는 것이 더러운 행위일 뿐만 아니라 남자로서는 결코 할 수 없는 일이며 이는 사랑하는 여자를 수치스럽게 한다고 믿었던 시절이 있었습니다. 또한 여인들은 사랑하는 사람 앞에서도 얼굴에 면사포를 쓰고 자신의 매력을 감추려고 노력하던 시절이 있었습니다(창 24:65). 혹여 남자가 자신의 육체적인 매력으로 자신의 진면목인 내적인 아름다움을 보지 못할 것을 걱정하던 때가 있었습니다. 이런 시절에 난생처음으로 여인의 손과 육체를 접한 야곱과 침묵으로 자신이 레아임을 밝히지 않는 여인 사이에서 그녀가 라헬이 아님을 식별할 방법은 없습니다. 남녀 사이가 아주 가까운 현대사회의 관점에서 고결한 고대인의 정신적인 세계를 엿보는 것은 실로 어려운 일입니다. 여기서 말한 '고대인' 곧 '옛 사람'이란 야곱을 의미하는 것입니다. 야곱이 아닌 다른 사람들 곧 하나님의 길을 걷는 사람이 아니라 현존하는 인간들은 소돔의 경우처럼 성에 대한 충동 자체를 사랑이라고 믿으며, 수동적 충동 곧 정념 이외에는 무관심으로 일관하고 심지어 자기 자신에 대해서도 무관심과 생각하지 않음(thinklessness)이란 악을 자행하는 이들은 오늘날의 우리와 같을 것입니다.

여하튼 라헬이 아니라 레아가 침실에 있었습니다. 야곱은 라반을 찾아가 말했습니다. "외삼촌이 어찌하여 내게 이같이 행하셨나이까 내가 라헬을 위하여 외삼촌을 섬기지 아니하였나이까 외삼촌이 나를 속이심은 어찌 됨이니이까"(창 29:25). 여기서 '속임'(deceived, NIV)이라고 읽은 라마(רָמָה)는 '배반하다'(betray)라는 의미를 가지고 있습니다. 이는 속임수로 언약을 배반했음을 의미합니다. 그리고 이 속임으로 야곱은 자신의 의지로는 어찌할 수 없이 레아를 아내로 맞이하게 되었습니다. 그러나 이것은 어디까지나 야곱의 주장일 뿐입니다. 라반은 자신이 야곱을 속이지 않았음을 주장합니다.

"언니보다 아우를 먼저 주는 것은 우리 지방에서 하지 아니하는 바이라 이를 위하여 칠 일을 채우라 우리가 그도 네게 주리니 네가 또 나를 칠 년 동안 섬길지니라"(창 29:26-27). 라반이 야곱에게 말했습니다. 여기서 라반은 자신들의 지역 관습을 이유로 야곱에게 자신의 의무를 다할 것을 요구했습니다.

야곱은 선택해야 했습니다. 일부다처제의 세상 관습을 따를 것인가 아니면 사랑하는 여인을 포기할 것인가? 율법은 기본적으로 일부다처를 인정하지 않습니다. 이는 지혜로운 사람이 할 일은 아닙니다. 율법에 의하면 "그에게 아내를 많이 두어 그의 마음이 미혹되게 하지 말 것이며 자기를 위하여 은금을 많이 쌓지 말 것이니라"(신 17:17)고 하였습니다.

하지만 야곱은 라헬을 너무 사랑했기에 관습을 따르기로 결정합니다. 라반의 요구를 수용하게 됩니다. 그래서 야곱은 7일 동안 레아에게 남편의 의무를 이행했습니다(창 29:28). 이에 라반은 속이지 않고 둘째 라헬도 곧바로 아내로 주었습니다(창 29:28).

라반이 야곱을 속여서 레아를 아내로 맞이하게 한 것처럼 보입니다. 그러나 지난 7년 동안 레아는 결혼을 하지 못했고, 라반은 진정으로 그 지역 풍속에 따라서 레아를 먼저 결혼시키고 싶었을 뿐입니다. 그리고 지난 7년 동안 야곱도 그 지역의 일부다처제도에 대한 어느 정도의 관습은 알고 있었을 것입니다. 다시 말해서 야곱의 입장에서는 속임수이지만 라반의 입장에서는 그 지역의 관례를 따른 것이며 야곱이 그 지역의 관습에 무관심했을 뿐입니다. 언제나 도덕적 문제는 관습(ἔθος, 에토스)의 문제이며 이를 통해 주관적인 대립이 예상되는 문제들이 발생합니다. 만약에 진정으로 라반이 야곱을 속이고자 했다면 라헬을 주지 않았을 것입니다. 그러나 라반은 레아뿐만 아니라 라헬도 줌으로 자신이 야곱을 속일 의도가 없었음을 주장합니다. 라반은 야곱과 약속한 대로 7년 품삯으로 라헬을 주었습니다. 단지 그 이전에 약속에 없었던 레아를 주었던 것입니다. 단지 지역의 관례 때문임을 알 수 있습니다. 그리고 야곱도 지역의 관습(ἔθος, 에토스) 곧 도덕을 따르게 됩니다.

도움이 될지 모르겠지만 우리는 히타이트 고대 법률을 알고 있습니다. 그 가운데 결혼과 관련해서 다음과 같은 내용이 있습니다. 헷 족속 곧 히타이트 족(族)의 고대법 가운데 결혼에 관한 내용을 보면, 다른 도시의 여자 혹은 여종의 경우에 그 여자만 취해도 되지만 그 여자의 자매들 심지어 그 여자의 어머니까지 취하여 동침을 해도 형벌을 받지 않는다고 되어 있습니다. 물론 같은 도시의 자유민 여자에게 이렇게 했을 경우에는 중죄로 형벌을 받게 됩니다[B. J. Prichard ed., *Ancient Near Eastern Texts: Relating to the Old Testament*(1969), 191조, 912조, 194조]. 여기서 고대 역사와 그들의 법률문제를 검토하려는 의도는 없습니다. 단지 이 법률이 일정한 사회 질서를 위해서 제공한 외적인 강제력을 가진 환경이라는 점을 말하고 싶은 것입니다. 다시 말해서 법률이란 문명에서 악이나 죄는 그 사회 질서에 위배되는 것들을 말하며, 이들 악 혹은 죄로 다루어지는 것들에는 일정한 징벌 혹은 벌칙이 강제적으로 제공됩니다. 그리고 이것은 단순한 법률의 문제가 아니라 그 법률이란 문명의 그릇이 담고 있는 인간 정신의 문제입니다.

법률은 그 안에서 '정당성'이란 인간 정신과 행위의 힘을 제공합니다. 일부다처제도는 국가의 법률이 인정하는 정당성을 제공해 주고 있습니다. 이 정당성에 그 어떤 남자도 양심의 자책감 없이 다른 지역의 자매 혹은 장모까지 아내로 삼을 수 있습니다. 우리는 히브리인 에서가 헷 족속 곧 다른 민족의 자매를 동시에 아내로 삼은 것을 알고 있습니다. 이는 헷 족속의 관습이자 정당성을 가진 합법적인 행위였습니다. 물론 이삭과 리브가에게는 영혼의 고통이었지만 에서에게는 양심의 가책이 없을 만큼 자연스러운 사회적인 관습이기에 합법성이 제공된 것입니다.

법은 형벌을 통해서 외적 강제력인 힘을 가지고 있습니다. 그리고 법률은 어느덧 그 사회 성원들의 양심에도 힘을 미치게 됩니다. 곧 사회적인 법과 강제력으로 양심은 내적인 정당성을 인정하게 되고, 그 정당성으로 인해 정의를 확보하게 됩니다. 그리고 일단 그것이 '옳다'라고 '판단'을 내리게 되면 양심은 그 행위를 하도록 부추깁니다. 다시 말해서 만약 히타이트 법률에 영향을 받는다면 다른 도시의 여자를 취해서 결혼할 뿐만 아니라 자매 사이 혹은 더 심하게 장모까지 아내로 취할 수 있으며, 이런 일에 대하여 어떤 양심의 자책감도 받지 않을 뿐더러 오히려 양심은 그렇게 하지 않았을 때에 우리를 문책할 것입니다.

우리가 이런 일부다처를 제도로 인정하지 않는 것은 그런 사회에서 형성된 양심을 가지고 있거나, 혹은 양심은 일부다처를 원하지만 우리의 법이 인정하지 않기 때문에 망설이고 있는 것입니다. 도덕이 법을 만났을 때에는 불안하기 짝이 없습니다.

여하튼 에서의 행동을 보면 헷 족속 여인들과 결혼하면서 그들의 법률에 영향을 받은 것으로 추론할 수 있습니다. 그리고 라반 역시 유사한 관습을 따르고 있는 듯이 보입니다. 아람 지역 곧 하란 지역이 히타이트와 근접한 거리에 있음으로 어느 정도의 영향을 받았음이 분명합니다.

야곱은 라헬을 사랑했습니다. 그 사랑으로 레아를 아내로 인정하고 다시 라반의 윤리(ἔθος, 에토스) 곧 습관, 관례(ἔθος, 에토스)를 따라서 두 번째 아내로 '라헬'을 얻습니다. 참고로 이 시기에는 '첩'의 개념이 없음을 이미 언급했습니다.

모세는 야곱이 "레아보다 라헬을 더 사랑하여 다시 칠 년 동안 라반을 섬겼더라"(창 29:30)고 말하고 있습니다. 다시 말해서 야곱은 7년 동안 일을 하고 그 임금을 라반에게 지참금으로 주고 라헬과 결혼했습니다. 그러나 그 이전에 레아와 먼저 결혼한 것입니다. 그래서 남편의 의무로 7일 동안 레아에게 봉사를 했습니다. 그리고 약속대로 라헬과 다시 결혼을 했습니다. 그 이후에 다시 7년을 일함으로 라반에게 레아에 대한 지참금을 지불하게 됩니다.

야곱이 두 명의 아내를 얻은 것은 일차적으로 보면 야곱의 사랑 곧 라헬에 대한 사랑 때문입니다. 그러나 여기에는 라반이 말하는 사회적인 풍습도 작용하고 있었습니다. 모세는 고대사회의 풍습에 대해서는 언급하지 않습니다. 오직 야곱의 사랑만을 강조해서 이야기를 하고 있다는 점을 기억해야 합니다. 그의 사랑으로 그는 14년 동안 노동하게 됩니다. 만약에 야곱이 40세에 라반과 결혼 약속을 했다면 이미 야곱은 54세가 되었습니다. 그럼에도 불구하고 그 사랑으로 이 모든 일을 감당하게 됩니다. 이 사랑으로 야곱은 어쩔 수 없이 두 명의 아내를 얻게 됩니다.

지참금과 관련해서 한 가지 확인해야 할 사항이 있습니다. 야곱은 두 아내에 대한 지참금으로 14년간의 품삯을 라반에게 주었습니다. 사랑하는 아내를 얻는 것이기에 이는 정당한 것입니다. 이것으로 라반을 비난할 수는 없습니다. 문제는 라반이 사랑하는 두 딸의 지참금을 주지 않았다는 사실입니다.

일반적으로 아버지는 딸이 결혼을 하게 되면 딸에게 지참금을 줍니다. 이는 사위의 재산이 아닌 딸의 재산으로 이혼을 하거나 혹은 상속을 할 때에 사위가 아니라 딸이 그 재산의 권리를 행사하는 것입니다. 이로 인해 딸들은 시집에서 자기 재산을 경영하는 권리를 유지하면서 시집에서 무시당하지 않도록 했습니다. 그런데 라반은 두 딸에게 지참금을 나누어 주지 않았습니다. 이에 대해서 레아와 라헬은 훗날 아버지 라반이 '우리를 팔았다. 우리의 돈을 다 먹어 버렸다'고 말하게 됩니다(창 31:14-15).

라반은 딸의 지참금을 주지 않은 일, 사위 야곱에게 신부의 정체를 말하지 않은 일 등에 대한 책임이 있습니다. 그리고 이런 일로 인해서 야곱은 동시에 두 명의 아내를 얻게 되었습니다. 지혜자는 말하길, "가난한 자는 거짓말하는 자보다 나으니라"(잠 19:22)고 했습니다. 라반이 무슨 이유에서 이런 행위를 했는지 알 수는 없지만 그의 말과 그의 행위로 살펴보면 그는 그 지역의 관습에 깊이 지배받고 있음을 알 수 있습니다. 이로 인해서 야곱은 어쩔 수 없이 두 명의 아내를 얻게 됩니다. 물론 모세가 지적하고 있는 것처럼 이 모든 일은 야곱의 사랑(אָהַב, 아하브) 때문이었습니다(창 29:30).

모세는 야곱의 결혼과 관련해서 두 가지를 이야기하려고 했던 것으로 보입니다. 하나는 야곱의 두 명의 아내는 어쩔 수 없는 일이었다는 사실입니다. 곧 필연적인 일로 이는 하나님께서 개입하신 것이었음을 말하는 것입니다. 다른 하나는 이 필연을 이끌어 가시는 하나님께서는 바로 야곱의 사랑을 사용하셨다는 것입니다. 이 두 가지를 확인하고 인정하는 일은 생각보다 중요합니다. 왜냐하면 야곱의 결혼이 단순히 라반의 속임수라고 가볍게 이야기한다면 아주 치명적인 오류에 직면할 수 있기 때문입니다.

라반의 거짓으로 하나님의 씨, 곧 이스라엘의 열두 지파가 형성되었다고 말하는 것은 있을 수 없는 오류입니다. 이렇게 된다면 라반의 속임수는 옳은 것이며 하나님의 섭리가 라반의 거짓말 속에 있었다는 것이 됩니다. 이런 오류를 인정할 수는 없습니다. 오히려 본문 안에서 야곱의 어쩔 수 없는 상황에 더 많은 관심을 두는 것이 더 중요할 것입니다. 하나님께서 천사를 보내시어 야곱에게 두 명의 여인을 주시려는 당신의 뜻을 여러 모양으로 성취하신 것입니다. 라반은 자신이 무슨 일을 하는지도 모르는 사이에 하나님의 일에 작은 부분을 감당한 것입니다. 바로 수사학적으로 엔토우시아스무스(*enthousiasmus*)입니다.

'엔토우시아스무스'는 자신은 전혀 인식하지 못하지만 그의 말이나 행위에 신의 개입이 있는 것을 뜻합니다. 바로 라반의 역할입니다. 하나님께서는 야곱이 어쩔 수 없이 두 명의 아내를 받아들이게 하신 것입니다. 그리고 이 일을 천사가 했음이 분명합니다. 모세는 천사가 야곱에게 전한 말을 기록하고 있습니다(창 31:11). 다시 말해서 천사가 아브라함의 늙은 종이 도착하기 이전에 이미 리브가의 마음에 깊은 감동을 주었듯이, 야곱의 아내들 역시 천사가 개입한 것이 분명합니다.

레아는 성경의 표현대로 부드럽고 자상한 여인이었습니다. 물론 라헬은 매력적인 외모를 가진 여인이었습니다. 하나님께서는 이 두 여인을 야곱에게 주실 것을 섭리하셨습니다. 그러나 이것은 결코 라반의 속임수에 의한 것은 아닙니다. 라반은 그 지역의 풍습을 따라서 도덕적으로 행동하고 싶었을 뿐입니다. 일반적으로 라반이 야곱을 속였다고 말합니다. 그러나 라반은 그 사회의 관례와 법을 지키고 있을 뿐입니다. 법적인 정당성이 라반을 지켜 주고 있습니다.

물론 라반은 야곱에게 그 지역의 관습을 진술할 기회가 충분히 있었습니다. 이에 대해서 침묵한 것은 사실입니다. 라반의 침묵은 야곱이 라헬을 사랑하고 있다는 점과 그가 이삭의 경우처럼 일부다처를 허용하지 않을 것에 대한 걱정과 염려 때문에 의도적인 것이었습니다. 그러나 라반의 입장에서는 처음 약속한 결혼의 약속을 성취한 것도 사실입니다. 라반의 입장에서는 야곱이 일한 지 7년 후에 레아를 먼저 결혼시키고, 다시 7일 이후에 라헬을 아내로 주었으므로 약속을 지킨 것이 분명합니다. 라반은 약속을 어기지 않았습니다. 단지 약속에 없었던 레아를 덧붙여 주었을 뿐입니다.

## 성실히 값을 지불해서 얻은 아내와 자식들

### D. 야곱이 얻은 아들들(29:31-30:24)

야곱의 결혼은 어쩔 수 없이 이루어진 것이라는 사실을 잊어버리지 않도록 주의해야 합니다. 그리고 그 가운데에는 야곱의 사랑이 가장 크게 작용했다는 점을 기억해야 합니다. 야곱이 두 명의 아내로 레아와 라헬을 얻은 것은 라반의 속임수가 아니라 하나님의 섭리임을 인식해야 합니다. 바로 이 두 여인으로 인해서 이스라엘의 열두 지파 곧 아브라함의 씨가 결정됩니다. 이는 하나님의 뜻이지 결코 라반의 속임수가 아닙니다. 라반은 그저 사회적인 풍습을 고집스레 지킴으로 자신의 도덕성을 지켰을 뿐입니다. 이제 모세는 야곱의 열두 아들에 관해서 이야기를 합니다.

야곱은 14년간 노동하면서 두 아내에 대한 정당한 지참금 문제를 해결했습니다. 그 사이에 두 딸은 지참금을 받지 못했습니다. 그런데 모세는 "여호와께서 레아가 사랑받지 못함을 보시고 그의 태를 여셨으나 라헬은 자녀가 없었더라"(창 29:31)고 기록하고 있습니다. 여기서 '사랑받지 못함'(not loved, NIV; unloved, NKJV)이라고 읽는 부분의 히브리어는 싸네(שָׂנֵא)의 수동 분사형인 쎄누아(שְׂנוּאָה)를 쓰고 있습니다.

히브리어 싸네(שָׂנֵא)는 '미워하다'(hate), '대적하다'(enemy)라는 뜻을 가지고 있어서 '쎄누아'(שְׂנוּאָה)는 '미움받은 여자'라는 뜻이 됩니다. 하나님께서는 야곱에게 두 명의 여인을 주셨습니다. 그러나 야곱의 라헬에 대한 사랑으로 인해서 레아는 미움받은 여인이 되었습니다. 레아는 하나님께서 야곱에게 주신 여인입니다. 그래서 하나님께서는 미움받는 여인의 태(胎, רֶחֶם, 레헴, womb)를 열어 아들들을 주셨습니다. 그러나 사랑받는 라헬의 태는 닫으셨습니다(창 29:31). 여기서도 불임의 문제가 발생합니다. 사라와 리브가의 불임문제는 라헬에게 이어지고 있습니다.

야곱의 열두 아들들을 레아와 라헬을 기준으로 나눈다면 아래 도식과 같습니다.

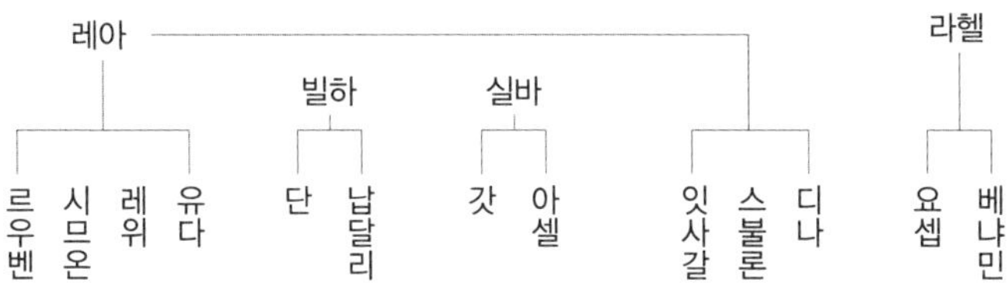


눈빛은 아름다우나 미움받는 여인 레아를 위로하신 하나님께서는 그녀에게 네 명의 아들들 곧 장자로 '끓는 물 같은' 르우벤(창 49:4), 살인하는 도구와 같은 시므온과 레위(창 49:5), 그리고 사자 같고 왕 같은 유다(창 49:9-10)를 주셨습니다. 이에 라헬은 야곱에게 히스테리(hysteria) 반응을 일으키며 "내게 자식을 낳게 하라 그렇지 아니하면 내가 죽겠노라"(창 30:1)고 말했습니다. 그러나 야곱은 아이 낳지 못하는 사랑하는 아내 라헬을 위로하는 대신에 화를 냈습니다. 그러면서 "그대를 임신하지 못하게 하시는 이는 하나님이시니 내가 하나님을 대신하겠느냐"(창 30:2)라고 질책했습니다.

지혜자는 "스올과 아이 배지 못하는 태와 물로 채울 수 없는 땅과 족하다 하지 아니하는 불이니라"(잠 30:16)라고 하였습니다. 아마도 라헬은 만족할 줄 모르는 불과 같아서 다 태우기 전에는 꺼지지 않았을 것입니다. 이런 불길 앞에서 야곱은 자신의 사랑도 중요하지만 자신이 할 수 없는 일에 대해서 할 수 없다고 말하는 지혜를 말합니다. 다시 말해서 아브라함의 후손의 문제는 야곱에 의해서 결정되는 것이 아니라 하나님의 뜻(의지)에 의한 것임을 밝힙니다. 야곱의 이 고백의 중요성은 이스라엘 열두 지파가 모두 하나님의 뜻 가운데에서 태어났다는 사실을 말하는 것입니다. 단지 라헬의 히스테리는 눈에 보이는 외적인 현상일 뿐입니다. 보다 내적인 문제는 하나님께서 하시는 일입니다.

모세는 레아에 대해서 '쎄누아'(שְׂנוּאָה) 곧 '미움받은 여자'라고 평했습니다(창 29:31). 그런데 그 사이에서 네 명의 아들들을 얻었습니다. 야곱이 레아를 사랑하지 않은 것을 남편의 의무마저 하지 않았다고 생각하기에 네 명의 아들들에 대해 의구심을 가지게 되고, 모세가 말하는 '쎄누아'(שְׂנוּאָה)에 대한 혼란을 겪을 수 있습니다. 〈시편〉에서는 "네 집 안방에 있는 네 아내는 결실한 포도나무 같으며 네 식탁에 둘러앉은 자식들은 어린 감람나무 같으리로다"(시 128:3)라고 노래합니다. 아내와 자식들은 남자가 가꾸고 돌보며 지켜야 할 포도나무이며 올리브 나무입니다. 야곱은 자신에게 주어진 의무에 성실한 사람이었습니다. 여하튼 라헬은 만족을 모르는 불길이라 결국 자신의 여종 '빌하'를 야곱에게 주어 아들 둘을 얻습니다. 빌하는 저울같이 형제를 심판하고 '길섶의 뱀'같은 단(창 49:16-17)과 '암사슴같이 아름다운 소리'를 내는 납달리(창 49:21)를 낳았습니다. 이에 레아 역시 자신의 여종 '실바'를 주어 역시 두 아들 곧 '군대를 추격하는 것'같은 갓(창 49:19)과 '왕의 수라상을 차릴 만큼 기름진' 아셀(창 49:20)을 얻습니다.

이후에 "밀 거둘 때" 르우벤이 들에서 합환채를 얻었고 이를 어머니 레아에게 주었습니다(창 30:14). 라헬은 그 합환채를 탐해 레아에게 야곱을 주고 합환채를 샀습니다. 이에 레아는 야곱에게 남편의 의무를 요구하고, 레아가 다시 두 아들들과 딸 디나를 낳게 됩니다. 이때 낳은 아들이 '건장한 나귀' 같은 잇사갈(창 49:14)과 '해변의 배'와 같은 스불론(창 49:13)입니다. 그리고 '심판'이란 뜻을 가진 딸 '디나'를 낳았습니다(창 30:21).

이후에 하나님께서 라헬에게 '샘 곁에 무성한 가지'와 같은 요셉(창 49:22)과 '늑대'와 같은 베냐민(창 49:27)을 주심으로 열두 아들들 곧 이스라엘의 열두 지파가 형성됩니다. 물론 라헬은 베냐민을 출산하다가 죽음을 만나게 됩니다(창 35:18).

앞에서 언급했지만 성경을 읽을 때에는 테마(thema)와 레마(rhema)를 저절하게 기억하고 있어야 합니다. 야곱의 열두 아들과 한 명의 딸이 가지는 이름의 테마와 레마를 기억하고 있으면 성경을 읽을 때에 도움이 됩니다. 테마가 언어적 지식이라면 레마는 성경 본문에서 말하는 내용입니다. 레마가 나오면 반드시 기억해야 합니다.

① 르우벤: 하나님께선 날 보시는 분

모세는 "레아가 임신하여 아들을 낳고 그 이름을 르우벤이라 하여 이르되 여호와께서 나의 괴로움을 돌보셨으니 이제는 내 남편이 나를 사랑하리로다 하였더라"(창 29:32)고 했습니다. 여기서 '르우벤'(רְאוּבֵן)을 테마(thema)로, 히브리어를 알고 있는 모세에게는 언어적 이해를 반영하여 그 의미를 해석할 수 있습니다. 곧 '르우벤'(רְאוּבֵן)은 '보다'란 뜻을 가진 히브리어 '라아'(רָאָה)의 명령형과 '아들'이란 뜻의 '벤'(בֵּן)을 붙여서 '보아라! 아들이다'란 의미가 됩니다.

그러나 '르우벤'(רְאוּבֵן)의 레마(rhema)는 레아의 노래 속에서 그 의미를 찾아야 합니다. 레아는 첫 번째 아들을 낳고 "여호와께서 나의 괴로움을 돌보셨다"(רָאָה יְהוָה בְּעָנְיִי)라고 노래했습니다. 모세는 '르우벤'(רְאוּבֵן)을 통해서 하나님께서 당신의 백성들의 '억압', '비참함', '슬픔'(עֳנִי, 오니)을 보고 계심에 대한 신앙을 말하는 것입니다. 우리는 '르우벤'(רְאוּבֵן)을 통해서 하나님께서 우리를 보시는 분임을 알게 됩니다.

레아는 르우벤을 출산하고 분명한 소망이 있었던 것으로 보입니다. 그녀는 "이제는 내 남편이 나를 사랑하리로다"라고 믿었습니다(창 29:32). 남편에게 미움이 된 여인이 아들을 낳음으로 남편의 사랑을 얻을 것을 살짝 소망했습니다. 야곱은 어쩔 수 없이 레아를 아내로 맞이했지만 마음으로는 레아를 받아들일 수 없었음이 분명합니다. 하지만 야곱은 비록 마음으로는 미워했지만 자신이 해야 할 남편의 의무에는 충실했습니다. 레아는 야곱의 의무에 성실한 모습 가운데 자신을 사랑할 것을 소망했습니다. 하지만 둘째 아들 '시므온'을 낳고 노래한 것을 보면 아직 야곱은 르우벤의 출산 이후에도 여전히 레아를 마음으로 받아들이지 않았음을 알 수 있습니다. 그도 그럴 것이 야곱은 본의 아니게 일부다처의 상황에 놓이게 되었습니다. 이런 수동적 상황에 대해서 스스로 받아들이지 못했던 것으로 보입니다. 그 지역과 그 시대의 습관이나 관습(ἔθος, 에토스)이기에 윤리(ἔθος, 에토스)의 문제로는 전혀 문제될 것이 없지만 여전히 그의 마음은 이를 받아들일 수 없었음이 분명합니다. 성경은 도덕적, 윤리적 문제 그 이상의 마음을 요구합니다.

② 시므온: 하나님께선 나의 기도를 듣고 계신 분

시므온(שִׁמְעוֹן, 쉬므온)은 '듣다'란 뜻을 가진 솨마(שָׁמַע)에서 온 이름입니다. 이는 레아가 "여호와께서 내가 사랑받지 못함을 들으셨다"에서 온 이름입니다(창 29:33). 여기서 레아는 아직까지 사랑을 받지 못하고 있음을 알 수 있습니다. 그녀는 여전히 자신이 사랑받지 못하는 여인 곧 '미움받는 여자'(שְׂנוּאָה)라고 말하고 있습니다(창 29:33).

우리의 삶에서 '듣는 것'이 잘못된다면 그것은 '보는 것'만큼 더 나쁜 결과를 초래할 것입니다. 이와 마찬가지로 하나님께서 우리를 지켜보실 뿐만 아니라 우리의 기도와 간구 소리를 듣고 계심을 상징적으로 표현한 것입니다. 우리는 하나님의 말씀을 듣고(순종하고), 하나님께서는 우리의 간구를 들어주십니다. 하나님과 그의 언약 백성 사이의 분명한 관계는 상호 듣는 관계라는 것을 나타냅니다.

③ 레위: 하나님께서는 그분의 백성과 함께하시는 분

레위(לֵוִי, 레비)는 '연결하다'란 뜻의 라바(לָוָה)에서 온 이름입니다. 레아가 "내 남편이 지금부터 나와 연합하리로다"라고 노래한 것이 '레위'의 의미입니다(창 29:34). 이는 하나님께서 당신 백성들과 연합 곧 함께하심을 의미하는 것입니다.

우리의 '보는 것'은 물처럼 위태로우며, 우리의 '듣는 것'은 칼처럼 신경질적이며 병적인 구석이 있습니다. 그렇기 때문에 우리의 삶이 구별되었을 때에, 환언해서 말하자면 하나님과 연합되어 있을 때에 우리는 풍요와 안전을 이야기할 수 있습니다. 우리는 하나님의 말씀을 배우며, 그분께 분향의 기도를(시 141:2), 예배를 드리는 가운데 저주의 삶에서 축복의 삶으로의 변화를 이야기할 수 있을 것입니다. 진정으로 예배를 통해서 하나님과 연합하는 것입니다. 예배는 칼처럼 우리의 영혼을 쪼개는 힘과 같습니다.

④ 유다: 하나님께서는 찬송 받으시기에 합당하신 분

유다 곧 예후다(יְהוּדָה)는 찬송을 의미합니다. 레아는 "내가 이제는 여호와를 찬송하리로다"(창 29:35)라고 말했습니다. 아마도 레아는 유다를 낳음으로 남편의 사랑을 확인할 수 있었을 것입니다. 이제 하나님을 찬양할 수 있을 정도로 레아는 위로를 받고 있음을 의미합니다.

유다의 출생으로 야곱의 심정에는 분명한 변화가 있었습니다. 왜냐하면 라헬이 레아를 질투하고 있기 때문입니다. 아들을 네 명을 얻었다는 것은 야곱이 레아에게 남편의 의무를 다했음을 의미합니다. 이 성실함에 대해서 레아는 자신이 더 이상 미움받는 여인이 아님을 확신하게 되었고, 반대로 라헬은 히스테리를 보일 정도로 질투하게 되었습니다.

비록 미워하는 여인에게도 이미 결혼을 했다는 이유로 그 의무를 다할 수 있다는 것은 야곱이 그만큼 무서운 성실함을 가졌다는 것이며 이는 더불어 그의 정당함을 보여줍니다. 일반적으로 사람들은 자신이 미워하는 것에 대해서 자신의 의무를 성실하게 이행하려 하지 않습니다. 그러나 야곱의 성실은 분명히 레아에게 믿음을 주었으며, 라헬을 불안하게 만들었을 것입니다. 믿음은 성실함(충실함) 안에서 말할 수 있는 것입니다.

성실함(אֱמֶת, 에메트)을 통해 그에 대한 신뢰(a trust)와 믿음(אֱמוּנָה, 에무나) 곧 충실함, 충성(a faithfulness, 갈 5:22)을 보게 됩니다. 또한 하나의 대상에게 흔들림 없는 성실과 충실함으로 보일 때에 우리는 사랑(חֶסֶד, 헤세드)을 깨달게 됩니다. 그리고 그 성실함이 순수하게 속임이나 속셈이 없을 때에 순결한 그 마음을 정직함(יָשָׁר, 야솨르)이라고 하며, 어떤 경우에도 그 성실함과 정직함을 배신하지 않고 그 진실함(אֱמֶת, 에메트)을 말할 수 있는 것, 특히 법적인 판단에서 진실을 밝히는 것을 정의(צְדָקָה, 쩨다카)라고 말합니다. 야곱의 성실함 안에서 레아에 대한 사랑과 그의 신뢰를 읽을 수 있습니다.

여하튼 라헬은 질투심에 남편에게 말했습니다. "나에게도 자식을 낳게 해주세요. 그렇지 않으면 죽어 버리겠습니다"(창 30:1, 현대인의 성경). 여기서 '낳게 하라'는 명령형은 '주다'(give)란 뜻을 가진 야하브(יָהַב)의 명령형입니다. 고대어에서 '명령형'은 '소망형'으로도 읽어 '달라'라고 읽는 대신에 '주소서'라고 읽을 수 있습니다. 모세는 '야하브'(יָהַב)를 씀으로 '아하브'(אָהַב, love)와 언어유희를 이룹니다. 이는 언어유희로 남편의 사랑을 받아 자식을 낳고 싶은 라헬의 열망을 볼 수 있습니다.

라헬이 말하는 것을 직역하면, '나에게 자식을 주십시오. 민약에 그렇지 않으신다면 나는 죽은 여자입니다'라고 말한 것입니다(창 30:1). 레아가 '미움받은 여자'였다면 라헬은 스스로를 '죽은 여자'(מֵתָה, 메타)로 불렀습니다. 본문에서 "내가 죽겠노라"라고 읽은 것은 '죽다'(מוּת, 무트)의 분사형으로, '나는 죽은 여자다'라고도 읽을 수 있습니다. 라헬은 진정 만족을 모르는 불이었습니다. 이전에 사랑받던 여인이 죽은 여인이 되었습니다.

라헬의 신경질적인 말에 야곱은 화가 났습니다.

"그대를 임신하지 못하게 하시는 이는 하나님이시니 내가 하나님을 대신하겠느냐"(창 30:2)라고 야곱이 얼굴을 붉히며 콧바람이 날 정도로 화가 나서 라헬에게 대답했습니다. 분명히 유다의 출생 이후에 야곱의 마음에 변화가 일어난 것이 분명합니다. 라헬에 대한 사랑이 변한 것이 아니라 레아에 대한 미움이 변한 것이 분명합니다. 결국 라헬은 자신의 여종 빌하를 야곱에게 주어 아들을 얻겠다고 합니다(창 30:3).

야곱은 자신에게 주어진 의무에 충실했습니다. 비록 어쩔 수 없이 한 결혼이지만 그 결혼생활에 성실히 임했습니다. 야곱의 성실함이 레아에게는 믿음이 되었으며, 라헬에게는 질투가 되었습니다. 그렇다고 야곱이 라헬에게 남편의 의무를 저버린 것은 아닙니다. '사랑한다'는 것에는 그에 따르는 의무와 책임이 있는데, 야곱은 그 의무와 책임에 충실했습니다. 하지만 라헬은 야곱이 성실하지 못한 것처럼 말을 하고 있습니다. 야곱이 화를 낸 것은 하나님께서 주시지 않는 것을 인간이 줄 수 없음을 알기에 라헬을 책망한 것입니다. 하나님께서 주시지 않는 것을 남편이 줄 수는 없습니다. 사실 인간이 받은 모든 것들은 타자로부터 받은 것입니다. 그렇기 때문에 주지 않으면 받을 수 없습니다.

라헬은 자식을 원했고 야곱은 어쩔 수 없이 라헬의 뜻을 따라서 빌하를 아내로 맞이하게 됩니다(창 30:4). 그리고 두 명의 아들을 얻게 됩니다. 야곱의 성실함은 그의 삶이 완전한 삶을 살아가고 있다는 증표가 될 것입니다. 하지만 그 성실함이 모든 문제를 해결하는 것은 아닙니다. 오히려 라헬에게는 힘겨움이 되었습니다. 여하튼 야곱은 40세에 라반의 집에 왔으며 47세에 결혼을 해서 두 명의 아내를 얻었습니다. 그리고 지금까지 모두 4명의 아들을 얻었습니다. 그러니 야곱의 나이가 50세 초반이 되었을 것입니다.

⑤ 단: 하나님께서 당신 백성을 위해서 심판하시는 분

단(דָּן)은 '재판', '심판'을 뜻합니다. 라헬은 빌하가 아들을 낳았을 때 "하나님이 내 억울함을 푸시려고 내 호소를 들으사 내게 아들을 주셨다"(창 30:6)라고 노래했습니다. 여기서 '하나님이 내 억울함을 푸셨다'(God has vindicated me)라는 말은 '다나니 엘로힘'(דָּנַנִּי אֱלֹהִים) 곧 '하나님께서 나를 판결하셨다'는 말입니다. 그래서 단(דָּן)에 대한 테마(thema)는 '심판'이란 뜻이고, 레마(rhema)는 '하나님께서 나를 위해서 재판하신다'란 의미입니다. 모세는 하나님께서 당신 백성들을 위해서 심판하시는 분임을 말하고 있습니다. 이런 신앙은 선지서에서 가장 많이 등장하는 사상입니다. 여기서 라헬에게 무슨 일이 억울했는가를 묻는 것은 큰 의미가 없을 것입니다. 여기서 말하는 것은 하나님께선 우리의 호소를 외면하지 않으심을 노래한 것입니다.

⑥ 납달리: 하나님은 우리를 위해서 맞붙어 싸우시는 분

납달리(נַפְתָּלִי, 나프탈리)는 '씨름하다'란 뜻을 가진 파탈(פָּתַל)에서 파생한 이름입니다. 이는 라헬이 빌하를 통해서 두 번째 얻은 이들에 대하여 "내가 언니와 크게 경쟁하여 이겼다"(창 30:8)라고 노래한 것에서 유래한 이름입니다. 여기서 '경쟁하다'가 바로 히브리어 '파탈'(פָּתַל)입니다. 파탈(פָּתַל)의 니팔(수동) 1인칭으로 '내가 씨름하게 되었다', '내가 맞붙어 싸우게 되었다'(נִפְתַּלְתִּי, 니프탈티)를 이름으로 쓴 것입니다.

레아는 유다를 출산한 이후에 아이를 낳지 못했습니다. 이에 대해서 모세는 '그녀의 출산이 멈추었더라'라고 말하고 있습니다(창 30:9). 이때가 라헬이 질투로 자신의 여종 빌하를 야곱에게 주었을 때입니다. 아마도 이때부터 야곱은 사랑하는 라헬을 위해서 레아의 장막 출입을 멀리했던 것으로 보입니다. 왜냐하면 레아가 '출산이 멈추었다'라고 말하는 것은 레아의 출산 능력이 멈추었음을 말

하는 것이 아니라 '그녀가 출산을 그만두었다'란 의미이기 때문입니다. 야곱은 레아를 미워하지는 않게 되었으나 그녀의 장막에 출입하는 것을 그만두었습니다. 이로 인해 레아는 더 이상 출산하지 못하게 된 것입니다. 그리고 야곱의 이런 결정에는 라헬이 가장 큰 원인이었음이 분명합니다.

레아는 남편 야곱의 발길이 멈추자 라헬처럼 자신의 여종 실바를 야곱에게 주었습니다(창 30:9). 라헬의 여종 빌하(בִּלְהָה)는 '두렵다', '근심하다'란 뜻을 가진 이름으로 '겁이 많은 여자'란 뜻을 가집니다. 아마도 그녀는 퍽이나 조심성이 많았던 것으로 보입니다. 하지만 '실바'(זִלְפָּה, 질파)는 향수가 떨어져 '향기가 나다'란 뜻으로 외적인 미색을 가진 여자였던 것으로 보입니다.

야곱은 레아의 장막에 발길을 멈추었으나 남편의 의무를 다하기 위해서, 또한 공평과 공정함으로 그녀의 의견을 존중했던 것으로 보입니다. 아브라함이나 이삭의 경우도 하나님의 말씀과 무관한 일이라면 아내의 의견을 존중했습니다. 아내의 의견이 성경의 가르침에서 벗어나는 것이 아니라면 그 의견을 존중하는 것, 이것은 성실한 남편의 의무이자 온전한 삶을 위한 지혜의 길입니다. 만약에 남편이 아내와 딸의 의견을 무시하고 그들의 요구를 주의 깊게 듣지 않고 대답하지 않는 것은 모두 긍정으로 해석하도록 되어 있습니다(민 30장).

야곱은 어쩔 수 없이 또 아내를 맞이했습니다. 그리고 실바가 아들 두 명을 낳음으로 레아는 기쁨으로 가득 차게 됩니다.

⑦ 갓: 하나님께서는 우리의 지원군이시도다

갓(גָּד, 가드)은 사전적으로는 '가다드'(גָּדַד)에서 파생한 이름입니다.

히브리어 '가다드'(גָּדַד)는 군대를 '회집하다', '공격하다'라는 의미를 가집니다. 그래서 갓(גָּד, 가드)은 '군대'라는 뜻을 가지고 있습니다.

하지만 사전적인 의미와 무관하게 레아는 여종 실바에게서 얻은 아들로 인해서 "복되도다"(good fortune, NIV)라고 노래했습니다(창 30:11). 그런데 이 노래는 '군대가 왔다'(A troop comes!, NKJV)라고 읽을 수도 있습니다. 아마도 지원군이 도착했을 때의 기쁨으로 '복되다'라고 노래한 것으로 보입니다.

⑧ 아셀: 하나님께서는 우리를 똑바른 길로 인도하신다

아셀(אָשֵׁר, 아쉐르)은 실바가 낳은 두 번째 아들입니다. 사전적으로는 '똑바로 가다'란 뜻을 가진 아샤르(אָשַׁר), 혹은 '행복'을 의미하는 오쉐르(אֹשֶׁר)에서 나온 이름으로 보고 있습니다. 하지만 성경에서는 레아가 노래하길 "기쁘도다(happy) 모든 딸들이 나를 기쁜 자라 하리로다"(창 30:13)라고 하였습니다. 여기서 '기쁘다'는 오쉐르(אֹשֶׁר)를 독해한 것입니다. 그리고 '기쁜 자'는 아샤르(אָשַׁר)를 독해한 것입니다. 이는 자신이 '똑바로 걷는 것이 행복하다'란 의미로 읽을 수 있습니다.

모세는 '아셀'의 출산 이후에 작은 일화를 삽입하여 야곱의 아들들의 이야기를 이어갑니다. 이 일화는 몇 가지 측면에서 대단히 중요한 역할을 하고 있습니다. 먼저, 첫째는 야곱은 그동안 여덟 명의 아들을 낳았습니다. 이를 연년생으로 계산한다고 해도 이미 야곱이 라반에게 약속한 7년이 지났음을 알 수 있습니다. 아마도 야곱의 나이는 오십 중반에 이르렀을 것입니다. 그리고 라반과 두 번째 약속인 7년이 넘었음에도 야곱은 여전히 정당한 품삯을 받지 못하고 있습니다. 모세는 짧은 일화를 통해서 이 점을 암시하고 있습니다.

둘째, 모세는 이 일화에서 “밀 거둘 때”(창 30:14) 르우벤이 들에서 합환채(合歡菜, mandrake plants, NIV)를 얻었다고 합니다. 이 ‘합환채’는 히브리어로 두다이(דּוּדַי)로 맨드레이크(mandrake, KJV), 자귀나무(표준새번역), 방울토마토(love-apple, YLT)로 독해합니다. 그런데 르우벤이 들에서 우연히 찾은 두다임(דּוּדָאִים, 두다이의 복수형)을 어머니 레아에게 주었습니다.

라헬은 레아의 두다임(דּוּדָאִים)을 달라고 요구했습니다(창 30:14). 여기서 라헬은 레아에게 ‘달라’(תְּנִי, 테니)고 명령하고 있습니다. 이에 레아가 라헬에게 대답하길, “네가 내 남편을 빼앗은 것이 작은 일이냐 그런데 네가 내 아들의 합환채도 빼앗고자 하느냐”(창 30:15)라고 말합니다. 이 말은 야곱이 레아의 장막에 출입하는 것을 라헬이 막았음을 의미하는 것입니다. 야곱은 자신의 의무에 충실한 사람이었으나 라헬로 인해서 어쩔 수 없이 레아를 멀리했음을 말하는 것입니다. 야곱은 비록 미워하는 여인이라고 하여도 자신의 아내에게 남편의 의무를 충실하게 다했습니다.

이런 상황에서 라헬이 두다임(דּוּדָאִים)까지 달라고 하자 레아가 이를 거부한 것입니다. 그러자 라헬은 “언니의 아들의 합환채 대신에 오늘 밤에 내 남편이 언니와 동침하리라”(창 30:15)고 레아에게 말했습니다. 라헬이 사랑하는 남편을 경쟁하는 언니에게 줄 만큼 두다임(דּוּדָאִים)은 매력적인 것으로 보입니다. 그래서 이를 콩과의 식물인 자귀나무나 방울토마토로 보는 것은 적절하지 않은 독해 같습니다. 그렇다고 맨드레이크(mandrake)로 읽는 것도 어려운 문제를 야기합니다.

맨드레이크는 어떤 성적인 흥분을 일으키는 식물로 알려진 일종

맨드레이크(mandrake)

의 환각제로 고대에는 병을 치료하는 치료제로 사용되었습니다. 양귀비가 치료제이자 환각제로 사용되는 것처럼 고대에는 맨드레이크를 이런 용도로 사용했습니다. 서유럽의 중세 때에는 약간의 중독성과 환각성분으로 '사랑의 묘약'을 만드는 마법의 약으로 사용되기도 했습니다. 만약에 두다임(דּוּדָאִים)이 사랑의 묘약으로 작용했다면 라헬이 이 식물을 얻고자 노력할 필요는 없을 것입니다. 왜냐하면 야곱은 이미 라헬에게 사랑을 아끼지 않고 있기 때문입니다. 또한 라헬이 환각성분의 식물을 얻기 위해서 남편 야곱을 레아에게 준 것으로 독해를 한다면 이것은 라헬을 악처 니는 뒷골목으로 몰아가는 것같이 될 수 있습니다. 두다임(דּוּדָאִים)이 무슨 식물인지는 알 수 없습니다. 그러니 그냥 두다임(דּוּדָאִים)이라고 읽는 것이 가장 현명한 일입니다. 너무 고대의 식물이고, 그동안 인간은 많은 동식물을 멸종시켜 왔습니다. 그러니 우리가 멸종시킨 고대의 진귀한 식물로 두다임(דּוּדָאִים)을 이해하는 것으로 만족하고자 합니다.

두다임(דּוּדָאִים)에 대한 언어유희가 있는 점은 수사학적으로 본문의 의미를 새롭게 인식하는 데 도움을 줄 수 있습니다. 두다임(דּוּדָאִים)은 '솥'(pot, jar)이란 뜻을 가진 두드(דּוּד)나 '사랑'(love, belove)을 의미하는 도드(דּוֹד)와 연관성이 있어 보입니다. 예를 들어 다윗 왕의 이름인 '다윗'(דָּוִד, 다비드)은 도드(דּוֹד)에서 나온 이름입니다. 그래서 다비드(דָּוִד)는 '사랑'이란 뜻을 가지고 있습니다. 또한 다윗 왕의 아들 솔로몬의 다른 이름인 '여디디야'(יְדִידְיָה, 예디드야흐)는 '여호와께서 정말 사랑하는 자'란 뜻입니다. '여디디야'는 라틴어로 '아마데우스'(Ama-deus) 곧 '신의 사랑'을 뜻합니다. 그래서 두다임(דּוּדָאִים)은 다윗(דָּוִד)이나 여디디야의 경우처럼 수사학적으로 '사랑의 채소' 정도로 볼 수 있을 것입니다. 유대인들의 글인 미드라쉬에서는 두다임(דּוּדָאִים)이 일반적인 꽃이 아님에 어느 정도 동의를 이끌어내고 있습니다. 먼저 미드라쉬는 두다임(דּוּדָאִים)이라는 것이 무슨 꽃인지 확정할 수는 없지만 그 작인(作因, a agency) 혹은 신의 섭리(the agency of providence)에서 선(good)한 것으로 규정하고 있습니다. 왜냐하면 하나님의 뜻 안에서 이 두다임(דּוּדָאִים)은 잇사갈과 스불론이 출생하는 원인이 되기 때문입니다.

한편 미드라쉬는 또 다른 의견을 같이 언급하고 있는데, 두다임(דּוּדָאִים)을 에덴동산의 향기를 품은 꽃으로 율법 안에서의 귀중한 상급으로 읽고 있습니다. 왜냐하면 표면적으로 레아는 소중한 두다임을 라헬에게 줌으로 야곱, 그리고 잇사갈과 스불론을 얻었으나 라헬은 야곱도 빼앗겼을 뿐만 아니라 자식들을 얻지 못했기 때문입니다. 그래서 라헬이 두다임(דּוּדָאִים)을 요구한 것은 어리석은 것처럼 보입니다. 그러나 라헬은 에덴의 향기를 얻음으로 내면적으로 지혜로운 여인이라고 읽습니다. 두다임(דּוּדָאִים)은 사랑의 저울(a balance of a love)로 외면과 내면의 균형(a balance)을 의미하는 것으로 읽을 수 있습니다.

라헬이 단지 흔한 방울토마토(love-apple)나 자귀나무(표준새번역) 아니면 환각성 성분의 식물인 합환채(mandrake plants, KJV, NIV)로 사랑하는 야곱을 레아에게 주었다는 것은 납득이 되지 않습니다. 분명히 두다임(דּוּדָאִים)은 이 땅에 있는 에덴의 향기와 관련이 있는 것으로, 사랑의 균형과 관련을 있는 것으로 읽는 것으로 만족해야겠습니다.

셋째, 모세는 "밀 거둘 때"(창 30:14)라고 말하고 있습니다. 보리 추수가 봄으로 유월절 절기 때와 관련이 있으며, 밀의 수확은 가을로 칠칠절(오순절) 절기 때를(출 34:22) 의미합니다. 모세는 의도적으로 가을임을 우리에게 알려 주고 있습니다. 아마도 야곱은 '밀 추수'를 하고 있으며 장자 르우벤은 아버지를 도왔을 것입니다. 야곱은 47세에 두 아내를 얻었으며, 이미 여덟 명의 아들들도 얻었습니다. 그러므로 야곱은 50 중후반이고 장자 르우벤은 10세 전후였을 것입니다.

라반이 반농반목 생활을 하고 있었으며, 이는 이삭이나 야곱 역시 반농반목 생활을 했음을 알 수 있습니다. 이것은 야곱이 목축에만 지식이 있는 것이 아니라 농사에도 충분한 지식을 가지고 있음을 의미합니다. 가을 추수에 르우벤은 아버지의 잔심부름 정도를 하면서 일하는 것을 배우기 시작했을 것입니다. 그리고 아이들과 같은 호기심으로 두다임(דּוּדָאִים)을 발견하고 그 향기에 어머니 레아에게 그 신비한 꽃을 선물했을 것입니다.

석양이 밀 수확철의 들판을 붉게 물들이며 붉게 익은 태양이 땅에 떨어지고 있을 때, 하늘이 어슴푸레해지고 가을바람이 땀방울을 식혀 주었을 것입니다. 야곱이 하루의 노동을 끝내고 들에서 돌아왔습니다. 레아는 밀밭에서 일하고 돌아오는 남편을 마중 나왔습니다. 아마도 레아뿐만 아니라 라헬과 자식들은 성실한 가장이 일터에서 돌아오는 길을 매일같이 마중 나갔을 것입니다. 가을 석양은 낙엽처럼 붉게 물들었고, 하루의 노동을 끝낸 가장과 그를 맞이하는 가족들의 모습은 일반적인 모습이었을 것입니다.

그리고 레아는 남편 야곱에게 라헬과의 일을 이야기하며 두다임

(דּוּדָאִים)으로 야곱에 대한 값(שָׂכָר, 싸카르)을 지불했다고 말했습니다(창 30:16). 야곱은 이 일로 어쩔 수 없이 다시 레아의 장막에 들어갑니다. 그러나 라헬은 분명히 '오늘 밤'이라고 말했으나(창 30:15) 이 일로 야곱은 레아의 장막에 지속적으로 출입하게 됩니다. 야곱은 라헬의 말을 듣는 대신에 레아에 대한 자신의 의무를 지속한 것으로 보입니다. 다시 말해서 두 여자의 장난스러운 두다임(דּוּדָאִים) 놀이에 상관없이 야곱은 이제 자신의 의무를 묵묵히 성실하게 이어갑니다. 그리고 레아가 다시 두 명의 아들과 한 명의 딸을 낳게 됩니다. 결국 야곱은 두다임의 문제로 라헬에 대한 사랑에 흠이 생겼음이 분명합니다. 귀한 식물 때문에 사랑은 다시금 성실한 의무로 그 균형을 잡아가게 합니다. 여하튼 야곱은 이제 자유롭게 레아의 장막에 출입하여 아들 둘과 유일한 딸 디나를 얻습니다.

⑨ 잇사갈: 하나님께서는 우리의 수고에 대가를 주시는 분

잇사갈 곧 이싸쉬카르(יִשָּׂשכָר)는 '값' 혹은 '급료'라는 의미를 가진 싸카르(שָׂכָר)와 '높이다'란 의미를 가진 나싸(נָשָׂא)를 함께 붙여서 만든 이름입니다. 그래서 '잇사갈'은 사전적으로는 '값을 높이다'가 됩니다. 그러나 성경은 레아의 노래를 통해서 그 의미를 밝힙니다. 레아가 "하나님이 내게 그 값을 주셨다"(창 30:18)라는 노래에서 비롯된 이름입니다. 이는 레아가 야곱에 대한 값(שָׂכָר, 싸카르)을 지불하고 얻은 일화를 바탕으로 형성된 이름이기도 합니다.

모세는 이싸쉬카르(יִשָּׂשכָר)를 통해서, 하나님께서는 우리의 성실한 노동에 대한 대가를 지불하심을 말하고 싶은 것으로 보입니다.

⑩ 스불론: 하나님께서는 좋은 것으로 우릴 만족하게 하시는 분

스불론 곧 쩨불룬(זְבוּלוּן)은 '선물'이란 뜻을 가진 쩨베드(זֶבֶד)란 말에서 나온 이름입니다. 레아는 "하나님이 내게 후한 선물을 주시도다"(창 30:20)라고 고백했습니다. 여기서 '후한 선물' 곧 쩨베드 토브(זֶבֶד טוֹב)에서 이름이 유래된 것입니다. 쩨베드 토브(זֶבֶד טוֹב)는 '좋은 선물'이란 뜻입니다.

이후에 또 레아가 딸을 낳았는데 이름을 '디나'(דִּינָה)라고 하였습니다. 그녀의 이름을 왜 디나(דִּינָה)라고 했는지는 알 수 없습니다. 다시 말해서 테마(thema)는 명확하지만 레마(rhema)는 알 수 없습니다. 디나(דִּינָה)의 이름은 사전적으로 단(דָּן)과 같이 '재판', '심판'이란 뜻을 가지고 있습니다. '심판', '재판'이란 뜻으로 단(דָּן)이 남성형이라면 디나(דִּינָה)는 여성형입니다. 그리고 후에 시므온과 레위의 이야기에서 디나(דִּינָה)는 야곱을 판단하는 기준으로 중요한 역할을 하게 됩니다(창 34:1).

한편 모세는 "하나님이 라헬을 생각하신지라 하나님이 그의 소원을 들으시고 그의 태를 여셨으므로"(창 30:22)라고 말하고 있습니다. 여기서 '소원을'이라는 목적어는 의역해서 삽입된 것입니다. 본문은 '하나님께서 그녀에게 들으셨다'(God listened to her, NKJV)라는 말입니다. 물론 하나님께서 그녀의 소원을 들으셨을 것입니다. 그런데 이렇게 늦은 것은 아마도 야곱의 마음이 라헬에게서 조금 멀어져 레아와 라헬이 균등하게 되었음을 의미하는 것으로 보입니다. 왜냐하면 모세는 하나님께서 레아가 사랑받지 못해서 자식을 많이 주셨고 라헬은 사랑받기에 태를 닫았다고 말하고 있기 때문입니다(창 29:31). 여하튼 라헬도 아들 두 명을 낳게 됩니다.

### ⑪ 요셉: 하나님께선 우리의 수치를 제거하시는 분

요셉 곧 요쎄프(יוֹסֵף)란 의미는 '증가하다', '더하다'의 뜻을 가진 야싸프(יָסַף)의 미래형으로 '증가할 것이다', '두 배가 될 것이다'란 의미입니다. 하지만 라헬의 노래를 보면 요셉(יוֹסֵף)의 의미는 조금 다릅니다. 바로 "하나님이 내 부끄러움을 씻으셨다"(창 30:23)라고 노래하고 있습니다. 여기서 '씻다'라고 읽은 히브리어는 아싸프(אָסַף)로 '모으다'(gather), '수확하다'(gather in, harvest) 혹은 '근절하다', '전멸하다'(exterminate)란 뜻을 가지고 있습니다. 그래서 라헬의 노래는 '하나님께서 나의 수치를(אֶת־חֶרְפָּתִי) 제거하셨다'라는 뜻입니다. 이는 여인이 자식을 얻지 못하는 것이 수치이자 모욕이라는 의미가 아닙니다. 모세는 우리 하나님께서 당신 백성들의 수치와 모욕을 제거하시는 분이라는 것을 말하고 싶은 줄로 압니다.

레마(rhema)로 요셉(יוֹסֵף)은 '하나님께서 수치를 제거하셨다'란 뜻입니다. 그러나 테마(thema)로 요셉(יוֹסֵף)은 '두 배로 증가하다'입니다. 이는 언어유희로 '제거하다'란 아싸프(אָסַף)와 '증가하다'란 뜻의 야싸프( )를 말하는 것입니다.

실질적으로 요셉의 두 아들들인 므낫세와 에브라임은 이스라엘의 열두 지파에 포함됩니다(창 48:20). 이는 요셉이 한 지파가 아니라 므낫세 지파와 에브라임 지파로 곧 두 개의 지파로 증가한 것을 암시하고 있습니다. 하지만 라헬은 이 두 배의 의미를 또 다른 아들이 있을 것을 원하는 마음으로 다른 노래를 불렀습니다. 곧 "여호와는 다시 다른 아들을 내게 더하시기를 원하노라"(창 30:24). 이는 훗날 태어날 베냐민의 출생을 암시하고 있습니다.

여하튼 요셉이 태어날 때를 보면 아마도 야곱이 10년 혹은 그 이상을 라반의 집에서 품삯을 받지 않고 일을 한 것으로 보입니다. 처음 7년 품삯을 지참금으로 주고 라반에게서 두 딸 레아와 라헬을 아내로 맞이했습니다. 이후 다시 7년의 품삯을 지참금으로 주기로 약속을 했으나 이미 10년 이상의 세월이 흘렀습니다. 그러나 라반은 품삯을 주지 않았습니다.

초기에 라반은 비록 친척이지만 품삯을 주어야 한다고 생각해 스스로 품삯을 먼저 언급했었습니다(창 29:15). 하지만 10년 이상의 세월이 흐르자 라반은 야곱이 품삯 없이 일하는 것을 습관처럼 여겨버렸습니다. 라반은 관례와 관습을 중시하는 인물로 10년 이상의 세월 동안 야곱이 품삯 없이 일을 하자 그것을 당연하게 여긴 것 같습니다. 이에 요셉이 태어났을 때에 야곱은 라반에게 "나를 보내어 내 고향 나의 땅으로 가게 하시되 내가 외삼촌에게서 일하고 얻은 처자를 내게 주시어 나로 가게 하소서 내가 외삼촌에게 한 일은 외삼촌이 아시나이다"(창 30:25-26)라고 말했습니다. 야곱은 자신의 아내와 자식들에 대한 정당한 값을 지불했음을 주장하고 있습니다.

47세에 결혼을 했고, 이후에 열한 명의 아들과 딸 디나를 얻었습니다. 이는 적어도 12년 전후의 세월이 흘렀습니다. 이 가운데 7년을 지참금으로 주어도 5년 전후의 세월을 품삯 없이 일을 했다는 계산이 나옵니다. 아마도 야곱은 50 후반 혹은 60 초반의 나이가 되었을 것입니다.

야곱의 주장에 수긍을 한 라반은 "여호와께서 너로 말미암아 내게 복 주신 줄을 내가 깨달았노니 네가 나를 사랑스럽게 여기거든 그대로 있으라"(창 30:27)고 요청했습니다. 라반은 이제 야곱에 품삯을 줄 것을 약속합니다. 라반이 야곱에게 말했습니다. "네 품삯을 정하라 내가 그것을 주리라"(창 30:28).

라반은 부유해졌습니다. 그리고 그 사이에 무슨 이유에서인지 라반의 마음은 변했습니다. 20여 년 전의 가난한 라반과는 다른 라반의 모습을 보게 됩니다. 아마도 그 재물로 말미암아 마음이 교만해졌던 것으로 보입니다. 선지자 에스겔은 두로에 대해서 예언하면서 그들이 재물로 인해서 교만해졌다고 말합니다(겔 28:5). 아마도 라반도 부유함으로 인해서 교만해졌을 것으로 보입니다.

## 정직과 성실로 이룬 벧엘의 축복

### E. 야곱이 얻은 서원 맹세의 축복(30:25-43)

야곱의 삶은 의무에 성실한 삶입니다. 이것은 지속적이고 중단 없는 충실함이기에 이를 통해 우리는 완전함이 무엇인지를 배울 수 있을 것입니다. 이는 도덕적인 측면에서 대단히 중요한 문제를 가집니다. 특히 야곱이 라반의 침묵으로 어쩔 수 없이 얻은 레아, 한때는 미워했던 아내 레아에게 자신의 감정과는 상관없이 성실함으로 남편의 의무를 충실하게 이행한 것은 도덕적으로 매우 중요합니다. 만약에 '선한 것'이 자신에게 어떤 행복과 즐거움을 주고, 그 행복을 추구하기 위해서 선을 행한다면 그것은 결국 자신의 이기적인 만족과 자신의 행복을 위해서 불행한 이들을 이용하는 것 말고는 아무것도 아닌 것이 됩니다. 선은 행복이나 기쁨과 같은 자기만족적 형태가 아니라 성실함으로 모든 어려움을 이겨내는 의무감입니다. '감사하다'라는 말조차 기대하지 않고, 그 어떤 대가를 추구하지 않고 순수하게 상대에 대한 동정심과 의무감에 성실한 삶의 태도만이 도덕성을 보장할 뿐입니다. 야곱은 진정으로 도덕적으로 흠이 없는 '이쉬 탐'(אִישׁ תָּם) 곧 '온전한 사람'입니다.

자신을 언제나 대체불가능성으로 인식하며 또한 상대방을 항상 대체불가능성으로 인식해서 행위(work)해야 합니다. 자기만족적 선행은 상대방을 자신의 필요에 따른 대체가능한 존재로 취급하게 합니다. 다시 말해서 야곱에게 레아는 대체불가능한 아내였으며, 라헬에게도 역시 다른 사람으로 대체할 수 없는 그 사람만의 고유한 인격체임을 충분히 인식하고 존중하는 가운데 남편의 의무를 다한 것입니다.

하지만 사회적인 관례를 중시하던 라반은 결국 습관적으로 야곱의 품삯을 주지 않은 불성실한 인간이 되고 말았습니다. 이에 라반은 두 가지 사실에서 떠나려는 야곱을 붙잡았습니다. 하나는 야곱의 성실함으로 인해 하나님께서 야곱이 아니라 바로 라반 자신에게 복을 주셨다는 깨달음입니다. 라반은 분명히 말하고 있습니다. '너 때문에 하나님께서 나를 축복하셨다'(LORD has blessed me because of you, NIV, 창 30:27). 여기서 아브라함의 축복에서처럼 야곱은 세상을 향한 하나님의 축복의 통로임을 말하고 있습니다.

라반이 말하는 다른 하나는 '만일 내가 지금 너의 두 눈 속에서 호의를 발견한다면'(If I have found favor in your eyes, NIV)이라고 말했다는 사실입니다(창 30:27). 야곱이 라반을 떠나려고 하는 것은 라반에 대한 배신감이나 미움 혹은 품삯을 주지 않는 것 때문만은 아닙니다. 오히려 야곱의 눈빛에는 라반에 대한 은혜(חֵן, 헨)가 있었습니다. 이런 야곱의 마음을 잘 알았던 라반이 자신을 사랑한다는 확신을 가지고 머물러 있길 요구한 것입니다. 본문을 다시 독해하면 다음과 같습니다.

> 라반이 그에게 말했다. '만약에 지금 내가 너의 두 눈 속에서 은혜를 발견한다면, 나는 경험적으로 안다. 그리고 너 때문에 여호와께서 나를 축복하셨다'(창 30:27).

위에서 '경험적으로 안다'라는 말은 '나하쉬'(נָחַשׁ)란 단어입니다. 이 단어는 '점치다'(공동번역, NIV), '경험하다'(현대인의 성경, KJV), '깨달았다'(개역개정)로 독해를 합니다. 그래서 히브리어 나하쉬(נָחַשׁ)는 어떤 징조를 찾거나 받은 것으로 '점을 치다' 혹은 '경험하다'라고 읽습니다. 그러나 성경 본문에서 말하는 것은 예언이나 점을 뜻하는 것이 아닙니다. 이것은 철저한 경험적인 깨달음을 의미합니다. 왜냐하면 라반 자신이 축복 받은 것은 경험적으로 아는 사실이지 점을 통해서 얻은 사실이 아니기 때문입니다. 라반은 야곱의 성실함을 지켜보았으며, 그 성실함을 자신에 대한 사랑 곧 은혜(חֵן, 헨)라고 확신한 것입니다. 앞에서도 언급했지만 성실함은 믿음을 형성하며 이를 인식하게 되는 것입니다. 에메트(אֱמֶת)를 통해서 은혜(חֵן, 헨)를 경험하여 아는 것입니다. 레아 역시 야곱의 성실함(אֱמֶת, 에메트)을 통해 남편의 사랑을 인식하였습니다. 라반은 자신이 체험한 것을 충분히 인식했으며, 그 인식을 야곱이 자신에게 더 있기를 바라는 마음으로 표현한 것입니다.

그런데 라반의 마음은 야곱을 통해서 성실함과 그와 함께한 하나님에 대한 체험이지만 그의 인식은 야곱을 통한 물질적 부의 확대 곧 생존본능의 확대에 집중되어 있습니다. 자신이 지속적으로 축복을 받기 위해서는 야곱이 필요했습니다. 사람을 자신의 필요에 따라서, 자기중심적으로 사귐을 이끌어가려고 합니다. 이런 종류의 사귐에 대해서 어떤 철학자는 자신의 감각, 부, 권력이란 목적과 관심으로 사귐을 이끌어가려고 하는 현존하는 인류의 모습을 지적하기도 했습니다. 이런 사귐은 자신의 관심이나 욕구 충족에만 집중되어 있어서 자기보복의 충동, 권력에의 의지 등이 충족되면 곧 끝나고 맙니다. 아니, 만약에 이 사귐이 자신에게 필요 없다고 판단된다면 사귐을 끝내 버립니다. 여기서는 침묵, 교활, 애매함, 거짓, 기만으로 현존하는 인간의 자기 보존에 도움이 되는 것만이 중요한 사귐입니다(야스퍼스,《이성과 실존》, 548).

라반은 야곱에게 말했습니다. "네 품삯을 정하라 내가 그것을 주리라"(창 30:28). 야곱은 품삯을 받지 못하는 상황에서도 라반의 일을 성실하게 도움으로 라반에게 은혜를 베풀었습니다. 이 사실을 충분히 인식한 라반은 정당한 품삯을 주기로 합니다.

야곱도 자신이 품삯을 위해서 일한 것이 아니라 진정으로 라반에 대한 사랑으로 일했음을 고백합니다. 야곱이 라반에게 말했습니다(창 30:29). "내가 어떻게 외삼촌을 섬겼는지, 어떻게 외삼촌의 가축을 쳤는지 외삼촌이 아시나이다." 여기서 야곱에 관한 사실 한 가지가 더 밝혀집니다. 그것은 야곱이 그동안 일한 것이 아내를 얻기 위한 돈벌이나 열한 명의 아들과 한 명의 딸 곧 열두 자식을 먹여 살리기 위한 생계비 조달을 위해서 일한 것이 아니라는 것입니다. 진정으로 야곱의 성실함은 라반에 대한 사랑이었습니다.

라반은 야곱이 오기 이전에는 가난했던 것으로 보입니다. 왜냐하면 야곱은 "내가 오기 전에는 외삼촌의 소유가 적더니 번성하여 떼를 이루었으니 내 발이 이르는 곳마다 여호와께서 외삼촌에게 복을 주셨나이다"(창 30:30)라고 말하고 있기 때문입니다. 분명히 라반도 아들들이 있었습니다. 그러나 야곱의 성실한 노동은 라반에게 큰 영향을 주었으며, 또한 야곱의 충실한 노고를 헛되게 하지 않기 위해서 하나님께서 라반을 축복하셨습니다. 야곱과 라반의 고백은 동일합니다.

지혜자는 "유덕한 여자(a gracious woman)는 존영(honor)을 얻고 근면한 남자(ruthless men)는 재물을 얻느니라"(잠 11:16)고 말했습니다. 여기서 '근면한 남자'라고 읽은 것은 '아리쯔'(עָרִיץ)의 복수형입니다. '아리쯔'(עָרִיץ)는 사전적으로 '두려움을 고무시키는'(awe-inspiring), '공포에 사로잡힌'(terror-striking)이란 뜻으로 악한 감정에서(in bad sense) 일어나는 것으로 '포학한'으로 읽습니다(사 25:3). 그래서 지혜자가 말한 '근면한 남자'는 '인정머리 없는 남자들'(ruthless men)을 말하는 것입니다. 재물을 얻기 위해서 인정머리 없는 사람이 되었음을 말합니다. 아마도 라반도 교만하고 인정머리 없는 사람이 되었음을 추론하게 됩니다.

야곱은 라반에게 물었습니다.

"나는 언제나 내 집을 세우리이까"(창 30:30). 이 말이 의미하는 바는 '이제 나는 언제쯤 나의 집을 위해서(לְבֵיתִי) 내가 일하겠습니까?'라는 뜻입니다. 야곱의 이야기는 품삯에 대한 이야기가 아닙니다. 자신의 집을 위해서 일하고 싶다는 뜻입니다. 자신의 일을 갖고 싶다는 의미입니다. 여기서 '나의 집을 위해서'(לְבֵיתִי, 레베티, for my own household, NIV)란 표현은 세 가지의 중요한 가치를 부여하고 있습니다. 하나는 '종살이'에서 벗어나 자유인이 됨을 의미하는 것입니다.

'종'에는 두 종류가 있는데 바로 품삯을 받고 일을 하는 임금 노동자들을 '종'이라고 칭합니다. 물론 품삯을 받지도 못하는 종도 있습니다. 그러나 일반적으로 자기의 생업이 있는 경우는 자유인이 되며, 자기 생업이 없이 타인에게 일을 하는 경우는 자유가 없는 자가 됩니다. 자유가 없다는 것이 곧 종을 의미하는 것입니다. 그래서 어떤 사람들은 자신의 일, 자신의 집을 가지는 것이 힘겹고 어려울 경우 타인의 집에서 임금을 받고 종살이를 하였습니다. 이런 경우에는 귀를 뚫어 표시를 했습니다(신 15:17). 여하튼 품삯을 받는 것은 자유인이 아니라 종임을 의미하기 때문에 야곱은 자유인으로 자신의 집을 위해서 일하고 싶다는 뜻을 말한 것입니다. 그동안의 노동은 자신의 지참금을 위한 것이었습니다. 그런데 이제 품삯을 받는다면 자유인이 아니라 종이 되는 것입니다. 하나님께서 주신 자유를 인간이 종으로 삼을 수는 없습니다. 아무리 힘든 노동이라고 하여도 종으로 살 수는 없습니다. 황무지에 씨를 뿌린다고 하여도 자유인으로 살 것을 뜻하는 것입니다.

둘째는 보다 기본적(본질적)인 문제이자 야곱이 어떤 어려움 속에 서라도 자유인으로 살고자 하는 이유인 벧엘의 서약 문제가 있습니다. 야곱은 어머니 리브가에게 연락을 받으면 언제든지 자유롭게 떠나야 했으며, 반드시 자신의 것에 대하여 십일조를 벧엘에서 하나님께 드릴 것을 맹세했습니다. 이를 위해서 자신은 자유인의 신분을 유지하고 있어야 했습니다. 아무리 안정적인 삶이라고 하여도 종의 삶은 자유가 없으며, 그것은 예배생활에 가장 치명적인 문제를 야기할 수 있습니다. 십일조는 사랑과 정의, 그리고 신앙의 문제이며 이는 오직 자유인만이 할 수 있는 것들입니다. 종은 사랑을 할 수 없으며, 종이 정의를 논할 수는 없습니다. 종은 자신의 신앙을 지킬 수 없습니다. 자신의 이기적인 욕망의 충동에 종살이하는 사람은 사랑을 말할 수 없으며, 자기 자신의 구원에도 게으르며 무관심한 롯과 같은 사람이 정의를 논할 수는 없습니다. 이와 마찬가지로 종이 주인과 무관하게 자신의 신앙을 논할 수는 없습니다.

셋째, 야곱은 아직 어머니로부터 연락을 받지 못하고 있습니다. 자식을 열두 명을 얻었습니다. 결국 야곱은 60세 전후의 나이가 되었습니다. 그러나 '떠남'의 지시가 있기 이전에 야곱은 라반의 집을 떠날 수 없었습니다. 야곱은 아직 '형제 살인'이라는 문제를 해결하지 못하고 있었습니다. 에서의 하마드(חָמַד, desire)의 문제도 남아 있었습니다. 결국 야곱은 호프쉬(חָפְשִׁי, freedom), 마아싸르(מַעֲשֵׂר, the tithe) 곧 레베티(לְבֵיתִי, my household), 그리고 끝으로 하마드(חָמַד)에 의한 형제 살인의 문제가 산적해 있었습니다. 벧엘에서 해결해야 할 문제가 남아 있으며, 에서와 해결해야 할 문제가 있습니다. 아버지 집으로 반드시 돌아가야 할 문제가 남아 있습니다. 사랑과 정의와 신앙의 문제 곧 십일조의 문제도 있었습니다. 이에 라반은 '품삯을 정하라'는 대신에 "내가 무엇으로 네게 주랴"라고 묻습니다(창 30:31).

야곱은 라반에게 자신이 바라는 것이 없다고 말합니다. 왜냐하면 야곱은 라반에게 무엇인가를 받기 위해서 무슨 술수를 쓰는 것이 아니기 때문입니다. 또한 야곱은 라반에게 무엇을 받지 않아도 되기 때문입니다. 야곱은 라반이 아니라 하나님께 받을 수 있다는 확신을 가지고 있었습니다. 야곱이 외삼촌 라반에게 말했습니다.

"외삼촌께서 내게 아무것도 주시지 않아도 나를 위하여 이 일을 행하시면 내가 다시 외삼촌의 양 떼를 먹이고 지키리이다"(창 30:31). 야곱은 라반의 양 떼를 돌보는 것뿐만 아니라 자신만의 소유를 인정해 줄 것을 요구했습니다. 그리고 그 소유는 과거에서 얻어지는 것이 아니라 앞으로 미래에 얻어질 것에 대한 이야기입니다. 야곱은 라반에게 계속 말했습니다. '오늘 내가 외삼촌의 가축 떼에 두루 다니며 그 가운데 아롱진 것과 점 있는 것과 검은 것을 가려내어 내 품삯으로 삼겠습니다'라고 말했습니다(창 30:32). 야곱은 침착하게 자신의 정의로움을 확인하는 차원에서 계속 말했습니다. "후일에 외삼촌께서 오셔서 내 품삯을 조사하실 때에 나의 의가 내 대답이 되리이다 내게 혹시 염소 중 아롱지지 아니한 것이나 점이 없는 것이나 양 중에 검지 아니한 것이 있거든 다 도둑질한 것으로 인정하소서"(창 30:33). 야곱은 자신의 정직함을 자신의 쩨다카(צְדָקָה)가 됨을 이야기합니다.

가축 떼에서 아롱진 것, 점 있는 것, 그리고 검은 것이 태어나면 야곱의 것이고 그렇지 않은 것은 라반의 것이 됩니다. 이에 라반도 "네 말대로 하리라"(창 30:34)고 품삯이 아니라 소유권에 대한 상업적 계약을 체결하게 됩니다.

그러나 라반은 이 계약을 자신에게 유리하도록 이끌어갑니다. 라반은 먼저 염소든 양이든 두 종류로 구별합니다. 하나는 '흰 것'으로 다른 하나는 '얼룩무늬 있는 것'과 '점 있는 것', 그리고 '아롱진 것' 등입니다. 그리고 이 가운데 '흰 것'만 모아서 야곱에 맡겼고 다른 무리의 가축 떼는 아들들에게 맡겼습니다(창 30:35). 이는 라반이 계약을 자신에게만 유리하도록 만든 것입니다. 다시 말해서 야곱에게 가축 떼를 맡겨 일을 하게 하지만 그의 소유가 될 품삯을 전혀 주지 않겠다는 의지입니다. 야곱은 불가능한 상황에 던져졌습니다. 야곱은 자신에게 대단히 불리한 조건을 받아들임으로 라반을 만족시켰을 뿐만 아니라, 자신이 재물에 대한 욕심이 없음을 말하기 위해 오직 정직함과 정의로움만을 내세웁니다.

라반은 무슨 이유에서인지 상황을 불가능성으로 몰아갑니다. 모세는 이에 대한 구체적인 언급 없이 오직 라반의 행위만을 기록하고 있습니다. 모세에 따르면, "그날에"라고 말함으로 라반이 지체하지 않고 곧바로 야곱을 불가능성으로 몰고 있음을 말하고 있습니다. 아마도 라반은 교만과 재물을 얻기 위해서 인정머리 없는(עָרִיץ, 아리쯔) 사람이 되었던 것으로 보입니다. 그는 포학했습니다. 라반은 혹시 흰 것들과 얼룩무늬, 점 있는, 아롱진 가축들과 교미할 것을 걱정해서 이 두 무리의 가축 떼를 사흘 거리 정도로 떨어지게 했습니다(창 30:36).

라반은 자연의 법칙을 알고 있었습니다. 야곱이 맡은 하얀 것들과 라반의 아들들이 맡은 얼룩진, 점 있는, 아롱진, 검은 것들의 교미 없이는 결코 야곱의 품삯이 없을 것을 알고 있었습니다. 라반은 악의적으로 야곱에게는 하얀(לָבָן, 라반) 가축 떼만을 맡겼습니다. 결국 야곱에게 소유는 하나도 없게 될 것입니다. 이는 야곱이 자신의 소유를 얻을 가능성이 없음을 의미하는 것입니다. 그러나 야곱은 이에 불평하지 않고 고요히 '하얀' 무리를 이끕니다. 여기서 우리는 물질적 욕심에 눈먼 비열한 인간, 인정머리 없는 인간인 라반의 처사를 보게 됩니다. 그러나 우리는 보다 깊은 것을 볼 수 있어야 합니다. 왜냐하면 사실상 라반은 스스로 깨닫지 못하는 사이에 하나님의 뜻으로 인해 야곱을 불가능한 상황으로 몰아간 것이 분명하기 때문입니다. 불가능한 상황에서 우리는 진정으로 기적을 목격하는 증인이 됩니다. 물론 라반의 마음에 중대한 변화가 있으며 악의적인 태도를 취하고 있는 것도 사실입니다. 그러나 라반의 이런 태도는 야곱의 온당함과 성실과 성식함을 입증하는 아름다운 기회가 될 것입니다.

인간에게는 이중인식(Duplex Cognito, La.)이 있습니다. 곧 하나님을 아는 지식과 인간 자신을 아는 지식입니다. 그러나 이것은 구별되지 않습니다. 하나님에 관해서 아는 지식은 곧바로 인간을 아는 지식입니다. 다시 말해서 인간이 절대자를 아는 것은 진정으로 자아를 알게 되는 것입니다. 절대자 하나님, 전능자 하나님 곧 엘 샤다이(אֵל שַׁדַּי)에 대한 인식은 곧바로 인간의 '능력 없음', '기회 없음', 인간은 자신의 삶을 결코 변화시킬 수 없음에 관한 인식에 도달하게 합니다. 사라의 절대적인 불임은 아브라함과 사라에게 자신들이 아들을 얻을 수 없다는 무능력, 더 이상의 기회는 없다는 인식, 자신의 현재의 상황을 변화시킬 수 없다는 인식이 되고 그들은 그 아래에서 사랑하는 아들 이삭을 얻게 됩니다. 바로 엘 샤다이(אֵל שַׁדַּי)

앞에서 언약 가운데 선물로 받은 '웃음'이었습니다. 이렇게 인간은 절대자 하나님 앞에서 자신이 누구인지 알게 됩니다. 그렇기에 하나님에 대한 무관심은 결국 자기 자신에 대한 무관심을 의미합니다. 존 칼빈은 다음과 같이 지적하고 있습니다.

> "참되고 실질적인 지혜(true and substantial wisdom)는 중요한 두 부분, 곧 하나님을 아는 지식과 우리 자신을 아는 지식으로 구성되어 있습니다. 그러나 그 지식의 두 가지는 서로 내적으로 깊이 연결되어 있으며(intimately connected), 그중 어느 것이 먼저 선행하여 다른 것을 형성(produces)하는지에 대해서는 쉽게 발견할 수 없습니다. 왜냐하면 무엇보다 우선, 인간은 하나님 안에서 '살며 기동하므로'(행 17:28) 누구든지 자기 자신을 바라봄(a survey)으로 곧바로 하나님을 묵상(the contemplation of God)하는 데에로 생각이 옮겨가지 않을 수 없기 때문입니다. 우리가 소유한 재능들은 우리 자신들로부터 있는 것일 수 없으며, 실로 우리의 현존(existence)은 한 분 하나님 안에서 생존(현존, subsistence)하는 것 이외에 아무것도 아님이 명백합니다"(《기독교 강요》, I권, 1장, 1).

라반은 양을 치듯이 야곱을 불가능성으로 몰아가고 있습니다. 이것은 가난한 시절의 라반이 아니라, 부유한 다음에 더 많은 재물을 얻고자 비열하게 변한 라반의 모습을 엿보게 합니다. 인간은 오직 생존본능에만 집중되어 있습니다. 자신의 감각, 부, 권력이라는 목적과 관심으로 사귐을 이끌어가려고 하는 현존하는 인류의 모습을 지적하기도 했습니다. 한 철학자의 말처럼 이런 사귐은 침묵, 교활, 애매함, 거짓, 기만으로 현존하는 인간의 자기 보존에 도움이 되는 것만이 중요한 사귐입니다. 그러나 동시에 이런 인간을 당신의 뜻대로 사용하시는 분 역시 하나님이심을 기억해야 합니다.

라반(לָבָן, 흰)의 교활한 계약으로 야곱은 이제 하얀(לָבָן, 라반) 염소와 양만을 돌보면서 얼룩진 것들이 태어날 때에만 자신의 소유권을 주장하게 되었습니다. 이는 절대적인 불가능성에 서 있는 야곱의 모습입니다. 야곱은 무력하고 무능한 상황 속에서 곧바로 엘 샤다이(אֵל שַׁדַּי) 앞에 서게 됩니다. 그는 라반의 교활하고 기만적인 계약을 수용합니다. 왜냐하면 엘 샤다이(אֵל שַׁדַּי)와 함께함으로 야곱은 무한한 가능성에 서 있는 것이며, 자신의 삶을 변화시키고 새롭게 조형(造形)할 수 있는 능력 앞에 서 있는 것이 되기 때문입니다. 이제 불가능 앞에서, 야곱이 만약에 얼룩진 양이나 염소를 얻게 된다면 우리는 그것이 자연의 현상이 아니라 하나님의 뜻임을 알게 됩니다. 라반이 더 철저하게 두 무리를 구별할수록 우리는 야곱의 모든 소유물은 바로 하나님께서 주신 것임을 확증할 수 있게 됩니다.

야곱에게 요구되는 것은 오직 성실함으로 자신의 약속을 이루는 것입니다. 이것이 그의 쩨다카(צְדָקָה) 곧 정의로움입니다. 이것이 그의 유일한 삶이며, 완전한 삶으로 가는 방법입니다. 아마도 모세 또한 홍해 앞에 서 있을 때, 그 불가능 앞에 서 있을 때에 진실로 하나님께서 자신을 구원하시며 하나님께서 모든 것을 허락하셨음을 목격하고, 현존하는 인간의 불가능성이 엘 샤다이(אֵל שַׁדַּי) 앞에 서 있는 선택받은 인간의 무한한 가능성임을 발견했을 것입니다.

모세는 "야곱이 버드나무와 살구나무와 신풍나무의 푸른 가지를 가져다가 그것들의 껍질을 벗겨 흰 무늬를 내었다"라고 씀으로(창 30:37) 야곱이 불가능한 조건에 좌절하는 대신에 무엇이든 행위(work, 노동)를 하고 있음을 지적하고 있습니다. 이는 야곱이 자신의 마음을 붙잡듯이 '버드나무', '살구나무', 그리고 '신풍나무'를 가져다가 그 껍질을 벗겨 '하얀' 속이 보이도록 했습니다(창 30:37). 그리고 껍질 벗긴 나뭇가지들을 가축 떼가 물 마시는 구유에 세웠습니다(창 30:38). 그리고 가축 떼가 새끼를 배었는데(창 30:38), 가지 앞에서 새끼를 배므로 얼룩얼룩한 것과 점이 있고 아롱진 것을 낳았습니다(창 30:39). 여기서 '가지 앞에서'란 말을 어떤 미신적인 것으로 읽지 않도록 우리의 마음을 다잡아야 합니다. 이 이야기에는 어떤 미신이나 주술 같은 것이 없습니다. 또한 하얀 양과 염소들이 신풍나무와 같은 나무 앞에서 교미를 하면 유전자의 변형이 일어난다는 등의 어리석은 말로 스스로를 기만하지 않도록 마음을 붙잡아야 합니다. 야곱이 하는 일들은 자신의 소유에 대해서 아무런 도움을 주지 않는 일들입니다. 무의미한 일들입니다.

야곱은 '버드나무', '살구나무', 그리고 '신풍나무' 이렇게 세 종류의 나무 가지를 선택했습니다. 중요한 것은 이 세 나무를 이용한다고 해도 결코 하얀 가축 떼가 얼룩무늬 혹은 점이 있는 새끼를 낳을 수 없다는 사실입니다. 다시 말하지만 이 세 종류의 나무에 미신적인 의미를 부여하지 맙시다. 또한 야곱에게 어떤 신비한 지혜가 있어서 이 나뭇가지를 이용한 것처럼 말하고 싶은 욕망을 절제합시다. 여기서 다시 모세가 자주 사용하는 언어유희를 살펴봅시다.

모세가 쓰고 있는 세 종류의 나무를 보면, 먼저 리브네(לִבְנֶה)입니다. '버드나무'로 읽는 히브리어 리브네는 '소합향 나무'(storax)로 때죽나무로 읽을 수 있습니다. 혹은 '포플러 나무'(poplar, KJV), '미류나무'(공동번역)로 읽기도 합니다. 그런데 이 '리브네'(לִבְנֶה)는 '하얗다'란 의미의 라반(לָבַן)이란 동사에서 온 식물 이름입니다. 아마도 리브네(לִבְנֶה)가 하얀 빛을 가진 나무였기 때문에 이런 이름이 붙은 것으로 보입니다. 여하튼 리브네(לִבְנֶה) 곧 '포플러 나무'(poplar) 혹은 버드나무를 통해서 연상할 수 있는 것은 바로 라반(לָבָן)과의 약속입니다. 야곱은 정직하게 행동하기로 다짐을 했으며, 이것이 자신에게 정의 곧 쩨다카(צְדָקָה)라고 말한 것을 스스로 확인하고 다짐하기 위해서 리브네(לִבְנֶה)의 껍질을 벗겨 그 하얀(לָבָן, 라반) 속을 보이도록 놓았을 것입니다. 진실로 〈시편〉에서, "여호와를 경외하며 그의 길을 걷는 자마다 복이 있도다 네가 네 손이 수고한 대로 먹을 것이라 네가 복되고 형통하리로다"(시 128:1-2)라는 찬양은 정직함으로 얻는 정의의 길에 대한 찬송입니다. 야곱은 자신이 정당하게 얻은 것이 아닌 소득은 원하지 않았습니다. 라반과의 약속을 다짐하는 상징적인 깃대가 바로 리브네(לִבְנֶה) 나뭇가지였던 것으로 보입니다.

가축 떼가 교미할 때에 리브네(לִבְנֶה) 곧 하얀 나무를 보면서 라반(לָבָן) 곧 하얀 사람과의 약속을 상기하고 자신의 마음을 지켰습니다. 자신이 맡은 하얀 가축 떼들이 혹여라도 검은 것, 점 있는 것, 아롱진 것과 교미하지 않도록 지켜야 했습니다.

'살구나무'로 읽은 것은 히브리어 '루쯔'(לוּז)입니다. 모세는 두 번째로 '루쯔'(לוּז)를 언급하고 있으며, 이를 '살구나무'로 읽거나 '아몬드 나무'(almond, NIV, ASV) 혹은 '개암나무'(hazel, KJV, YLT)로 읽기도 합니다. '아몬드'와 관련된 경우에는 한글 번역본에서는 선교사들이 이와 가장 비슷한 '살구나무'로 번역하였는데, 이는 한국인들의 정서에 맞도록 깊이 배려한 번역자의 노력을 반영한 것입니다. 여하튼 루쯔(לוּז)가 바로 '벧엘'의 또 다른 지명과 음성적으로 동일함을 기억한다면, 야곱은 벧엘에서의 사건을 기억하기 위해서 자신의 깃대로 루쯔(לוּז) 나무를 세웠을 것으로 보입니다. 벧엘에서 하나님께서는 야곱과 함께하실 것을 약속하셨고, 이는 라반도 고백했던 바입니다. 단지 야곱은 벧엘의 언약과 자신의 서원을 망각하지 않도록 하기 위해서 루쯔(לוּז) 나무의 하얀(לָבָן, 라반) 속이 보이도록 세운 것으로 압니다. 묵상(contemplation, 응시)을 위한 상징일 뿐입니다. 사랑은 응시하는 시선으로부터 시작됩니다. 사랑은 고백으로부터 시작합니다. 벧엘의 맹세에 관한 것입니다.

마지막으로 '신풍나무'로 읽은 히브리어는 아르몬(עַרְמוֹן)입니다. 이는 '플라타너스 나무'(plane tree, NIV) 혹은 '밤나무'(chestnut tree, KJV), 단풍나무(겔 31:8) 등으로 읽습니다. 그런데 히브리어 아르몬(עַרְמוֹן)은 '신중함', '교묘함'이란 뜻을 가진 오르마(עָרְמָה)와 유사한 형태입니다. 아르몬(עַרְמוֹן)이나 오르마(עָרְמָה)는 모두 동사 아람(עָרַם)과 관련을 맺고 있습니다. 동사 아람(עָרַם)은 '신중하다', '조심하다'란 의미를 가지고 있습니다. 이는 라반의 교묘함과 기만적인 교활함에 대하여 자신의 마음을 신중하고 고요하게 붙잡아야 함을 다짐하는 것으로 보입니다.

라반 곧 현존하는 인간을 대표하는 자로서의 라반은 교활함과 기만적인 행위로 야곱, 곧 선택받은 아브라함의 후손을 대표하는 자인 야곱에게 하얀 가축 떼만 주어 그를 불가능의 상황으로 몰아갔습니다. 그리고 그 가운데 새끼들이 아롱지고 얼룩진 것만 야곱이 소유하도록 했습니다. 이런 라반의 처사에 대해서 분노하거나 억울해하지 않고 고요한 마음을 가지고 자신의 정직함으로 정의로운 삶 곧 하나님의 도를 지키며 살아갈 것을 다짐하는 야곱의 깃대인 것으로 압니다. 또한 아람(עָרַם)은 라반을 대표하는 아람(אֲרָם) 사람과 언어유희를 이루고 있습니다. 아르몬(עַרְמוֹן) 나무는 아람(אֲרָם) 사람 라반을 연상시킵니다.

정의는 정직함을 떠나서 말할 수 없습니다.

언약에 따른 의무에 성실하며, 자신의 행위에 정직함이 있어야 합니다. 그런데 하얀(לָבָן, 라반) 것들끼리 교미를 했음에도 불구하고 '아롱지고 얼룩진 것들'이 태어났습니다(창 30:39). 야곱은 라반(לָבָן, 하얀 자)의 양 떼를 정직하게 돌보았습니다. 그 맹세를 기억하기 위해서 하얀(לָבָן, 라반) 나뭇가지들을 세워 놓고 스스로의 마음을 흔들리지 않도록 고요하게 붙잡았습니다. 그런데 기적으로 '아롱진 것들'이 태어났습니다(창 30:39). 야곱도 어쩔 수 없는 일입니다. 이는 인간이 어찌할 수 없는 일 곧 필연입니다. 자연의 현상이 아니라 필연적 현상입니다. 우리가 말할 수 있는 것은 야곱은 정직했으며 성실하게 약속을 지켰다는 사실입니다. 다시 말해서 하얀 것들과 그렇지 않은 것들 사이의 교미를 하지 않게 했습니다. 그는 언약에 완전하고자 했습니다. 하나님께서 그의 정의로움에 응답하셨음이 분명합니다. 모세는 이런 일이 야곱 개인의 문제가 아니라 시내 산 언약을 맺는 모든 하나님 백성에게도 일어날 미래의 소망임을 말하고 있습니다. 야곱이라는 과거의 역사로 회귀함은 동시에 미래의 소망을 지금 자신의 불가능한 상황에서 무한한 가능성과 자기 변화를 이루어 자신의 삶을 조형할 수 있음을 의미합니다. 바로 엘 샤다이(אֵל שַׁדַּי) 앞에서의 언약입니다. 중요한 것은 정직과 성실, 그리고 과거에 대한 깊은 열망을 가지고 현재를 조형하고자 하는 것입니다. 이는 역사가의 자질입니다.

필연은 하늘의 뜻이라고 고백할 수밖에 없게 합니다. 이것을 기적이라고 말한다면 그것은 아마도 기적의 한 부분일 것입니다. 진정한 기적은 야곱의 고요함 가운데 있는 정직함입니다. 왜냐하면 이것은 불가능한 일이기 때문입니다. 자신에게 아무 이익도 안 되는 일에 성실함으로 노동하고, 부당한 대우를 한 라반에게 은혜를 베풀고, 불가능한 수입을 믿고 충실하고 정직할 수 있다는 것이 기적일 것입니다. 현존하는 인간은 곧 자기 생존본능에 집중되어 권력, 부, 자기 감각에 집중되어 이를 방해하는 모든 것을 제거하려고 합니다.

하얀 것들끼리 교미를 해서 얼룩이를 얻는 것은 있을 수 없습니다. 그래서 야곱의 처신은 항상 의심의 대상이 됩니다. 라반의 얼룩무늬 양과 염소를 도둑질한 것으로 의심을 받습니다. 사실 라반의 아들들은 야곱이 자신들의 부친의 재산을 취했다고 라반에게 고변했습니다(창 31:1). 아마도 라반의 자식들이 돌보던 라반의 얼룩무늬나 검은 털의 염소나 그런 양들의 수효는 점차 줄어들었던 것으로 짐작됩니다. 그리고 그 원인을 야곱의 도둑질로 몰아갔습니다. 하지만 야곱은 자신의 가축 떼 가운데에서 새로 태어난 얼룩진 것들과 라반의 것인 하얀 것들을 서로 마주보게 해서 교미하지 못하도록 지켰습니다(창 30:40). 그런데 창세기 30장 41절과 42절에서는 다소 애매한 독해로 오해의 소지가 발생할 수 있습니다.

41절에서 "튼튼한 양"(the stronger cattle, KJV)과 42절의 "약한 양"(the cattle were feeble, KJV) 때문에 다소간 내용 파악에 어려움을 줍니다. 우선 42절에서 '약하다'란 의미로 사용된 아타프(עָטַף)는 '약하다'(grow weak)란 뜻을 가지고 있습니다. 그러므로 번역본들의 독해는 적절합니다. 그러나 "약한 양이면 그 가지를 두지 아니하니 그렇게 함으로 약한 것은 라반의 것이 되었다"라고 읽음으로(창 30:42) 나뭇가지에 어떤 특별한 능력이 있어서 '아무 가지도 없으면' 모두 약하고 하얗게 태어나는 것으로 보입니다. 하지만 '약하다'란 말은 '빛이 약하다', '색이 희미하다'란 뜻도 있습니다. 다시 말해서 야곱은 가축 떼의 빛깔에서 검정색이 희미한 것들은 아롱지거나 얼룩이 아니라 모두 하얀 것 곧 라반의 것으로 계산했다는 뜻입니다. 야곱은 더 많이 가지기 위해서 색깔이 조금이라도 희미한 검정색이 있으면 자신의 것이라고 주장하는 대신에 오히려 선명하지 않고 색이 약한 것을 모두 라반의 것으로 정했다는 뜻입니다. 그리고 이런 것들이 교미할 때에는 언약을 상징하는 깃발과 같은 나뭇가지를 두지 않아도 되었습니다. 왜냐하면 모두 라반의 것이기 때문입니다. 형제에게 조금 손해 보면서 살아가는 것이 바로 그리스도인들의 삶입니다. 사도는 "너희가 피차 고발함으로 너희 가운데 이미 뚜렷한 허물이 있나니 차라리 불의를 당하는 것이 낫지 아니하며 차라리 속는 것이 낫지 아니하냐"(고전 6:7)라고 하였습니다. 또 "모든 것이 가하나 모든 것이 유익한 것은 아니요 모든 것이 가하나 모든 것이 덕을 세우는 것은 아니니 누구든지 자기의 유익을 구하지 말고 남의 유익을 구하라"(고전 10:23-24)고 하였습니다. 야곱은 그리스도인의 삶에 대한 모범입니다.

41절에서 '튼튼한 양'에서 '튼튼한'에 대해서 모세가 쓴 히브리어는 카솨르(קָשַׁר)의 푸알형(강조능동형)입니다. 카솨르(קָשַׁר)가 '묶다'(bind)란 뜻이므로 모세가 말한 것은 '건강하고 튼튼한 것'이라는 뜻보다는 오히려 야곱에게 '묶이게 된 것'을 말하는 것입니다. 다시 말해서 빛과 색이 선명한 가축 떼를 말하는 것입니다. 물론 카솨르(קָשַׁר)의 푸알형을 '강하다'(sturdy)라고도 읽습니다. 그러나 문맥 안에서 이 '강하다'는 말은 빛과 색깔이 선명하기에 '검정 색이 강하다'란 뜻입니다.

만약에 병든 것은 의도적으로 라반에게 주고, 튼튼한 것들은 야곱이 골라서 취함으로 모세가 말한 대로 "이에 그 사람이 매우 번창하여 양 떼와 노비와 낙타와 나귀가 많았더라"(창 30:43)고 한다면 진정으로 라반의 아들들의 말은 진실일 것입니다. 야곱이 라반의 재산을 도둑질한 것입니다(창 31:1). 하지만 야곱은 이 모든 일에 있어서 '하얀 마음'으로 곧 무죄였으며 온전했습니다. 만약에 야곱이 거짓말을 하는 것이 아니라면, 다시 말해서 진실로 하나님께서 벧엘의 약속을 지키시어 야곱과 함께하셨으며, 하늘의 천사들이 야곱을 지켜 주어 야곱이 부유하게 된 것이라면 야곱에게 거짓된 술수를 뒤집어씌우는 것은 잘못입니다.

야곱이 레아와 라헬에게 이 모든 일을 말할 때에 이미 꿈에 천사가 얼룩무늬 있는 가축 떼를 보여주었고(창 31:12), 라반의 부당한 처사를 보았음을 알려 주었습니다(창 31:12). 그러면서 천사는 벧엘의 언약과 벧엘에서 기둥을 세워 기름을 붓고 서원한 것을 추억하도록 다시 반복했습니다(창 31:13). 야곱은 그저 자신의 언약과 서원을 추억할 수 있는 깃대를 만들기 위해서 나무껍질을 벗겼을 뿐입니다. 이런 행위로 하얀 가축 떼, 하얀 양이나 염소가 얼룩무늬가 있는 것을 출산하지는 못합니다. 그러나 짐승이 교미할 때마저도 하얀 나무 가지를 쓴 그 어처구니없는 야곱의 행위(창 30:38), 곧 그의 말과 그의 행동들 사이에 언약을 중시하는 정직함과 성실함에 하나님께서 응답하신 것입니다. 기적이 믿음을 일으키는 것이 아니라 믿음이 기적을 일으키는 것입니다. 그래서 야곱에게 기적은 없어도 됩니다. 중요한 것은 정의 곧 하나님의 도를 지키는 것입니다. 믿음으로 그것을 지키는 것입니다. 언약의 의무에 성실하게 서 있는 것입니다.

모세가 말하는 의미는 자명합니다. 비록 한글번역에서 문제는 없지만 우리가 그 본문을 읽을 때, 우리의 이해에는 적절하지 못한 점이 있습니다. 모세가 말하려는 의미는 다음과 같습니다. '색과 빛이 검정빛이 선명하고 확실한 것들은 모든 언약한 바 자신의 것으로 삼았으며, 만약에 그 색과 빛에 있어서 검정빛이 조금이라도 희미하거나 약하다면 그것은 모두 라반의 것으로 계산했다. 야곱은 정직하게 약속에 성실했을 뿐만 아니라 형제 곧 라반의 이익을 위해서 자신이 손해 보는 것을 아까워하지 않았다. 그는 이쉬 탐(תָּם אִישׁ)이다. 이는 모두 하나님께서 그에게 양 떼와 노비와 낙타와 나귀를 주심이 분명하다. 야곱은 꿈을 통해서 미래가 약속한 대로 될 것을 알고 있었고, 그 미래는 더 이상 미래의 일이 아니라 현재의 야곱의 삶이 되었다. 왜냐하면 그는 하나님을 믿었기 때문이다. 이것이 그의 정의로움이며 야곱이 매우 번창한 이유다. 야곱은 라반이 질투할 만큼 번창했다.' 이 정도로 읽어야 할 줄로 압니다.

우리는 하나님께서 야곱에게 약속하신 대로 그와 함께하셨으며(창 28:15), 이를 위해서 그를 돌보는 친사가 그의 곁에 있었나는 사실을 기억해야 합니다(창 31:11). 천사가 하는 일은 성도를 지키는 일입니다(마 18:10). 아브라함의 늙은 종보다 먼저 리브가를 찾아간 천사가 있었던 것처럼 야곱의 삶에도 천사의 돌봄이 있었음을 기억해야 합니다. 벧엘의 언약은 하나님께서 야곱과 함께하신 약속입니다. 이 사실을 기억해야 합니다. 과거의 언약을 망각한다면 우리는 성경을 전혀 다르게 읽을 수 있습니다.

야곱은 하나님의 도우심을 기대하면서 게으름뱅이처럼 놀지 않았습니다. 어리석은 이들처럼 공상의 즐거움에 사로잡혀 "좀 더 자자, 좀 더 졸자, 손을 모으고 좀 더 누워 있자 하면"(잠 6:10)서 하나님의 축복을 기대하지 않습니다. 야곱은 자신의 삶, 소유, 신앙, 그리고 약속, 자신이 한 말들에 무관심하지 않았습니다. '생각없음'(thinklessness)이란 악을 범하지 않았습니다. 그는 라반의 양 떼를 돌보는 노동에 성실했으며, 하얀 나무를 세워 스스로의 약속을 다짐했습니다. 그는 짐승들의 교미 때에 어처구니없이 하얀 나무를 세우는 일이라도 해야 했습니다. 무엇이든 해야 했습니다. 아니, 무슨 일이든 좋습니다. 아무 일이라도 해야 했습니다. 하얀 가축 양 떼와 염소 떼 앞에서 멍청하게 서 있는 것보다는 자신의 언약과 약속들을 추억할 수 있는 나뭇가지라도 깎고 있어야 했습니다. 이런 일들이 어처구니없는 일이지만 야곱에게는 어쩔 수 없는 일이었습니다. 하얀 것 사이에서 얼룩진 것을 얻어야 했습니다. 불가능성을 극복해야 했습니다. 하나님의 도움을 믿고 성실하게 노동을 해야 했으며, 야곱은 진실로 성실하게 노력했습니다. 라반의 가축 떼를 성실하게 돌보았습니다.

사실 야곱도 처음부터 라반이 자신을 비웃음거리로 만들고자 어처구니없는 행동을 했음을 알고 있었습니다. 게다가 라반은 이 품삯 계약을 열 번이나 변경했습니다(창 31:7). 한 번은 얼룩과 검정 것을 주었고, 그다음에 하얀 것으로 변경했으며, 그다음에 다시 또 변경했습니다. 이렇게 열 번이나 변경했습니다. 하지만 야곱은 알고 있었습니다. 믿었습니다. "하나님이 이같이 그대들의 아버지의 가축을 빼앗아 내게 주셨느니라"(창 31:9)고 레아와 라헬에게 말할 수 있을 만큼 정직했습니다. 야곱은 언제나 고요하게 자신의 의무를 정직하게 실행했으며, 항상 일정하게 그 자리를 지키는 북극성처럼 성실했습니다. 그리고 흰 것에서 아롱지고 얼룩진 것이 나오고, 얼룩진 것과 검정 털의 양과 염소에서 흰 털을 가진 것이 나왔습니다. 이것은 무슨 마법이나 신비한 나뭇가지에서 온 것이 아니라 바로 하나님의 일꾼들인 천사들이 한 일임을 알고 있었습니다(창 31:11-12). 또한 야곱은 자신의 그 모든 작은 일들을 아름답고 위대한 일로 변화시키시는 분이 '자신과 함께한다'는 벧엘의 약속을 믿었습니다. '나와 함께하시는 하나님'에 대한 신앙입니다. '우리와 함께하시는 하나님' 곧 임마누엘(עִמָּנוּאֵל) 신앙입니다.

모세는 "이에 그 사람이 매우 번창하여 양 떼와 노비와 낙타와 나귀가 많았더라"(창 30:43)고 합니다. 그는 이제 받았으니 줄 것이 생겼습니다. 하나님께 받았으니 하나님께 드릴 마아싸르(מַעֲשֵׂר, the tithe)가 생긴 것입니다. 야곱은 마아싸르(מַעֲשֵׂר) 곧 십일조를 위해서 거짓과 교활함으로 재물을 얻을 수는 없었습니다. 왜냐하면 마아싸르(מַעֲשֵׂר, the tithe)는 거룩한 것이기에 정직하고 정의롭게 얻어야 했기 때문입니다. 벧엘의 맹세를 성취할 때가 가까이 왔습니다.

야곱은 40세에 라헬을 만났고, 47세가량에 레아와 라헬을 동역자로 얻었습니다. 또 다른 두 명의 동역자로 빌하와 실바도 얻었습니다. 그리고 이 시이에서 열한 명의 아들들과 딸 디나를 인있습니다. 열두 명의 자녀들을 연년생으로 낳았다고 한다면 야곱은 60세가량 혹은 그 이상이 되었을 것입니다. 그리고 이 사이에서 라반이 열 번의 계약을 임의로 변경했습니다. 야곱은 "이십 년 동안 외삼촌의 두 딸을 위하여 십사 년, 외삼촌의 양 떼를 위하여 육 년을 외삼촌에게 봉사하였거니와 외삼촌께서 내 품삯을 열 번이나 바꾸셨습니다"라고 말합니다(창 31:41). 이를 통해 보건대 야곱은 60세 전후가 되었을 것입니다.

## 언약 앞에서 완전한 야곱

### F. 라반에 대한 두려움으로 떠남(31:1-42)

야곱은 물질적 현상 안에서 번영과 성공을 얻었으며 라반의 아들들은 야곱의 번성을 도둑질로 몰아갔습니다(창 31:1). 이는 불가능성 앞에 서 있는 야곱의 성공을 이해할 수 없었으며, 아마도 자신들의 가축 떼의 수효가 줄어든 것에 대한 해결책, 곧 아버지 라반에게 둘러댈 핑계를 찾은 것으로 보입니다. 그 핑계는 야곱이 도둑질을 했다는 것이었습니다. 이에 라반은 변했습니다. 아마도 야곱이 자신만의 정당한 소유권을 정하는 상업적 계약 이후로 라반은 심리적으로 큰 변화를 겪었던 것이 분명합니다. 야곱은 라반이 '자기에게 대하여 전과 같지 아니함'을 알았습니다(창 31:2). 라반은 전에는 사랑의 눈길로 야곱을 대했으나 어느 순간 변한 것입니다. 그리고 라반의 아들들의 말로 짐작할 수 있는 것은 야곱이 부당한 짓을 했다는 확신으로 말미암은 것으로 보입니다. 이제 모세는 야곱의 정직함 곧 그의 의로움을 입증해야 했습니다. 그에게 적어도 두 명의 증인이 요구되었습니다(신 19:15).

〈창세기〉 31장은 보다 작은 몇 개의 단위로 쪼갤 수 있습니다. 먼저 야곱이 라반을 떠나기 위해서 레아와 라헬을 설득하는 장면입니다(창 31:3-16). 여기서 야곱의 정직성과 정당성을 확인할 수 있으며, 두 아내는 야곱의 말에 대한 증인으로 등장합니다. 이후 야곱은 떠나고 라반은 야곱에 대한 살의(殺意)로 추격합니다(창 31:17-25). 이 과정에서 라반에게 나타나신 하나님께서 야곱을 지켜 주셨음을 깨닫게 됩니다. 야곱의 정당성은 그 자신에게 있는 것이 아니라 바로 전능하신 하나님께 있음을 확증하게 됩니다. 야곱의 완전함, 다시 말해서 아브라함 언약 가운데 아브라함의 후손들이 살아갈 삶의 완전함은 노아의 경우처럼 하나님의 은혜(חֵן) 안에 있습니다(창 6:8-9).

라반과 야곱은 서로 만나서 서로의 정당성을 주장합니다(창 31:26-43). 여기서 야곱은 자신의 것이 아닌 것 곧 하나님께 받지 않은 것을 도둑질한 것으로 의심을 받습니다. 하지만 야곱의 정당성이 오히려 더 강조됩니다. 여기서 라헬이 아버지 라반의 드라빔을 도둑질한 일화가 중요한 역할을 합니다. 라반은 야곱의 정당성을 확인하고 언약을 체결하게 됩니다(창 31:44-55). 이상의 내용을 도식으로 나타내면 다음과 같습니다.

**a. 라반이 오해를 함(31:1-2)**
**b. 야곱이 자신의 정당성을 주장함(31:3-16): 아내들에게**
**x. 야곱이 라반을 떠남(31:17-25): 라반에게 나타난 주의 천사**
**b′. 야곱이 자신의 정당성을 주장함(31:26-43): 라반에게**
**a′. 라반이 오해를 풂(31:44-55): 미스바의 언약**

31장의 전체 짜임새를 보면 야곱의 정당함 곧 그의 정직함을 보장하고 있는 것은 두 아내와 하나님이십니다. 이때 하나님께서는 라반에게 "너는 삼가 야곱에게 선악간에 말하지 말라"(창 31:24)고 지시하셨습니다. 라반이 야곱에게 대하여 '좋고 나쁨'을 언급하지 못하게 하셨습니다. 야곱의 정당성은 오직 하나님께서 결정하십니다. 사실 믿음으로 얻은 정의와 믿음 가운데 형성된 기적의 문제를 인간이 판단하는 것은 바람직하지 않습니다. 오직 믿음을 선물로 주신 하나님만이 판결하실 수 있을 뿐입니다.

## 정직함과 성실함으로 언약 앞에서 온전한 야곱

야곱은 자연현상에서 일어날 수 없는 기적(a miracle)의 한가운데 있었습니다. 그는 전능자의 능력 가운데에서 정직하고 성실하게 노동하고 있었습니다. 지혜 곧 하나님의 지혜는 다음과 같이 선언합니다. "내 열매는 금이나 정금보다 나으며 내 소득은 순은보다 나으니라 나는 정의로운 길로 행하며 공의로운 길 가운데로 다니나니 이는 나를 사랑하는 자가 재물을 얻어서 그 곳간에 채우게 하려 함이니라"(잠 8:19-21).

지혜는 정의(צְדָקָה, 쩨타카)와 공의(מִשְׁפָּט, 미쉬파트)의 길 곧 아브라함의 길에서 하나님의 지혜를 사랑하는 이들에게 재물을 허락하고 있습니다. 그러나 라반의 아들들은 그렇게 생각하지 않았습니다. 라반의 아들들은 "야곱이 우리 아버지의 소유를 다 빼앗고 우리 아버지의 소유로 말미암아 이 모든 재물을 모았다"(창 31:1)라고 말했습니다. 전능자의 능력으로 풍요로움을 얻은 것, 그것은 정의와 사랑의 길이었으나 그것을 인정하기란 기적을 믿는 것처럼 어렵습니다. 라반은 아들들의 주장을 듣고 내적인 변화가 있었음이 분명합니다. 모세는 "야곱이 라반의 안색을 본즉 자기에게 대하여 전과 같지 아니하더라"(창 31:2)라고 말합니다.

야곱이 라반의 심리적 변화를 인식하고 있을 때쯤에 하나님의 음성이 그에게 임했습니다. "네 조상의 땅 네 족속에게로 돌아가라"(창 31:3). 하나님께서 야곱에게 말씀하셨습니다. 여기서 주의해서 생각할 것은 아브라함에게 하신 말씀과는 반대로 말씀하신다는 사실입니다. 아브라함은 그 아버지를 떠나야 했으나 야곱은 그 아버지 이삭에게로 돌아가야 했습니다. 이후로 모든 삶은 아브라함에게로 돌아가는 것입니다. 왜냐하면 아브라함은 그의 모든 후손들에게 '여호와의 도'(道, דֶּרֶךְ, 데레크)를 지키도록 가르쳤기 때문입니다. 아브라함이 결코 이삭과 어린 야곱에게 교육하지 않았다고 생각할 수 없습니다. 하나님께서는 '아브라함의 모든 씨들이 여호와의 도를 지켜 의(צְדָקָה, 쩨다카)와 공도(מִשְׁפָּט, 미쉬파트)를 행하게 하려고 아브라함을 택하셨습니다'(창 18:19). 하나님께로 귀의하는 문제는 이제 아브라함의 신앙을 따르는 문제로 점착됩니다.

하나님의 지시를 받은 야곱은 이제 어머니의 소식이 없어도 아버지 이삭에게로, 어머니에게로 돌아가야 했습니다. 이에 두 아내 레아와 라헬을 양 떼가 있는 들판으로 불렀습니다(창 31:4). 그리고 야곱은 아내들에게 라반의 변화를 처음부터 알고 있었지만 '내 아버지의 하나님은 나와 함께 계셨음을 믿는다'고 고백합니다(창 31:5).

가난하지만 선량했던 라반은 부유해지자 그 마음이 변했습니다. 전능자의 능력을 믿지 못하는 라반과 그의 아들들의 입장에서 야곱은 정직한 자가 아니었습니다. 야곱에게 악의적으로 대했습니다. 그러나 야곱의 고요한 마음에는 흔들림이 없었습니다. 그는 하나님께서 함께하심을 의지하고 있었습니다. 야곱은 성실함과 충실함으로 온힘을 다해 라반을 섬겼습니다. 야곱은 '나의 모든 힘 안에서'(בְּכָל־כֹּחִי, 베콜-코히) 곧 힘을 다해서 섬겼다고 말합니다(창 31:6). 여기서 '힘' 곧 코아흐(כֹּחַ)는 능력(power, KJV)이란 의미로 야곱이 자신의 소유를 보장받고 확대하려는 것에 온 능력을 사용한 것이 아니라 라반의 가축 떼를 증가시키려고 하는 일에 온 능력, 온힘(strength,

NIV)을 다했음을 말하는 것입니다. 결코 야곱은 부당한 일을 하지 않았으며 게으름과 무관심으로 행하지 않았습니다. 하지만 라반은 계약의 조건을 열 번이나 변경했습니다(창 31:7). 아마도 라반은 야곱을 의심했으며, 의심이 깊을수록 야곱에 대한 어떤 적대감으로 야곱에게 해를 끼치려고까지 했던 것으로 보입니다. 이는 라반 자신이 부유함에서 얻은 교만한 마음과 자기 감각(의심)에 집중되어 스스로 만들어낸 적대감입니다.

야곱은 아내들에게 계속 말했습니다.

"하나님이 그를 막으사 나를 해치지 못하게 하셨으며"(창 31:7), "하나님이 이같이 그대들의 아버지의 가축을 빼앗아 내게 주셨느니라"(창 31:9). 만약에 야곱이 튼튼하고 건강한 가축은 자신이 취하고, 병들어 약한 것은 라반에게 주었다면 그는 결코 이와 같은 고백을 할 수 없습니다. 만약 지금의 고백을 야곱의 속임수로 읽는다면, 다시 말해서 야곱이 또 아내들을 거짓말로 속이고 있다는 식으로 성경을 읽는다면 더 이상 성경을 읽지 않는 것이 좋을 것입니다. "거룩한 것을 개에게 주지 말며 너희 진주를 돼지 앞에 던지지 말라"(마 7:6)고 말씀하신 주님의 가르침은 언제나 옳은 말씀이며 우리가 지켜야 할 의무가 있는 가르침입니다.

야곱은 검정색이 강하고 선명한 것은 계약에 따라서 자신의 것으로 삼았습니다. 그리고 색이나 빛이 조금이라도 약해서 희미한 것이 있다면, 비록 그것이 하얀 빛이 아님을 누구나 알 수 있다고 하여도 그 빛이 약하면 하얀 것으로 취급해서 모두 라반의 것으로 했습니다. 그럼에도 라반은 열 번이나 계약을 임의로 변경하여 불가능한 상황으로 지속적으로 야곱을 몰았습니다. 그러나 하나님께서는 모든 자연의 법칙을 능가하여 라반의 모든 것을 빼앗아 야곱에게 주셨습니다. 야곱은 천사를 통해서 이미 새끼들이 얼룩무늬가 태어날 것에 대하여 알고 있었습니다(창 31:10-12). 그렇기 때문에 야곱은 라반의 것을 탐하여 도둑질할 이유가 없었습니다.

야곱은 아내들에게 자신에게 임한 하늘의 음성(קוֹל מִן־שָׁמַיִם, 콜 민-솨마임) 곧 하나님의 음성, 성령님의 말씀을 전합니다. 야곱은 꿈(חֲלוֹם, 할롬)에서 하나님의 말씀을 들었습니다(창 31:11). 그 꿈에서 이제 야곱은 고향으로 돌아가야 할 소명을 받았습니다.

꿈(חֲלוֹם, 할롬)에서 "나는 벧엘의 하나님이라 네가 거기서 기둥에 기름을 붓고 거기서 내게 서원하였으니 지금 일어나 이곳을 떠나서 네 출생지로 돌아가라"(창 31:13)고 말씀하셨습니다. 여기서 하나님께서는 야곱의 서원의 맹세를 기억하고 계심을 계시하고 있습니다. 그 서원을 성취하기 위해서 고향 곧 가나안 땅으로 돌아갈 것을 지시하셨습니다.

야곱은 꿈을 통해서 천상의 주님과 그리스도의 예표인 사닥다리를 보았습니다. 그리고 꿈을 통해서 새로 태어날 가축 새끼들의 색깔도 알고 있었습니다. 그는 마술이나 마법 같은 나무껍질을 통해서 속임수를 쓸 이유가 없었습니다. 그는 자신의 약속과 맹세 앞에서 성실하게 힘을 다해 지키려고 했을 뿐입니다. 아브라함의 모든 후손의 삶을 규정하는 의(צְדָקָה, 쩨다카)와 공도(מִשְׁפָּט, 미쉬파트)를 행하려고 했습니다(창 18:19). 이것이 그가 완전할 수 있는 이유였습니다. 야곱은 자신의 정당성을 하나님께서 주신 꿈(חֲלוֹם, 할롬)에서 찾고 있습니다. '완전함이 있어라'(הֱיֵה תָמִים, 창 17:1)라는 말씀은 아브라함 언약 안에서 머무는 것을 말합니다. 의(צְדָקָה, 쩨다카)와 공의(מִשְׁפָּט, 미쉬파트)의 문제입니다.

한편 라반의 두 딸인 레아와 라헬은 아버지 라반의 불의함에 있어서 증인이 되어 주고 있습니다. 라헬과 레아는 "우리가 우리 아버지 집에서 무슨 분깃(חֵלֶק, 헬레크)이나 유산(נַחֲלָה, 나할라)이 있으리요"(창 31:14)라고 말합니다. 히브리어 헬레크(חֵלֶק)는 '몫'(portion, KJV)이란 말이고 나할라(נַחֲלָה)는 '상속,' '계승'(inheritance, KJV)이란 뜻이 있습니다. 그래서 '분깃이나 유산'(any portion or inheritance, KJV)이라고 읽지만 수사학적으로는 중언법으로 '상속의 몫'(any share in the inheritance, NIV)이라고 읽는 것이 더 정확한 것으로 압니다. 사실 레아와 라헬은 아버지 라반으로부터 결혼 지참금을 전혀 받지 못했습니다. 그런 아버지가 자신들에게 상속의 몫을 줄 가능성이 없음을 인식하고 있습니다. 이 역시 라반이 레아와 라헬을 불가능성으로 몰아가는 것입니다.

라헬과 레아는 한목소리로 아버지 라반이 야곱에게 받은 지참금 곧 "우리를 팔고 우리의 돈을 다 먹어 버렸으니 아버지가 우리를 외국인처럼 여기는 것이 아닌가"(창 31:15)라고 말하여 자신들에게 지참금을 주지 않았음을 고변합니다.

'여자'라서 상속을 받을 수도 없는데 지참금마저 받지 못했으니 자신들을 가족이 아니라 이방인 취급을 할 정도로 돈을 중하게 여겼다고 주장하고 있습니다. 아마도 라반의 변화는 이 돈(כֶּסֶף, silver)에 의한 것으로 보입니다.

고대사회에서 '돈'(כֶּסֶף, 케쎄프)이란 금속이나 은(כֶּסֶף, 케쎄프)과 같은 것을 말합니다. 그리고 이는 '사랑하다', '열망하다', '갈망하다'(long)란 뜻을 가진 카싸프(כָּסַף)에서 온 낱말입니다. 다시 말해서 인간이 사랑하는 것이 돈임을 말하는 것입니다. 주님께서는 현존하는 인간의 기본적인 모습에 대해서 '우리의 보물이 있는 곳에 우리의 마음도 있다'(where your treasure is, there your heart will be also, 마 6:21)라고 말씀하셨습니다. 한편 지혜자는 "은에서 찌꺼기를 제하라 그리하면 장색의 쓸 만한 그릇이 나올 것이요"(잠 25:4)라고 하였습니다. 자신이 가진 은(כֶּסֶף, 케쎄프), 재물, 경제적인 이득 가운데에서 찌꺼기, 불의함, 더러움, 추악함 등을 제거할 수만 있다면 그 재물은 더 이상 단순한 재물이 아니라 아름답게 장식된 은그릇, 도덕적으로 순결하여 충분히 세상에 유익함을 줄 수 있는 그릇이 될 것입니다. 경제가 윤리적 원리를 벗어나면 그것은 아마도 장-클로드 드루앵(Jean Claude Drouin)이 말한 것처럼 악마의 선물일 것입니다.

과거의 라반은 사회적 관습(ἔθος, 에토스) 곧 윤리적인 측면에 충실하려고 노력했던 인물이었습니다. 비록 그 관습이 야곱과는 차이가 있었지만 자신의 양심과 사회적 선을 추구했습니다. 그러나 결혼한 딸들의 지참금 문제에서는 관습을 따르지 않고 자신이 가로챌 정도로 재물을 사랑하게 되어 사회적 관습마저 저버리고 있습니다. 라반이 레아를 야곱에게 준 것은 그의 양심에 따른 것으로 사회적인 관습(ἔθος, 에토스) 곧 윤리적(ethic) 상황에 따른 것입니다. 하지만 돈 곧 은(כֶּסֶף, 케쎄프)은 돌보지 않으면 검게 변합니다. 찌꺼기로 그 순수함이 변합니다. 라반의 두 딸들도 야곱의 정당성을 인정합니다. 사실 율법에 의하면 증인은 최소한 두 사람 이상이어야 합니다(신 19:15). 야곱의 정당성을 증언하고 있는 레아와 라헬은 적당한 두 명의 증인 역할을 하고 있습니다. 그런데 모세는 '레아와 라헬'이 아니라 '라헬과 레아'로 쓰고 있습니다(창 31:14). 고대적 기록에서는 중요한 것을 보다 앞에 쓰는 관례가 있습니다. 이는 모세에게 '레아'보다는 '라헬'이 더 중요한 가치를 가지고 있음을 암시합니다. 그러나 이 중요성을 판단할 아무런 가치도 제공해 주지 않습니다. 여하튼 야곱은 두 아내의 동의 가운데 모든 가축과 모든 소유물 곧 그가 밧단아람에서 모은 가축을 이끌고 가나안 땅에 있는 그의 아버지 이삭에게로 돌아가는 회귀의 여행을 시작했습니다(창 31:18).

이때는 긴 겨울을 보내고 봄의 싱그러움이 끝날 무렵인 초여름의 계절로 양털 깎는 시기였습니다(창 31:19). 아마도 봄날의 결실인 보리를 수확하고 양털을 깎느라 분주한 계절을 보내고 있었던 것으로 보입니다. 그래서 라반은 양털을 깎기 위해서 집을 비웠습니다. 이 사실을 알고 있던 라헬은 남편과의 긴 여행을 떠나기 이전에 그녀의 아버지의 드라빔(תְּרָפִים, 테라핌)을 도둑질합니다(창 31:19). 모세는 여기서 '가나브'(גָּנַב) 곧 '훔치다'(steal)란 낱말을 직접적으로 사용하고 있습니다. '로 티그노브'(לֹא תִּגְנֹב) 곧 '너는 도둑질하지 말 것이다'(출 20:15)란 하나님의 말씀에 위배되고 있습니다. 모세는 하나님의 말씀과 다른 라헬의 이 행위에 대하여 다른 언급은 하지 않습니다. 그리고 라헬의 이 행동으로 말미암아 라반과 야곱 사이에 논쟁이 일어나게 됩니다. 그리고 이 논쟁으로 야곱의 정당성이 다시 확인됩니다. 결국 라헬의 이 행동은 올바른 것이 아니었지만 야곱의 정당성을 라반에게 주장할 기회를 제공했다는 의미에서는 중요합니다. 진실로 하나님께서는 인간의 불의하고 악한 행동마저도 당신의 선한 뜻으로 바꾸어 사용하시는 전능하신 하나님이십니다.

여하튼 야곱은 라반에게 자신이 떠난다는 소식을 전하지 않고 떠났습니다(창 31:20). 야곱은 라반의 살의(殺意)에 대한 두려움이 있었던 것 같습니다. 라반의 살의를 확인할 수 있는 것은 하나님께서 라반의 꿈에 나타나시어 야곱에 대해서 판단하지 말라고 하신 말씀으로 알 수 있습니다(창 31:24). 야곱의 두려움은 막연한 공포심이 아니라 라반의 눈빛이 말하고 하나님께서 증거하신 근거 있는 두려움이었습니다. 하지만 이것은 라반에게 죽임을 당할 것에 대한 두려움은 아닐 것입니다. 왜냐하면 야곱은 천사들이 자신을 지키고 있음을 알고 있었기 때문입니다. 오히려 살의를 품은 라반이 정말로 야곱을 공격했을 때에 자신과 함께하신 하나님께서 라반을 용서하지 않으실 것에 대한 두려움입니다. 사랑 깊은 두려움입니다.

야곱이 벧엘의 하나님께서 자신과 함께하심을 신앙하고 있음을 반드시 기억해야 합니다. 이 사실을 망각하는 것은 야곱을 오해하는 첫 단추가 됩니다. 야곱은 라반을 위해서 몰래 도망치듯이 나왔습니다. 여기서 야곱의 상황은 다시 반복되고 있습니다. 다시 말해서 야곱은 형 에서의 살의 때문에 라반에게 도망쳐 왔습니다. 그러나 이제는 라반의 살의 때문에 다시 도망치고 있습니다. 그리고 이것은 자신의 죽음을 걱정하는 것이 아니라 에서나 라반의 생명을 지키기 위한 야곱의 두려움이었습니다.

야곱은 강을 건너 길르앗 산을 향했습니다(창 31:21). 여기서 모세는 라반이 얼마나 부유한 사람이 되었는지 우리가 짐작할 수 있도록 돕고 있습니다. 환언해서 말하면, 야곱은 자신의 풍성한 소유물과 가축 떼와 종들을 이끌고 떠났습니다. 이 대대적인 이동에 대한 소식이 3일 이후에 라반에게 전해집니다(창 31:22). 이는 라반의 거주지와 양털 깎는 곳의 거리가 3일 이상의 거리임을 암시하는 것으로, 라반의 소유가 많고 그 활동영역이 아주 넓었음을 짐작하게 합니다. 아마도 라반은 자신이 들은 소식이 맞는지 확인하고자 집으로 돌아왔을 것입니다. 그리고 자신의 집에 드라빔(תְּרָפִים, 테라핌)이 없어진 것을 확인했을 것입니다. 그는 자신의 형제들 곧 동맹군을 이끌고 야곱을 추격했습니다(창 31:23). 여기서 '쫓다'라고 읽는 라다프(רָדַף)는 '추격하다'(pursue)란 의미를 가지고 있습니다. 그러나 동시에 라다프(רָדַף)는 '박해하다', '괴롭히다'(persecute)란 뜻도 있습니다(신 30:7). 라반은 분명히 야곱에 대한 적대감을 가지고 그를 위해(危害)하기 위해 뒤쫓은 것이 분명합니다. 라반은 자신의 재산을 가지고 도망치는 도둑놈을 잡으려는 듯이 그렇게 급하게 뒤쫓았습니다.

추격자의 마음은 언제나 급한 법입니다. 그의 마음이 급한 만큼 그의 생명도 위험에 노출되어 있었습니다. 라반은 7일을 추격해서 겨우 길르앗 산에 도달해서 야곱을 쫓았습니다(창 31:23). 다음날 아침이면 충분히 야곱, 그 속이는 자를 잡을 수 있다고 믿었습니다. 내일의 결전을 결의하면서 잠이 들었습니다. 그 밤에 하나님께서는 라반의 꿈(חֲלוֹם, 할롬)에 오셨습니다.

모세는 "밤에 하나님이 아람 사람 라반에게 현몽하여 이르시되 너는 삼가 야곱에게 선악간에 말하지 말라 하셨더라"(창 31:24)고 기록하고 있습니다. 모세는 분명히 '바야보 엘로힘'(וַיָּבֹא אֱלֹהִים)이라고 하였습니다. 다시 말해서 '하나님께서 오셨다'(God came, NIV)라고 쓰고 있습니다. 물론 천사가 하나님의 말씀을 전하기 위해서 온 것입니다. 그랄 왕 아비멜렉의 생명을 지켜 주시기 위해서 그의 꿈에 나타나신 것처럼 라반을 구하기 위해서 그의 꿈에 오셨습니다. 그러나 우리가 아비멜렉을 선지자라고 칭하지 않는 것처럼 꿈에 하나님의 말씀을 들었다고 해서 라반을 선지자라고 부르지는 않습니다.

라반은 일생 동안 수천 번의 꿈을 꾸었을 것입니다. 그러나 이 꿈은 다른 꿈과는 전혀 다른 것임을 충분히 인식했습니다. 라반은 그 꿈의 의미를 충분히 인식할 수 있었을 뿐만 아니라 이 꿈이 일반적(자연적)인 꿈이 아님을 알았습니다. 하나님께서는 라반에게 지금 하시는 말씀이 꿈속에서 일어난 환상이 아니라, 당신의 말씀이라는 것을 충분히 인식시켜 주셨습니다. 이에 라반도 이 꿈이 하나님의 말씀이라는 것을 알게 되었음이 분명합니다. 이런 인식이 없었다면 라반은 그 꿈의 의미와 꿈의 기원을 알지 못했을 것입니다. 아마도 우리처럼 꿈을 자신의 불안한 심리적인 현상으로 취급했을 수도 있습니다.

하나님께서는 라반에게 "너는 삼가 야곱에게 선악간에 말하지 말라"(창 31:24)고 지시하셨습니다. '선악간에'란 말은 '미토브 아드-라'(מִטּוֹב עַד־רָע) 곧 '좋은 것으로부터 나쁜 것까지'(from good unto evil, YLT) 어떤 언급도 하지 말라는 뜻입니다.

라반은 스스로 신이 된 것처럼 선악의 심판자로 칼을 뽑아 들었습니다. 야곱이 비열하게 자신의 재물을 도둑질한 것도 모자라서 자신의 신상인 드라빔(תְּרָפִים, 테라핌)까지 훔쳐서 도주했으니 당연히 정의의 심판이라도 받아야 하는 것이라고 믿었습니다. 사람들은 흔히 악을 징밀로 미워하는 것처럼 불의한 것을 보면 그것을 제거하려고 폭력까지 사용합니다. 하지만 이는 정의가 아니라 인종차별과 같이 자신의 적대감, 혐오감을 폭력으로 표현한 것일 뿐입니다. 하지만 하나님께서는 라반에게 아주 짧게, 그러나 라반의 영혼을 압도하여 '너는 야곱을 향하여 좋은 것으로부터 나쁜 것까지 말하지 않도록 유의할 것이다'(פֶּן־תְּדַבֵּר עִם־יַעֲקֹב מִטּוֹב עַד־רָע)라고 말씀하셨습니다(Take heed to thyself lest thou speak with Jacon from good unto evil, YLT). 이제 라반은 야곱에게 심판자처럼 행동할 수 없게 되었습니다. 사실 야곱의 온전함은 하나님께서 보증하신 바입니다. 그러므로 인간이 이를 판단할 수는 없습니다. "입법자와 재판관은 오직 한 분이시니 능히 구원하기도 하시며 멸하기도 하시느니라 너는 누구이기에 이웃을 판단하느냐"(약 4:12)라는 성경의 가르침은 언제나 옳은 말씀입니다. 라반이 야곱을 재판할 수는 없습니다.

라반은 야곱을 쫓는 일을 멈추지 않습니다. 라반은 야곱을 부당하고 불의한 자라고 알고 있습니다. 바로 드라빔(תְּרָפִים, 테라핌)에 관한 문제가 남아 있었습니다. 그것은 하나님께서 야곱에게 주신 것도 아니며 라반이 야곱에게 준 것도 아닙니다. 야곱은 받지 않은 것을 취했습니다. 이것만으로 도둑질임이 분명합니다. 이것만은 충분히 심판할 수 있는 문제라고 여겼던 것으로 보입니다. 하나님께서는 분명히 '좋은 것으로부터 나쁜 것까지' 언급하지 말라고 말씀하셨으나 라반은 결코 하나님의 뜻에 순종하지 않고 있습니다. 그는 불순종의 모습을 보여주고 있습니다.

결국 라반이 길르앗 산에 도착했습니다. 야곱과 라반은 각기 장막을 치고 서로 대치하게 되었습니다(창 31:25).

### 다시 확인되는 야곱의 정당성: 온전한 야곱이 입증됨

라반은 심판하는 판단자는 아니지만 야곱을 고소하는 고소자로서 있습니다. 라반은 하나님께 당신의 백성의 부당함을 고소하는 고발자로 서 있습니다. 먼저 라반은 자신의 딸들을 칼로 위협해서 빼앗아갔다고 주장합니다(창 31:26). 자신은 충분히 이별의 잔치 가운데 석별(惜別)의 정리(情理)를 나눌 수 있었다고 주장하면서, 야곱에게 "네가 나를 속이고 가만히 도망하고"(창 31:27), "네 행위가 참으로 어리석도다"(창 31:28)라고 주장합니다. 물론 이 말은 거짓말입니다. 그러나 고발자는 야곱의 마음에 가책이 될 일부터 언급합니다.

야곱은 묵묵히 듣고 있습니다. 자신에게 주어진 부당한 주장에 대해서 싸우지 않고 고요하게 듣고만 있습니다. 왜냐하면 진실은 심판자께서 다 알고 계시기 때문입니다. 그런데 여기서 라반이 말한 '속이다'란 말은 가나브(גָּנַב)입니다. 이는 앞에서 언급한 것처럼 '훔치다', '강탈하다'(steal, rob)라는 뜻을 가지고 있습니다. 그래서 '몰래 가다', '몰래 가져가다'(steal away, KJV)라고 읽거나 '몰래 도망치다'(run off secretly, NIV)로 읽습니다. 히브리어 가나브(גָּנַב)는 이중적인 뜻을 담고 있는 것으로 보입니다. 다시 말해서 가나브(גָּנַב)는 야곱이 은밀하게 도망쳤다는 뜻입니다. 그러나 동시에 그가 자신의 것을 훔쳤다는 의미를 포함하고 있습니다. 라반은 야곱이 자신의 가축 떼와 종들을 훔쳤다는 말을 할 수 없기에 딸들과 자신의 신상을 훔쳤다고 말합니다. 그러나 딸들에 대해서는 14년간의 지참금으로 충분히 보상을 했습니다. 그럼에도 그 지참금이 적은 듯이 야곱을 고발하고 있습니다.

라반은 계속 말했습니다.

"이제 네가 네 아버지 집을 사모하여 돌아가려는 것은 옳거니와 어찌 내 신을 도둑질하였느냐"(창 31:30). 여기서 '도둑질'이라고 읽은 히브리어가 가나브(גָּנַב)입니다. 라반은 라헬이 훔친 드라빔(תְּרָפִים, 테라핌)을 이야기하고 있습니다. 하지만 야곱은 이 사실을 모르고 있습니다. 이에 야곱도 자신의 무죄함을 반론하기 시작합니다.

야곱은 먼저 자신의 아내들을 빼앗기기 싫었다고 주장합니다(창 31:31). 이는 야곱이 그 어떤 어려움 속에서도 아내들과 그녀들의 아들들을 지키고 싶었던 자신의 마음을 말한 것입니다. 그리고 "외삼촌의 신을 누구에게서 찾든지 그는 살지 못할 것이요 우리 형제들 앞에서 무엇이든지 외삼촌의 것이 발견되거든 외삼촌에게로 가져가소서"(창 31:32)라고 단언합니다. 다시 말해서 야곱은 아무리 사랑하는 아내들과 아들들이지만 드라빔(תְּרָפִים, 테라핌)을 훔친 자는 반드시 죽일 것임을 선언하는 것입니다. 이는 라반의 고소에 대하여 자신의 결백함을 주장하는 것입니다. 또한 자신은 하나님께 받은 것 이외에 양 한 마리도 라반의 것에 손대지 않았음을 주장하는 것입니다. 야곱의 노력에도 불구하고 야곱에게는 라헬의 드라빔(תְּרָפִים, 테라핌) 문제가 있었습니다.

라반은 야곱의 불의함을 확인하고자 장막들을 확인했습니다. 아마도 라반은 첫째 딸 레아를 의심했던 것으로 보입니다. 왜냐하면 아무래도 신상의 위치나 그것에 접근하기 용이한 인물들은 두 딸들 가운데 있다고 판단했기 때문일 것입니다. 여하튼 라반은 먼저 야곱의 장막을 확인하고, 레아의 장막을 확인했습니다. 그리고 두 여종 실바와 빌하의 장막도 확인했습니다(창 31:33). 이는 라헬의 장막만을 남겨 놓은 상태임을 암시합니다. 그런데 모세는 "레아의 장막에서 나와 라헬의 장막에 들어가매"라고 기록하여(창 31:33) 실바와 빌하의 장막을 생략하고 레아의 장막에서 곧바로 라헬의 장막에 들어간 것으로 이중적으로 기록하고 있습니다. 이는 라반이 두 딸을 의심하고 있었음을 의미합니다.

라헬은 장막 안에서 우선 드라빔(תְּרָפִים, 테라핌)을 낙타 안장 아래에 넣고 그 위에 앉았습니다(창 31:34). 그리고 아버지 라반에게는 '여자들의 길'(דֶּרֶךְ נָשִׁים, 데레크 나쉼, the way of women, YLT, RSV) 곧 생리(개역개정)로 자리에서 일어설 수 없다고 거짓말을 합니다(창 31:35). 결국 라반은 자신의 드라빔(תְּרָפִים, 테라핌)을 찾지 못합니다. 여기서 우리는 두 가지 상황에 대해서 주의를 기울여야 합니다. 하나는 거짓말로 점철된 '데레크 나쉼'(דֶּרֶךְ נָשִׁים, the way of women)입니다.

야곱이 걷고자 하는 것은 하나님의 데레크입니다(창 18:19). 하지만 어쩔 수 없는 여자들의 데레크가 있습니다(창 31:35). 다시 말해서 사라가 하와(여자)의 문제를 극복했으나 현존하는 인간에게 '여자의 길'은 여전히 남편을 위험에 노출시키고 있습니다. 아내의 도움은 남편을 생명으로 이끌 수도 있지만 그녀의 유혹은 남편을 죽음으로 몰아갈 수도 있습니다. 우리는 라헬의 도둑질, 거짓말 등에 대해서 생각해야 합니다.

다른 하나는 드라빔(תְּרָפִים 테라핌)에 관한 것입니다. 라반은 이 드라빔에 대해서 "어찌 내 신을 도둑질하였느냐"(창 31:30)라고 말합니다. 라반에게 테라핌(תְּרָפִים)은 그의 엘로힘(אֱלֹהִים)이었습니다. 환언해서 말하면 드라빔은 라반의 신상으로 우상이었습니다. 하지만 라헬에게 테라핌(תְּרָפִים)은 여성이 깔고 앉을 정도의 의미만 있었을 뿐입니다. 이는 라헬이 테라핌(תְּרָפִים)을 단순한 재물 곧 경제적인 가치로 자신이 빼앗긴 지참금을 돌려받기 위해 챙긴 정도, 그 이상의 의미를 부여하지 않고 있음을 알 수 있습니다. 라반에게 그것은 엘로힘(אֱלֹהִים)이었습니다. 신성한 가치를 가진 것으로, 여자가 깔고 앉았을 것으로 상상할 수 없는 것이었습니다. 그것도 월경 중에 있는 여인이 아버지의 신상에 앉아 있을 것이라고 상상할 수도 없었습니다. 여기서 라반과 라헬 사이에서 사물에 대한 인식의 차이를 보여주고 있습니다.

재화(財貨)는 단순한 물건이 아닙니다. 그것은 어떤 방식으로든 값 곧 가치(價値, value)가 반영되어 '값 있는 것'이 됩니다. 그리고 물건의 가치는 상황과 장소 혹은 사람에 따라서 달라질 수 있습니다. 사막에서는 황금보다는 물방울이 더 가치 있을 수 있으며, 굶주림 속에서는 은(כֶּסֶף, 케쎄프)보다 작은 빵 한 조각이 더 값 있는 경우도 있을 수 있습니다. 그러므로 재물을 살짝 옮겨 놓는 것, 도둑질하는 것은 타인의 가치, 의미 있는 것을 빼앗는 것이며, 포학하게 상대의 가치를 약탈하는 것으로 악입니다. 단순히 물건을 훔쳤기 때문에 악한 것이 아니라 상대방의 가치를 훔쳤기에 악한 것입니다. 라반의 테라핌(תְּרָפִים)은 값을 칠 수 없을 만큼 소중한 것이었으나 라헬에게 테라핌(תְּרָפִים)은 그저 쓰레기 같은 물건이었습니다. 아마도 라헬은 아버지의 우상숭배를 막기 위해서, 불순종하는 아버지 라반을 하나님의 저주 아래에서 구출하고자 도둑질을 하고, 거짓말을 했던 것으로 보입니다. 라반은 테라핌(תְּרָפִים)이 없음으로 적어도 외적으로 우상숭배를 할 수 없게 됩니다. 나무나 돌을 깎아서 상을 만든다고 다 신상이 되는 것은 아닙니다. 그 안에서 분명한 가치, 값이 부여되어야 합니다. 이 테라핌(תְּרָפִים)은 라반에게는 하나님 곧 엘로힘(אֱלֹהִים)이었습니다. 그것을 나무로 만들 수는 없는 일입니다. 문제는 가치관의 문제입니다.

히브리어 엘로힘(אֱלֹהִים)은 일반 보통 명사입니다. 그래서 본문 안에서, 그리고 전후 문맥을 통해서 엘로힘(אֱלֹהִים)을 '하나님'(God)으로 읽거나 혹은 '신들'(gods)로 읽습니다. 엘로힘(אֱלֹהִים)이란 명칭에 과도한 의미를 부여하지 않도록 주의해야 합니다. 또한 테라핌(תְּרָפִים)이 일정한 형상을 가지고 라반에게는 신성시되었던 우상인 엘로힘(אֱלֹהִים)이지만 그것이 라헬에게도 동일하게 우상으로 작용했다고 읽지 않도록 주의해야 합니다. 상업은 바로 이 가치의 차이를 파악해서 새로운 이득을 창안하고 조형하는 일을 말합니다.

라반이 야곱의 잘못을 찾지 못했습니다. 테라핌(תְּרָפִים)을 찾지 못했습니다. 그러나 야곱에게도 잘못은 분명히 있었습니다. 그것은 아마도 지혜자의 말처럼 "내가 해 아래에서 한 가지 재난을 보았노니 곧 주권자에게서 나오는 허물(כִּשְׁגָגָה, 키쉐가가)이라"(전 10:5)라고 말할 허물일 것입니다. '키쉐가가'(כִּשְׁגָגָה) 곧 '오류 같은'(as an error, KJV) 것이 야곱에게도 있었습니다. 그것은 라헬의 도둑질과 거짓말에 대해서 전혀 모르고 있다는 허물, 곧 오류는 아니지만 오류와 같은 것이 발견됩니다. 그는 자신에게는 완전하고 온전했으나 라헬의 삶을 돌보지 못하고 있습니다. 아버지를 우상에서 건지고 싶은 마음은 전혀 돌보지 않고 "외삼촌의 신을 누구에게서 찾든지 그는 살지 못할 것이요"(창 31:32)라고 결의하고 있는 '키쉐가가'(כִּשְׁגָגָה)가 있습니다.

여하튼 야곱은 참아 왔던 억울함을 화로 드러내며 싸우듯이 말했습니다. "내 허물이 무엇이니이까 무슨 죄가 있기에 외삼촌께서 내 뒤를 급히 추격하나이까"(창 31:36). 라반은 할 말이 없었습니다. 야곱은 자신에게 허물(פֶּשַׁע, 페솨)이나 죄(חַטָּאת, 하타트)가 없음을 주장합니다. 페솨(פֶּשַׁע)는 '반역'이나 '모반'(rebellion) 혹은 법이나 규범 따위를 '위반'하는 것(transgression), 어떤 경계나 한계를 넘는 것을 말합니다. 자신의 처지에 만족하지 못하고 인간이 신의 자리에 서고자 하는 것, 라반처럼 선악을 심판하려는 것은 모두 페솨(פֶּשַׁע)로 죄를 의미합니다. 또한 야곱은 페솨(פֶּשַׁע)와 대구를 이루어 하타트(חַטָּאת)를 언급하고 있습니다. 하타트(חַטָּאת)는 죄(sin)를 의미합니다. 결국 야곱은 도덕적인 흠이나 자신의 처지에서 한계를 넘는 오류를 범하지 않았음을 주장합니다. 자신의 정당성 곧 온전함을 주장합니다. 야곱은 외삼촌 라반에게 자신의 잘못이 무엇인지 판단하라고 항변합니다(창 31:37). 그리고 야곱은 지난 20년 동안 라반의 집에 살면서 "외삼촌의 양 떼의 숫양을 내가 먹지 아니하였으며"(창 31:38)라고 말합니다. 야곱은 라반의 가축 떼를 임의대로 양식으로도 쓰지 않았을 만큼 정직하게 일했음을 주장합니다. 야곱은 자신의 성실함에 대해서 다음과 같이 항변하고 있습니다.

"물려 찢긴 것은 내가 외삼촌에게로 가져가지 아니하고 낮에 도둑을 맞았든지 밤에 도둑을 맞았든지 외삼촌이 그것을 내 손에서 찾았으므로 내가 스스로 그것을 보충하였습니다"(창 31:39). 이 말이 의미하는 바는 다음과 같습니다. '만약에 들짐승에게 찢겨 죽은 것 같은 가축은 라반의 것으로 하지 않고 오히려 자신의 가축으로 계산했으며, 혹여 도둑을 맞은 것이 있다면 라반은 그 값을 야곱에게 물도록 했기에 묵묵히 라반에게 자신의 가축을 주었습니다. 라반의 가축 떼를 돌볼 때에 낮에는 더위와 밤에는 추위를 무릅쓰고 눈 붙일 겨를도 없이(창 31:40) 성실하게 일을 했습니다'라는 의미입니다. 야곱의 완전함은 그가 약속에 성실하기 위해서 '낮에는 더위와 밤에는 추위를 무릅쓰고 눈 붙일 겨를도 없이' 일을 했다는 사실에 근거합니다(창 31:40).

라반이 돈(כֶּסֶף, 케쎄프)에 대한 열망함(כָּסַף, 카싸프)이 강하였기에 만약에 하나님께서 야곱을 돌보지 않으셨다면 야곱의 손에는 아무것도 없었을 것입니다. 야곱은 자신이 20년 동안 성실하게 일을 했다고 다시 한 번 더 외칩니다(창 31:41). 그리고 라반에게 열 번이나 품삯을 변경했음도 지적합니다(창 31:41). 아마도 야곱은 너무 억울해서 답답한 마음을 감추지 못하고 말했을 것입니다. "우리 아버지의 하나님, 아브라함의 하나님 곧 이삭이 경외하는 이가 나와 함께 계시지 아니하셨더라면 외삼촌께서 이제 나를 빈손으로 돌려보내셨으리이다마는 하나님이 내 고난과 내 손의 수고를 보시고 어제 밤에 외삼촌을 책망하셨나이다"(창 31:42). 야곱은 라반에게 자신의 정당함을 주장하며 말했습니다. 그리고 야곱은 라반이 하나님으로부터 책망 받았음을 지적합니다(창 31:29). 여기서 '책망하다'라고 읽은 히브리어는 야카흐(יָכַח)의 히필형(사역능동형)으로 '꾸짖다'(reprove)란 뜻을 가지고 있습니다. 그래서 '견책하다'(rebuked, KJV, NIV)로 읽습니다.

이는 라반의 잘못에 대해서 이미 판결을 받았음을 뜻하는 것입니다.

야곱은 '고난'(עֳנִי, 오니)과 '수고'(יְגִיעַ, 예기아)란 말을 하고 있습니다(창 31:42). 이는 야곱의 노동의 강도를 말하는 것입니다. 오니(עֳנִי)는 육체적인 노동의 고통(affliction)을 의미합니다. 예기아(יְגִיעַ)는 가난과 비참한 생활을 의미합니다. 그래서 '고난과 수고'란 말은 '노동의 고통스럽고 힘든 비참한 생활'을 말하는 것입니다. 가축 떼를 돌보지만 양 한 마리도 마음대로 음식으로 취할 수 없었습니다. 그는 가난 속에서도 라반을 위한 성실한 노동을 멈추지 않았습니다.

야곱의 외침으로 라반의 마음에 무엇인가 일깨움이 있었던 것으로 보입니다. 라반 자신은 이제 고발자가 아니라 자신 역시 피고인이라는 인식에 도달하게 됩니다. 그는 곧바로 자신을 변호하기 시작합니다. "딸들은 내 딸이요 자식들은 내 자식이요 양 떼는 내 양 떼요 네가 보는 것은 다 내 것이라 내가 오늘 내 딸들과 그들이 낳은 자식들에게 무엇을 하겠느냐"(창 31:43). 라반이 야곱에게 말했습니다.

라반의 이 말은 야곱의 아내는 자신의 딸이며, 야곱의 아들들도 역시 자신의 아들과 같은 외손자들로 모두 친척관계인데 자신이 그들을 어떻게 하지는 않을 것이라고 말하는 것입니다. 자신에게는 위협할 의사가 없음을 밝힙니다. 라반은 "이제 오라 나와 네가 언약을 맺고 그것으로 너와 나 사이에 증거를 삼을 것이니라"(창 31:44)고 말하여 야곱에게 언약을 맺을 것을 요청합니다. 이 언약의 중요성은 바로 야곱의 정당성을 고발자로부터 인정받는 것입니다.

# 하나님께서는 우리를 지켜보시는 분

## X. 미스바의 언약(31:43-55): 야곱과 라반의 언약

"이제 오라 나와 네가 언약을 맺고 그것으로 너와 나 사이에 증거를 삼을 것이니라"(창 31:44). 라반이 야곱에게 말했습니다. 이제 라반과 야곱 사이에 '언약을 맺습니다.' 여기서 '언약을 맺을 것이다'라는 라반의 말은 히브리어로 '니크레타 베르트'(נִכְרְתָה בְרִית) 곧 '언약을 자를 것이다'는 뜻입니다. 동사 '맺다'라고 읽은 것은 '자르다', '베다'란 뜻을 가진 '카라트'(כָּרַת)입니다(창 15:18, 17:14). 언약은 일반적으로 동물 곧 희생물 사이를 자르는 행위와 연결되어 있습니다. 아마도 이런 종류의 외적인 의식을 행했을 것입니다.

언약을 자른 이후에 언약을 위한 증거 곧 '에드'(עֵד)를 제시했을 것입니다. 아담 언약의 외적 증거가 '여자의 후손'이었고(창 3:15), 노아 언약에서는 '무지개'가(창 9:13), 아브라함 언약에서는 '할례'가 언약의 증표로 제시됩니다(창 17:14). 우리는 내적인 내용을 인식하기 이전에 감각적으로 외적인 형식을 보고 판단을 합니다. 외적인 형식에 대한 인식은 자신의 집중된 정신으로 내적인 가치를 추구하게 만듭니다. 야곱과 라반은 언약 증표로 돌(אֶבֶן, 에벤)을 취했습니다. 그것으로 '기둥'(a pillar) 곧 마쩨바(מַצֵּבָה)를 세웠습니다(창 31:45).

에벤(אֶבֶן, a stone)이 작은 돌인지 혹은 큰 돌인지 판가름하기란 불가능합니다. 또한 마쩨바(מַצֵּבָה, a pillar)가 큰 돌을 기둥처럼 세운 것인지 혹은 작은 돌을 무덤처럼 쌓아올린 돌무지 형식의 기둥인지 파악하기란 불가능해 보입니다. 여기서 사용된 동사는 '높이다'(be high) 혹은 '높이 도달하다'(reach high)란 뜻을 가진 룸(רוּם)의 히필형(사역능동)을 쓰고 있습니다. 그래서 잔돌을 모아 쌓은 돌무지 기둥인지 아니면 커다란 돌을 세운 기둥인지 파악하기 어렵습니다. 그러나 에벤(אֶבֶן, a stone)이 복수형이 아니라 단수형인 것으로 미루어 짐작하면 아마도 커다란 바위였을 것입니다.

야곱은 우물을 막은 커다란 바위를 혼자서 움직일 수 있는 힘을 가졌던 인물입니다(창 29:10). 비록 나이가 60대의 노경에 접어들었지만 야곱은 돌(אֶבֶן, 에벤)을 가져다 기둥(מַצֵּבָה, 마쩨바)을 세웠습니다(창 31:45). 이는 기둥이 될 만큼 커다란 바위였을 것입니다. 한편 라반도 자신의 형제들에게 '아바님'(אֲבָנִים) 곧 '돌'이 아니라 '돌들'을 모으라고 지시했고, 그들은 돌들(אֲבָנִים, 아바님)을 모아 돌무더기를 쌓았습니다(창 31:46). 모세는 분명히 야곱과 라반 사이에서 에벤(אֶבֶן, a stone)과 아바님(אֲבָנִים, stones)을 구별해서 기록하고 있습니다.

그리고 돌무더기 곁에서 먹고 마시며 축제와 같은 언약식을 보냈습니다. 사실 언약(בְּרִית)은 축제의 성격을 가지고 있습니다. 같이 먹고 마시며 언약 안에서 서로 결속되었음을 즐거워하는 축제입니다. 언약을 체결하고, 이를 외적으로 표증할 증표를 가지고, 그 가운데 함께 축제를 보내는 것은 베리트의 가장 중요한 형식입니다.

라반은 야곱과 언약을 맺은 곳을 '여갈 사하두다'(יְגַר שָׂהֲדוּתָא)라고 불렀습니다. 그리고 야곱은 이곳을 '갈르엣'(גַּלְעֵד)이라고 하였습니다(창 31:47). 먼저 사전적 의미를 살펴보면, '여갈 사하두다'는 '증거의 무더기'란 아람어입니다. 라반은 "오늘 이 무더기가 너와 나 사이에 증거가 된다"(창 31:48)라는 뜻으로 이 말을 쓰고 있습니다. 반면에 야곱이 사용한 '갈르엣'(גַּלְעֵד, 갈에드)은 '무더기'(heap), '물결'(billow), '파도'(wave)란 뜻을 가진 히브리어 갈(גַּל)에 '증거'란 뜻을 가진 에드

(עֵד)를 붙였습니다. 히브리어 갈(גַּל)은 '튀어오름'(spring)이란 의미도 있습니다. 아마도 야곱이 세운 커다란 돌 주변을 라반이 쌓아올린 돌무지가 파도처럼 에워쌌던 것 같습니다.

모세는 갈르엣(גַּלְעֵד, 갈에드)의 언약이(창 31:47) 길르앗(גִּלְעָד, 길아드) 산에서 이루어졌음을 말하고 있습니다(창 31:25). 분명히 길르앗(גִּלְעָד, 길아드)은 갈르엣(גַּלְעֵד, 갈에드)에서 온 말입니다. 다시 말해서 모세는 예변법(豫辨法, prolepsis)으로 '길르앗'을 이야기한 것입니다. 이곳은 훗날 이스라엘의 영역으로 하나님께서 주실 약속의 땅의 경계가 됩니다.

모세는 이곳 '길르앗'을 다른 이름으로 '미스바'(מִצְפָּה, 미쯔파)라고 함을 기록하고 있습니다(창 31:49). '미스바'는 '망대'(望臺), '전망대'란 뜻을 가진 '미쯔페'(מִצְפֶּה)에서 나온 말입니다. 그리고 미쯔페(מִצְפֶּה)는 '감시하다', '감찰하다', '지켜보다'란 뜻을 가진 동사 짜파(צָפָה)에서 파생한 명사입니다. 이는 라반이 "우리가 서로 떠나 있을 때에 여호와께서 나와 너 사이를 살피시옵소서"(창 31:49)라고 한 말에서 온 것입니다. 이 말에서 '살피시옵소서'가 바로 짜파(צָפָה)입니다.

라반은 떠나는 딸들이 박대받거나 야곱이 또 다른 아내들을 얻지 못하도록 경계를 하고 있습니다(창 31:50). 왜냐하면 '박대하다'(mistreat, NIV)라고 읽은 것은 히브리어 아나(עָנָה)입니다. 아나(עָנָה)는 학대하고 괴롭히는 것으로 야곱이 라반 아래에서 '고난'(עֳנִי, 오니)과 '수고'(יְגִיעַ, 예기아)의 세월을 보낸 것에 대한 언어유희입니다. 오니(עֳנִי)에 대한 복수로 아나(עָנָה)가 있을 것을 걱정한 것입니다.

언약의 일반적인 내용을 끝낸 라반은 실질적인 언약의 내용을 선언합니다. 라반은 자신들이 쌓아올린 돌무더기와 야곱이 세운 돌기둥을 향해서 말하길(창 31:51), "이 무더기가 증거가 되고 이 기둥이 증거가 되나니 내가 이 무더기를 넘어 네게로 가서 해하지 않을 것이요 네가 이 무더기, 이 기둥을 넘어 내게로 와서 해하지 아니할 것이라"(창 31:52)라고 선언했습니다. 이는 상호 호혜(互惠) 원칙에 따라서 서로 공격하지 않을 것에 대한 언약입니다. 이는 아람과 이스라엘 사이의 언약입니다. 이제 '갈르엣'(גַּלְעֵד, 갈에드)은 아람과 이스라엘의 경계가 되었습니다. 이 미스바 언약이 중요한 것은 바로 모세가 가고 있는 그 약속의 땅에 대한 역사이자 그 영역의 한계를 결정하고 있다는 의미에서 중요합니다.

라반은 언약의 증인으로 "아브라함의 하나님, 나홀의 하나님, 그들의 조상의 하나님은 우리 사이에 판단하옵소서"(창 31:53)라고 언약을 마무리합니다. 하지만 야곱은 "그의 아버지 이삭이 경외하는 이를 가리켜 맹세"했습니다(창 31:53). 다시 말해서 '나홀의 하나님, 그들의 조상의 하나님' 부분을 제거하고 '이삭의 하나님'으로 대치하고 있습니다. 여기서 야곱은 어쩔 수 없이 언약을 맺고 있지만 중요한 사실 한 가지를 보여주고 있습니다. 바로 언약을 통해서 상대방의 신들이 언약 안에 추가된다는 사실입니다. 이는 서로 다른 신을 섬기는 이들이 서로 언약을 맺을 경우에 서로의 신을 인정해야 하는 문제가 발생합니다. 야곱의 후손들이 만약에 다른 민족들과 언약을 맺을 경우에 그들의 우상을 인정해야 하는 문제가 발생합니다. 결국 모세는 다른 민족과의 언약을 금지하는 율법의 중요성을 인식하게 됩니다(출 34:12; 신 4:23). 그나마 아직까지 라반은 '아브라함의 하나님'이라는 신앙의 빛을 간직하고 있는 상황입니다.

모세는 언약 후반에 중요한 내용을 덧붙이고 있습니다. 그것은 야곱이 제사(זֶבַח, 쩨바흐)를 드렸다(זָבַח, 짜바흐)는 사실과 그 이후에 '형제들'을 불러 함께 '떡'을 나누어 먹었다는 사실입니다(창 31:54). 이들은 그 산에서 밤을 보내고 다음날 아침 일찍 일어나 이별했습니다(창 31:55). 이 사실의 중요성은 첫째, 야곱이 쩨바흐(זֶבַח) 곧 희생의 제사를 드렸다는 점입니다. 히브리어 동사 짜바흐(זָבַח)는 희생 제물인 쩨바흐(זֶבַח)를 죽이는 것을 말합니다. 성경에서 '희생'이란 의미를 가진 쩨바흐(זֶבַח)가 처음 나왔습니다. 하나님께 드리는 언약의 첫 희생제사입니다.

둘째, 야곱은 여기서 '형제'란 말을 붙임으로 모세에게 아람이 그 언약 안에서 형제라는 사실을 알려 주고 있습니다. 왜냐하면 〈신명기〉에서 야곱은 '아람 사람' 곧 '떠돌이 아람 사람'(אֲרַמִּי אֹבֵד, 아라미 오베드, a wandering Aramean, NIV)이라고 표현되고 있기 때문입니다(신 26:5).

산에서 밤을 지새우고 아침 일찍이 일어난 이들은 이별을 위해서 서로 입맞춤을 나누고 라반은 고향으로 돌아갔고(창 31:55), 야곱도 가던 길을 가게 됩니다.

미스바 언약의 중요성은 두 가지로 요약될 수 있을 것입니다. 하나는 아브라함에게 주신 약속의 땅의 경계를 표시하는 역할을 합니다. 모세는 '갈르앗 온 땅'을 약속의 땅으로 기록하고 있습니다.

> "모세가 모압 평지에서 느보 산에 올라가 여리고 맞은편 비스가 산꼭대기에 이르매 여호와께서 길르앗 온 땅을 단까지 보이시고 또 온 납달리와 에브라임과 므낫세의 땅과 서해까지의 유다 온 땅과 네겝과 종려나무의 성읍 여리고 골짜기 평지를 소알까지 보이시고 여호와께서 그에게 이르시되 이는 내가 아브라함과 이삭과 야곱에게 맹세하여 그의 후손에게 주리라 한 땅이라 내가 네 눈으로 보게 하였거니와 너는 그리로 건너가지 못하리라 하시매"(신 34:1-4).

하나님께서는 모세에게 길르앗 온 땅은 아브라함에게 약속하신 땅이라고 말씀하셨습니다. 그리고 이 땅의 경계는 야곱 때에 미스바 언약으로 확정되었다고 말할 수 있습니다.

다른 하나는 완전한 삶에 대한 본보기로 야곱의 삶에 관한 것입니다. 미스바의 언약을 통해서 야곱의 삶에 대한 정당성을 확인할 수 있습니다. 야곱은 라반과의 삶을 노동의 고통과 수고로운 삶, 빈궁한 삶이었다고 말하고 있습니다(창 31:42). 그러나 야곱에게 라반과의 생활에서 고통과 수고보다 더 중요한 것은 바로 하나님께서 자신의 고통과 수고를 지켜보셨다는 사실이었습니다. 그래서 미스바(מִצְפָּה, 미쯔파)입니다. 곧 군인이 망대에서 지켜보고 있듯이 야곱의 성실함을 지켜보고 계신 하나님을 기억하는 상징입니다. 이를 기억하기 위해서 야곱은 기둥(מַצֵּבָה, 마쩨바)을 세웠습니다. '기둥'(מַצֵּבָה, 마쩨바)과 '망대'(מִצְפָּה, 미쯔파)가 서로 언어유희를 이루고 있습니다.

언약에 성실하게 임하는 것이 바로 야곱의 삶을 온전하게 만드는 것입니다. 자신과 함께하실 것을 약속하신 하나님을 의지하는 신앙, 아내에 대한 남편의 결혼언약과 그 의무, 라반과의 노동의 성실성과 정직성, 이 모든 것은 그의 온전한 삶을 이야기하고 있습니다. 뿐만 아니라 그의 고발자로 등장한 라반을 통해서 그의 정직하고 성실한 삶에 대한 순수성이 입증됩니다. 성도의 견인(堅忍) 곧 견고하고 굳건하게 참고 견디어내는 인내의 삶은 대단히 중요합니다. 그러나 이보다 더 중요한 것이 바로 순수성에 관한 것입니다. 사탄이 욥의 인내에 지속적으로 회의와 의심을 던지는 것은 바로 그의 순수성에 관한 것입니다. 고발자 사탄이 말하는 것은 "어찌 까닭 없이 하나님을 경외하리이까?"(욥 1:9)라는 것입니다. 하나님께서 울타리가 되어 그를 지켜 주시고, 인내 이후에 얻을 축복을 기대하면서 참아내는 것은 사실상 내적으로 하나님을 경외하는 것이 아니라 훗날 받을 축복, 재물 때문에 하나님을 섬기는 것으로 속셈을 가진 비열한 짓임을 의미하는 것입니다. 재물이 없다면 하나님을 외면할 것이라는 고발자의 의견에 대해서 욥은 순수한 마음으로 하나님을 섬김을 입증하게 됩니다. 야곱의 경우에도 하나님께서 주실 재물 때문에 정직과 성실한 삶을 살지 않았음이 충분히 입증되고 있습니다. 야곱의 순수한 성실, 정직은 그의 삶을 완전하게 만들고 있습니다.

끝으로 미스바의 역사적 장소를 규명하는 작업도 중요한 작업 가운데 하나일 것입니다. 그러나 미스바(מִצְפָּה, 망대)의 기둥(מַצֵּבָה, 마쩨바)을 찾는다고 해서 그것이 '기억'되는 것은 아닙니다. 이는 상징입니다. 중요한 것은 상징물이 아니라 '기억하는 행위' 자체입니다. 기억이란 과거의 일을 지금(현재) 생각하는 것입니다. 그래서 과거는 기억을 통해서 지금 곧 현재가 되는 것입니다. 기억이 없으면 과거는 존재하지 않습니다. 야곱이 미스바의 언약을 기억(memory)하고 있다면 상징물이나 기념물(memorial thing)은 중요하지 않습니다. 기념물은 우리의 기억을 돕는 일을 합니다. 만약에 기념물을 보고도 기억하지 않는다면 그것은 하나의 물건(things)에 지나지 않습니다. 하나님께서 나의 성실하고 정직한 노고와 수고를 지켜보신다는 신앙과 확신이 미스바 언약의 정신입니다.

신앙과 확신은 살아 있는 생명과 같아서 어둔 밤에 별빛처럼 영롱하게 생기 넘치는 날들이 있습니다. 믿음은 삶의 모든 것을 기적으로 받아들이게 합니다. 자신의 생명과 가족들, 아침이면 들려오는 새소리와 검은 날개를 펴고 날고 있는 까마귀까지도 기적으로 바라보게 만듭니다. 파도와 섬들, 그리고 산으로 불어오는 구름과 안개가 스치고 갈 때의 촉촉함마저도 기적으로 인식하게 합니다.

그리고 그 섬, 그 산 그 곁에 모여살고 있는 우리들의 삶, 사람이 살아 있다는 것 자체를 기적으로 받아들이고 감사함으로 고개를 들어 먼 하늘의 한 점을 응시하고 정말 마음 깊은 곳에서 한 마디를 겨우 고백하게 합니다. "하나님, 감사해요!"라고 말하게 됩니다. 비록 노동의 고통과 수고로 행색은 초라하고 누더기 장막에서 거처한다고 해도 야곱의 두 눈동자는 어둠 속에서 밝게 빛나는 별과 같았습니다. 그는 하나님께서 보내신 천사들을 통해서 수확을 약속받았습니다(창 31:11-12). 그는 미래의 약속을 의지했습니다. 중요한 것은 노동의 고통이 아니라 미래의 약속이었습니다.

이미 미래는 소망 가운데 현재가 되어 있으며, 과거는 매일매일 야곱의 삶을 지배했습니다. 그는 과거로 회귀해야 함을 알고 있었습니다. 아버지 이삭의 집으로, 자신이 맹세한 벧엘로 가야 했습니다. 미래를 소망하고 과거를 추억하여 오늘을 온몸으로 살아가는 것입니다.

조상 아브라함에게 배운 대로, 아버지 이삭에게 배운 대로 살아가는 길 곧 '여호와의 도'(道, דֶּרֶךְ, 데레크)인 의(צְדָקָה, 쩨다카)와 공도(מִשְׁפָּט, 미쉬파트)의 길이 있습니다. 이 길을 정직하게, 성실하게 걸어가는 것입니다. 언약의 의무에 따른 노고와 수고에 성실함(אֱמֶת, 에메트)으로 살아가는 것입니다. 이것은 온전한 삶입니다.

우리가 부모에게 상속받은 가장 귀중한 것은 추억일 것입니다. 인간만이 부모와 함께한 유년 시절의 추억을 가집니다. 아마도 부모에게 배운 하나님의 도, 정의와 공의의 이야기를 마음에 간직하고 살아간다면, 그 아름다운 추억 하나만 있어도 인간은 결코 극단적으로 어리석은 선택을 해서 악으로 떨어지지는 않을 것입니다. 또한 부모에게 배운 성경 안에서의 성실함 곧 자신의 의무에 대한 성실함과 사랑을 배울 수 있다면 반드시 온전한 길을 걷고 있는, 좋은 길을 가는 중임을 확신할 수 있습니다. 중요한 것은 멈추지 않고 끊임없이 가는 것입니다.

# 사랑이 깊어 두려움의 병이 되다

## F′. 에서에 대한 두려움으로 떠나지 못함(32:1-23)

야곱은 라반이 변했다는 사실을 알고 있었습니다(창 31:2). 하지만 라반이 야곱을 심판하려고 고발자가 된 것을 비롯한 그의 모든 것들은 자기 자신의 힘을 의지하고 자기 자신에게 허세를 부려 본 것뿐입니다. 하나님께서는 야곱에게 고향으로 돌아갈 것을 지시하셨고 야곱은 이제 고향 곧 아버지의 집으로 다시 떠나는 삶을 살아갑니다(창 31:3).

야곱은 두려웠습니다. 그것은 자신의 생명을 위협하는 것들에 대해서 느끼는 불확실한 상상력에서 오는 그런 두려움이 아니었습니다. 이것은 정반대의 두려움입니다. 라반이 야곱을 죽이려고 칼을 들고 달려온다면 야곱을 지켜보시는 하나님, 그분의 거룩한 천사들이 라반을 그냥 살려 두지는 않았을 것입니다. 야곱의 두려움은 라반에 대한 사랑 곧 은혜(חֵן, 헨)에서 온 것입니다(창 30:27).

하나님께서도 라반을 살리기 위해서 그에게 나타나시어 그를 꾸짖으셨습니다. 이는 야곱을 지키기 위한 것인 동시에 라반을 지키시는 하나님의 뜻입니다. 왜냐하면 아람 족속도 이 땅에 살아남아 그리스도의 복음을 들어야 하기 때문입니다. 모세는 "밤에 하나님이 아람 사람 라반에게 현몽하여"(창 31:24)라고 말하고 있습니다. 다시 말해서 라반은 '아람 민족'을 대변하는 중요한 인물로 살아남아야 했습니다. 그러나 그가 '선악'을 말하는 것은 허락하지 않으셨습니다(창 31:24).

이제 야곱은 동일한 형태의 두려움에 사로잡히게 됩니다. 바로 에서에 대한 두려움입니다. 이것은 라반의 이야기와 평행을 이루고 있습니다. 다시 말해서 에서에 대한 사랑에서 일어난 두려움입니다. 분명히 두 부분이 서로 대구(parallelism)를 이루고 있습니다.

**F. 라반에 대한 두려움으로 길을 떠남**(31:1-42)

**F′. 에서에 대한 두려움으로 길을 떠나지 못함**(32:1-23)

〈창세기〉 32장을 보면 아주 특별한 이야기가 두 번 반복해서 등장합니다. 이러한 배열은 우연한 배열이나 혹은 여러 사람의 손에 의해서 기록된 것이 아님을 확증하고 있습니다. 이것은 모세의 문체적 특징입니다.

모세는 먼저 야곱이 천사들을 만나는 이야기로 시작합니다. 그리고 다시 에서를 만나는 장면을 아주 상세하게 기록하고 있습니다. 끝으로 다시 천사를 만나는 장면으로 마무리를 하고 있습니다. 이를 도식으로 나타내면 다음과 같습니다.

**a. 야곱이 천사를 만남**(32:1-2, MT 32:2-3): **마하나임**(하나님의 군대)

**x. 야곱이 에서를 만남 예비**(32:3-23, MT 32:4-24): **형제를 위한 마음**

**a′. 야곱이 천사를 만남**(32:24-32, MT 32:25-33): **천사와의 씨름**

모세는 다시 한 번 천사들의 이야기를 언급함으로 벧엘의 약속을 지키시는 하나님을 기억나게 합니다. 하나님께서는 벧엘에서 "내가 너와 함께 있어 네가 어디로 가든지 너를 지키며 너를 이끌어 이 땅으로 돌아오게 할지라 내가 네게 허락한 것을 다 이루기까지 너를 떠나지 아니하리라”(창 28:15)고 약속하셨습니다. 이는 야곱의 삶과 함께하신 하나님에 대한 신앙을 요구합니다. “우리의 도움은 천지를 지으신 여호와의 이름에 있도다”(시 124:8)라는 찬양은 진정으로 우리가 도달해야 할 믿음입니다. 하나님께서 살아 계신 분이라는 믿음에 머물지 않고 그분께서는 우리를 돕고 계신다는 신앙에까지 도달함으로 시편의 찬양이 우리의 노래가 되어야 합니다. 또한 벧엘의 약속을 이루시기 위해서 항상 야곱을 지켜보고 계심을 확증하는 미스바 언약을 기억하고 살아갈 것을 요구하는 것입니다. 야곱은 미스바를 통해서 벧엘을 확증했습니다. 그런데도 모세는 다시금 야곱이 두 번에 걸쳐 천사를 만나는 이야기를 기록함으로 우리에게 야곱의 마음을 주의 깊게 읽도록 돕고 있습니다.

### 야곱이 만난 천군천사들: 마하나임

모세는 아주 의미심장하게 ‘야곱은 그의 길을 걸었다’(יַעֲקֹב הָלַךְ לְדַרְכּוֹ, Jacob went on his way, NIV)라고 말합니다(창 32:1, MT 32:2). 이는 일차적으로는 ‘야곱이 자신의 갈 길을 걸었다’라는 의미입니다. 하지만 이는 동시에 ‘야곱이 자신이 걸어야 할 길을 걸었다’라고 읽도록 만듭니다. 다시 말해서 아브라함의 언약에서 밝히고 있는 바와 같이 그는 ‘하나님의 도’(道, דֶּרֶךְ, 데레크)를 지키고 그 길(דֶּרֶךְ, 데레크)을 걸어야 함을 의미합니다.

하나님의 사자들은 야곱을 만났습니다(창 32:1). 야곱은 그 천사들을 보며 ‘마하네 엘로힘’(מַחֲנֵה אֱלֹהִים) 곧 ‘하나님의 군대 야영지’라고 말했습니다. 야곱은 천군천사들이 자신 곁에서 야영을 하고 있는 것을 목격했습니다. 그곳을 기억하기 위해서 야곱은 그 땅의 이름을 '마하나임'(מַחֲנָיִם)이라고 불렀습니다. 그런데 이 '마하나임'은 '야영', '숙영'이란 뜻을 가진 마하네(מַחֲנֶה)의 쌍수로 천사들의 야영지가 서로 짝을 이루어 두 분류로 나누어졌음을 알 수 있습니다. 다시 말해서 야곱을 중심으로 좌우로 쌍을 이루고 있음을 뜻하는 것입니다.

야곱은 자신 곁에 있는 천사들을 보았습니다. 자신을 지키는 천군천사에 대한 감사와 더불어 작은 불안감이 야곱의 마음에 뿌리를 내리기 시작했을 것입니다. 그것은 에서에 대한 걱정입니다. 여하튼 야곱은 마하나임을 만났고 이어서 세일 땅에 사는 자신의 형 에서에게 심부름꾼들을 보냅니다(창 32:3, MT 32:4). 여기서 '사자(使者)들'(messengers)이란 히브리어로 말아크(מַלְאָךְ)의 복수형입니다. 앞에서 '천사'(天使, angel)로 읽은 것 역시 '말아크'(מַלְאָךְ)입니다. 보냄 받은 사자 곧 '말아크'(מַלְאָךְ)와 동일성을 가집니다. 그래서 '말아크'(מַלְאָךְ)보다는 누가 보냈는가가 더 중요합니다.

그런데 야곱은 이 '말아크'(מַלְאָךְ)를 아버지가 있는 곳인 브엘세바(창 28:10)나 헤브론(창 35:27)으로 보내는 것이 아니라 세일로 보내고 있습니다. 야곱은 이삭이 헤브론에 있다는 사실을 알고 있었습니다(창 35:27). 이는 세 가지 내용을 암시하고 있습니다. 첫 번째는 에서가 눈이 먼 늙은 아버지 이삭을 남겨 두고 처가인(창 36:2) 세일에서 자신의 세력을 키웠음을 뜻하는 것입니다. 이는 장자의 의무에 불성실했음을 의미합니다. 실재적으로 장자의 명분은 태어난 순서에 따른 것이 아니라 장자의 의무에서 나오는 것입니다.

둘째로 야곱은 아버지 이삭이 헤브론에 거주하고 있다는 사실과 형 에서가 세일에 살고 있다는 사실을 미리 알고 있는 듯이 보입니다. 이는 야곱이 라반의 집인 밧단아람에 있으면서 지속적으로 아버지와 어머니, 그리고 형의 소식을 접하고 있었음을 암시하고 있습니다. 아마도 어머니 리브가가 여러 모양으로 소식을 전했던 것으로 보입니다. 리브가는 "네 형의 분노가 풀려 네가 자기에게 행한 것을 잊어버리거든 내가 곧 사람을 보내어 너를 거기서 불러오리라"(창 27:45)고 약속했었습니다. 하지만 야곱에게 에서의 마음이 풀어졌다는 소식은 도착하지 않았던 것으로 보입니다. 결국 에서의 마음에는 여전히 형제 살인의 뜻이 남아있다고 짐작됩니다.

마지막 셋째로, 야곱은 리브가의 소식이 아니라 하나님의 지시에 따라서 고향으로 돌아온 것입니다. 이는 20년 이상의 세월이 흘렀지만 여전히 에서의 마음에 어떤 앙금이 있음을 짐작하게 합니다. 그리고 에서는 사냥을 했기 때문에 숲속인 세일 곧 쎄이르(שֵׂעִיר)에서 거주했던 것으로 이해됩니다. 세일(שֵׂעִיר, 세이르)이란 히브리어로 '털이 많은'이란 의미로 숲이 우거진 것을 표현한 것입니다. 에서의 이름과 잘 어울리는 지역의 이름입니다.

한편 야곱도 종들과 많은 재산을 가지고 자신만의 터전을 찾아 떠날 수도 있었을 것입니다. 에서가 그렇게 했던 것처럼 그렇게 자신만의 세력을 키울 수도 있을 것입니다. 하지만 야곱이 가는 곳은 바로 이삭이 있는 곳입니다. 이것은 하나님의 지시인 동시에 야곱의 소망입니다. 장자의 명분은 야곱의 그 부모에 대한 소망에서 찾을 수 있습니다. 또한 이삭이 헤브론에서 거주하고 있다는 뜻은(창 35:27) 이삭 자신도 부모님의 묘실 근처를 주된 거주지로 삼고 있음을 뜻하는 것입니다. 헤브론은 아브라함과 사라의 묘실이 있는 막벨라 밭이 있는 곳입니다(창 23:19). 부모를 공경하는 것은 하나님의 뜻입니다(출 20:12; 신 5:16; 마 19:19; 엡 6:2).

사도는 "자녀들아 주 안에서 너희 부모에게 순종하라 이것이 옳으니라 네 아버지와 어머니를 공경하라 이것은 약속이 있는 첫 계명이니"(엡 6:1-2)라고 하였습니다. 십계명에서 유일하게 약속이 있는 것은 부모를 공경하는 것입니다(출 20:12; 신 5:16). 율법을 보면, "너는 네 하나님 여호와께서 명령한 대로 네 부모를 공경하라 그리하면 네 하나님 여호와가 네게 준 땅에서 네 생명이 길고 복을 누리리라"(신 5:16)고 약속이 포함되어 있습니다. 또한 사도는 "먼저 자기 집에서 효를 행하여 부모에게 보답하기를 배우게 하라"(딤전 5:4)고 하였습니다. 여기서 '효'라고 읽은 것은 경건(piety, KJV) 혹은 신앙의 귀한 의무(religion, NIV)란 뜻입니다. 이는 자신이 해야 할 의무(εὐσέβεια)를 다하는 것이 경건(εὐσέβεια, 유세베이아)이기에 어린아이들에게 경건 곧 아이들의 의무인 부모에게 순종하는 것, 효도하는 것을 가르치는 것입니다. 이것이 아이의 의무입니다. 성실과 경건을 배우는 것이 하나님께서 약속하신 축복의 길입니다.

## 사랑이 깊어 두려움의 병이 된 야곱

야곱은 심부름꾼들과 예물을 보내어 '나의 주께 은혜'(חֵן, 헨) 받기를 청했습니다(창 32:5, MT 32:6). 하지만 야곱의 심부름꾼들이 돌아와서 보고한 것은 "우리가 주인의 형 에서에게 이른즉 그가 사백 명을 거느리고 주인을 만나려고 오더이다"(창 32:6, MT 32:7)라는 말뿐이었습니다. 종의 이 보고에서 하나의 오해가 발생합니다. 역사는 말(word)와 행위(work) 양자가 다 있어야 합니다. 그런데 야곱의 종들은 에서의 행위만을 보고하고 그가 한 말은 전하지 못하고 있습니다. 여기서 에서의 행동은 오해를 일으키고 있습니다. 우리가 이미 알고 있듯이 에서의 마음에 일어난 살의(殺意)의 날카로운 겨울바람을 하나님께서 봄날의 포근함으로, 얼어붙어 죽은 듯한 땅에서 꽃을 피우듯이 그렇게 순하게 바꾸어 놓아 두셨습니다. 문제는 야곱이 아직 에서의 마음을 모르고 있다는 사실입니다. 그리고 이런 상황에서 야곱의 행동은 그가 얼마나 온전한 사람인가를 보여주는 중요한 계기가 됩니다. 라헬의 행동으로 야곱의 정당함이 확증되었던 것처럼 종들의 작은 실수로 전하지 못한 에서의 말로 인해서 발생한 오해는 야곱의 완전함을 입증하는 계기가 됩니다.

한편 야곱의 말에서 우리는 한 가지 특징을 읽게 됩니다. 그것은 야곱이 자신의 형 에서에게 '나의 주께' 혹은 '당신의 종'이라는 표현을 쓰고 있다는 사실입니다. 이는 에서의 마음을 달래 주려고 한 표현으로 보입니다. 왜냐하면 아버지 이삭의 축복에서는 에서가 야곱을 섬길 것으로 예언되었기 때문입니다(창 27:29). 이 축복은 보다 먼 미래를 향하고 있습니다. 하나님께서 결정하신 것은 오직 하나님께서 그 뜻을 이루실 것임을 믿기에 자신이 에서에게 주인 노릇을 할 필요는 없을 것입니다. 야곱은 믿음 가운데 기다리면 됩니다. 그러면 큰 자가 작은 자를 섬길 것입니다(창 25:23). 반드시 먼저 된 자가 나중 될 것입니다(마 19:30). 이는 하나님의 뜻입니다. 어리석은 하사엘처럼 하나님의 예언을 빙자해서 살인을 범하는 일은 불신앙에서 온 것이지 결코 믿음의 행위가 아닙니다(왕하 8:15).

또한 성경에서 말하는 '큰 자가 작은 자를 섬길 것'이란 말은(창 25:23) 폭력과 포학함으로 작은 자가 큰 자에게 군림해서 지배하는 것을 의미하는 것은 아닐 것입니다. 오히려 섬김의 의미로 다스리는 것입니다. 주님께서는 "인자가 온 것은 섬김을 받으려 함이 아니라 도리어 섬기려 하고 자기 목숨을 많은 사람의 대속물로 주려 함이니라"(마 20:28)라고 말씀하셨습니다. 성경의 다스림은 섬김입니다. 그러므로 야곱은 에서를 섬김으로 참된 다스림의 모습을 우리에게 보여줍니다.

야곱의 사자들은 '에서가 400명을 이끌고 야곱을 만나러 온다'고 전했습니다(창 32:6). 리브가가 보내온 소식도 없이 에서는 400명을 이끌고 오고 있습니다. 분명히 에서의 마음은 20여 년 전의 앙금이 그대로 남아 있을 것이라고 짐작할 수 있는 부분입니다. 야곱은 진정으로 '심히 두렵고 답답했습니다'(창 32:7, MT 32:8). 그의 두려움과 마음을 짓누르는 듯한 답답함(distress)은 에서에 대한 사랑에서 비롯된 것이 분명했습니다. 왜냐하면 만약에 에서가 이삭의 축복을 받은 야곱을 해친다면 아브라함의 언약은 인간의 손에 의해서 무너지는 것이 되기 때문입니다.

하나님의 작정과 섭리가 인간의 폭력 앞에서 힘없이 사라지게 되는 일은 없습니다. 그렇다면 하나님께서는 어떤 식으로든 에서를 저지하실 것이 분명했습니다. 그의 400명의 군대는 마하나임의 천군천사의 힘 앞에서 고함 한 번 지르지 못하고 죽게 될 수도 있습니다. 이는 두려움이었습니다. 에서와 400명의 장정들이 죽음 속으로 달려드는 벌레처럼 무의미하게 죽을 수도 있게 되었습니다. 답답해서 고민이 되었습니다. 하지만 동시에 자신의 아내들과 아들들, 그리고 종들의 생명도 위험에 노출되어 있었습니다. 야곱은 우선 자신의 모든 무리를 '두 떼로 나누었습니다'(창 32:7, MT 32:8). 마하나임의 군대처럼 그렇게 좌우로 나누었습니다. 만약에 에서가 와서 한 떼를 치면 남은 한 떼만이라도 죽음을 면할 수 있을 것입니다(창 32:8, MT 32:9). 여기서 중요한 인물은 '야곱' 자신이었습니다. 나이가 60세라도 아브라함의 언약을 상속한 야곱이 살아 있다면 그는 다시 아내를 얻고 자식을 낳을 수도 있을 것입니다. 아브라함은 100세에 이삭을 얻었으니 전능자 앞에서 인간의 나이는 중요한 문제가 아닐 것입니다. 여기서는 '그 밭'의 문제가 아니라 '그 씨'의 문제입니다. 그러므로 레아와 라헬, 그리고 빌하와 실바 곧 그 밭과 상관없이 야곱의 후손은 모두 아브라함의 후손이 됩니다. 그러니 중요한 것은 '야곱' 자신이었음이 분명합니다. 자신이 에서의 손에서 살아남을 수 있어야 에서도 살 수 있는 상황입니다. 형제인 에서를 살리기 위해서는 먼저 야곱 자신이 살아야 했습니다.

야곱은 기도를 합니다.

기도에 관해서 이야기를 나눌 때에 기도란 자신을 부끄럽게 만드는 욕망(desires)이나 갈망(longing)을 하나님께 요구하는 것이 아니라고 말한 종교개혁가의 충고를 들어 기억하고 있을 것입니다. 우리 마음에 들어온 우리의 모든 소원들을 그분의 시선 안에 내어놓기를 배우는 것입니다. 천지를 창조하신 하나님께서 우리를 도우신다는 것을 믿는다면(시 124:8) 우리는 그 도움을 소망하고 요청하는 고백을 할 수 있습니다. 이것은 우리의 삶을 찬양으로 채우는 소중한 일입니다. 기도는 찬양이 될 것입니다.

야곱의 기도를 보면 그는 철저하게 하나님의 약속에 의지하고 있으며, 그 안에 깊은 사랑이 숨어 있음을 읽게 됩니다. 먼저 야곱은 자신이 하나님의 말씀을 이행했음을 밝힙니다.

"내 조부 아브라함의 하나님, 내 아버지 이삭의 하나님 여호와여 주께서 전에 내게 명하시기를 네 고향, 네 족속에게로 돌아가라 내가 네게 은혜를 베풀리라 하셨나이다"(창 32:9, MT 32:10)라고 기도의 입을 열었습니다. 이미 앞에서 언급했지만 성경에서 '아브라함의 하나님, 이삭의 하나님', 그리고 훗날 '야곱의 하나님'을 덧붙여 '부활의 하나님'을 의미하는 것입니다. 이는 생명의 하나님을 의미하는 것이지 조상신을 의미하지 않습니다. 여하튼 야곱은 '아버지 품으로 돌아가라'는 하나님의 말씀과 '은혜 베풀어 주심'을 의지하고 자신은 고향으로 돌아왔음을 고백합니다. 여기서 '은혜'라고 읽은 것은 헨(חֵן)이 아니라 야타브(יָטַב)를 쓰고 있습니다. 야타브(יָטַב)는 '즐겁다'(please)란 뜻을 가지고 있어서 야곱이 말하는 것은 하나님께서 자신을 잘(well, KJV) 혹은 번영하게(prosper, NIV) 해 주시어 즐겁게 되었음을 고백하는 것입니다.

이제 야곱은 하나님께서 말씀하신 대로 자신이 번영하게 되었음에 대한 감사기도를 이어갑니다. 야곱은 "나는 주께서 주의 종에게 베푸신 모든 은총(חֶסֶד, love, 헤쎄드)과 모든 진실(אֱמֶת, truth, 에메트)하심을 조금도 감당할 수 없사오나 내가 내 지팡이만 가지고 이 요단을 건넜더니 지금은 두 떼나 이루었나이다"(창 32:10, MT 32:11)라고 고백했습니다. 야곱은 하나님의 헤쎄드(חֶסֶד, love)와 에메트(אֱמֶת, truth)를 찬양하면서 자신이 진정으로 번영했음을 고백합니다. 그리고 이제 자신의 처지를 있는 그대로 고백합니다. 하나님께서 모른다고 생각하기에 고백하는 것이 아니라 하나님 앞에서 거짓됨이 없음을 배우기 위해서 자신의 처지를 진솔하게 고백하는 것입니다.

"내가 주께 간구하오니 내 형의 손에서, 에서의 손에서 나를 건져내시옵소서 내가 그를 두려워함은 그가 와서 나와 내 처자들을 칠까 겁이 나기 때문이니이다"(창 32:11, MT 32:12). 여기서 야곱은 직설적으로 '날 구원하소서! 제발'(הַצִּילֵנִי נָא, Save me, NIV)이라고 고백합니다. 기도는 언제나 하나님 앞에서 숨김없이 자신을 드러내는 순간이며, 자신을 그대로 드러내는 법을 배우는 순간입니다. 야곱은 숨김없이 자신의 마음을 고백합니다. 자신을 자신의 형제의 손에서,

에서의 손에서 구원해 주시길 고백하고 있습니다. 그러면서 야곱은 '나는 그를 두려워합니다'라고 솔직히 말합니다. 에서에게 있을 것 같은 과거의 살의(殺意)로 인해서 자신을 비롯해서 여러 사람이 다치게 될 것을 걱정하고 있습니다. 자신을 비롯해서 가족이 다칠 것에 대한 걱정입니다. 그러나 야곱은 곧바로 "주께서 말씀하시기를 내가 반드시 네게 은혜를 베풀어 네 씨로 바다의 셀 수 없는 모래와 같이 많게 하리라 하셨나이다"(창 32:12, MT 32:13)라는 하나님의 언약을 언급합니다. 여기서의 '은혜'도 헨(חֵן)이 아니라 야타브(יָטַב)를 쓰고 있습니다. 이는 하나님께서 야곱의 후손이 바닷가의 모래처럼 많을 것을 섭리하심을 뜻하는 것입니다. 결국 에서가 야곱을 죽이려는 것은 하나님의 섭리를 파괴하려는 행위임을 말하는 것입니다. 야곱은 이 사실을 명확하게 알고 있었습니다.

야곱의 기도에는 세 가지 분명한 득징이 있습니다. 첫째로 야곱은 하나님의 약속과 맹세, 그리고 언약을 기억하며 기도를 이끌어 가고 있습니다. 허망한 상상에 근거를 둔 것이 아니라 오직 하나님의 말씀을 추억하는 기도를 하고 있습니다.

둘째는 자신의 두려움을 그대로 숨기지 않고 기도 가운데 순수하게 고백합니다. 그렇다고 자신의 욕망을 채우려는 의도는 보이지 않습니다. 그는 자신의 두려움을 진실하게 고백합니다.

셋째, 야곱의 기도 가운데에는 깊은 믿음이 바탕을 이루고 있습니다. 야곱은 하나님께서 벧엘에서 하신 약속을 지키실 것을 확신하고 있습니다(창 28:14). 다시 말해서 야곱의 후손 곧 아브라함의 후손들이 바닷가의 모래처럼 많을 것이라고 약속하신 하나님을 믿고 있습니다. 만약에 하나님께서 약속을 지키신다면 다시 말해서 야곱의 후손들이 바닷가의 모래처럼 많을 것이라면 야곱은 반드시 죽지 않을 것입니다. 야곱의 두려움의 실체는 에서에게 집중되어 있음을 발견할 수 있습니다. 자신을 죽이려는 적대자 에서에 대한 사랑을 이야기하고 있습니다.

만약에 에서가 자신과 자신들의 아들들을 치려 한다면 바닷가의 모래처럼 많은 야곱의 후손들은 여기서 사라질 것입니다. 그렇게 된다면 하나님의 말씀은 일순간에 땅에 떨어지는 것이 될 것입니다. 그러나 이런 일은 일어나지 않을 것입니다. 왜냐하면 하나님께서는 야곱을 지켜보고 계시며, 그와 함께하고 계시기 때문입니다. 라반의 칼에서 구원하신 것처럼 에서의 칼에서도 야곱은 반드시 구원을 받을 것입니다. 결국 에서는 야곱을 치는 것이 아니라 하나님의 뜻에 대적하는 것이 될 것이며, 결국 죽음을 면하기 어려울 것입니다.

야곱은 기억하고 있었습니다.

'자신의 씨가 바다의 셀 수 없는 모래와 같이 많게 될 것'이라는 약속을 추억하고 있었으며, 그 미래는 곧바로 야곱의 현재 삶에 그대로 투영됩니다. 에서를 살려야 했습니다. 어머니 리브가의 말처럼 "어찌 하루에 너희 둘을 잃으랴"(창 27:45)라는 상황이 다시 전개된 것입니다. 에서는 야곱의 목숨을 노리고, 그로 인해서 에서는 하나님의 손에 죽음을 면하기 어렵습니다. "의인은 환난에서 구원을 얻으나 악인은 자기의 길로 가느니라"(잠 11:8)고 하였습니다. 형제 살인의 순간이 다시 전개될 비극의 아침이 오고 있었습니다. 야곱은 자신의 적대자에 대하여 사랑으로 그를 구원해야 했습니다. 그는 형제입니다.

그런데 모세는 "야곱이 거기서 밤을 지내고"(창 32:13, MT 32:14)라고 말하고 있습니다. 여기서 모세는 린(לִין)이란 낱말을 쓰고 있습니다. 이는 '밤 동안 머물다'(remain over the night)란 의미로 야곱이 벧엘에서 하룻밤을 머물렀을 때에도 같은 낱말을 사용하였습니다. 다시 말해서 야곱은 형제 에서 때문에 두렵다고 말하곤 잠을 청해 밤을 보내게 됩니다. 그는 하나님께서 자신의 기도를 들으셨음을 믿었던 것이 분명합니다. 아니, 야곱은 자신이 죽지 않을 것을 확신하고 있습니다. 문제는 에서를 살리는 방법을 찾는 것입니다. 야곱은 자신이 죽을 것을 두려워했던 것이 아니라 에서의 죽음을 걱정한 것입니다. 만약에 자신이 죽을 것을 걱정했으며, 하나님께서 자신을 도와주실 것에 대하여 불신앙 속에 있었다면 결코 평온한 잠을 잘 수 없었을 것입니다. 야곱은 기도 이후에 두려움 속에서 밤을 지새운 것이 아니라 그곳에서 평온히 잠을 청하며 그 밤을 보냈습니다.

아침에 봄날의 태양이 기분 좋게 떠오르고 있을 때에 야곱은 에서를 위한 예물 곧 희생물(מִנְחָה, 민하)로 선물을 선별합니다(창 32:13, MT 32:14). 히브리어 민하(מִנְחָה)는 일반적으로는 '선물'(gift, present)을 의미합니다. 하지만 제의적으로는, 하나님께 바치는 제물로 쩨바흐(זֶבַח, 창 31:54)보다 먼저 사용된 낱말입니다. 가인과 아벨이 하나님께 드린 제물을 말할 때에 쓴 단어가 민하(מִנְחָה)였습니다(창 4:3-4). 야곱은 에서를 위한 선물인 동시에 에서가 아직도 간직하고 있을 살의(殺意)에 희생될 희생물로 생각하고 가축 떼를 준비했습니다(창 32:14-15). 이 가축 떼는 종들이 이끌어 야곱보다 먼저 에서를 맞이하게 했습니다. 혹여 에서를 만난다면 야곱이 그 형제 에서에게 주는 선물(מִנְחָה, 민하)이라고 정중히 말할 것을 당부했습니다(창 32:18). 이렇게 모든 무리를 세 무리로 나누어 앞서서 가게 했습니다(창 32:19). 야곱은 에서의 마음을 풀어주고 싶었습니다. 〈잠언〉에도 "은밀한 선물은 노를 쉬게 하고 품 안의 뇌물은 맹렬한 분을 그치게 하느니라”(잠 21:14)는 지혜자의 말이 나오는 것처럼 야곱은 에서의 마음을 돌리고 싶었습니다. 또 ‘사람의 선물은 그의 길을 넓게 한다’고도 했습니다(잠 18:16). 야곱은 에서의 분노를 그치게 함으로 그를 돕고 싶었습니다. 이는 야곱의 말에서 보다 분명하게 알 수 있습니다.

“내가 내 앞에 보내는 예물로 형의 감정을 푼 후에 대면하면 형이 혹시 나를 받아 주리라” 하고 생각했습니다(창 32:20, MT 32:21). 여기서 감정을 ‘푼다’라고 읽은 히브리어는 카파르(כָּפַר)로 ‘덮다’란 의미를 가지고 있습니다. 특히 죄를 덮어 준다는 의미에서 ‘속죄하다’, ‘용서하다’, ‘화해하다’란 뜻으로 읽습니다. 다시 말해서 야곱은 혹여 20여 년 전의 살의(殺意)를 아직까지 간직하고 있을 에서의 마음에 화해의 뜻이 충분히 있은 다음에 만날 것을 생각했습니다. 그렇지 않다면 에서는 하나님의 손에 죽을 수도 있기 때문입니다.

그리고 다시 밤이 찾아왔습니다. 늦은 봄, 초여름의 태양은 대지를 뜨겁게 달구었으나 밤의 이슬은 대지를 향기롭게 하고 낮의 열기를 식혀 주었습니다. 야곱은 잠자리에 들었다가 잠들지 않고 다시 자리에서 일어났습니다(창 32:22, MT 32:23). 낮의 열기를 피해 서늘하고 향기로운 여름밤에 두 아내 레아와 라헬, 그리고 빌하와 실바, 그리고 열한 명의 아들들을 인도해서 얍복(יַבֹּק, 야보크)이라 이름 하는 강나루에 도착했습니다. 아내들과 아들들, 그리고 자신의 모든 소유도 건너가게 하고(창 32:23) 야곱은 홀로 남았습니다(창 32:24, MT 32:25). 야곱은 에서를 살리고 싶은 마음에 병이 되었습니다. 야곱은 근심과 두려움으로 그 초여름 밤을 얍복 강가에 있었습니다. 어둠이 세상을 고요하게 덮듯이 진실로 사랑은 모든 죄를 덮습니다. 사도는 “무엇보다도 뜨겁게 서로 사랑할지니 사랑은 허다한 죄를 덮느니라"(벧전 4:8)라고 하였습니다. 야곱은 에서의 형제 살의(殺意)에 대해서 문제 삼지 않았습니다. 오히려 그를 사랑으로 돕고 싶어 했습니다.

'병든'(ἀσθενής, 아스테네스) 것은 사실 '무력함', '무기력함', '허약함'(impotence, 롬 6:19, 벧전 3:7) 내지는 '비틀거림'(stumble, 렘 6:21)이란 뜻으로 '병'이라고 읽습니다(요 11:6). 이는 육체적으로 허약해지고 병든 것을 의미하지만 종종 정신이나 마음의 상태가 약해지는 것도 의미합니다(마 26:41; 벧전 3:7). 야곱은 '마음이 약해졌다'는 의미에서 병이 들었다고 표현한 것입니다. 사랑은 사람을 관대하게 만들고, 상대에 대한 관용을 베풀게 합니다. 사랑은 온유합니다(고전 13:4). 사랑은 상대의 잘못에 대해서 '성내지 아니하며 악한 것을 생각하지 않습니다'(고전 13:5). 사랑은 '모든 것을 참으며…모든 것을 견딥니다'(고전 13:7). 야곱은 에서를 사랑하는 마음에 약해지고 관대해졌음을 의미합니다.

## 사탄과 재물에게 무릎 꿇지 말라

### E'. 야곱이 얻은 이름의 축복(32:24-32): 이스라엘

30장 25절 이하에서 모세는 야곱이 라반의 부당한 조건 아래에서 체결된 소유권을 가지고 번영한 이야기를 했습니다(E 부분, 30:25-43). 이는 벧엘에서 야곱이 서원한 축복의 실현이라고 말할 수 있습니다. 그는 벧엘에서 먹을 것과 입을 것 곧 재화의 부요함을 주실 것을 기도했습니다. 물론 하나님께 받은 것이니 하나님께 돌려드리는 의미에서 십분의 일을 드릴 것을 맹세했습니다(창 28:22). 이는 야곱이 얻은 서원의 축복이었습니다.

그런데 모세는 야곱이 새로운 이름을 받는 이야기를 함으로 그가 이름의 축복을 받는 이야기를 이끌어갑니다(E' 부분, 32:24-32). 사실 이 부분은 야곱이 에서를 만나기 이전에 마하나임 곧 하나님의 천군천사들의 야영지를 목격하게 되는 것과 짝을 이루는 부분이기도 합니다. 바로 야곱이 천사와 씨름을 하는 이야기입니다. 이 이야기를 통해서 야곱은 '이스라엘'이란 이름의 축복을 받습니다. 야곱이 새로운 이름을 받는 축복은 향기 그윽한 밝고 맑은 늦은 봄 초여름 밤이었습니다. 라반이 양털을 깎던 그 계절이었으며(창 31:19), 아마도 이때는 보리 수확으로 분주했던 절기로 훗날 유월절과 관련을 맺고 있었을 것입니다.

더위를 피해서 해가 진 다음에 아내들과 아들들, 그리고 남은 소유를 강 건너편으로 보내고 나루터에 혼자 남아 있었습니다. 그때 야곱은 한 사내와 씨름을 하게 되었습니다(창 32:24, MT 32:25). 여기서

‘씨름하다’란 말은 히브리어 아바크(אָבַק)의 니팔형(수동형)으로 ‘맞붙어 싸우다’(to wrestle), ‘붙잡아 격투하다’(to grapple)라는 뜻이 있습니다. 야곱이 낯선 사내와 맞붙어 싸웠다는 말입니다.

앞에선 언급했지만 야곱은 대단한 힘을 소유한 인물이었습니다. 젊은 시절에는 목동 서너 명이 들어 올릴 만한 돌을 혼자서 들 수 있을 정도였습니다. 아마도 야곱은 노경(老境)에 접어든 때에도 바위를 기둥으로 세울 정도로 강건했음이 분명합니다. 그래서 젊은이와 씨름을 할 정도로 힘이 있었던 것으로 보입니다(호 12:3). 결국 먼지를 뒤집어쓰고 맞붙은 씨름은 날이 새도록 계속되었습니다.

아침 태양이 어두운 세상에 빛을 던지려고 하는 먼동이 틀 즈음이 되었습니다. 붉은 빛 가득히 어두운 하늘은 점차 아청빛 하늘로 변하고 있었습니다. 그 사내는 자신이 야곱을 이기지 못함을 보고 야곱의 허벅지 관절에 있는 둔부의 힘줄을 쳤습니다. 야곱의 허벅지 관절이 그 사람과 씨름할 때에 어긋났습니다(창 32:25, MT 32:26). 야곱은 큰 충격을 받았을 것입니다. 하지만 야곱은 그 사람을 여전히 붙잡고 있었습니다.

“날이 새려 하니 나로 가게 하라.” 그 사람이 야곱에게 말했습니다. 이에 야곱이 “당신이 내게 축복하지 아니하면 가게 하지 아니하겠나이다”라고 대답합니다(창 32:26). 야곱은 처음부터 이 사람이 다른 어떤 사람과도 다른 존재임을 알고 있었습니다. 그래서 야곱은 그에게 축복을 요청합니다. 야곱은 있는 힘을 다해 그 사람을 붙잡았으나 그의 마음은 아팠습니다. 무너진 허벅지 관절이 안겨주는 고통보다 더 심한 고통이 야곱의 마음을 아프게 했습니다. 야곱은 울었습니다. 눈물을 흘리며 간청했습니다(호 12:4).

답답한 가슴을 가지고 울며 간청하는 야곱을 향해서 천사는 “네 이름이 무엇이냐"(창 32:27)라고 물었습니다. 이에 야곱은 "야곱이니이다" 곧 '발목 잡는 자입니다'라고 대답했습니다. 그는 형의 발목을 잡았으며 지금은 천사의 발목을 붙잡고 간청하고 있습니다.

우리가 다 아는 바와 같이 천사가 '야곱'의 이름을 몰라서 묻는 것이 아닙니다. 야곱은 이제 에서의 삶에 발목을 잡는 자가 아니라 그를 사랑 가운데 돕고자 하는 사람이었습니다. 그러므로 그의 이름이 적절하지 않았습니다. 그에게는 새로운 이름, 곧 새로운 삶이 전개되었습니다. 천사는 야곱에게 말했습니다.

"네 이름을 다시는 '야곱'이라 부를 것이 아니요 '이스라엘'이라 부를 것이니 이는 네가 하나님과 및 사람들과 겨루어 이겼음이니라"(창 32:28, MT 32:29).

이스라엘(יִשְׂרָאֵל)은 동사로 '싸우다', '힘을 가지다'란 뜻에서 나온 말입니다. 그런데 이를 명사로는 '여주인' 곧 '싸라'(שָׂרָה)라는 뜻에서 파생한 이름입니다. 아브라함과 사라(שָׂרָה, 싸라)를 이야기할 때에 바로 그 '싸라'(שָׂרָה)입니다. '엘'(אֵל)은 '힘', '능력'이란 의미를 가지고 있으며, 절대적인 힘과 능력이란 뜻으로 '신' 혹은 '하나님'으로 읽습니다. 결국 이스라엘(יִשְׂרָאֵל)이란 이름은 테마(thema)로는 '하나님과 싸우다' 혹은 '하나님과 싸울 힘을 가지다'란 의미입니다. 그러나 성경에서 이스라엘(יִשְׂרָאֵל)의 레마(rhema)를 "하나님과 및 사람들과 겨루어 이겼다"라고 독해했습니다(창 32:28, MT 32:29). 레마는 반드시 기억해야 합니다.

천사가 말한 것은 야곱이 '하나님과 사람들 함께'(עִם־אֱלֹהִים וְעִם־אֲנָשִׁים)를 동시에 이긴 것으로 선언하고 있습니다. 이는 사실상 있을 수 없는 일입니다. 그럼에도 불구하고 천사는 하나님의 뜻에 따라서 그에게 '이스라엘'(יִשְׂרָאֵל)이란 이름을 붙여 주었습니다. 사람은 하나님과 맞붙어 이길 수 없습니다. 야곱도 이 사실을 너무나도 잘 알고 있습니다. 물론 사람이 사람들을 상대로 이길 수는 있을 것입니다. 그러나 천사는 분명히 '하나님과 사람들 함께'(עִם־אֱלֹהִים דּוְעִם־אֲנָשִׁים)라고 말했습니다. 야곱은 이 엄청난 이름을 주신 분의 이름을 물었습니다(창 32:29. MT 32:30). 하지만 그 천사는 "어찌하여 내 이름을 묻느냐"라고 말하곤 야곱을 축복해 주고 자리를 떠났습니다.

모세는 천사가 말한 축복의 내용에 대해서는 한마디도 기록하지 않고 있습니다. 모세가 관심을 가지는 것은 야곱이 이 천사 곧 '하나님 그리고 사람들 함께'(עִם־אֱלֹהִים דּוְעִם־אֲנָשִׁים) 다투어 끝까지 포기하지 않는 것에 집중하여 이야기하고 있을 뿐입니다. 우리는 이 천사와의 씨름에서 '임-엘로힘 베임-아나쉼'(עִם־אֱלֹהִים וְעִם־אֲנָשִׁים)에 관심을 두어야 합니다. 왜냐하면 이 문장은 '한 분 하나님'과 '사람들'을, 동격의 의미를 반영하는 '그리고'(ו, 베)루 연결하고 있기 때문입니다. 다시 말해서 이 본문은 '하나님 곧 사람들'이란 뜻으로, 단수형의 하나님과 복수형의 인격체 곧 삼위일체 하나님에 대한 암시를 담고 있습니다.

야곱은 떠나는 천사를 보면서 스스로 말하길, "내가 하나님과 대면하여 보았으나 내 생명이 보전되었다"(창 32:30, MT 32:31)라고 말했습니다. 다시 말해서 야곱은 하나님 앞에서 대면하는 것만으로도 자신이 죽을 만큼 거룩하고 신성한 분과 함께 있었습니다. 그런데 그분은 야곱의 생명을 해치지 않으셨습니다. 오히려 축복을 해주셨으며, '이스라엘'(יִשְׂרָאֵל)이란 감당 못할 이름까지 주셨습니다. 이는 거룩한 삼위일체 하나님께서 당신이 사랑하는 이를 지켜 주심을 계시하는 것입니다.

'이스라엘'(יִשְׂרָאֵל)의 의미는 분명합니다. 이는 야곱이 천사와 맞붙어 이겼다는 뜻이 아닙니다. 더욱이 하나님과 싸워서 이겼다는 의미는 더더욱 아닙니다. '이스라엘'(יִשְׂרָאֵל)이란 말은 위로와 의지의 말씀입니다. 다시 말해서 이 이름이 뜻하는 바는 다음과 같습니다. '야곱아, 그리고 야곱의 후손들아, 아니 이 땅의 모든 아브라함의 씨들아, 너희들은 하나님과 맞붙어 이긴 사람이다. 그러니 두려워 말라. 걱정하지 말라. 더욱이 사탄의 유혹에 넘어가지 말라. 하나님을 이긴 자들이 어찌 사탄을 핑계로 아브라함에게 준 여호와의 도를 지키지 않으며, 정의와 공의 앞에서 게으름을 피우며 무관심으로 스스로 무능력하다고 말하는가? 자, 일어나라, 야곱이 천사와 씨름해서 이긴 자들의 후손아, 일어나라. 너희가 하나님을 이긴 자이니 세상을 이겨라'라는 격려를 담은 이름입니다. 사실상 '이스라엘'(יִשְׂרָאֵל)이란 이름은 야곱의 삶이 얼마나 완전한 삶이었는지를 증명하는 것입니다. 비록 그가 하나님과 씨름하여 이긴 것은 아니지만 하나님께서는 야곱에게 '이겼다'고 말씀을 전함으로 그의 삶이 '여호와의 도'에서 벗어나지 않았음을 입증하는 것입니다. 모든 시련과 노동의 고통을 성실함 곧 에메트(אֱמֶת)로 걸었습니다. 자신을 미워하는 이들에게는 은혜(חֵן, 헨)와 사랑(חֶסֶד, 헤쎄드)으로 대했습니다. 그는 완전함의 본보기입니다. '이쉬 탐'(אִישׁ תָּם)입니다. 자신의 적대자에게도 은혜를 베풀어 사랑을 아끼지 않는 것이 바로 완전함입니다.

성 아우구스티누스는 그리스도 안에서 우리가 완전하게 될 것을 말하면서 "사랑 안에서 완전하게 된다"라고 말했습니다. 그는 "사랑의 완전함(perfection of love)이란 무엇인가?"라고 질문하면서, 원수까지 사랑하므로, 끝까지 사랑하므로 형제가 되는 사랑이라고 말합니다(*the Ten Homilies on the First Epistle of St. John*, I. 9.). 주님께서는 "원수를 사랑하라"라고 말씀하셨습니다(마 5:44). 이는 인간으로 완전함을 이루는 것입니다. 야곱은 자신에게 살의(殺意)를 가진 이들을 은혜 가운데 사랑으로 구원하고자 합니다. 이를 위해서 그는 자신의 모든 것을 희생시킵니다. 가진 재물과 소유뿐만 아니라 아내와 자식마저도 희생하여 자신을 죽이려는 에서를 저주의 삶에서 구원으로 이끌고자 고민하고 눈물을 흘리며 괴로워합니다. 성 아우구스티누스는 이 사랑의 길, 정의의 길이 완전한 인간이 되는 길이라고 말하고 있습니다(*the Ten Homilies on the First Epistle of St. John*, I. 9.). 야곱의 완전한 표본은 바로 사랑입니다.

야곱은 천사와 씨름을 한 곳을 '브니엘'(פְּנִיאֵל, 페니엘)이라고 이름했습니다(창 32:30, MT 32:31). 이는 하나님의 얼굴(פָּנֶה, 파네)이란 의미로 야곱이 하나님의 얼굴을 보고도 죽지 않았음을 뜻합니다. 모세는 이 위대한 마지막 순간을 이렇게 기록하고 있습니다.

"그가 브니엘을 지날 때에 해가 돋았고 그의 허벅다리로 말미암아 절었더라"(창 32:31, MT 32:32). 여기서 '브니엘'은 페니엘(פְּנִיאֵל)이 아니라 '페누엘'(פְּנוּאֵל)로 살짝 변경되어 있습니다. 모세는 의도적으로 페니엘(פְּנִיאֵל)과 페누엘(פְּנוּאֵל)을 병행해서 쓰고 있습니다. 아마도 브니엘(פְּנִיאֵל) 곧 '하나님의 얼굴'(the face of God)이라는 직접적인 표현을 지명(地名)에 사용하는 것이 마음에 걸려 살짝 변경한 것 같습니다. 같은 지명이지만 '브니엘'(פְּנִיאֵל, 페니엘, 창 32:30)이 아니라 '브니엘'(פְּנוּאֵל, 페누엘, 창 32:31)이라고 불렀습니다. 페누엘(פְּנוּאֵל)은 동사 파나(פָּנָה, turn)를 붙여서 '하나님께서 돌아오셨다'로 우회해서 읽은 것으로 보입니다.

야곱(이스라엘)은 '하나님, 그리고 사람들'과 다투어 이겼습니다.

그리고 거룩한 삼위일체 하나님 앞에서 죽지 않고 오히려 그분의 얼굴을 뵈었습니다. 그래서 그곳을 페니엘(פְּנִיאֵל, 창 32:30)이라고 불렀습니다. 이는 역사적 사건을 다룬 것입니다. 그러나 모세는 곧바로 페누엘(פְּנוּאֵל, 창 32:31)로 개칭함으로 두 가지 사건을 예언하고 있습니다. 하나는 '하나님의 얼굴을 뵈옵는 사건'이고, 다른 하나는 '하나님께서 다시 돌아오시는 사건'입니다. 이는 분명히 그리스도의 초림과 재림의 파루시아(παρουσία, a presence)를 예표한 것으로 보입니다. 왜냐하면 현존하는 인간이 하나님의 얼굴을 뵈옵는 사건과 더불어 곧바로 그분의 다시 오심을 이야기하는 것은 오직 그리스도의 초림과 재림에 관한 것 이외에는 없기 때문입니다. 모세는 그리스도에 대한 예언을 담고 있습니다. 오신 분에 대하여 오실 분으로 마라나-타(Μαρανα θα), '주님이시어, 오소서'(고전 16:22, Come, O Lord!, NIV)라고 찬양하는 것입니다.

야곱이 이곳 브니엘을 지날 때에 늦은 봄 혹은 초여름의 태양이 떠올랐고, 고관절 부분의 탈골과 인대의 문제로 인해서 다리를 절며 강을 건넜습니다(창 32:31, MT 32:32). 모세는 이 부분에 약간의 주석을 첨부하고 있습니다. 곧 "그 사람이 야곱의 허벅지 관절에 있는 둔부의 힘줄을 쳤으므로 이스라엘 사람들이 지금까지 허벅지 관절에 있는 둔부의 힘줄을 먹지 아니하더라"라고 합니다(창 32:32, MT 32:33). 야곱은 절름발이가 되었습니다. 이것은 하나의 표징이 되었습니다. '이스라엘'이란 이름을 얻은 것을 기억하도록 그 몸에 흔적(Stigma)을 남겨 두신 것입니다. 그리고 이 사건이 생활 속에서 기억되도록 모세는 야곱의 후손의 식습관을 통해서 회상하도록 했습니다. 이것은 전통으로 다음 세대에 '기억'을 전달하고 상속하여 회상하도록 했습니다. 우리는 기억을 상속함으로 그 체험을 공유하게 됩니다.

사람의 체험을 전달하는 방법은 그 체험을 표현하는 것입니다. 그리고 그 표현을 이해함을 통해서 우리는 체험을 공유하게 됩니다. 야곱의 체험은 힘줄(sinew, KJV)을 먹지 않는 관습으로 표현되었으며, 이런 표현을 이해함으로 야곱과 같은 경험에 도달하게 될 것입니다. 이는 기억을 전달하는 것이며 기억을 상속하는 것입니다. 이것은 진정한 의미에서의 상속입니다.

'이스라엘'과 '브니엘'에 대해서 우리는 중요한 사실 두 가지를 반드시 기억해야 합니다. 신앙의 조상 야곱의 육체가 비록 절름발이가 되었어도 우리의 영혼만은 하나님을 대면하여 죽지 않고 살았습니다. 그러므로 우리도 생활 속에서 기억해야 할 것이 있습니다.

첫째, '하나님과 싸워 이겼다'는 것이 의미하는 바는 적어도 몇 가지 일들에 대해서 스스로 핑계할 수 없음을 뜻하는 것입니다. 다시 말해서 '하나님의 데레크'를 지키며, 정의와 공의의 삶을 살아가는 것, 그리고 그것을 자녀들에게 가르쳐야 하는 것, 뿐만 아니라 언약의 의무를 정직함과 성실함으로 이행해야 하는 것, 사랑으로 생활 안에서 실천되어야 한다는 것, 그 사랑으로 형제애에 도달해야 한다는 것, 자신에게 주어진 의무 앞에 고요히 서 있다는 것, 이런 것들은 어떤 식으로든 핑계되어 무관심으로 무시될 수는 없는 것들입니다. 다른 사람들이나 사탄의 유혹, 자신의 게으름이 핑계의 요소가 될 수 없습니다. 왜냐하면 하나님과 싸워 이긴 이들이 사탄에게 굴복한다는 것은 말이 되지 않는 핑계이기 때문입니다. 사탄뿐만 아니라 사람들 혹은 자기 자신에게도 핑계의 여지를 둘 수 없습니다. 아브라함의 씨 곧 믿음의 후손들은 아브라함의 가르침에 따라서 이쉬 탐(אִישׁ תָּם) 곧 '완전한 사람'이 되어야 하는 의무가 있습니다. 원수까지 사랑할 의무가 있습니다. 이것이 완전함의 의미입니다. 그러나 그 성취는 하나님께 달려 있으니 우리는 자신의 의무에 충실함으로 완전함에 이르게 됩니다. 매 순간의 성실함입니다. 다시 말해서 성실한 그 순간만 우리는 완전함을 이루는 것입니다. 어쩌면 순간의 완전함일 수도 있습니다. 그러나 이것을 멈출 수는 없습니다. 그 순간은 전능자에 의해서 영원함으로 이끌어질 것입니다.

또한, 둘째로는 하나님께서 육체를 가지고 '사람'(אִישׁ, 이쉬)으로 야곱과 함께 맞붙었다는 사실입니다. 다시 말해서 야곱은 그분을 두 손으로 만졌습니다. 도마 사도가 그리스도의 육체를 보고 "나의 주님이시요 나의 하나님이시니이다"라고 고백한 것처럼(요 20:27-28), 야곱은 하나님을 만졌습니다. 이는 분명히 거룩한 삼위일체 신앙에 대한 은밀한 예표일 것입니다.

도마 사도가 "내가 그의 손의 못 자국을 보며 내 손가락을 그 못 자국에 넣으며 내 손을 그 옆구리에 넣어 보지 않고는 믿지 아니하겠노라"(요 20:25)고 말한 것은 진정으로 믿고 싶었음을 고백하는 것입니다. 도마 사도는 믿기를 간절히 원했기 때문에 이런 말을 한 것입니다. 사도는 부활하신 그리스도의 육체를 직접 본 기적을 통해서 믿은 것이 아니라 이미 간절히 믿기를 열망하고 있었기에 그 기적에 동참하고 있는 것입니다. 그래서 주님께서는 도마 사도에게 "믿음 없는 자가 되지 말고 믿는 자가 되라"(요 20:27)고 말씀하셨습니다. 다시 말해서 도마 사도에게 '완전히 불신앙으로 믿음이 없다'고 말씀하신 것이 아닙니다. 도마 사도는 이미 믿고 있었으므로 "믿음 없는 자가 되지 말고"라고 말씀하신 것입니다. 그러나 더 큰 축복으로 인도하는 믿음이 있습니다.

주님께서 "나를 본 고로 믿느냐 보지 못하고 믿는 자들은 복되도다"(요 20:29)라고 하신 말씀처럼 도마 사도에게 더 큰 축복 곧 '보지 않고 믿는 축복'을 주시기 위한 것이었습니다. 도마가 그 축복에 동참하지 못했을 뿐입니다. 그러나 우리 시대는 바로 이 축복으로 인도받고 있습니다. 야곱이 끝까지 울며 간구했던 그 축복을 소망했던 것처럼 우리는 이미 믿음으로 이 축복에 동참하고 있습니다. 야곱의 브니엘 사건은 하나님을 만난 것과 다시 오실 하나님에 관한 벅찬 예언을 담고 있습니다. 페니엘(פְּנִיאֵל)과 페누엘(פְּנוּאֵל)의 이야기입니다.

우리 모두는 언약 백성으로 바로 이스라엘의 이름을 얻은 자의 후손들입니다. 다시 말해서 하나님과 씨름하는 존재입니다. 이 씨름을 '기도'라고 불러도 좋습니다. 아니면 '사랑' 혹은 '봉사'라고 불러도 좋습니다. 중요한 것은 그 씨름에서 절름발이가 되었음에도 불구하고 끝까지 씨름을 멈추지 않았던 조상처럼 우리는 끝까지 우리의 의무에 성실하게 임해야 한다는 사실입니다. 기도면 기도로, 사랑의 봉사면 사랑으로, 모든 것에 성실하게 임해야 합니다. 특히 원수까지 사랑해야 합니다. 이 사랑만이 우리를 완전하게 만들 것입니다. 그리고 우리는 이 모든 일에 승리할 것입니다. 왜냐하면 우리가 이기는 것이 아니라 하나님께서 이겼다고 선언해 주실 것이기 때문입니다. 이런 신앙은 사람과 세상, 그리고 우리를 유혹하는 사탄과의 싸움에서도 승리해야 합니다. 하나님을 이긴 자들이 사탄에게 패했다는 말은 온당하지 않습니다.

우리의 삶을 한마디로 말한다면 '싸우는 삶'이라고 할 수 있습니다. 지치거나 쓰러지지 않고 주님의 길을 걷는 법을 배우는 삶입니다. 우리 자신은 이미 내적인 전투의 일부일 수밖에 없습니다. 바로 그리스도께서 우리에게 주신 삶입니다. 그리스도께서 "내가 세상에 화평을 주러 온 줄로 생각하지 말라 화평이 아니요 검을 주러 왔노라"(마 10:34)고 말씀하신 그대로입니다. 또한 거룩한 주님의 사도께서 선한 싸움을 싸울 것을 말씀하셨습니다(딤전 1:18, 6:12; 딤후 4:7). 또한 우리의 씨름은 혈과 육에 대한 것이 아니라고 말씀하셨습니다(엡 6:12). 혈과 육이란 분명히 물질적(육체적) 싸움을 의미하는 것입니다. 진정으로 우리의 싸움은 선과 정의에 있으며, 눈에 보이지 않는 정신적(영적) 싸움입니다.

## 싸움을 멈추고 변해 버린 야곱

### D′. 야곱이 얻은 형제, 에서(33장): 엘엘로헤 이스라엘

창세기 29장 31절 이후에서는 야곱의 열한 아들이 태어난 이야기를 했습니다(D 부분, 29:31-30:24). 여기서 야곱은 네 명의 동역자와 열한 명의 아들들, 그리고 '디나'라는 딸을 얻었습니다. 이와 짝을 이루어 창세기 33장에서는 에서를 얻는 이야기가 등장합니다.

창세기 33장에서는 야곱과 에서의 재회를 이야기합니다(D′ 부분, 33장). 여기서 야곱은 사랑 가운데 형제를 다시 얻음으로 그의 삶에 있어서 온전함을 이루게 됩니다. 특히 이것이 에서에 대한 사랑에서 일어난 것이라는 사실을 기억할 필요가 있습니다.

#### 야곱과 에서의 재회

야곱은 지난밤 '이스라엘'이라는 새로운 이름을 얻었습니다. 고대사회에서 이름은 단순한 호칭이 아니라 그 사람의 삶과 인격을 반영하는 것입니다. 이름에는 이야기(history)가 있습니다.

야곱은 유월절 절기 때쯤에 태양이 떠오르는 이른 새벽에 얍복강을 건너 아내와 자식들에게로 왔습니다. 하지만 그는 절름발이로 절뚝거리면서 걸었기에 아내들과 자식들은 적지 않은 충격에 사로잡혔을 것입니다. 뒤에 남았을 때 무슨 일이 있었을 것이라고 걱정스러운 짐작을 했을 것입니다. 그때 야곱의 눈에 한 무리의 사내들이 오는 것이 보였습니다. 실눈으로 보니 심부름꾼이 이야기했던 대로 에서가 400명가량을 이끌고 오는 모습이 보였습니다.

야곱의 내적 씨름은 지금부터 다시 시작되었습니다. 그는 맨 앞에 서서 에서를 맞이할 수도 있었습니다. 그렇게 된다면 형제 살인에 뜻을 둔 붉은 털을 가진 에서의 칼이 야곱의 붉은 피가 호흡하고 있는 심장을 노릴 것입니다. 야곱은 그렇게 죽음에 직면하게 되었을 때 에서와 맞서 싸울 수도 있었습니다. 우리는 야곱이 아주 건장한 체격에 성인 남자들 몇 명이 들어 올릴 바위를 혼자 들어 올린 것을 기억해야 합니다. 그는 지난밤에 천사와의 씨름에서도 결코 포기하지 않는 의지를 가진 사내였습니다. 하지만 그는 형제 사이에 싸움이 아니라 평화를 요구했습니다. 아니, 이보다 더 높은 차원에서 자신을 죽이려는 이들에 대한 사랑으로 형제애를 이루고자 노력하고 기도하는 완전한 사랑을 추구하고 있었습니다. 모든 것을 희생해서라도 자신을 죽이려는 형제를 구원해야 했습니다.

물론 아내와 자식들을 보호하기 위해서 에서의 칼에 장렬한 죽음을 선택할 수도 있을 것입니다. 그렇게 에서의 칼 앞에서 죽어갈 때에 자신 곁에 있는 마하나임의 천군천사든, 브니엘의 그 천사든 야곱을 지켜보고 계신 하나님의 손이 잠자코 있지 않을 것이 분명했습니다. 이것은 에서의 죽음을 의미했습니다.

야곱은 자신을 미워하고 죽이려는 자에 대한 복수를 할 수 있었습니다. 그러나 야곱은 전혀 다른 방법을 택했습니다. 에서를 사랑 가운데 살리는 방법입니다. 만약에 야곱이 끝까지 살아남는다면 에서(에돔 족속)도 끝까지 같이 살아남을 것입니다. 그래서 야곱은 아내와 자식마저 희생하기로 결정합니다(창 33:1). 먼저 두 여종과 그녀들의 자식을 맨 앞에 세웠습니다. 아마도 이들은 나이로도 그렇게 어리지 않으며 장자의 명분도 없는 이들이기 때문에 제일 먼저 희생하기로 결정한 것으로 보입니다.

여종들 다음으로 레아와 그 아들들을 세웠습니다. 이들은 장자의 명분을 가지고 있기에 다소 뒤에 세운 것으로 보입니다. 그러나 이미 장성한 아들들이기에 아직 갓난아기인 요셉보다는 앞에 세운 것으로 보입니다. 그리고 라헬과 이제 막 태어나 갓난아기인 요셉을 그다음에 위치시켰습니다(창 33:2). 아마도 라헬을 생각한 것도 있겠지만 요셉이 갓난아기였기 때문에 맨 후미에 위치시킨 것으로 보입니다. 야곱은 자식들을 희생해서라도 형제인 에서를 지키고 싶었습니다. 보다 직접적으로 말한다면 모세는 가인의 문제를 극복하는 문제를 다루고 있습니다.

아브라함을 통해서 아담의 문제를 극복하는 삶을 이야기했듯이, 사라와 리브가를 통해서 아담의 아내 하와의 문제를 극복한 삶을 이야기했습니다. 이제 가인의 문제를 극복하는 삶의 태도를 이야기하는 것입니다. 가인에 대해서 하나님께서는 그의 마음에 죄에 대한 소망이 웅크리고 앉아서 때를 기다리고 있으니 그 마음에서 죄를 다스릴 것을 명령하셨습니다(창 4:7). 다시 말해서 형제 살인에 대한 열망을 제거할 것을 요구하신 것입니다. 우리 마음에 있는 형제 살의에 대한 갈망(תְּשׁוּקָה, 테슈카)을 제거하는 문제입니다. 왜냐하면 형제를 미워하는 자마다 살인자이기 때문입니다(요일 3:15). 형제 살의의 문제는 형제에 대한 미움의 문제입니다. 이것을 극복하는 것은 야곱의 경우처럼 모든 것을 희생하는 것뿐입니다. 사랑으로 형제애에 도달하는 것입니다.

야곱은 맨 끝에 서 있었던 것으로 보입니다.

에서가 도착했습니다. 그러나 그는 살의(殺意)의 냉혹한 열정에 자신의 영혼을 빼앗기지 않았습니다. 그는 차분했으며 아무도 죽이지 않았습니다. 아마도 라반의 경우에서처럼 하나님께서 그에게 지혜의 길을 가르쳐 주신 것이 분명합니다. 이제 야곱은 아내들과 아들들 사이를 지나 절뚝거리면서 에서에게로 일곱 번 절하며 에서와 400인에게 나아갔습니다(창 33:3). 그러나 걱정하던 일은 일어나지 않았습니다. 오히려 에서가 달려와서 야곱을 맞이하여 안고 목을 끌어안고 그와 입 맞추고 서로 울었습니다(창 33:4). 에서가 정신을 차리고 주위를 보니 여인들과 아이들이 있어 "너와 함께한 이들은 누구냐"라고 물었습니다(창 33:5).

야곱은 "하나님이 주의 종에게 은혜로 주신 자식들이니이다"라고 대답했습니다(창 33:5). 이 본문에서 '주의 종'이란 말은 '에서의 종'이란 말입니다. 이 본문의 의미는 '자식들 곧 하나님께서 당신의 종을 긍휼히 여기셨습니다'란 의미입니다. 야곱은 에서의 마음을 달래기 위해서 지속적으로 에서에게 '나의 주'라는 표현을 이어감으로 이삭의 축복과는 정반대되는 행위를 하고 있습니다. 이것을 통해 우리는 이삭의 축복이 보다 먼 미래를 향하고 있음을 발견하게 됩니다. 또한 이삭의 축복에서 지배하는 힘은 강압적인 힘이 아니라 섬김의 힘임을 보여줍니다.

야곱의 아내들과 자녀들이 에서에게 '절을 했습니다'(창 33:6-7). 여기서 '절하다'는 셉투아진트에서 프로스퀴네오(προσκυνέω) 곧 '절하다', '경배하다'라고 읽는 낱말입니다. 사실 '절하다'란 말은 일상적인 인사 예절에 속한 것입니다. 그렇기 때문에 '경배하다'(worship)란 뜻을 가진 프로스퀴네오(προσκυνέω)는 '절'이나 '경배'의 문제가 아니라 경배의 대상에 대한 인식과 마음이 더 중요합니다. 야곱이 에서에게 일곱 번이나 프로스퀴네오(προσκυνέω) 했으며, 에서를 '나의 주'라고 칭한다고 해서 우상숭배자로 취급할 문제는 아닙니다.

이것은 고대의 상례(常禮)입니다. 여기서 우리는 야곱이 아버지 이삭에게 받은 축복을 기억해야 합니다.

이삭은 '너는 너의 형제들에게 주가 되어라'(הֱוֵה גְבִיר לְאַחֶיךָ, Be lord over your brothers, 창 27:29, NIV)고 축복했습니다. 그러나 야곱이 에서를 섬기며 절을 하고 있는 상황이 전개되었습니다. 여기서 우리는 모세가 말하는 주(גְּבִיר, 게비르, lord)가 힘으로 억압하고 지배하여 상대방에게 군림하는 것이 아니라 오히려 섬기는 주의 모습으로 축복을 성취하고 있다는 사실을 목격하게 됩니다. 주인이 먼저 다가서지 않는다면 결코 공동체를 이룰 수 없습니다. 또한 인자 곧 그리스도께서 세상에 오심은 섬김을 받으려 하심이 아니라 오히려 섬기기 위한 것입니다(마 20:28). 특히 자신의 목숨을 대속물(λύτρον, 뤼트론)로 주시기 위함입니다. 이는 야곱이 자신도 모르는 사이에 그리스도를 예표하고 있음을 뜻하는 것입니다. 야곱은 에서를 구하기 위하여 사랑하는 아내와 자식, 그리고 재산을 모두 희생하려 했습니다. 그리고 그는 아버지의 축복을 오직 섬김으로 성취했습니다. 이는 그리스도를 예표한 것입니다. 주님께서는 말씀하셨습니다. "너희 중에 큰 자는 너희를 섬기는 자가 되어야 하리라"(마 23:11)고 하셨습니다.

에서는 오던 길에 만났던 종들과 가축 떼에 대해서 야곱에게 물었습니다. 이에 야곱은 "내 주께 은혜를 입으려 함이니이다"(창 33:8)라고 말합니다. 이 말을 직역하면 '나의 주 눈 안에서 은혜(חֵן, 헨)를 발견하기 위함입니다'(To find favor in your eyes, my lord, NIV) 정도로 읽을 수 있습니다. '두 눈에 은혜를 발견한다'란 말은 라반이 야곱에게 한 말과 같은 표현입니다(창 30:27). 이는 '은혜'(חֵן, 헨)의 시선으로 본다는 의미로 상대방을 호의(favor) 곧 '친절함'으로 대함을 의미합니다. 이는 신약성경에서도 마찬가지입니다. 카리스(χάρις)는 상대방을 '상냥하게 대하는 것'(agreeableness)을 말합니다. '은혜를 받는다'는 것은 상대방으로부터 상냥한 혹은 친절한 대우를 받는 것을 말합니다. 이는 화해와 후의(厚意)로 돕는 것(goodwill)을 포함합니다.

여하튼 에서는 이미 충분하게 부유함을 쌓았습니다(창 33:9). 그렇기 때문에 야곱의 선물은 필요 없다고 합니다. 하지만 야곱은 에서에게 선물을 받을 것을 강권합니다(창 33:11). 이 과정에서 "내가 형님의 얼굴을 뵈온즉 하나님의 얼굴을 본 것 같사오며"(창 33:10)라고 말합니다.

야곱은 진심으로 행복했습니다. 아마도 야곱의 표현은 가장 적절한 표현일 것입니다. 왜냐하면 야곱은 하나님께서 에서를 살려 주셨음을 알았기 때문입니다. 사실 아침 하늘이 햇살로 훤해지자 야곱은 마지막 희생을 준비하고 있었습니다. 형제를 위해 모든 것을 바치고자 했습니다. 그러나 하나님께서는 야곱을 살리실 뿐만 아니라 에서도 구원해 주셨습니다. 야곱은 에서를 보면서 그를 살려 주신 하나님을 보는 듯 기뻤을 것이 분명합니다.

야곱이 강권하는 선물을 받은 에서는 "우리가 떠나자 내가 너와 동행하리라"(창 33:12)고 말하며 세일로 가길 청했습니다. 야곱은 어린 자녀들과 가축 떼를 이유로 천천히 세일로 갈 것을 약속했습니다(창 33:13-14). 형제들의 화해를 통해서 야곱은 이제 에서와의 관계를 마무리하게 됩니다. 야곱은 잃었던 형제를 다시 찾았습니다.

인간에게 형제애는 고립된 영혼을 다시금 그 형제와 결합하는 길입니다. 이것은 어렵고 힘겨운 일이기에 많은 고초와 희생이 따릅니다. 그러나 자신을 죽이려는 대적자에 대한 사랑, 원수에 대한 사랑, 그리고 형제애를 이루고 있다면 우리는 그리스도인의 삶으로 한 걸음 더 바른길을 내딛고 있는 것입니다. 정직과 성실함이 안겨주는 온전함을 더 높은 차원으로 사랑 안에서 완전함에 도달하는 것입니다. 야곱의 형제 상봉과 관련해서 반드시 기억해야 할 것이 있습니다. 이것은 '야곱'이 형제 에서의 생명을 위해서 자신의 모든 것을 희생했다는 사실입니다. 이것은 그리스도께서 당신의 형제를 구원하시기 위해서 모든 것 곧 하늘의 영광과 당신의 목숨까지도 아끼지 않으신 것에 대한 사랑의 예표입니다. 형제 살인이라는 가인의 문제를 극복하는 것은 사랑입니다.

그리스도의 성육신(the Incarnation)은 바로 우리와 형제가 되기 위해서 '마리아'라는 '그분의 여종의 비천함에서'(ἐπὶ τὴν ταπείνωσιν τῆς δούλης αὐτοῦ, 눅 1:48) '종의 형체를 취하신'(μορφὴν δούλου λαβών, 빌 2:7) 것입니다. 이로 인하여 우리를 '거룩하게 하시는 분과 거룩하게 함을 입은 자들'(ἁγιάζων καὶ οἱ ἁγιαζόμενοι), 곧 이 둘이(τε, both) 모두 한 분으로부터(ἐξ ἑνὸς πάντες) 기원(αἰτία)하여 '형제들'이라 칭하는 것을 부끄러워하지 않으셨습니다(히 2:11). 다시 말해서 우리를 거룩하게 하시는 성자 하나님께서 성육신하심은 '육신을 취하고 본성에 변함없이' 거룩하게 함을 입은 우리와 같은 '종의 형체' 곧 육화(肉化)하신 것입니다. 이는 성부 하나님으로부터 동일한 '기원을 통해'(δι' αἰτίαν) 세상에 오시어 우리의 형제라 칭함을 받는 것을 모욕으로 여기지 않으신 것입니다. 그러므로 에서가 먼저 태어나고 야곱이 나중에 태어난 것과 같이 우리 인간이 그리스도의 성육신보다 먼저 있었고, 나중에 그리스도께서 성육신하시어 세상에 오신 것입니다. 야곱이 축복 가운데 고난을 받고, 영광 가운데 다시 돌아와 그 형제 에서를 위해서 모든 것을 희생하며 절하며 섬긴 것으로 이삭의 축복 곧 형제들이 야곱에게 절을 한다는 예언을 성취한 것처럼,

그리스도께서는 고난 가운데 목숨까지 희생하며 우리를 섬김으로 참된 왕이 되신 것입니다.

당신의 모든 것을 아낌없이 주심으로 우리의 생명을 지키셨습니다. 우리는 야곱의 이 이야기 안에서 그리스도를 읽어야 합니다. 그리고 형제애는 그리스도께서 사도들을 통해서 교회에 요구하신 것입니다.

사도 베드로는 '믿음에 덕'(ἀρετή)을 제공할 것을 말합니다(벧후 1:5). 덕(德, ἀρετή)은 인간이 짐승과 다른 삶을 살도록 하는 삶의 방식을 말합니다. 그리고 삶의 방식으로 덕(德, ἀρετή)은 두 가지 곧 상대방을 유익하게 하는 것과 상대방이 모르게 해야 하는 것입니다. 상대를 유익하게 한 것을 알게 된다면 그것은 덕(ἀρετή)이 되지 않고 오히려 상대방을 구속하고 제한하는 힘이 됩니다. 자신에게 유익을 준 사람에게 마음을 쓰게 되어 자유롭지 못하게 만듭니다. 그래서 덕(德, ἀρετή)을 행함에는 반드시 그에 적합한 지식(γνῶσις)을 가지고 있어야 합니다. 여하튼 지식에는 다시 자기 자제력(ἐγκράτεια)이 요구됩니다. 그리고 이 자제력에는 인내(ὑπομονή)를, 인내에는 경건(εὐσέβεια)을, 경건에는 형제애(φιλαδελφία)를, 그리고 이 형제애에는 사랑(ἀγάπη)을 공급할 것을 말하였습니다(벧후 1:5-7). 이 보편적인 사랑은 형제애와 분리될 수 없습니다.

### 싸움을 멈추는 그 순간이 바로 전쟁의 혼란이 시작되는 때

이스라엘, 곧 아무도 없이 혼자 있을 때에 있었던 그 싸움, 맞붙잡고 온몸에 먼지를 뒤집어쓰면서 뼈가 부서져라 싸웠던 때에 평화를 얻었습니다. 하지만 이 내적인(정신적, 영적) 싸움을 멈추는 그 순간이 바로 전쟁과 재앙의 혼란이 시작되는 때입니다.

야곱은 고요한 얍복 강 나루터에 혼자 남아서 씨름을 했습니다. 그의 고요한 정적 가운데의 싸움은 '하나님의 얼굴을 보게 했습니다.' 이 싸움은 신앙과 순종으로부터 오는 싸움입니다.

야곱에게는 많은 종들과 재산이 있었습니다. 그러나 라반이 칼을 들고 올 때에도 싸움을 하지 않았으며, 에서가 400명을 이끌고 올 때에도 종들에게 싸움을 준비시키지 않았습니다. 아브라함 또한 롯을 위해서 318명의 종들을 이끌고 전쟁을 했으나 아비멜렉 앞에서는 사라를 누이라고 말했습니다. 형제를 위해서는 싸우지만 자신을 위해서는 싸우지 않았습니다. 이삭은 아버지에게, 바로 이 훈련받은 종들을 상속받았으나 단 한 번도 전쟁을 하지 않고 묵묵히 거주지를 옮겨 다녔습니다. 이 싸움은 고요한 마음의 내적인 전쟁입니다. 겸허한 사랑의 전쟁입니다. 그렇기 때문에 이 내적인 싸움을 멈추지 않는 한 우리의 삶과 마음은 언제나 청결합니다. 비록 갈등하지만 갈등을 멈추지 않는 한 죄를 범하거나 악을 짓지는 않습니다. 그래서 마음은 청결합니다. 주님께서 말씀하신 바 "마음이 청결한 자는 복이 있나니 그들이 하나님을 볼 것임이요"라고 하신 대로 야곱은 싸움 가운데 하나님의 얼굴을 뵈었습니다(마 5:8; 창 32:30).

그런데 이제 야곱은 이 모든 싸움을 멈춥니다.

하나님께서 주신 검(μάχαιρα)을 포기하는 순간(마 10:34) 인생은 혼란에 빠지게 됩니다. 야곱은 분명히 "세일로 가서 내 주께 나아가리이다"(창 33:14)라고 에서에게 말했습니다. 야곱이 이 약속에 성실했는지 혹은 무시했는지 모세는 기록하지 않았습니다. 그러나 아마도 가지 않은 것으로 보입니다. 왜냐하면 이후 야곱의 행동을 보면 무대효과만 있을 뿐 참된 순종은 사라졌기 때문입니다. 라반처럼 변했습니다. 모든 문제가 다 해결된 이후에 그는 사실상 가장 큰 문제에 봉착했습니다. 성실과 의무에 대한 무관심, 자신에 대하여 '생각하지 않는' 악에 빠져들었습니다.

야곱은 천사가 지시했던 이삭이 있는 헤브론으로도 가지 않습니다. 자신의 서원이 있는 벧엘로도 가지 않습니다. 또한 에서와 약속한 바와 같이 세일로도 가지 않습니다. 그는 우선 숙곳 곧 수코트(סֻכּוֹת, 움막)로 간 것으로 보입니다(창 33:17). 그리고 야곱은 자신을 위해서 집을 짓고, 가축 떼를 위해서는 '우릿간' 곧 수코트(סֻכֹּת)를 정했습니다. 그래서 이곳을 숙곳(סֻכּוֹת, 수코트)이라고 합니다(창 33:17). 여기서 보면 야곱은 무사히 고향으로 돌아온 것처럼 보입니다. 이는 벧엘의 서원에서 야곱이 하나님께 요구한 것들이 모두 다 이루어졌음을 알 수 있습니다. 이제 야곱이 벧엘의 서원을 성취해야 할 의무가 남아 있습니다.

모세는 하나님께서 벧엘의 약속을 성취했음을 말하기 위해서 "야곱이 밧단아람에서부터 평안히 가나안 땅 세겜 성읍에 이르러 그 성읍 앞에 장막을 치고"(창 33:18)라고 말하고 있습니다. 다시 말해서 모세는 야곱이 밧단아람에서 가나안 땅으로 평안히 왔음을 알리는 것입니다(창 28:20-21). 이제 야곱이 서원한 대로 "내가 기둥으로 세운 이 돌이 하나님의 집이 될 것이요 하나님께서 내게 주신 모든 것에서 십분의 일을 내가 반드시 하나님께 드리겠나이다"(창 28:22)라고 한 맹세를 이행하면 됩니다.

야곱은 "장막을 친 밭을 세겜의 아버지 하몰의 아들들의 손에서 백 크시타에 샀으며"(창 33:19) 그곳에 단을 쌓았습니다(창 33:20). 우리는 성경에서 흔하게 사용되는 무게나 화폐 단위인 '세겔'과 '크시타'(קְשִׁיטָה) 사이의 경제적 가치를 전혀 모르고 있습니다. 우리는 야곱이 가나안에 도착해서 이미 가나안의 화폐를 충분히 소유하고 있을 만큼 부유했다는 사실만을 짐작할 따름입니다. 〈여호수아〉에서도 그냥 '크시타'(קְשִׁיטָה)로 쓰고 있으며(수 24:32), 이를 고대의 화폐로 사용되었던 '은'(silver, KJV, NIV) 혹은 '돈'(money, ASV, RSV)으로 읽기도 합니다.

'크시타'(קְשִׁיטָה)의 단위에 대해서 모르고 있는 것과 같이 우리는 '세겜의 아버지'인 하몰(חֲמוֹר)에 대해서도 아는 바가 없습니다. 단지 하몰(חֲמוֹר)이 '당나귀 수컷'이란 뜻을 가지고 있어서 이와 관련한 성품 혹은 생업이 당나귀와 관련이 있을 것으로 추정하고 있는 정도입니다. 히브리어 하몰(חֲמוֹר)은 '나귀'란 뜻으로(슥 9:9) 모세가 아내와 아들들을 이끌고 이집트로 다시 들어갈 때에 하몰(חֲמוֹר) 곧 나귀에 아내와 아늘들을 태워서 들어갔습니다(출 4:20). 물론 아브라함도 이 하몰(חֲמוֹר)에 이삭을 위한 번제에 쓸 쪼갠 나무를 실어 모리아 산으로 떠났습니다(창 22:3). 발람의 나귀 곧 아톤(אָתוֹן) 이야기는 가장 유명한 '나귀' 이야기입니다(민 22:21). 사실 구약에서 '나귀'를 언급하는 두 개의 낱말이 있는데 바로 하몰(חֲמוֹר)과 아톤(אָתוֹן)입니다. 그래서 유대 랍비들의 구약 이해를 살펴보면, 미드라쉬에서는 아브라함의 하몰(חֲמוֹר)과 발람의 아톤(אָתוֹן)을 섞어서 발람은 비록 이교도였으나 하나님의 참된 선지자로 규정하고 있습니다. 그리고 이는 오실 메시아에 대한 예언으로 연장하고 있습니다(슥 9:9).

겸손하신 왕, 정의의 왕이신 메시아 곧 그리스도께서는 하몰(חֲמוֹר)을 타고 오십니다(슥 9:9). 이는 아브라함이 아들을 희생제물로 삼는 것과 발람의 예언이 뒤섞인 상태로 하몰(חֲמוֹר)이 등장하는 것으로 봅니다. 여하튼 분명한 것은 아브라함은 에브론(עֶפְרוֹן) 곧 사슴(가젤,

עֶפְרֹן, 에페르)에게서 땅을 구입했으며(창 23:17, 50:13), 야곱은 세겜의 아버지 하몰(나귀)의 아들들에게서 세겜 땅을 매입했습니다(창 33:19; 수 24:32).

야곱이 하몰의 아들들에게서 정식으로 땅을 구매했다는 점을 기억해야 합니다. 이로 인해서 야곱은 세겜 지역에 대한 정당한 소유권을 주장할 수 있는 중요한 법적인 근거를 제공하는 것입니다. 물론 이 사실은 모세에게 특히 더 중요한 의미를 부여하게 되었을 것입니다. 왜냐하면 가나안 민족에게 이스라엘의 정식적인 소유권을 주장할 수 있음을 암시하고 있기 때문입니다. 다시 말해서 본래는 히위 사람 하몰의 땅이었으나(창 34:2) 그 땅을 야곱이 정식으로 매입했고, 이후에 야곱 곧 그 땅의 주인이 이집트로 떠나 있을 때에 이주민인 가나안 족속이 그 땅을 임의로 점거한 것이 됩니다. 그러므로 모세에게는 세겜을 무력으로 빼앗는 것이 아니라 고대의 전통에 따라서 본인의 땅을 회복하는 것을 의미합니다. 여호수아는 회복을 위한 전쟁을 한 것입니다. 결코 타인의 땅을 빼앗기 위해서 전쟁을 한 것이 아닙니다.

여하튼 야곱이 세겜을 매입했다는 사실은 아브라함이 헤브론과 브엘세바 지역의 법적인 주인이라는 사실과 더불어 대단히 중요한 의미를 가집니다. 야곱은 '세겜'에 단을 쌓고 그곳을 '엘엘로헤이스라엘'이라고 이름을 붙였습니다(창 33:20).

'엘엘로헤이스라엘'은 테마(thema)로 사전적 의미를 읽어야 합니다. 이는 엘(אֵל)과 엘로힘(אֱלֹהִים)의 연계형인 엘로헤(אֱלֹהֵי)를 이스라엘(יִשְׂרָאֵל)과 붙여서 쓴 것입니다. 그래서 '엘 엘로헤 이스라엘'(אֱלֹהֵי יִשְׂרָאֵל אֵל)의 의미는 '이스라엘의 하나님께서 하나님이시다'란 말로 '이스라엘의 하나님만이 참된 하나님'이심을 선언하는 것입니다.

모세는 야곱의 귀환 이야기를 여기서 끝내고 있습니다. 이는 야곱에게 몇 가지의 문제가 있음을 암시하는 것입니다. 첫 번째는 그는 벧엘로 가지 않았다는 사실입니다. 다시 말해서 스스로 한 말 곧 벧엘의 맹세를 이행하지 않았습니다. 둘째는 하나님께서는 그의 사신(使臣) 곧 천사를 통해서 밧단아람에서 "여호와께서 야곱에게 이르시되 네 조상의 땅 네 족속에게로 돌아가라 내가 너와 함께 있으리라"(창 31:3)라고 말씀하셨습니다. 이는 분명히 야곱에게 '네 족속에게로 돌아가라'고 하셨으나 야곱은 세겜의 아버지 하몰의 아들들에게로 갔으며(창 33:19) 그곳에 머물러 있게 됩니다. '떠남'이 아니라 '점착'되어 세겜에 뿌리라도 내릴 듯이 자신의 모든 약속을 망각한 사람처럼 살았을 것입니다. 모세는 이런 일들에 대하여는 구체적으로 언급하지 않습니다. 그러나 그가 말하지 않는다고 읽을 수 없는 것은 아닙니다. 이제 약속이 깨진 것이 되었습니다. 약속을 어긴 것은 바로 죄를 범했다는 뜻입니다.

'약속'은 지켜야 한다는 의미에서 자신의 삶을 규제하는 법이나 규칙이 됩니다. 그래서 언약이 법보다 중요한 개념입니다. 결국 약속을 어긴다는 것은 법을 지키지 않았음을 의미하는 것입니다. "죄를 짓는 자마다 불법을 행하나니 죄는 불법이라"(요일 3:4)고 하였습니다. '불법' 곧 아노미아(ἀνομία, lawlessness, NIV) 상태에 놓인 것입니다.

깨어진 언약으로 하나님의 도움은 더 이상 기대할 수 없게 되었습니다. 왜냐하면 언약은 관계를 설정하는 것이기 때문입니다. 두 인격자 사이에서 얼굴과 얼굴을 맞대고 이루어진 사귐의 관계입니다. 이 관계가 위태롭게 된 것입니다. 약속이 깨어진 이상 모든 관계는 위태롭게 됩니다. 야곱은 분명히 내적인 싸움을 멈추고 내적인 평화를 추구하고 있는 것으로 보입니다. 언약을 성실하게 이행하려는 무섭도록 충실한 내적인 싸움을 멈춘 것입니다. 하지만 내적인 싸움을 멈추는 그 순간부터 평화는 사라지고 혼란과 싸움만 있을 뿐입니다.

언제나 우리는 성실한 그 순간만을 온전하다고 말할 수 있습니다. 성실함을 잃어버렸다면 더 이상 온전한 것이 아닙니다. 이런 의미에서 우리에게 온전한 삶이란 '순간'(지금)일 뿐입니다. 바로 현재를 살아가는 것입니다. 왜냐하면 현재란 언제나 순간이기 때문입니다. '오늘' 곧 지금(현재)은 과거와 미래 사이의 순간입니다. 그렇게 오늘을 살아갈 때에만 순간은 영원으로 확장될 수 있습니다. 야곱은 성실한 오늘을 멈추고 평온한 삶을 추구하기 시작했던 것이 분명합니다.

우리는 세겜과 관련해서 세 가지를 정리해서 명확하게 기억하고 있어야 합니다. 물론 더 많은 의미가 있습니다. 그러나 인간은 언제나 자신이 알고 있는 만큼만 알고 있을 뿐입니다. 그래서 여기서는 그저 '세 가지'라고만 말한 것입니다.

첫째, 야곱이 값을 지불하고 세겜을 법적으로 매입했다는 사실은 정당한 소유권을 확정한다는 점에서 모세에게 매우 중요합니다. 이는 동쪽으로는 라반을 중심으로 한 아람 족속과의 경계선을 가지는 미스바의 언약이 있는 길르앗이 있으며, 팔레스타인 지역 안에서는 아브라함이 매입한 헤브론과 야곱이 매입한 세겜이 위치합니다. 그리고 팔레스타인 지역 남쪽으로 브엘세바의 언약이 있습니다. 이는 먼 훗날 이스라엘의 영토에 대한 밑바탕을 이루고 있는 중심 지역들입니다. 그리고 이는 하나님께서 아브라함에게 약속하신 바대로 북쪽으로 유프라테스 강에서 남쪽으로 이집트 강까지의 상징적인 영역들입니다(창 15:18; 왕상 4:21).

야곱이 세겜 땅을 매입하고 단을 쌓은 것은 결코 우연한 일은 아닙니다. 그 가운데에는 분명히 엔토우시아스무스(*enthousiasmus*)가 있습니다. 모세의 증언에 따르면 세겜은 훗날 중요한 언약의 장소가 되며(수 24:25), 팔레스타인 지역에 대한 합법적이면서도 정당한 소유권을 확정하는 이 사건에 있어서 야곱이 인식했는지 인식하지 못했는지에 대한 언급을 하지 않기에 우리는 알 수 없습니다. 그러나 야곱이 세겜을 매입한 것은 분명 우연한 일이 아닙니다. 이는 하나님의 깊은 섭리가 있음을 바라볼 수 있습니다. 그러므로 야곱이 세겜을 매입하고 단을 쌓은 것 자체는 잘못이 아닙니다. 오히려 세겜의 단은 하나님의 섭리 가운데 매입한 것임이 분명합니다.

둘째, 문제는 세겜에 단을 쌓았다는 사실에 있는 것이 아니라 그 단으로 인해서 야곱은 자신이 목표를 달성했다는 환상을 영혼 깊은 곳에 심게 되었다는 점입니다. 다시 말해서 야곱은 벧엘에 단을 쌓기로 했음에도 불구하고 그 약속을 지키지 않았습니다. 자신이 얻은 것의 십분의 일을 하나님께 드릴 것을 약속했습니다. 그러나 그는 세겜의 단으로 인해서 벧엘의 단을 쌓지 않았습니다.

약속은 지켜야 할 의무가 있습니다. 또한 야곱은 하나님의 지시를 따르는 순종도 하지 않았습니다. 하나님께서는 야곱에게 조상 곧 아버지에게 돌아갈 것을 지시하셨으나(창 31:3) 그는 아버지 곧 그의 족속에게로 돌아가지 않고 히위 족속들과 함께 살았습니다. 이로 인해서 그가 받은 장자의 명분은 위태롭게 되었습니다. 사실 모세는 성실한 야곱이 왜 약속을 어겼는지에 대해서는 언급하지 않습니다. 우리가 추론할 수 있는 그의 변화는 오직 싸움 곧 내적인 전쟁을 하지 않은 것이라는 점입니다. 언제나 완전함의 문제는 순간의 문제입니다.

셋째, 야곱은 이스라엘 곧 싸우는 절름발이 용사임을 잊어버렸습니다. 하나님을 이긴 그는 더 이상 자신의 의무와 성실함으로 내적인 싸움을 하지 않았음이 분명합니다. 대신에 삶의 평온함을 추구했을 것입니다. 그러나 평화 곧 샬롬(שָׁלוֹם)은 자유를 위한 조건이지 결코 목적이 아닙니다. 다시 말해서 평화는 우리의 영혼과 마음이 자유로울 때에만 비로소 우리 영혼과 함께할 수 있는 조건에 불과한 것입니다. 만약에 내적인 싸움을 멈춤으로 영혼과 정신을 상실한다면, 우리의 마음을 지키지 못한다면 그것은 평화가 아닙니다. "모든 지킬 만한 것 중에 더욱 네 마음을 지키라 생명의 근원이 이에서 남이니라"(잠 4:23)고 하였습니다.

물질적인 만족과 풍요로움, 곧 먹고 마시는 것으로는 평화를 말할 수 없습니다. 그것들 안에 매여 살아간다면 영혼에게 필요한 양식을 잊어버리게 되고 영혼은 그 힘이 약해지고 맙니다. 영혼은 자유가 있어야 살 수 있습니다. 그러니까 싸워야 살 수 있는 것입니다. 하지만 야곱은 본인이 왜 조상들의 땅 곧 아브라함에게 약속한 그 땅으로 돌아왔는지를 잊어버렸습니다. 그는 벧엘로 가서 본인의 맹세를 지켜야 했으며, 아버지 이삭에게 돌아감으로 장자의 명분을 지켜야 했습니다. 이 일은 그의 삶에 법이었습니다. 이를 위해서 자신의 모든 마음의 연약함 곧 의지박약(ἀκρασία, 고전 7:5), 정념(passions), 기질 및 충동 같은 것을 모두 극복해야 합니다. 그러나 야곱이 싸움을 멈추고 히위 족속과의 평화를 갈구한 그 순간, 그 외적인 충동은 마음을 지배하게 되었습니다. 바로 그 순간 평화는 사라지고 믿음 곧 성실함(אֱמֶת, 에메트)은 도둑맞게 됩니다. 신념을 잃은 사람들은 자신의 모든 의무를 무거운 짐처럼 생각하게 됩니다. 에메트 없는 곳에서 '사랑'은 무엇에 대한 사랑인지 분별하기 어렵게 만듭니다.

물질의 많고 적음이 자유로운 사람의 영혼을 지탱하는 데 필요한 높은 법, 곧 약속과 신념(믿음)을 병들게 하고 오염시켜 침묵하는 인간이 되게 합니다. 죽은 믿음이 되게 합니다. 그 자리에는 오직 물질의 많고 적음에 따르는 질투와 시기만이 있게 됩니다. 다툼과 싸움이 일어납니다. 그랄 목자들은 이삭의 부유함을 질투해서 다투었으며(창 26:20), 라반은 야곱을 시기해서 약속을 어기고 계약을 임의로 열 번이나 변경했습니다(창 31:7). 그러나 이삭은 그랄 목동과 싸우지 않았으며, 야곱은 라반과 다투지 않았습니다. 자신의 내적인 싸움으로만 얻을 수 있는 것이 바로 '자유'입니다. 그 자유를 위한 조건이 바로 '평화'입니다. 자유가 없다면 약속이나 언약은 이루어지지 않습니다. 의지가 없고, 자유가 없는 상태에서 이루어지는 약속은 약속이 아닙니다. 평화는 전쟁 안에서 얻어지는 것입니다. 내적인 싸움으로 강해진 영혼에게서 얻어지는 것입니다.

이스라엘 곧 야곱의 변화를 말할 수 있는 것은 싸움을 포기한 것이외에 아는 것이 없습니다. 모세는 32장에서 야곱의 씨름을 언급하고 33장에서 세겜의 단을 이야기했습니다. 그리고 34장에서 야곱의 딸 디나의 수치를 이야기합니다. 이 의미 있는 순서가 말하는 것은 야곱이 내적 전쟁을 멈추었음을 암시하고 있는 것으로 보입니다. 평화는 전쟁으로 얻어지는 것입니다. 이 전쟁은 자신의 맹세와 언약 안에서 자신의 마음을 지키는 전쟁입니다. 영혼의 전쟁입니다. 우리의 싸움은 육체에 있는 것이 아닙니다(엡 6:12).

이스라엘 곧 야곱이 아브라함의 후손이 되기 위해서는 '아브라함이 행한 일들을' 해야 합니다(요 8:39). 자식은 그 부모가 한 일을 하는 것입니다. 아브라함에게 불순종이란 있을 수 없는 말이었습니다. 그는 믿음으로 율법을 이룬 사람입니다(창 26:5). 하나님의 율례와 법도를 지켰으므로 그는 불법을 행하는 죄인이 아니며, 이는 그가 진정으로 믿음으로 의롭게 되었음을 의미합니다. 그러나 야곱은 흔들렸습니다.

모세는 인간에게 완전함이란 언제나 순간임을 말하고 있습니다. 성실한 그 순간만이 완전한 인간, 곧 하나님께서 말씀하신 언약을 지키는 인간임을 말하는 것입니다. 그 성실함을 멈추는 때, 포기하는 때, 무관심과 생각하지 않는 때에 인간은 완전함을 곧바로 상실하게 됩니다. 그러나 그 매 순간들을 포기하지 않고 살아간다는 것은 영원히 완전하다는 의미가 됩니다. 우리는 순간을 영원으로 이끌도록 기도해야 합니다.

## 싸우지 않는 이들에게는 평화란 없다

### C′. 깨어진 결혼 약속(34장): 레위의 속임수

모세는 앞에서 야곱의 결혼 약속을 이야기했습니다(C 부분, 29:21-30). 라반은 야곱에게 라헬을 주기로 약속했으나 정작 레아를 신부로 먼저 얻게 됩니다. 물론 라반은 라헬도 곧바로 주었습니다. 그러므로 라반은 약속을 지켰다고 말할 수 있습니다. 문제는 라반이 침묵 가운데 자신의 뜻을 성취했다는 사실입니다. 이것이 현존하는 인간의 가장 기본적(본질적)인 모습일 것입니다. 거짓말이 아니라 속임수의 문제입니다. 침묵은 속임수가 될 수 있습니다.

C 부분에서 야곱은 라반의 전통 곧 사회적인 관습이나 습관을 중시하는 성격으로 인해서 두 명의 아내를 얻었습니다. 그러나 C′ 부분에서는(34장) 야곱 스스로 벧엘의 언약과 밧단아람에서의 하나님의 말씀에 순종하지 않은 것에 따라서, 어쩔 수 없이 벧엘의 언약을 성취하면서 밧단아람의 지시도 지키게 됩니다. 그리고 이 과정에서 많은 불행을 겪게 됩니다. 고요한 그의 삶은 혼란과 어려움에 봉착하게 됩니다. 고요하게 그러나 밝게 빛나던 별은 이제 요동치는 파도처럼, 시들어 죽어 가는 꽃이 꽃망울을 떨어뜨리듯이 삶의 활력을 떨어뜨리게 됩니다. 여기서 시므온과 레위가 전통 곧 할례의 관습을 빌미로 속임수를 씀으로 라반과 평행을 이루게 됩니다.

언약은 지켜야 합니다. 야곱의 벧엘의 서원 역시 지켜져야 합니다. 하나님의 품 안에 있는 사람들 곧 예배자들은 '그의 마음에 서원한 것은 해로울지라도 변하지 아니하는' 자들입니다(시 15:4). 이런 사람은 영원히 흔들리지 않을 것입니다(시 15:5). 이에 하나님께서는 야곱이 서원을 성취하도록 만드십니다. 이렇게 함으로 그가 하나님 앞에 죄를 범하지 않도록, 곧 약속을 어기지 않도록, 곧 불법(ἀνομία, 아노미아)을 행하지 않도록 도우십니다. 죄라는 것은 불법입니다(요일 3:4).

### 벧엘의 서원을 이루도록 만드신 하나님의 심판: 디나 사건

야곱은 무슨 이유에서인지 자신의 벧엘의 서원을 깨뜨렸습니다. 우리가 말할 수 있는 것은 우리가 아는 것뿐입니다. 사실 우리는 그저 우리가 알고 있는 것만을 알고 있을 뿐입니다. 우리가 알고 있는 것은 야곱이 언약적 의무에 성실했으며, 그의 이름 곧 그의 존재는 '싸우는 자'로서 하나님 앞에서라도 자신의 투쟁을 멈추지 않았다는 사실입니다. 그의 삶과 존재를 한마디로 말할 수 있는 그의 이름은 '이스라엘'(יִשְׂרָאֵל)이었습니다.

하지만 야곱은 더 이상 싸우지 않습니다. 내적인 투쟁은 없습니다. 현존하는 교회의 성격은 '투쟁하는 교회'(a militant church)이지 아직은 '승리를 거둔 교회'(a triumphant church)가 아닙니다(루이스 벌코프, 《조직신학》). 야곱은 세겜에 정착했습니다. 야곱의 삶에 투쟁은 사라지고 평화스러워 보이는 날들이 지속되었습니다(창 33:18). 자식들은 이제 어느 정도 성장했으며 어린 딸 디나 역시 여인으로 성장했습니다. '디나'(דִּינָה)는 '심판', '재판'이란 뜻을 가지고 있습니다. 그녀의 이름은 야곱을 심판하시는 하나님의 채찍이 되었습니다. 이미 야곱은 세겜 지역의 히위 족속들과 친분을 유지하면서 살아가고 있었음이 분명합니다. 하지만 야곱은 조상들의 전통 곧 이방인과의 결혼 문제에 대해서는 서로 통혼하지 못하게 막고 있었습니다(창 34:9).

디나도 평범하게 주변의 여인들과 잘 지내고 있었던 것으로 보입니다(창 34:1). 간혹 디나가 이방인 친구들과 사귐을 가진 것 자체가 잘못이라고 말하는 경우가 있습니다. "디나가 그 땅의 딸들을 보러 나갔더니"라는 내용 자체를 디나의 죄처럼 취급하기도 합니다. 이는 고립의 길로 걷는 것입니다. 아브라함은 이방인과 동맹을 맺었으며, 이삭 역시 이방인과 언약을 체결했습니다. 인간은 필요에 따라서 서로를 요구하게 되는 '사회'를 형성하고 살아갑니다. 이방인이나 이교도들과의 완전한 단절을 통해 자신을 고립시킨다면 복음을 전할 길은 완전히 차단될 것입니다.

디나가 친구를 사귄 것이 잘못이 아니라 디나를 사랑한 세겜의 바르지 못한 욕망이 더 큰 문제가 될 것입니다. 우리는 부당하게 모욕당한 여인에게서 잘못을 찾는 것보다는 그 죄를 범한 범죄자에게서 아노미아(ἀνομία) 곧 불법을 찾는 것이 더 지혜로운 사고일 것입니다.

모세는 이 지역의 젊은 지도자인 세겜이 디나를 연모하고 있었다고 이야기합니다(창 34:3). 여기서 '연모하다'라고 읽은 히브리어 다바크(דָּבַק)는 '착 달라붙다'(cling), '점착된다'란 뜻을 가지고 있습니다. 그래서 본문이 말하는 것은 '세겜의 영혼이 디나에게 착 달라붙었다'라고 말하는 것입니다. 아마도 세겜의 마음은 디나에 대한 생각으로 가득 차 있었을 것입니다.

그런데 본문에서 "디나가 그 땅의 딸들을 보러 나갔더니"(창 34:1)라는 구절을 다시 생각해 볼 필요가 있습니다. 여기서 '그 땅의 딸들을'이라는 목적부는 사실상 전치사구로 '그 땅의 딸들 가운데'

(בִּבְנוֹת הָאָרֶץ)라는 뜻입니다. 그래서 본문을 어눌하지만 직역하면 '그리고 디나는 그 땅의 딸들 가운데 보기 위해서 나갔다'(לִרְאוֹת בִּבְנוֹת הָאָרֶץ וַתֵּצֵא דִינָה)란 뜻입니다. 유대인들의 책인 미드라쉬에서는 디나의 어머니 레아가 딸 디나를 해 질 녘에 밖으로 보냈다고 말합니다. 아버지와 오빠, 그리고 동생들이 들에서 일을 하고 가축 떼를 돌보기 위해서 먼 곳으로 나갔습니다. 레아는 아버지가 저녁에 귀가하는 길에 마중 나가도록 젊은 딸을 교육했으며, 이 지역의 비슷한 나이의 젊은 여성들이 아버지와 오빠들을 마중 나와 가족들이 오는 것을 보기 위해서 집 밖으로 나온 것을 말합니다. 그리고 아마도 디나가 혼자 남게 되었을 때, 혹은 다른 여인들이 있는 가운데 그녀를 주시하고 있던 세겜은 충동적으로 그녀를 끌어다(לָקַח, 라카흐), 눕히고(שָׁכַב, 솨카브) 고통스럽게(עָנָה, 아니) 만들었습니다(창 34:2).

한편 셉투아진트의 경우에는 '카타만타노'(καταμανθάνω)란 낱말을 쓰고 있습니다. 이는 '생각하다', '심사숙고하다'란 뜻을 가지고 있습니다. 또한 어떤 풍속이나 법 따위를 '지키다'(observe)란 의미를 가시고 있습니다. 이는 디나가 자신의 거주지(the inhabitants)에서 일어나는 절기 가운데 풍속놀이 따위를 하는 그 지역의 딸들을 구경하러 나왔다는 의미로 읽을 수 있습니다. 어느 쪽으로 읽든 디나가 집 밖으로 나온 것을 문제 삼을 것은 없습니다.

아버지를 비롯한 집안의 남자들이 노동을 끝내고 집으로 귀가할 때에 아내와 딸들이 마중을 하는 것은 잘못이 아닙니다. 그들이 단순히 이방인이라는 이유로 무슨 잘못을 범한 것처럼 몰아가는 것은 합당하지 않습니다. 또한 그 지역의 절기와 풍속에 따라서 어떤 잔치를 구경했다는 이유가 불법적인 죄의 원인이라고 말하는 것도 적절하지 않습니다. 이런 입장을 고수하는 것은 세겜의 더러운 욕망에 면죄부를 주고자 하는 악의적인 의도로 읽을 수 있습니다.

모세는 디나의 슬픔을 강조하듯이 아주 천천히 설명하고 있습니다. 이 본문에서 '욕되게 했다'란 말은 히브리어 아나(עָנָה)입니다. 야곱이 자신의 삶을 '고통과 수고'라고 말할 때에 쓴 그 말입니다(창 31:42). 디나는 고통에 빠졌습니다. 분명히 세겜은 정욕의 불을 심장에 가지고 있었습니다. 마음에 불덩어리를 두고 아무리 고요하게 앉아 있다고 해도 이미 그것은 불 속에 뛰어드는 벌레와 같았습니다. 벌레에겐 정욕 이외에 하나님께 받은 것이 없는 것처럼 오직 자신의 욕망만을 채웁니다.

모세는 세겜의 마음을 "그 마음이 깊이 야곱의 딸 디나에게 연연하며 그 소녀를 사랑하였다"라고 말하고 있습니다(창 34:3). 여기서 모세가 표현한 그대로 읽는다면 '그의 영혼이 디나에게 엉겨 붙었다'(his soul clave unto Dinah, KJV)란 말입니다. 어떤 열병을 앓고 있는 사람처럼 다른 생각은 할 수 없다는 듯이 오직 디나 생각만으로 영혼이 디나에게 엉겨 붙어 있었습니다. 폭력에 짓밟혀 고통 받은 여인에게 세겜은 자신의 마음을 고백했습니다. '그녀의 마음을 말로 위로했다'는 독해는 적절하지 않습니다(창 34:3). 벌레에게 짓밟힌 영혼에게 말로 위로한다는 것은 있을 수 없는 일입니다. 그리고 히브리어 원문에도 '위로'라는 개념은 없습니다. 세겜은 그저 자신의 병적인 욕망, 벌레 같은 짓거리를 사랑으로 덮으려고 했을 뿐입니다. 세겜은 자신의 사랑(אָהַב, 아하브)을 고백했습니다. 그리고 세겜은 자신의 아버지 하몰에게 디나를 아내로 얻게 해달라고 청합니다(창 34:4). 그리고 하몰은 아들 세겜의 일로 야곱을 찾아왔습니다(창 34:6).

한편 디나의 일을 알게 된 야곱은 자기의 아들들이 들에서 목축하므로 그들이 돌아오기까지 잠잠하였습니다(창 34:5). 여기서 '잠잠하다'(peace, KJV) 혹은 '침묵했다'(kept quiet, NIV)란 말은 '하라쉬'(חָרַשׁ)로 말문이 막히고 귀가 막혀 아들들이 돌아올 때까지 멍하게 말문이 막혀 있었다는 의미입니다. 야곱은 아마도 마을의 젊은 여인들에게 소식을 전해 들었을 것입니다. 디나는 아직까지 세겜에게 납치되어 감금된 상황이었으므로 소식을 직접 전하지는 못했습니다.

하몰은 아들 세겜의 일로 야곱을 찾아왔습니다(창 34:6).

장성한 야곱의 아들들도 디나의 소식에 급한 마음으로, 이미 분노심으로 가득한 얼굴을 하고 돌아왔습니다(창 34:7). 모세는 이 일을 "부끄러운 일 곧 행하지 못할 일을 행하였음이더라"(창 34:7)고 표현하고 있습니다. 인간으로 해서는 안 되는 일들이 있습니다. 그것은 분명 하나님의 법뿐만 아니라 세상의 법과 관습에서도 해서는 안 되는 일들입니다. 무분별하고 부도덕한 짓(הַנְּבָלָה, 네발라)이 있습니다. 세겜의 네발라(הַנְּבָלָה), 그 생각 없는 짓에 대한 분노심으로 디나의 오빠들 곧 시므온과 레위는 이미 심장이 터질 것 같았을 것입니다.

아무 잘못도 없는 여인이 그저 사랑이라는 벌레의 욕망으로 구린내 나는 쓰레기통 감옥에 갇혀 조그만 자기 가슴을 두드리며 그 어떤 방법으로도 보상받을 길 없이 눈물을 흘리면서 '하나님'께 기도를 드립니다. 그 불쌍한 자의 눈물 한 방울 한 방울은 무엇으로도 용서될 수 없는 것입니다. 인간이라면 해서는 안 되는 일입니다. 이미 죄 없는 자가 고통을 받은 후에 하몰이 찾아와 세겜이 디나를 사랑한다는 것, 연연한다(חָשַׁק, 하솨크)는 것과 디나를 세겜의 아내로 달라는 것을 청합니다(창 34:8). 지옥 같은 수치심에 빠져 버린 여인에게 그 남자와 평생을 살아가야 하는 결혼이 무슨 위로나 도움이 되는 듯이 말해서는 안 됩니다. 오히려 더 끔찍한 일이 될 것입니다. 디나에게는 그 어떤 것도 보상이 되지 않습니다. 그 어떤 사회적인 관습이나 철학적 진리도 모욕당한 여인을 위로하기 위한 그만한 가치를 보장할 수 없습니다.

세겜은 디나에 대해 잘 알지도 못했던 것으로 보입니다. 왜냐하면 디나가 유대인임을 알고 그들의 관습을 알았다면 '할례' 문제에 대하여 먼저 고민을 했을 것이기 때문입니다. 이는 세겜이 수동적으로 일어나는 충동, 다시 말해서 생식적 충동으로 디나를 강제로 취했다(לָקַח, 라카흐, 창 34:2, he took, NIV)는 것을 의미합니다. 그는 그 지역의 지배자였기에 이 정도는 자기 마음대로 할 수 있다고 믿었을 것입니다. 이것이 지배자의 모습이며, 이 믿음이 세겜이 어떤 인물인지를 알려 줍니다. 이것은 우리로 하여금 주(lord) 곧 지배자라는 것이 힘으로 군림하는 것이 아니라 '섬김'(봉사)이라는 사실을 통해서 이삭의 축복을 다시 이해하게 만듭니다. 과연 최대 권력자가 사랑하는 여자를 제멋대로 모욕했으나 결혼하겠다고 주장하는 것에 대해서 누가 반대할 수 있겠습니까? 세겜은 지배자, 주인이 되는 의미를 정확하게 보여주고 있습니다. 아마도 우리는 야곱이 에서에게 이런 식으로 대하길 기대했을 것입니다. 그러나 야곱이 오히려 에서에게 절을 하는 것을 보고 실망했을 것입니다. 이는 그리스도께서 오시면 권력과 지배력, 통치력으로 제멋대로 살아갈 것을 기대했던 유대인의 실망감과 다르지 않을 것입니다. 그리스도께서는 세겜과 같은 지배자가 아니십니다. 결단코 아니었습니다.

하몰은 이 일을 계기로 야곱과 하몰 사이에 완전한 통혼을 이루자고 권합니다(창 34:9-10). 하몰의 아들 세겜 역시 디나의 오빠들에게 디나를 아내로 주기만 한다면 "아무리 큰 혼수와 예물을 청할지라도 너희가 내게 말한 대로 주리라"(창 34:12)고 간청했습니다. 인생에는 질서(order) 곧 순서가 있습니다. 아무리 큰 지참금을 준다고 해도 이미 상처 입은 영혼에게 위로란 있을 수 없습니다. 우리는 야곱이 7년간 라헬을 위해서 노동을 했지만 정작 어두운 장막 안에서 그녀를 구별할 수 없을 정도로 라헬과 먼 거리를 유지했음을 알고 있습니다. 순서(order)를 지켜야 합니다.

우리는 디나의 이야기에서 두 가지 사실을 발견할 수 있습니다. 하나는 하나님의 침묵입니다. 야곱은 어처구니없는 상황에 빠져서 말문이 막혀 침묵만 하고 있습니다. 그러나 이보다 더 심각한 것은 하나님께서 디나를 돕지 않으셨다는 사실입니다.

사라가 수치를 당할 때에 하나님께서는 재앙 가운데 사라를 지켜 주셨습니다. 그러나 디나의 경우에는 하몰의 집안에 그 어떤 재앙도 없이 묵묵히 침묵만이 어둠처럼 디나를 수치로 덮었습니다. 이는 디나의 일이 바로 야곱 자신의 언약 파기에 따른 심판임을 암시하는 것입니다. 그러나 이 말을 주의해서 이해해야 합니다. 현재 우리의 삶 가운데 있는 고통이나 수치가 부모의 죄로 인해서 우리에게 주어진 것이라는 의미는 결코 아닙니다.

모세는 언약과 서원의 중요성을 이야기하고 있는 것이지 부모의 죄로 자식들이 고통을 당한다는 미신을 주저리주저리 떠드는 것은 결코 아닙니다. 서원 갚는 것을 더디 하는 것마저도 죄가 됩니다. 율법에 따르면 "네 하나님 여호와께 서원하거든 갚기를 더디 하지 말라 네 하나님 여호와께서 반드시 그것을 네게 요구하시리니 더디면 그것이 네게 죄가 될 것이라"(신 23:21)고 기록되어 있습니다. 모세는 야곱의 죄를 지적하고 있는 것입니다. 부모의 죄가 아들에게 세습되는 어처구니없는 가르침 따위는 성경에 없습니다. 율법에 따르면, "아버지는 그 자식들로 말미암아 죽임을 당하지 않을 것이요 자식들은 그 아버지로 말미암아 죽임을 당하지 않을 것이니 각 사람은 자기 죄로 말미암아 죽임을 당할 것이니라"(신 24:16)고 하였습니다.

디나의 이야기의 중심적인 내용은 지혜자의 말처럼 "네가 하나님께 서원하였거든 갚기를 더디게 하지 말라 하나님은 우매한 자들을 기뻐하지 아니하시나니 서원한 것을 갚으라"(전 5:4)는 것입니다. 디나의 고통은 야곱이 언약을 지키지 못한 것에 대한 심판으로, 야곱에게 언약을 지킬 것을 요구하시는 것입니다. 그녀의 이름은 디나(דִּינָה) 곧 '재판', '심판'이란 뜻입니다.

다른 하나는 내적인 싸움에 관한 것입니다. 이에 대해서는 이미 언급했습니다. 그러나 중요한 문제이기에 다시 생각해 두었으면 좋겠습니다. 그리고 '세겜'이란 인물에 대해서도 생각할 것이 있습니다. 그는 자신의 충동적인 사랑에 대한 열정에만 주의를 기울였습니다. 사랑에 대한 의무나 약속 같은 것 없이 오직 자신이 좋아하는 감정만이 유일한 판단이 되어 힘과 폭력을 행사했습니다. 지배자의 권력과 폭력을 '사랑'이라고 스스로 용납 받으려고 합니다. 세겜의 행동은 도덕적 기준이 될 수 없습니다.

우리 주 하나님 예수 그리스도께서 말씀하시길 "무엇이든지 남에게 대접을 받고자 하는 대로 너희도 남을 대접하라 이것이 율법이요 선지자니라"(마 7:12)고 하셨습니다.

여하튼 하몰과 세겜의 요구에 대해서 야곱은 여전히 아무 말이 없었습니다. 그는 자신과 함께하신다는 하나님의 약속을 상기하며 심한 충격에 빠져들었던 것 같습니다. 대신에 야곱의 아들들이 세겜과 그의 아버지 하몰에게 할례 받지 아니한 사람에게 디나를 줄 수 없다고 말했습니다. 할례 없는 이들과 결혼하는 것이 수치이기 때문이라고 이유를 든 것입니다(창 34:14). 그러니 하몰과 세겜, 그리고 그들의 모든 남자들이 다 할례를 받는다면 서로 통혼을 할 수 있으나 할례를 받지 않는다면 통혼할 수 없을 뿐만 아니라 디나와의 혼례도 있을 수 없다고 주장합니다(창 34:15-17). 그러나 이 모든 것은 디나 개인의 수치로 인해서 그의 오빠들이 하몰과 세겜을 죽이기 위한 속임수였습니다(창 34:13).

야곱의 결혼의 언약이 라반의 사회적 풍속과 비열한 침묵으로 인해서 변경되어 레아를 어쩔 수 없이 아내로 삼은 것과는 대조적으로 야곱의 아들들은 자신들의 관습을 주장하면서 하몰과 세겜을 속였습니다. 그러나 라반과 야곱의 아들들은 본질적으로 다릅니다.

라반은 약속한 대로 라헬을 주었습니다. 분명히 야곱이 레아에게 7일간의 남편의 의무를 다한 이후에 곧바로 라헬을 줌으로 약속을 어긴 것이 아니었습니다. 단지 비열한 침묵으로 자신의 뜻에만 집중했을 뿐입니다. 그러나 야곱의 아들들은 처음부터 디나를 줄 생각도 없었으며, 그들과 통혼할 생각도 없었습니다. 이것은 기만이었습니다. 두 경우가 다 관습과 관례에 의존하고 있지만 언약에 절대적인 가치를 부여하는 신실성 곧 에메트(אֱמֶת, truth)는 없었습니다. 그나마 라반은 라헬을 줌으로 약속의 진실성을 얼마간 유지합니다. 그러나 야곱의 아들들은 디나를 줄 생각도 없으면서 자신들의 관습인 할례를 핑계로 삼아 거짓 약속을 한 것입니다. '할례'가 하나님의 정의의 길을 걷는 예배자를 상징하는 것이 아니라 이방인들을 유혹해서 죽이는 도구로 전락(타락)했습니다. 이렇게 외적인 것들은 그 의미와 가치가 변하고 타락할 수 있습니다. 그것이 '할례'라고 하여도 의미가 퇴색되어 타락될 수밖에 없습니다.

하몰과 세겜은 할례의 조건에 동의하고(창 34:18) 세겜은 지체하지 않고 할례를 받았습니다. 왜냐하면 세겜은 디나를 사랑(חָפֵץ, 하페쯔)했기 때문입니다(창 34:19). 19절에서 '사랑하다'란 말은 히브리어 '하페쯔'(חָפֵץ)로 '욕망하다'(desire), '바라다'(wish to)란 뜻을 가지고 있습니다. 모세는 세겜이 디나를 '사랑했다'는 말을 아하브(אָהַב, 창 34:3)와 하페쯔(חָפֵץ)로 표현하고 있습니다. 이는 분명히 세겜의 사랑을 가장 적절하게 표현한 것으로 보입니다. 여인을 사랑하고 그 여인을 욕망하고 바라는 소유욕을 말하는 것입니다. 친절하고 약속 깊은 사랑, 의무에 성실함과 진정성을 가진 헤쎄드(חֶסֶד)는 아닙니다.

하몰과 세겜은 성내(城內) 모든 사람들에게 야곱의 족속과 통혼을 하면서 살 것을 지시하면서 할례를 받도록 했습니다(창 34:20-23). 이 과정에서 하몰과 그의 아들 세겜이 한 말 가운데 두 가지에 있어서 주의 깊게 살펴 볼 필요가 있습니다. 하나는 하몰과 그의 아들 세겜은 야곱 족속들을 '우리와 함께 거주하여 한 민족 되기를 허락할 것'을 요구한다는 것입니다(창 34:22). 이를 위해서 '할례'를 하자는 것입니다. 여기서 말하는 것은 '할례를 받는 것 안에서'(בְּהִמּוֹל) '하나의 민족' 곧 '하나의 백성이 되기 위해'(to be one people, NIV) 하는 것으로 인식하고 있습니다. 그리고 이는 '함께 살아가는 것', 다시 말해서 '우리와 함께 머물게 하기 위한' 혹은 '우리와 함께 거주하기 위한'(לָשֶׁבֶת אִתָּנוּ) 일로 인식합니다. 야곱을 떠나지 못하게 하고 세겜에 점착하게 하려는 것입니다. 외적인 할례를 통해서 하몰이 이스라엘에 속하는 것이 아니라 이스라엘을 하몰과 융합시키려는 것입니다. 이 세상을 떠나 아버지에게로 점착된 삶은 이제 방해를 받을 수 있게 되었습니다. 야곱은 위기에 놓이게 되었습니다. 하나님께서 그리스도를 보내기 위해서 선택하신 아브라함의 후손의 문제는 위기에 봉착하게 됩니다.

다른 하나는 하몰과 그의 아들 세겜이 "그러면 그들의 가축과 재산과 그들의 모든 짐승이 우리의 소유가 되지 않겠느냐 다만 그들의 말대로 하자 그러면 그들이 우리와 함께 거주하리라"(창 34:23) 하고 말합니다. 세겜은 자신의 감각적 충동을 채우기 위해서 폭력도 불사하는 지배자입니다. 야곱은 그 지역의 백성들과 하나가 될 위기에 놓여 있으며, 이제 하나님께 받은 모든 것을 하나님께 돌려드리는 마아싸르(מַעֲשֵׂר, the tithe) 대신에 세겜의 것이 될 위기에 놓였습니다. 세겜은 야곱의 모든 소유가 자신의 것이 될 수 있다고 보았습니다. 그에게 값을 주고 팔았으나 그가 다시 세겜의 백성이 된다면 그 땅의 소유권은 다시 주인(lord)에게 귀속될 수 있습니다. 이는 경제적인 이득을 얻는 방법이었습니다. 결국 하몰과 그의 아들 세겜의 말을 듣고 성문으로 출입하는 그 모든 남자들이 할례를 받았습니다(창 34:24).

할례는 아브라함의 언약을 상징하는 표입니다. 다시 말해서 아브라함의 후손이자 아브라함의 백성이 되는 것을 말하는 것입니다. 그러나 세겜은 할례 안에서 야곱이 세겜의 백성이 되는 것으로 인식하고 있습니다. 외적 할례는 거룩한 경계를 이렇게 쉽사리 힘과 폭력에 의해서 더럽힐 수 있게 됩니다. 물질적인 것은 언제나 소멸과 파멸을 전제하게 됩니다. 다시 말해서 할례가 외적으로는 아무 의미 없는 것이 될 수도 있음을 암시하고 있습니다. 모세는 이미 이런 사실을 알았고, 그래서 〈신명기〉에서 '마음의 할례'라는 전혀 다른 할례에 대한 계시를 받았던 것으로 보입니다. 여하튼 하몰과 세겜, 그리고 히위 족속들이 그 육체에 할례를 가지고 있다고 해서 그들이 아브라함의 언약에 참여했다고 말할 수는 없습니다. 할례는 마음에 있는 것입니다(레 26:41; 신 10:16, 30:6). 또한 이들이 '할례를 받는 것 안에서'(בְּהִמּוֹל) 하나의 백성이 됨은 세겜이 아브라함의 후손, 아브라함의 백성이 되는 것을 의미해야 합니다. 아브라함처럼 살아가는 것을 뜻합니다.

우리 주 하나님 예수 그리스도께서는 '자기를 믿은 유대인들에게' 말씀하시길, "진리를 알지니 진리가 너희를 자유롭게 하리라"라고 말씀하셨습니다(요 8:31-32). 이 말씀을 하신 상황(context)은 '믿는 이들에게' 참된 제자 됨에 관하여 알려 주시는 것입니다. 이에 주님(the Lord)께서는 "내 말에 거하면 참으로 내 제자가 되고"(요 8:31)라고 말씀하셨습니다. 다시 말해서 '만약에 너희들이 나의 말 안에 거주한다면, 나의 진정한 제자가 된다'('Εὰν ὑμεῖς μείνητε ἐν τῷ λόγῳ τῷ ἐμῷ, ἀληθῶς μαθηταί μού ἐστε)라고 말씀하신 이후에 곧바로 '그러니 너희는 진리를 알 것이다. 곧 그 진리가 너희들을 자유롭게 할 것이다'(καὶ γνώσεσθε τὴν ἀλήθειαν, καὶ ἡ ἀλήθεια ἐλευθερώσει ὑμᾶς)라고 말씀하셨습니다. 여기서 '믿음'의 문제는 곧바로 '참 제자가 되는 문제'와 '자유에 관한 문제'로 확장되었습니다. 그 제자가 되기 위해서는 바로 그리스도의 말씀 안에 거주해야 합니다. 그리고 제자가 되었을 때 진리(ἀλήθεια) 곧 에메트(אֱמֶת, truth)를 알게 될 것입니다. 그리고 그 진리(ἀλήθεια, truth)가 제자를 자유하게 할 것입니다. 이제 문제는 '아브라함의 후손'의 문제로 이어갑니다.

주님께서는 "나도 너희가 아브라함의 자손인 줄 아노라 그러나 내 말이 너희 안에 있을 곳이 없으므로 나를 죽이려 하는도다"(요 8:37)라고 말씀하셨습니다. 이는 제자 됨의 문제는 그리스도의 가르침 안에서 살아가는 동시에 그분의 가르침이 우리 안에 있어야 한다는 것입니다. 그런데 주님께서는 "너희가 아브라함의 자손이면 아브라함이 행한 일들을 할 것이거늘"(요 8:39), 예수님을 믿는 유대인은 아브라함처럼 행하지 않았으므로 오히려 "너희는 너희 아비

마귀에게서 났으니 너희 아비의 욕심대로 너희도 행하고자 하느니라"(요 8:44)고 말씀하심으로 믿는 이들이자 아브라함의 후손들이 오히려 불신자이자 마귀의 자식으로 증명됩니다.

자식은 부모의 가르침을 따르게 됩니다. 아브라함의 후손은 아브라함의 가르침, 곧 하나님의 도를 따라 살아갑니다. 아브라함 언약 안에 살아갑니다. 할례로 아브라함의 후손을 결정하는 것이 아닙니다. 중요한 것은 히트할레크(הִתְהַלֵּךְ)와 헤예 타밈(הֱיֵה תָמִים)입니다. 그리스도의 가르침이 바로 우리가 살아가고 안식을 취하는 우리의 집입니다.

야곱이 아브라함의 언약 곧 "나는 전능한 하나님이라 너는 내 앞에서 행하여 완전하라"(창 17:1, אֲנִי־אֵל שַׁדַּי הִתְהַלֵּךְ לְפָנַי וֶהְיֵה תָמִים) 곧 하나님 얼굴 앞에서 야곱은 히트할레크(הִתְהַלֵּךְ)와 헤예 타밈(הֱיֵה תָמִים) 하는 삶을 살아가야 합니다. 이는 의무이며, 언약 안에 거주하는 것입니다. 세겜의 땅에 점착되어 거주하는 것이 아니라 하나님의 말씀(언약) 안에 거주해야 합니다. 이것이 아브라함의 후손임을 의미하는 것입니다. 할례는 징표입니다.

결혼반지를 끼지 않았다고 해서 결혼을 하지 않은 사람이 되는 것은 아닙니다. 반지를 끼고 있다고 해서 다 결혼한 사람은 아닙니다. 결혼반지는 상징입니다. 자기 다짐입니다. 결혼의 맹세를 지키고 살아갈 것에 대한 증표입니다. 그래서 중요한 것입니다.

할례를 하면 일반적으로 7일 정도의 휴식이 필요합니다. 그런데 하몰과 그의 아들 세겜, 그리고 그가 지배하고 억압하고 있는 백성들이 할례를 한 지 제삼일이 되었습니다. 육체의 할례를 받은 히위 족속들이 아직 아파할 때에 야곱의 두 아들 시므온과 레위가 각기 칼을 가지고 가서 몰래 그 성읍을 기습하여 그 모든 남자를 죽였습니다(창 34:25).

시므온과 레위는 레아의 아들들이며, 디나 역시 레아의 딸이었습니다. 혹여 우리가 이 부분을 생각하지 못할 것을 걱정했던 모세는 34장 1절에서 "레아가 야곱에게 낳은 딸 디나"라고 밝혀 주었습니다. 그런데 모세는 여기서 '아들들'은 모두 야곱(그 씨)의 아들들이지만 언제나 그 어머니(그 밭)를 기준으로 합니다. 시므온과 레위는 하몰과 그의 아들 세겜을 죽이고 세겜에 의해서 그 성읍에 억류되었던 디나를 집으로 데리고 왔습니다(לָקַח, 라카흐, 창 34:26).

세겜이 라카흐(לָקַח, 취하다)한 것을 다시 라카흐한 것입니다. 디나가 어머니의 명령으로 일하는 이들을 마중하러 그들을 보고자 나갔습니다(יָצָא, 야짜, 나가다). 이제 시므온과 레위는 디나를 세겜의 성읍에서 데리고 나왔습니다(יָצָא, 야짜).

〈창세기〉는 우리가 어디에 머물고 살아가는 것인가, 어디로 떠나는가를 이야기합니다. 곧 '떠남'과 '점착'에 관한 이야기입니다. 우리가 마음으로 믿고, 그것을 충분히 이해하여 인식하고, 그 인식한 것을 입으로 고백했다면 우리는 그렇게 살아가야 하는 자가 되는 것입니다. 곧 제자 됨의 문제를 말합니다. '믿는 자들(신자들)이란 단어와 제자들이란 단어는 같은 의미로 혼용'될 수 있습니다(존 칼빈, 《기독교 강요》, 3권, 2, 6).

시므온과 레위는 힘과 권력의 폭력으로 고통 받은 여동생 디나를 데리고 나왔습니다. 시므온과 레위가 그들을 죽인 것을 알게 된 다른 형제들이 그 성읍으로 달려가 시체와 피로 물든 성읍에서 재물을 노략질했습니다(창 34:27). 전쟁에서 승리한 전리품을 얻는 것처럼 그들의 성읍을 노략질했습니다. 그들이 양과 소와 나귀와 그 성읍에 있는 것과 들에 있는 것과 그들의 모든 재물을 빼앗으며 그들의 자녀와 그들의 아내들을 사로잡고 집 속의 물건을 다 노략한 것입니다(창 34:28-29). 모세는 이들의 행위를 분노심 곧 "그들이 그들의 누이를 더럽힌 까닭이라"(창 34:27)고 밝히고 있습니다. 여기서 '더럽다'란 뜻을 가진 히브리어 타메(טָמֵא)는 제의적으로 예배를 드릴 수 없는 상태를 의미합니다(레 5:3). 셉투아진트에서는 미아이노(μιαίνω)로 이는 도덕적일 뿐만 아니라 제의적(예배적)으로 '얼룩'(stain)이나 '흠'(spot)을 의미합니다. 제의적으로 살인으로 인해서 피로 생긴 얼룩 곧 핏자국을 의미합니다. 이는 세겜이 디나를 죽였기에 시므온과 레위가 그들을 죽였으며, 살인자에 대한 복수로 레위 형제들이 노략질을 했다는 의미입니다. 세겜은 디나를 살인했으며, 이렇게 죽은 디나는 예배에 참여할 수 없게 되었음을 뜻하는 것입니다. 왜냐하면 예배는 살아 있는 이들을 위한 것이기 때문입니다. 죽음은 부정한 것 곧 타메(טָמֵא)입니다(레 11:24). 디나의 상처는 죽음과 같은 어둠의 상처였습니다. 윤리적 살인입니다.

야곱이 내적인 싸움을 통해서 이스라엘이란 이름을 얻었을 때 그는 고요한 삶을 살았습니다. 그는 진정 고요한 사람(a quiet man, NIV, 창 25:27)이었습니다. 그는 고요하게 그러나 밝게 빛나는 별과 같은 인생을 살았습니다. 여름 한낮의 뜨거운 태양 볕으로 인한 더위를 날려 보내는 밤바람 속에 반짝이는 별빛처럼 조용한 인물이었습니다. 그러나 그가 평화를 주장하고 내적인 싸움을 멈추는 바로 그 순간 전쟁이 일어났습니다. 이 땅에 점착된 것은 죄입니다.

세겜도 내적인 싸움을 하지 않고 그저 자신의 불타는 욕망에만 집중한 나머지 '사랑한다'(אָהַב, 아하브)는 숭고함마저도(창 34:3) 자신의 개인적인 사랑(חָפֵץ, 하페쯔) 곧 성적인 욕망으로 변질(타락)시켰습니다(창 34:19). 사랑과 욕망이 뒤섞여 있는 인간은 사랑하는 사람에게 폭력과 수치를 주는 것마저도 무슨 숭고한 일이라도 되는 듯이 자신의 감각에 충실합니다. 만약에 세겜이 내적인 싸움에서 이런 욕망을 이겼다면, 디나에게 보다 친절하게 대했을 것이며 수치 대신에 영광스러운 여인이 될 수 있도록 도와줄 수 있었을 것입니다. 야곱이 내적인 싸움을 멈춘 것은 사실 자신에게 항복한 것입니다.

야곱이 시므온과 레위에게 말했습니다.

"너희가 내게 화를 끼쳐 나로 하여금 이 땅의 주민 곧 가나안 족속과 브리스 족속에게 악취를 내게 하였도다 나는 수가 적은즉 그들이 모여 나를 치고 나를 죽이리니 그러면 나와 내 집이 멸망하리라"(창 34:30).

야곱이 말하는 것은 자신의 세력이 적은데 그들이 싫어하는 악취처럼 미움의 대상이 되었음을 말하는 것입니다. 싸울 의지가 없는 이 야곱에게서는 하나님께서 자신을 지켜보고 계신다는 신앙하는 모습도 찾아보기 어렵습니다. 그는 포기한 사람처럼 보입니다. 늙었다는 것은 나이가 많아 생동력이 떨어진다는 의미입니다. 그러나 야곱은 늙은 것이 아니라 시들어 버린 것입니다. 나이 많아 생동감이 떨어진 것이 아니라 죽은 사람처럼, 시들어 버린 꽃처럼 볼품없이 변해 버린 것입니다. 여기서 한 가지 확인할 것이 있습니다. 그것은 '향' 곧 악취(בְּאֹשׁ, 베오쉬)는 '맛'(טַעַם, 타암)처럼 주관적이지만 상호-주관성(inter-subjectivity) 곧 '나'뿐만 아니라 '너'도 같은 것을 생각(sense)하는 것으로 객관성의 바탕을 이룹니다. 다시 말해서 결혼 언약(계약) 곧 평화의 계약을 체결하고 며칠 후에 살육(殺戮)을 자행하는 것은 도덕적으로 잘못한 것입니다. 이는 용서받을 수 없는 짓을 했음을 뜻하는 것입니다.

믿음은 생명과 같아서 비록 라반과 에서의 미움의 쇠사슬에 묶여 초라한 행색을 하여도 그런 것에는 아랑곳하지 않고 생생하게 살아 숨 쉬는 눈빛, 고요하게 그러나 밝게 빛나는 별과 같은 열정이 있었던 야곱이었습니다. 세겜처럼 불타는 욕망은 아닙니다. 무더운 여름날 밤의 별빛처럼 고요한 열정입니다. 그러나 생명을 잃은 믿음이 있습니다. 더 이상 내적인 투쟁이 없어서 아무 행위 곧 아무 일(work)도 하지 않는 믿음입니다. 항복(포기)하고 또 항복해서 자신의 평안한 삶만을 생각하고, 어떤 의무도 모르는 듯이 무대효과만을 추구하는 믿음이 있습니다. 그것은 생명을 잃은 곳에는 파리가 알을 까고 벌레들이 시체를 파먹듯이, 믿음이 갈가리 찢겨 먹히는 죽은 믿음입니다. 아무 생각도 아무 일도, 아무것도 할 수 없어서 그저 노란 구더기와 누런 고름만 질질 흐르는 악취 나는 죽은 믿음입니다. 고대인들에게 있어서 '살았다'와 '죽었다'의 차이는 분명합니다. '움직이는가?' 아니면 '움직이지 않는가?'의 문제입니다. 행위 곧 믿음의 일로 예배, 찬양, 선행, 선교 등의 일을 하는가, 아니면 응급실에서 의식도 없이 마취된 상태에서 산소 마스크에 의지하여 생명만 겨우 유지하고 있는가의 차이입니다.

"우리 누이를 창녀같이 대우함이 옳으니이까?"(창 34:31) 시므온과 레위가 자신의 딸이 수치를 당했음에도 불구하고 결혼 계약의 파기라는 도덕적인 문제만 생각하고, 자신이 더 이상 평온하게 세겜에서 살아갈 수 없게 된 상황만을 걱정하는 아버지 야곱에게 물었습니다. 야곱은 대답할 수 없었습니다. 도대체 무엇이 잘못되었는지 알 수가 없었습니다. 그래서 그는 대답할 수 없었습니다. 우리는 언제나 아는 것만 알 수 있을 뿐입니다. 믿음의 무대효과만을 추구하고 있었기에 대답할 수 없었습니다. 바로 이때 침묵하시던 하나님께서 야곱에게 말씀을 하셨습니다. 다시 야곱을 찾아오셨습니다.

“하나님이 야곱에게 이르시되 일어나 벧엘로 올라가서 거기 거주하며 네가 네 형 에서의 낯을 피하여 도망하던 때에 네게 나타났던 하나님께 거기서 제단을 쌓으라 하신지라”(창 35:1).

창세기 35장 1절은 ‘바요메르 엘로힘 엘-야아코브’(וַיֹּאמֶר אֱלֹהִים אֶל־יַעֲקֹב)라고 시작합니다. 이는 문법적으로 와우(ו) 계속용법으로 34장과 35장은 연속적인 상황임을 말하는 것입니다. 결국 문제는 디나 사건이 아니었습니다. 중요한 것은 ‘왜 디나 사건에서 하나님께서는 침묵하셨는가?’의 문제입니다. 문제는 바로 벧엘의 맹세였습니다. 야곱은 벧엘의 맹세 곧 법을 어겼습니다. 불법은 죄입니다(요일 3:4). 중요한 것은 모든 것이 언약의 가치를 실천하는 것과 그 힘에 뿌리를 두고 있다는 것입니다. 모세의 질문은 야곱이 왜 서원을 지키지 않았는가에 대한 물음이 아니라 어떤 이유 때문이든 상관없이 약속을 어기게 되면, 약속을 지키지 않는다면, 지켜야 할 것들을 지키지 않는다면, 규례와 규범 곧 법을 지키지 않는 불법을 자행한다면 어떻게 되느냐에 대한 물음입니다. 그리고 그 답변은 ‘관계의 단절’이라는 문제에 봉착하게 됨을 이야기하고 있습니다. ‘떠남’도, ‘점착됨’도 없습니다. 그것은 고립무원한 상태에 버려져 유리하는 별 곧 “영원히 예비된 캄캄한 흑암으로 돌아갈 유리하는 별들”(유 1:13)이 되는 것입니다.

절름발이 전사인 야곱은 자신의 맹세에 모든 책임을 다하고 나서야 비로소 얼마 안 되는 권리를 누릴 수 있었을 뿐입니다. 그러나 그는 법을 어겼습니다. 문제는 벧엘의 맹세입니다. 야곱의 침묵은 어디로 갈 바를 모르게 된 유리한 별과 같은 먹먹함에 놓인 것입니다. 고요하지만 아름답게 빛나던 그 별빛과 같이 어둠을 뚫고 자신의 존재를 드러내던 야곱이 이제는 길 잃어 유리하는 별이 되었습니다. 약속이 없는 삶, 일평생 지켜야 할 것이 없는 삶, 아노미아(ἀνομία)의 삶은 약속을 잊어버려 어둠에 가려진 삶입니다. 다시 그 빛을 찾아야 합니다. 하지만 이는 불가능합니다. 이것은 인간 내면의 빛인 동시에 하나님과의 관계의 빛이기 때문입니다.

만약에 그것이 인간만의 내면적 아름다움이라면 인간의 불빛으로, 문명의 빛으로 세상을 밝힐 수도 있을 것입니다. 하지만 이것은 관계의 빛입니다. 이것은 그분의 얼굴을 대면하는 가운데 있는 빛으로 '브니엘'(פְּנִיאֵל, 페니엘, 창 32:30)에서만 그 빛을 밝힐 수 있는 빛입니다. 그러나 야곱은 과거에 그분의 얼굴 앞에 있었습니다. 그러나 지금은 아닙니다. 그러나 디나의 눈물 속에서 야곱은 다시금 '브니엘'(פְּנוּאֵל, 페누엘, 창 32:31)을 소망합니다. 다시 오실 그분, 우리를 찾아오시는 그분에 대한 소망입니다. 인간이 신을 찾아가는 모든 허망한 가르침을 버리고 인간을 찾아오시는 하나님을 소망합니다. 인간은 그분에게 갈 수 없습니다. 오직 인간을 찾아오시는 하나님만이 참된 하나님이십니다. 야곱을 찾아오시는 분, 시내 산에서 인간에게 오신 분, 성육신하심으로 우리에게 오시는 분, 거룩한 영으로 임마누엘의 약속을 이루시어 오순절에 오시는 분, 인간을 찾아오시는 하나님입니다. '브니엘'(פְּנִיאֵל, 페니엘, 창 32:30)과 '브니엘'(פְּנוּאֵל, 페누엘, 창 32:31)의 신앙입니다.

## 언약을 이루시는 하나님

### B′. 벧엘에서의 서원 맹세 이행(35:1-15) → 라헬과의 이별(35:16-29)

야곱의 이야기에서 벧엘의 맹세는 중요한 역할을 합니다. 미스바 곧 하나님께서 지켜보시는 것에 대한 신앙은 벧엘의 맹세로 이어지고 있습니다. 그런데 벧엘의 이야기가 두 번 반복되고 있습니다. 먼저 야곱이 처음 벧엘에 도착한 이야기가 있습니다(B 부분, 27:46-28:22). 그리고 벧엘의 맹세 이후에 라헬을 만나게 됩니다(창 29:1-20). 그런데 모세는 이와 같은 이야기를 평행하게 반복하고 있습니다. 바로 야곱이 다시 벧엘로 올라가는 이야기입니다(B′ 부분, 35:1-15). 그리고 라헬과의 이별 곧 그녀의 죽음을 기록하고 있습니다(창 35:16-29). 이 두 이야기는 분명히 평행을 이루고 있습니다.

〈창세기〉 35장의 전체 짜임새를 보면 다음과 같습니다.

- **a. 벧엘의 서원을 성취하시는 하나님(창 35:1-7): 엘벧엘**
  - **b. 리브가의 유모 드보라의 죽음(창 35:8)**
    - **x. 이스라엘이란 이름을 재확인함(창 35:9-15): 벧엘의 축복**
  - **b′. 라헬의 죽음(창 35:16-20): 베냐민의 출생**
- **a′. 밧단아람의 지시를 성취하시는 하나님(창 35:21-29): 장자 명분**

아브라함 언약은 '그 씨'와 '그 밭'에 관한 이야기입니다. 또한 아브라함 언약은 '히트할레크'(הִתְהַלֵּךְ, walk) '헤예 타밈'(הֱיֵה תָמִים)의 이야기가 있습니다. 하나님의 도를 끊임없이 걷는 문제와 완전함에 대한 의무입니다. 다시 말해서 그리스도이신 예수님의 말씀 안에서 거주하고 살아감으로 그분의 제자가 되는 것입니다. 거룩한 주의 사도는 "그의 계명은 이것이니 곧 그 아들 예수 그리스도의 이름을 믿고 그가 우리에게 주신 계명대로 서로 사랑할 것이니라 그의 계명을 지키는 자는 주 안에 거하고 주는 그의 안에 거하시나니 우리에게 주신 성령으로 말미암아 그가 우리 안에 거하시는 줄을 우리가 아느니라"(요일 3:23-24)라고 하였습니다. 우리가 믿는다고 고백하는 것과 그분의 제자가 되는 것, 곧 그분의 가르침대로 살아가는 것은 동시적이며 상호 교환 가능한 말입니다. 신자와 제자는 같은 말입니다.

그리고 이 완전한 삶 곧 원수마저도 사랑하는 삶을 위해서 '이스라엘'의 축복 곧 싸움에서 하나님을 이긴 자라는 축복으로 내적인 싸움을 멈출 수 없게 합니다. 하나님의 도(道, דֶּרֶךְ, 데레크)는 정의와 공의 곧 의(צְדָקָה, 쩨다카)와 공도(מִשְׁפָּט, 미쉬파트)의 문제입니다. 아브라함은 모든 하나님의 후손들에게 바로 의(צְדָקָה , 쩨다카)와 공도(מִשְׁפָּט, 미쉬파트)를 지시해야 했습니다. 그리고 이를 사랑(חֶסֶד, 헤쎄드)과 진실(אֱמֶת, 에메트)함으로 살아가는 삶을 말합니다. 사랑(ἀγάπη, 아가페)과 진리(ἀλήθεια, 알레테이아) 가운데 머무는 것입니다. 그리스도 안에 머무는 것입니다. 우리는 세상을 떠나 그리스도의 가르침에 점착된 싸움으로 자유를 얻습니다. 그것이 진리를 걷는 것입니다. 진리는 그렇게 사는 그 순간만을 진리를 알았다고 말합니다. 이 모든 것을 '믿음'이라고 말합니다.

언약 앞에서 정직과 성실함, 그리고 자신을 죽이려는 적대자에게 모든 것을 희생해서 사랑하는 야곱은 완전한 인물이었습니다. 하지만 성실함을 상실한 야곱은 신앙의 무대효과만으로 스스로 만족하고 있었습니다. 이제 언약을 기억하신 하나님께서 야곱에게 서원을 이행하도록 다시 지시하셨습니다.

### 벧엘의 서원을 성취하시는 하나님

야곱은 디나를 구하기 위해서 할례를 거짓으로 이용한 시므온과 레위를 질타했습니다. 그는 시므온과 레위로 인해서 주변에 악취(בְּאֹשׁ, 베오쉬)가 나게 했다고 질책했습니다(창 34:30). 그러자 시므온과 레위는 "그가 우리 누이를 창녀같이 대우함이 옳으니이까"(창 34:31)라고 항변했습니다. 여기서 '창녀'라고 읽은 것은 '간음하다', '행음하다'란 동사 짜나(זָנָה)의 분사형으로 '간음한 자'를 의미합니다. 합법적으로 하나님께서 제정하신 결혼의 서약을 하기 이전에 육체적으로 성적인 관계를 맺는 것은 불법적 성행위로 간음입니다(신 22:13-21). 혼전 성관계는 모두 간음한 것으로 여인을 '창녀' 취급한 것입니다(신 22:28-29). 이것은 모욕입니다. 시므온과 레위는 이런 모욕을 당하고도 그냥 참아야 하는지 묻습니다. 야곱은 참아야 한다는 듯 말하고 있는 것이 분명합니다. 그는 세겜의 땅에서 살고자 그들의 관습을 어느 정도 수용하고 있는 것으로 보입니다. 하지만 야곱 자신도 아들들의 항변에 있어서는 할 말이 없습니다. 여기서 답을 줄 수 있는 것은 하나님 한 분뿐입니다. 그런데 하나님께서는 야곱에게 다른 어떤 말씀도 없이 오직 "일어나 벧엘로 올라가서 거기 거주하며 네가 네 형 에서의 낯을 피하여 도망하던 때에 네게 나타났던 하나님께 거기서 제단을 쌓으라"(창 35:1)고만 말씀하셨습니다.

하나님께서는 언약에 있어서 신실하신 분입니다. 모세는 "너는 알라 오직 네 하나님 여호와는 하나님이시요 신실하신 하나님이시라 그를 사랑하고 그의 계명을 지키는 자에게는 천 대까지 그의 언약을 이행하시며 인애를 베푸시되"(신 7:9)라고 말하고 있습니다.

야곱은 곧바로 자신과 아들들 그리고 종들에게 "너희 중에 있는 이방 신상들을 버리고 자신을 정결하게 하고 너희들의 의복을 바꾸어 입으라"(창 35:2)고 명령했습니다.

야곱의 지시에 대해서 우리는 두 가지를 확인할 수 있습니다. 첫째, 야곱은 '이방 신상들' 곧 이방의 신들(אֱלֹהֵי הַנֵּכָר, 엘로헤 하네카르, the foreign gods, NIV)을 벗어 버리는 것입니다. 여기서 '버려라'라고 읽은 쑤르(סוּר)의 히필형(사역능동형)은 '제거하다', '치우다'(clear away)라는 의미를 가지고 있어서 '버려라'는 독해는 적절합니다. 단지 문학적인 입장에서 쑤르(סוּר)는 '벗어나다', '면하다', '치워 놓다'(get rid of)란 의미로 읽을 수 있습니다(NIV). 그리고 '자신을 정결하게 하는 것' 곧 히트타하루(הִטַּהֲרוּ) 곧 '스스로 깨끗이 하라'는 것입니다. 야곱은 뒤에 '너희들의 의복을 바꾸어 입으라'고 명령합니다. 이와 관련해서 '이방의 신들을 벗어라'고 독해할 수도 있습니다. 여하튼 어떤 방법으로 독해를 하든 야곱이 말하는 것은 이방인들에게 물들었던 자신의 삶, 이 세상에 물들어 투쟁하는 영혼을 잃어버리고 시들어 버린 삶을 살아가는 것에 대해 새로운 옷을 입는 것을 의미합니다. 신들과 의복을 통해 야곱과 그의 공동체가 그 지역의 문화에 깊이 영향을 받았음을 알 수 있습니다. 이 세상에 물들지 않는 것이 바로 테헤르(טָהֵר, clean) 곧 '깨끗이 하다'의 의미일 것입니다. 깨끗함(정결) 곧 토하르(טהַר)는 제의적으로는 물로 씻는 것입니다(레 15:13; 겔 16:4). 그러나 진정한 토하르(טהַר)는 세상에 물들지 않는 것입니다. 세상으로부터의 내적인 떠남을 통해서 스스로를 고립시키는 것입니다. '구별'되어 살아가는 것입니다. 바로 '거룩'입니다. 그렇다고 야곱을 우상숭배자로 몰아갈 수는 없습니다. 하나님께서는 우상숭배자들을 다 죽이지 않으십니다. 만약에 하나님께서 우상숭배자들을 다 죽이셨다면 하몰과 그의 아들 세겜은 이미 죽었어야 했습니다. 하나님께서는 당신과 언약 관계에 있는 이들에게 우상숭배를 결코 인정하지 않으실 뿐입니다. 야곱이 언급한 것은 '신상'이 아니라 '신상들'입니다. 이 신상은 라헬이 라반의 신앙을 위해서 훔쳐온 것일 수도 있습니다. 그러나 야곱은 단수가 아니라 복수형을 씀으로 라헬의 것이 아님을 말하고 있습니다. 이것은 야곱이 세상에서 냄새나지 않도록 주변과 어울려 살아가고 있음을 의미하는 것으로 보입니다.

야곱은 내적인 투쟁을 멈추고 그저 '좋은 것이 좋다'라는 태도로 주변의 이방인들과 적절하게 거리 유지를 하고 그들의 문화에 젖어 살고 있었던 것으로 보입니다. 투쟁하는 교회가 패배하는 것은 투쟁을 멈추는 그 순간일 뿐입니다. 아담이 하나님 말씀 앞에서 몸부림치며 살아가는 것을 포기한 그 순간이 바로 유혹에 넘어간 순간입니다.

〈요한계시록〉에 따르면, "자기 두루마기를 빠는 자들은 복이 있으니 이는 그들이 생명나무에 나아가며 문들을 통하여 성에 들어갈 권세를 받으려 함이로다"(계 22:14)라고 하였습니다. 신약의 시대, 곧 복음시대에서는 구약에 예표된 대로(창 3:21) 새 옷을 입혀 주셨습니다. 사도는 "오직 주 예수 그리스도로 옷 입고 정욕을 위하여 육신의 일을 도모하지 말라"(롬 13:14)라고 하였고, 또 "누구든지 그리스도와 합하기 위하여 세례를 받은 자는 그리스도로 옷 입었느니라"(갈 3:27)고 하였습니다. 그러므로 우리가 해야 할 일이 있습니다. 그것은 적어도 우리가 입은 이 깨끗한 옷이 더럽혀지지 않도록 빨래는 하고 살아야 한다는 것입니다. 정욕(ἐπιθυμία, 에피튀미아)을 버리는 싸움을 해야 합니다.

야곱이 지시한 다른 하나는 바로 벧엘입니다. 야곱은 다음과 같이 말하고 있습니다. "우리가 일어나 벧엘로 올라가자 내 환난 날에 내게 응답하시며 내가 가는 길에서 나와 함께하신 하나님께 내가 거기서 제단을 쌓으려 하노라"(창 35:3). 야곱은 시므온과 레위의 살인행위, 디나의 수치, 그리고 지금 세겜의 일에 대한 복수를 하려고 모여든 이들의 위협 앞에 서서 '환난 날에 응답하시는 하나님'을 기억(추억)하고 있습니다. 이에 야곱은 모든 이방의 신들을 모아 세겜 근처 상수리나무 아래에 묻었습니다(창 35:4). 그리고 벧엘로 출발했습니다(창 35:5).

모세는 야곱에게 복수하려는 주변의 모든 이들이 하나님을 두려워해서 아무도 추격하지 못했다고 말합니다(창 35:5). 아마도 어떤 기적적인 일이 일어났던 것으로 보입니다. 여러 번 말하지만 기적에서 믿음이 형성되는 것이 아니라 믿음에서 진정한 기적을 보는 것입니다. 히위 족속의 성읍 하나가 멸족을 당했습니다. 그리고 그 족속의 여인들과 아들들은 종으로 잡혀갔습니다. 그런데 하나님을 두려워하여 복수하려고 선뜻 나서는 이들이 아무도 없었습니다. 이는 이들에게 분명히 감당하지 못할 정도로 두려움이 될 만한 일이 일어났음을 의미합니다. 그러나 그들은 믿음에 도달하지 못했습니다. 반면에 야곱이 믿음을 회복하기 시작하자 그의 주변에서 두려운 일들이 일어나기 시작했습니다. 이처럼 에서가 야곱에 대해 살의를 가진 것은 야곱에게 위협이 되는 것이 아니라 에서 자신에게 위협이 되는 것입니다.

벧엘에 도착한 야곱은 자신이 서원한 그대로 루스 곧 벧엘에 단을 쌓았습니다(창 35:7). 그는 진심으로 그곳을 '엘벧엘'(אֵל בֵּית־אֵל)이라 고 이름하였습니다. 이는 '벧엘의 하나님'이란 뜻입니다. 하지만 모세는 '엘-벧엘'을 "이는 그의 형의 낯을 피할 때에 하나님이 거기서 그에게 나타나셨음이더라"(창 35:7)고 읽습니다. 이 레마는 기억하고 있어야 합니다. 야곱은 자신이 아무것도 없었을 때, 고통과 수고 가운데에서 성실했던 자신을 추억하기 시작했습니다. 바로 과거로의 회귀입니다. 절대적 과거 곧 창조주 하나님께로 회귀하는 것입니다. 하나님께서는 심판의 경책(警責)하심, 심판(디나)을 통해서 그가 다시금 언약과 서원 앞에 성실하게 서 있도록 만드셨습니다. 하나님께서 서원을 성취하게 만드셨습니다.

이제 야곱은 갈 곳을 정해야 했습니다. 그런데 모세는 중간에 '리브가의 유모 드보라'의 죽음에 관한 기록을 담고 있습니다(창 35:8). 사실 이 여인의 정체는 숨겨져 왔었습니다.

리브가의 유모가 처음 등장한 것은 리브가가 이삭을 처음 만났을 때입니다. 라반은 리브가가 떠날 때에 그 유모를 함께 보냈습니다(창 24:59). 그런데 지금 야곱의 일행과 함께 여행을 하고 있습니다. 물론 이삭은 헤브론에서 살고 있습니다(창 35:27). 그러므로 이 유모가 야곱과 함께했다는 사실은 리브가가 자신의 소식을 이 유모 편에 전달했다는 뜻이 됩니다. 다시 말해서 야곱이 밧단아람 라반의 집에 있을 때에 리브가는 유모 드보라를 보내서 소식도 전하고 야곱의 아내들이 출산하는 것도 돕도록 했음을 짐작하게 합니다. 야곱이 태어날 때에 이미 유모였으며, 지금 노경에 이른 야곱과 함께 여행을 하고 있는 드보라의 죽음으로 야곱에게는 적지 않은 슬픔이 덮쳤을 것으로 보입니다.

야곱은 드보라(דְּבוֹרָה, 벌, bee)를 상수리나무 밑에 장사하고 그 나무 이름을 '알론바굿'이라 하였습니다(창 35:8). 여기서 모세는 레마를 붙이지 않고 있습니다. 그러므로 우리는 사전적 의미로만 '알론바굿'을 이야기해야 합니다. 모세가 쓴 이 〈창세기〉를 여호수아는 편안하게 '알론바굿'으로 읽으면서 그 의미를 알고 이해했을 것입니다. 그러나 히브리어를 모르는 우리들은 통변을 통해서 이해할 수 밖에 없습니다.

'알론'(אַלּוֹן)은 '상수리나무'를 뜻합니다. 여기서 '상수리나무'는 오크(oak, KJV, NIV) 혹은 '테레빈'(terebinth, NKJV)으로 읽기도 합니다. 아마도 히브리어 '지도자'(족장)란 뜻을 가진 알루프(אַלּוּף)와 언어유희를 이루고 있는 것으로 보입니다. 다시 말해서 야곱은 만삭의 아내를 곁에 두고 경험 많은 유모를 잃었다는 사실에 어떤 조력자를 잃은 슬픔을 표시한 것으로 보입니다. '바굿'(בָּכוּת, 바쿠트)은 '비통', '슬픔'(בְּכִית, 베키트)이란 뜻입니다. 곧 '알론바굿'은 '슬픔의 상수리나무'(Oak of weeping, YLT)란 뜻입니다.

그런데 '상수리나무'로 읽은 '알론'(אַלּוֹן)은 헬라어 '알로스'(ἄλλος, 다른, another)의 목적격인 '알론'(ἄλλον)으로 읽어서 완전히 새로운 이해를 추론하기도 합니다. 만약에 '알론'을 '다른'으로 읽는 경우에 '알론바굿'은 '다른 슬픔'(another weeping)으로 읽어서 리브가의 유모의 죽음과 더불어 야곱의 어머니 리브가의 죽음을 암시하는 것으로 읽기도 합니다. 미드라쉬의 이런 독해는 사실상 아름다운 여인 리브가의 죽음에 대한 언급이 없는 것에 대해서 보상으로 발생한 것으로 보입니다. 모세는 리브가의 죽음을 언급하지 않고 있습니다. 또한 유모 드보라의 경우에 그녀의 나이가 야곱뿐만 아니라 리브가보다 더 많다는 사실에서도 전후 문맥의 독법을 어렵게 합니다. 그렇다고 모세가 쓴 히브리어를 헬라어로 전환해서 읽는 것도 무리가 있어 보입니다. 우리가 확실하게 말할 수 있는 것은 야곱이 충격적인 슬픔에 빠졌다는 사실입니다.

만약에 야곱이 충격적인 슬픔에 빠진 것이 사실이라면, 그리고 그것이 어머니 리브가의 죽음과 관련을 맺고 있다면 야곱은 디나의 수치와 더불어 자신에게 일어난 일련의 사건들에 대해서 후회를 할 수밖에 없었을 것입니다. 깊은 후회의 감정이 그를 덮고 있다고 볼 수 있습니다.

### 이스라엘이란 이름을 재확립하심

모세는 앞부분(B 부분, 27:46-28:22)과 다소 차이를 두어 벧엘의 사건을 전개하고 있습니다. 사실상 모세는 이 부분에서 벧엘의 사건을 아브라함의 언약으로 완전히 재해석하고 있습니다.

B 부분(창 27:46-28:22)에서는 이야기(narrative) 형식으로 전개했다면 이 부분(창 35:9-15)에서는 아브라함의 언약을 재확립하는 방향으로 전개하고 있습니다. 그러면서 모세는 벧엘과 브니엘 사건을 혼합함으로 '완전함'의 의무를 중심으로 다시 정리하고 있습니다.

모세는 '야곱이 밧단아람에서 돌아올 때'에 하나님께서 다시 야곱에게 나타나시어 그에게 복을 주신 이야기를 합니다(창 35:9). 모세는 '다시'란 말을 통해서 이미 벧엘에 나타나셨고, 이후에 다시 나타나셨음을 말합니다. 이는 브니엘의 일입니다. 야곱이 밧단아람에서 돌아올 때는 분명히 브니엘에서의 만남입니다. 그래서 모세는 곧바로 야곱의 이름을 '이스라엘'이라고 변경하신 이야기를 합니다(창 35:10). 그리고 브니엘에서 있었던 그 하나님, 물론 천사를 통해서 계시하신 것이지만 보냄 받은 자는 보내신 분과 동일성을 가지므로, 하나님께서 축복하신 내용을 기록하고 있습니다. 사실 이 축복의 내용은 브니엘을 이야기할 때에는 언급되어 있지 않았습니다. 모세는 그 내용을 이 부분에서 벧엘과 함께 정리하고 있습니다. 여하튼 완전한 그리스도인의 삶에서 가장 중요한 것은 '이스라엘' 곧 내적인 싸움을 하는 전사의 영혼입니다. 성경에 다음과 같이 기록되어 있습니다.

> "그러므로 하나님의 전신갑주를 취하라 이는 악한 날에 너희가 능히 대적하고 모든 일을 행한 후에 서기 위함이라 그런즉 서서 진리로 너희 허리띠를 띠고 의의 호심경을 붙이고 평안의 복음이 준비한 것으로 신을 신고 모든 것 위에 믿음의 방패를 가지고 이로써 능히 악한 자의 모든 불화살을 소멸하고 구원의 투구와 성령의 검 곧 하나님의 말씀을 가지라 모든 기도와 간구를 하되 항상 성령 안에서 기도하고 이를 위하여 깨어 구하기를 항상 힘쓰며 여러 성도를 위하여 구하라"(엡 6:13-18).

하나님께서는 야곱에게 이스라엘 곧 싸우는 전사의 영혼을 다시금 일깨워 주신 다음에 "나는 전능한 하나님이라 생육하며 번성하라 한 백성과 백성들의 총회가 네게서 나오고 왕들이 네 허리에서 나오리라"(창 35:11)는 축복을 이어서 하셨습니다. 여기서 엘 샤다이(אֵל שַׁדַּי)의 이름은 아브라함 언약의 한 계시적 특징입니다. 그런데 모세는 '이스라엘'이란 이름을 주신 브니엘에서의 축복은 그 내용을 기록하지 않으나 벧엘에서는 '이스라엘'이란 이름과 더불어 '한 백성과 백성들의 총회', 그리고 '왕들'에 대한 예언을 언급하고 있습니다. 그런데 중요한 것은 아담에게 하신 선언을 야곱에게까지 이끌어 오고 있다는 점입니다. 바로 '생육하며 번성하라'입니다(창 1:28). 물론 노아 언약에서도 같은 본문이 등장합니다(창 9:1).

아담과 노아 언약 이후에 "내가 아브라함과 이삭에게 준 땅을 네게 주고 내가 네 후손에게도 그 땅을 주리라"(창 35:12)고 하심으로 아브라함의 언약까지 모두 야곱에게로 집결되고 있습니다. 모세는 이제 "하나님께서 그와 말씀하시던 곳에서 그를 떠나 올라가시는지라"(창 35:13)라고만 이야기합니다. 그다음 모세는 의도적으로 이 곳을 벧엘로 연결시키고 있습니다(창 35:15).

"야곱이 하나님이 자기와 말씀하시던 곳에 기둥 곧 돌 기둥을 세우고 그 위에 전제물(נֶסֶךְ)을 붓고 또 그 위에 기름을 붓고 하나님이 자기와 말씀하시던 곳의 이름을 '벧엘'이라 불렀더라"(창 35:14-15)고 쓰고 있습니다. 사실 모세에게는 브니엘이나 벧엘의 지리학적인 위치는 중요하지 않은 것으로 보입니다. 중요한 것은 성경의 지리적인 위치를 확인하는 것이 아니라 진실로 하나님의 도를 지키며 살 것인가의 문제입니다. '벧엘'은 '하나님의 집'이란 뜻입니다. 그래서 지리적(물리적)인 장소를 규정하려는 마음 자체가 잘못된 일일 것입니다. 하나님께서 계신 곳이 바로 '벧엘'인 줄로 압니다.

분명히 모세는 벧엘의 이야기를 통해서 브니엘의 이야기를 하고 있습니다. 이는 싸움에 대한 어떤 두려움도, 지속되는 내적인 씨름의 피곤함에 결코 굴복되어서는 안 됨을 이야기하는 것입니다. 자신이 하나님의 도를 지키고 살아가는 그리스도인이라는 신념을 다시 불러일으키기 위한 것입니다. '브니엘'(פְּנִיאֵל, 페니엘, 창 32:30)과 '브니엘'(פְּנוּאֵל, 페누엘, 창 32:31)의 신앙입니다.

전제물 곧 네쎄크(נֶסֶךְ)는 제의적으로 여기서 처음 등장합니다. 아벨의 제물인 민하(מִנְחָה, 창 4:4), 아브라함의 번제인 올라(עֹלָה, 창 22:2),

야곱이 라반과 구별하기 위해서 드린 희생제물인 쩨바흐(זֶבַח, 창 31:54)의 경우처럼 이제 전제물 곧 네쎄크(נֶסֶךְ)가 등장합니다. 이 모든 것들은 예배적인 용어들로 율법 이전에 주어진 것들입니다.

네쎄크(נֶסֶךְ)는 '붓다'란 뜻을 가진 나싸크(נָסַךְ)에서 파생한 낱말입니다. 그래서 네쎄크(נֶסֶךְ)는 포도주나 기름의 경우처럼 '마실 것으로 드리는 제의'(祭儀, a drink offering)를 의미합니다. 전제(奠祭)란 제사 때에 술이나 기름 혹은 차 따위를 봉헌하는 것을 의미합니다. 이는 제의적 율법에서는 소제(מִנְחָה, 민하)로 드려지는 전제물로 포도주가 있습니다(레 23:13). 민하(מִנְחָה)는 아벨의 경우처럼 하나님께서 지시하시지 않은 것에 대하여 자원하는 마음으로 드린 것으로 선물(a gift)의 성격을 가집니다. 반면에 전제 곧 네쎄크(נֶסֶךְ)는 재물의 형태가 액체로 기름이나 술인 것을 뜻하며, 소제(素祭)란 말은 그 제물이 곡식인 경우를 말합니다. 이때 민하(מִנְחָה)를 쓰기도 합니다(레 2:1). 다시 말해서 민하(מִנְחָה)는 제의적으로 자원하는 경우에는 '선물'의 성격을 가지고, 제물의 형태에서는 곡식을 의미합니다.

반면에 아브라함의 번제인 올라(עוֹלָה, 창 22:2)는 하나님의 명령에 따른 순종을 의미합니다. 다시 말해서 하나님을 사랑하고 있는 예배자의 반응을 의미합니다. 히브리어 올라는 '오르다'(올라가다), '만나다'란 뜻을 가진 아라(עָלָה)의 능동분사형입니다. 그래서 제의적으로 올라(עוֹלָה)는 하나님에게로 올라가는 향기를 의미합니다(레 1:9). 번제(燔祭)로 번역한 것은 이 향기를 위해서 제물을 불로 태우는 화제(火祭) 곧 불(אִשֶּׁה)을 의미하기 때문입니다.

야곱의 쩨바흐(זֶבַח)는 짜바흐(זָבַח)로 동물을 죽이는 것을 의미합니다. 이는 일반적인 제사 자체를 의미합니다. 왜냐하면 소제나 전제를 제외하면 거의 모든 제사는 다 동물을 죽이는 제사 방식을 따르고 있기 때문입니다.

야곱은 기둥에 기름만 드렸던 그 가난한 시절을 기억(추억)하고 번제나 희생제를 드리는 대신에 기름으로 전제를 드리고 있습니다.

### 사랑하는 여인 라헬의 죽음: 베냐민의 출생

야곱은 벧엘을 떠나 다시 북쪽을 향해서 세겜으로 갈 수 없었습니다. 그에게는 또 한 가지 문제가 남아 있었습니다. 하나님의 인도하심은 그를 아브라함처럼 남쪽으로 방향을 잡도록 했습니다. 벧엘에서 출발해서 에브랏(אֶפְרָתָה, 에프라타)쯤에 도착했습니다(창 35:16). 그곳에서 만삭의 아내 라헬이 해산의 고통으로 점점 더 힘겨워했습니다. 이미 숙련된 유모 드보라가 죽은 다음이었습니다.

나른 산파는 라헬을 위로하면서 아들이라고 격려를 했습니다(창 35:17). 그러나 라헬은 영혼이 떠나려고 할 때에 그녀의 마지막 힘을 다해서 한 마디를 했습니다. "베노니!"(בֶּן־אוֹנִי, 벤-오니).

'베노니'(בֶּן־אוֹנִי, 벤-오니)에서 '벤'(בֵּן)은 '아들', '자식'이란 뜻이고 '오니'는 '슬픔'(אָוֶן, 아벤)이란 뜻입니다. 그래서 '베노니'(בֶּן־אוֹנִי)는 '나의 슬픔의 아들'이란 뜻입니다. 그런데 '오니'(אוֹנִי)는 언어유희로 오니(עֳנִי) 곧 고통을 의미합니다. 라헬은 죽음 앞에서 어떤 슬픔의 예언을 하고 있습니다. 이것은 엔토우시아스무스(*enthousiasmus*)로 라헬 자신은 깨닫지 못했지만 그의 입을 통해서 앞으로 있을 먼 미래의 한 사건을 예언하고 있습니다. 곧 그리스도에 대한 예언과 연결되어 있습니다. 여하튼 야곱은 '베노니'(בֶּן־אוֹנִי)를 약간의 언어유희를 통해서 '베냐민'(בִּנְיָמִין, 빈야민) 곧 '아들'이란 벤(בֵּן)과 '왼손잡이 사람'이란 뜻을 가진 '야민'(יָמִין)을 붙인 것으로 바꿔 불렀습니다(창 35:18).

모세는 라헬의 죽음에 대해서 "라헬이 죽으매 에브랏 곧 베들레헴 길에 장사되었고 야곱이 라헬의 묘에 비를 세웠더니 지금까지 라헬의 묘비라 일컫더라"(창 35:19-20)로 마무리합니다. 여기서는 보다 먼 미래의 일을 알 수 없습니다.

선지자의 글을 통해서 보면, 선지자 예레미야는 "여호와께서 이와 같이 말씀하시니라 라마에서 슬퍼하며 통곡하는 소리가 들리니 라헬이 그 자식 때문에 애곡하는 것이라 그가 자식이 없어져서 위로받기를 거절하는도다"(렘 31:15)라고 예언하고 있습니다. 이는 에서의 후손인 에돔 지파의 왕인 헤롯 대왕에 의해서 죽은 아이들에 대한 예언입니다(마 2:16-18). 라헬이 아들을 낳으면서 '슬픔'을 노래한 것은 바로 베들레헴에서 있을 아이들의 죽음을 예언한 것입니다. 물론 선지자 미가는 "베들레헴 에브라다야 너는 유다 족속 중에 작을지라도 이스라엘을 다스릴 자가 네게서 내게로 나올 것이라 그의 근본은 상고에, 영원에 있느니라"(미 5:2)고 예언하여 영원 전에 계신 분께서 에브라다 곧 에브랏(אֶפְרָתָה, 에프라타)에 오실 것을 예언하고 있습니다.

라헬은 비록 죽는 순간이었지만 그녀를 돌보신 하나님께서 그녀의 입술에 그리스도의 예언을 숨겨 두셨습니다. 축복 받은 여인이며 슬픈 여인입니다. 매혹적인 여인으로 사랑을 받았지만 그 사랑 때문에 자식을 얻지 못해서 슬픔 가운데 살았던 여인입니다. 하지만 그녀가 슬픔의 눈물을 흘리고 남편의 사랑이 떠날 때쯤에 요셉을 낳음으로 위로를 받으며 또 다른 아들을 소망하기도 했습니다. 그러나 "다시 다른 아들을 내게 더하시기를 원하노라"(창 30:24) 하고 찬양하던 그녀는 기다리던 아들을 보았을 때에 슬픔을 깨달았습니다. 보다 먼 미래에 있을 기다리던 그리스도의 오심과 에돔의 칼에 죽는 어린아이들을 보았습니다. 하나님께서는 '베들레헴 에브라다'의 예언을 라헬의 입술에 숨겨 두셨습니다.

### 밧단아람의 지시를 이행하도록 하신 하나님: 장자 명분의 회복

야곱이 밧단아람에서 출발할 때에 하나님께서는 분명히 야곱에게 '너의 족속에게로 가라'고 명령하셨습니다(창 31:3). 하지만 야곱은 아버지 이삭에게 가는 대신에 세겜에 정착해서 머물고 있었습니다(창 33:18-19). 하나님의 말씀에 불순종한 것입니다. 세겜의 땅을 매입하고 그곳에 거주한 것이 잘못이 아니라 아버지 이삭을 찾아가지 않은 것이 잘못입니다. 이제 야곱은 이 지시를 따르기 위해서 남쪽으로 계속 이동을 합니다. 하지만 그의 불순종으로 발생한 불행은 아식 나 끝난 것이 아닙니다.

라헬을 베들레헴에 장례하고 야곱은 더 남쪽으로 향했습니다. 모세는 이를 "이스라엘이 다시 길을 떠나 에델 망대를 지나 장막을 쳤더라"(창 35:21)고 말하고 있습니다. 모세는 의도적으로 '야곱'이란 이름 대신에 '이스라엘'이란 이름을 사용하고 있습니다. '에델 망대'(מִגְדַּל־עֵדֶר)에서 에델(עֵדֶר, 에데르)은 '무리' 혹은 '떼'를 뜻합니다. 아마도 '양 떼' 혹은 '가축 떼'를 의미하는 것으로 보입니다. 그리고 미그달(מִגְדָּל)은 '망대', '높은 단'을 의미합니다. 그래서 '미그달 에데르'(מִגְדַּל־עֵדֶר)는 '양 떼의 망대' 혹은 '가축 떼의 망대'란 뜻으로 가축을 돌보는 것을 의미합니다.

아마도 '에델 망대'(מִגְדַּל־עֵדֶר, 미그달 에데르)는 베들레헴으로부터 남쪽에 위치한 어느 한 장소임이 분명합니다. 그러나 이보다 더 중요한 것은 '미그달 에데르'(מִגְדַּל־עֵדֶר)는 전혀 다르게 읽을 수도 있다는 점입니다. 위에서 이야기한 바와 같이 미그달(מִגְדָּל)은 '망대', '높은 단'으로 높으신 분으로 읽을 수도 있습니다. 그리고 에데르'(עֵדֶר)는 가축 따위의 '무리'나 '떼'를 의미하며 이는 질서정연한 무리를 뜻하여 '양 떼'로 읽었습니다. 이제 '미그달 에데르'(מִגְדַּל־עֵדֶר)를 '양 떼의 높으신 분'으로 그리스도로 읽을 수 있습니다. 사실 유대 전통에서 '미그달 에데르'(מִגְדַּל־עֵדֶר)는 메시아를 의미합니다. 왜냐하면 선지자 미가는 "너 양 떼의 망대요 딸 시온의 산이여 이전 권능 곧 딸 예루살렘의 나라가 네게로 돌아오리라"(미 4:8) 하고 예언하고 있기 때문입니다. 미가 선지자가 예언한 '양 떼의 망대'란 바로 '미그달 에데르'(מִגְדַּל־עֵדֶר)로 시온 산과 동일시되고 있습니다. 이는 지리학적으로 '미그달 에데르'(מִגְדַּל־עֵדֶר)가 '시온 산' 곧 예루살렘을 의미하는 것입니다. 또한 예언적으로는 시온에서 오실 권능 곧 메시아를 의미하는 것입니다. 야곱의 이야기 안에는 오실 메시아 곧 그리스도에 대한 예언이 담겨 있습니다.

여하튼 '이스라엘'에게 불행한 일들은 멈추지 않았습니다. 디나의 수치, 라헬의 죽음, 그리고 드보라 혹은 리브가의 죽음에 대한 깊은 슬픔에 이어서 이제 르우벤의 반역이 일어났습니다. '에델 망대' 곧 '미그달 에데르'(מִגְדַּל־עֵדֶר)에 거주하고 있을 때에 장자 르우벤이 여주인 라헬을 잃은 여종 빌하와 동침을 했습니다(창 35:22). 칼빈이 지적하고 있는 것처럼 이방인들 사이에서도 일어나지 않는 수치스러운 일이 거룩한 이스라엘 열두 지파 안에서 일어났습니다. 칼빈은 이런 일로 인해서 우리는, 교회는 더욱더 자신을 주의 깊게 감시하고 깨어 기도하며 하나님을 더욱 의지해야 함을 이야기합니다.

이스라엘 곧 야곱이 이 소식을 들었습니다. 하지만 야곱이 무슨 태도를 취했는지는 알 수 없습니다. 모세는 그저 야곱의 열두 명의 아들들 명단을 제공하고 있을 뿐입니다(창 35:22-26). 그는 조용하게 장자의 명분을 상실한 르우벤을 지켜보고만 있을 뿐입니다. 이 일로 고함을 치며 울며 분노하지 않습니다. 자신의 죄에 대한 거부할 수 없는 일들, 곧 어쩔 수 없는 일들을 온몸으로 받아들이고 있는 것처럼 보입니다. 야곱의 침묵에 대해서 칼빈은, 야곱의 고통이 너무 심해서 모세는 이를 어떻게 표현할 수 없었다고 말합니다. 아마도 칼빈의 안목이 정확할 것입니다. 너무 비참한 심정, 비통한 마음, 다윗 선지자의 노래처럼 죄에 대한 깊은 후회, 비탄, 영혼의 고통이며 '상한 심령'(a broken spirit), '상하고 통회하는 마음'(a broken and contrite heart, NIV, 시 51:17)이기에 다른 말로 표현하기 어려웠을 것입니다. 르우벤의 일뿐만 아니라 지속적으로 자신에게 일어나는 그 불행은 늙은 순례자의 마음과 영혼을 망가뜨리고 부서지게 했습니다. 회개는 비통함, 조각나고 깨어신 영혼(a broken spirit), 찢어지고 후회하는 마음(a broken and contrite heart)입니다. 죄를 짓기 이전으로 돌아가고 싶은 마음입니다. 우리는 회개(悔改)라는 말이 '돌아가다'란 슈브(שׁוּב)를 번역한 것이라는 사실을 알고 있습니다.

회개는 비통한 마음입니다. 되돌아가고 싶은 마음, 과거로 돌아가고 싶은 마음, 적어도 자신이 순결했던 그때로 되돌아가고 싶어서 아파하고 찢어지는 마음을 붙잡고 고통스러워하고 비통해하는 것입니다. 너무 고통스럽고 힘들어 비명조차 나오지 않는 비참함입니다. 우리는 죄가 아니라 이 '상한 심령'(a broken spirit)을 통해 배우게 됩니다. 깨닫게 됩니다. 다시는 이런 짓거리를 하지 않으려는 마음을 배우게 됩니다. 비통함으로 배우게 됩니다. 회개하는 영혼 속에서 우리는 배우게 됩니다. 자신을 변화시키고 다른 사람이 되고 싶은 마음이 드는 것입니다. 자신이 진정으로 현재의 자신이 아니고 다른 사람이 되길 소망하게 됩니다. 이것은 변화의 의지입니다. 죄를 통해서 너무 뼈저리게 아파하면서 배운 것을 기억하고 자신의 삶을 변화시키고자 하는 변화의 의지입니다. 그래서 슈브(שׁוּב) 곧 돌아선다는 것은 적어도 자기 자신에게 정직해야 함을 의미합니다.

변화의 의지 문제이기에 우리에게는 언제나 아크라시아(ἀκρασία, 고전 7:5) 곧 의지박약, 절제하지 못함의 문제가 있습니다. 만약에 자신에게 정직하지 못하다면 그것은 변화에 대한 의지뿐만 아니라 상한 심령에도 거짓이 숨어들었음을 의미하는 것입니다. 그래서 정직과 더불어 반드시 변화에 대한 의지를 성실하게 수행해야 합니다. 슈브(שׁוּב) 곧 회개한다는 것은 자신에게 정직하며 성실한 것을 의미합니다. 죄를 범한 그 이전으로 돌아가고 싶은 마음이 들면 정직하고 성실해야 합니다. 아담, 그때로 되돌아가고 싶은 마음으로 비통해하는 것입니다. 우리는 이런 마음을 거부해서는 안 될 줄로 압니다.

그런데 르우벤이 범죄한 곳이 바로 시온 산 곧 메시아의 예언이 담겨 있는 '미그달 에데르'(מִגְדַּל־עֵדֶר)입니다. 그래서 이 본문에 대해서 몇 가지 독법이 존재합니다. 일부 유대 랍비들은 르우벤과 빌하의 부정한 음행으로 읽지 않으려고 노력하고 있습니다. 랍비들의 독법에 따르면, 라헬이 죽은 이후에 르우벤은 빌하를 라헬의 천막으로 안아서 옮겼으며, 이후에 어머니에 대한 예우(禮遇)를 다했다고 읽기도 합니다. 물론 또 다른 랍비들은 르우벤의 죄에 대해서 엄중하게 비판하고 있습니다. 이들은 외경(the Apocrypha)에 의존해서, 르우벤이 자신의 죄를 회개하면서 죽을 때까지 간략한 식사 이외는 먹지 않았으며 항상 겸손하게 살았다고 전합니다. 그리고 다른 형제들이 요셉을 죽이려고 할 때에 르우벤이 이를 저지하려고 노력했음을 지적합니다(창 37:21). 분명한 것은 야곱은 르우벤에 대해서 "르우벤아 너는 내 장자요 내 능력이요 내 기력의 시작이라 위풍이 월등하고 권능이 탁월하다마는 물의 끓음 같았은즉 너는 탁월하지 못하리니 네가 아버지의 침상에 올라 더럽혔음이로다 그가 내 침상에 올랐었도다"(창 49:3-4)라고 예언함으로 그에게 장자의 명분이 없음을 선언했습니다. 결국 르우벤의 저주는 모세 때에 이르러 해소되게 됩니다. 모세는 르우벤에 대해서 "르우벤은 죽지 아니하고 살기를 원하며 그 사람 수가 적지 아니하기를 원하나이다"(신 33:6)라고 축복을 회복하게 됩니다. 이는 '미그달 에데르'(מִגְדַּל־עֵדֶר) 곧 그리스도께서 오시기 이전에 시온 산에 음란 곧 우상숭배와 부정한 죄악들이 예루살렘에서 일어날 것을 예표하고 있습니다. 다니엘 선지자의 환상처럼 가증한 것이 거룩한 곳에 서게 될 것에 대한 예언을 담고 있습니다(단 12:11; 마 24:15).

모세는 르우벤의 가증한 죄에 대한 깊은 예언을 더 이상 언급하지 않고 "야곱의 아들은 열둘이라"(창 35:22)고 이야기합니다.

레아의 아들들: 장자 르우벤, 시므온, 레위, 유다, 잇사갈, 스불론(창 35:23)

라헬의 아들들: 요셉(므낫세, 에브라임, 창 46:20), 베냐민(창 35:24)

빌하(라헬의 종)의 아들들: 단, 납달리(창 35:25)

실바(레아의 종)의 아들들: 갓, 아셀(창 35:26)

모세는 장자 곧 초태생(בְּכֹר, 베코르)이란 말을 함으로 이 문제를 다시금 확인시키고 있습니다. 다시 말해서 야곱은 고요함을 유지하지만 모세는 우리에게 장자의 의미를 마지막으로 다시 생각하게 합니다.

장자의 위치가 태어난 순서에 따른 것인가, 르우벤의 경우에 진정으로 장자의 명분이 있다고 말할 수 있는가, 아버지의 침상에 올라 그 침상을 더럽힌 아들이 단순히 먼저 태어났다는 이유만으로 과연 장자의 명분을 얻을 수 있는가를 생각하게 합니다. 성경에 기록되길, "모든 사람은 결혼을 귀히 여기고 침소를 더럽히지 않게 하라 음행하는 자들과 간음하는 자들을 하나님이 심판하시리라"(히 13:4)고 하였습니다.

장자의 명분 곧 '베코라'(בְּכוֹרָה)의 문제는 에서와 야곱 사이에서 주어진 계시였습니다. 그러나 르우벤의 경우에서처럼 이것은 먼저 태어났다고 가질 수 있는 것은 아닙니다. 그래서 이제 하나님께서 야곱을 이삭에게로 이끄심으로 실질적인 장자의 명분을 회복시켜 주고 계십니다. 젊은 시절 렌틸 콩 스튜(lentils stew) 한 그릇으로 주고받을 수 있는 그런 장자의 명분이 아닙니다(창 25:33-34). 왜냐하면 이 세상 모든 초태생은 하나님의 것이기 때문입니다(출 13:2, 34:19). 과연 눈먼 아버지를 버린 에서와 아버지의 침상을 더럽힌 아들 르우벤이 하나님의 것으로 합당한가의 문제입니다. 오직 거룩한 것만이 거룩한 것에 합당합니다.

르우벤에게 장자의 명분이 없다면, 시므온과 레위에게 장자의 명분이 있는가에 대한 문제가 있습니다. 시므온과 레위는 외적인 할례의 전통을 살인의 도구로 사용했습니다. 아브라함의 언약의 징표를 자신들의 분노를 표출하는 것으로 사용했습니다. 물론 하나님의 뜻은 육체에 있는 것이 아니라 마음 곧 영혼에 있습니다. 실질적으로 요셉은 이집트의 관리가 되어 형제들의 절을 받았고, 유다 지파에서 다윗 왕이 나왔으며, 막내 베냐민 지파에서 사울 왕이 나왔습니다. 하나님의 것은 하나님께서 선택하십니다. 하나님의 절대적인 선택입니다.

여하튼 야곱의 긴 여행은 그 목적지를 눈앞에 두고 있습니다. 야곱은 결국 목적지 곧 밧단아람에서 지시한 하나님의 말씀을 이행했습니다. 모세는 이를 "야곱이 기럇아르바의 마므레로 가서 그의 아버지 이삭에게 이르렀으니 기럇아르바는 곧 아브라함과 이삭이 거류하던 헤브론이더라"(창 35:27)라고 쓰고 있습니다. 야곱이 헤브론으로 왔습니다. 이삭의 품으로 돌아왔습니다. 자신의 기원으로 귀환한 것입니다. 바로 이 순간만이 완전입니다. 다시 말해서 슈브(שׁוּב), '되돌아가다'의 의미를 아는 것입니다. 그것은 비통한 마음, 상한 심령의 문제입니다. 우리는 그 비참함에서 배우고, 자신을 변화시키려는 의지를 가지며, 자신에게 정직하고자 함입니다. 이것이 성실함입니다.

모세는 "이삭의 나이가 백팔십 세라"(창 35:28)라고 마무리합니다. 그리고 모세는 이삭의 나이가 180세에 기운이 다하매 죽어 자기 열조에게로 돌아갔다고 합니다(창 35:28-29). 그리고 장례는 야곱과 에서의 손에 의해서 이루어졌습니다. 이삭이 180세에 세상을 떠났으므로 야곱의 나이는 이미 120세가 되었습니다(창 35:29).

야곱은 완전한 삶을 살았습니다. 그의 전체 삶 곧 그가 살아온 모든 시간이 완전한 삶은 결코 아니었습니다. 우리는 '완전한 삶을 살아가는 그 순간' 곧 현재만을 말할 뿐입니다. 그 순간을 살아가다가 멈춘다면 그것은 완전함에서 벗어난 것입니다. 야곱은 이 사실을 우리에게 보여줍니다. 현재(순간) 곧 '오늘'을 살아가는 것입니다.

만약에 누군가가 어떻게 인간이 '완전한 삶을 살 수 있는가?'라며 완전한 삶에 대한 '의무'가 아니라 '가능성'을 묻는다면 대답은 단순합니다. 인간의 불가능성은 하나님께는 가능성입니다. 성경은 이렇게 답하고 있습니다. '하나님께서 야곱을 사랑하셨다'(말 1:2).

# 갈무리

## 아담 언약과 노아 언약

하나님께서는 아담 언약에서 인간 곧 현존하는 인간에 대해서 '아파르 아타 베엘-아파르 타슈브'(עָפָר אַתָּה וְאֶל־עָפָר תָּשׁוּב) 곧 '너는 흙이다. 그러므로 흙으로 돌아갈 것이다'라고 말씀하셨습니다(창 3:19). 이는 우리가 무엇인지를 정확하게 규정하는 것입니다. 인간이란 '아파르'(עָפָר) 곧 '흙'(먼지, dust)이며 이것이 현존하는 인간의 미래입니다. 이러한 아담 언약의 규정은 아담 언약 이야기 부분에서 '가인의 형제 살인'으로 입증됩니다.

하나님께서는 현존하는 인류에게 "죄가 문에 엎드려 있느니라 죄가 너를 원하나 너는 죄를 다스릴지니라"(창 4:7) 하고 말씀하셨습니다. 이는 현존하는 인류의 모습을 가장 단적으로 지적한 것입니다. 우리는 죄를 원하고 있습니다(תְּשׁוּקָה, 테슈카). 인간이 죄를 짓는 이유는 그것을 열망(longing, תְּשׁוּקָה)하고 있기 때문입니다.

하나님께서는 인류의 기원(ἀρχή, the origin)으로 제시된 아담 곧 타락 이전의 아담에게 '아바드'(עָבַד, work)와 '솨마르'(שָׁמַר, keep)를 지시하셨으며(창 2:15), "먹지 말라"(창 2:17)고 말씀하셨습니다. 그러나 타락 이후의 가인 곧 현존하는 인간에게 "너는 다스릴지니라"(אַתָּה תִּמְשָׁל, 아타 티므샬)라고 말씀하셨습니다(창 4:7). 가인은 자신의 테슈카(תְּשׁוּקָה, longing)를 지키지 못했습니다. 오히려 인간은 죄를 소망하고 있습니다. 조금 더 엄밀하게 말한다면 "욕심(ἐπιθυμία)이 잉태한즉 죄를 낳고 죄가 장성한즉 사망을 낳느니라"(약 1:15)는 말씀과 같습니다. 곧 에피튀미아(ἐπιθυμία) 곧 열망과 바람을 가지고 있습니다. 여기서 우리는 두 가지 사실을 인식하게 됩니다. 하나는 인간은 자신의 열망 곧 죄에 대한 테슈카(תְּשׁוּקָה, longing)를 극복할 수 없다는 사실입니다. 그러나 또 다른 하나를 인식하게 하는데 바로 우리는 '죄를 다스려야 할 의무가 있다'는 사실입니다. 인간이 진정으로 죄를 다스릴 능력이 있는지에 대한 고민보다 먼저 해야 할 것은 우리의 능력 문제가 아니라 우리에게는 죄를 다스릴 의무가 있다는 사실입니다. 불가능성 앞에 서 있는 의무입니다. 그리고 이것은 의무인 이상 의지의 문제가 됩니다. 만약에 불가능을 이유로 의지 자체가 없거나 의지 박약(ἀκρασία, 고전 7:5)하거나 앉아서 속셈(a hidden object)이 있거나, 어떤 것이 더 유익한가 계산을 하고 있다면 이것은 충성(πίστις, 갈 5:22)이 아닙니다.

한편 노아 언약에서 모세는 "여호와께서 이르시되 나의 영이 영원히 사람과 함께하지 아니하리니 이는 그들이 육신이 됨이라"(창 6:3)는 계시를 우리에게 전하고 있습니다. 여기서 '육신'(בָּשָׂר, 바싸르)이란 다른 것이 아니라 바로 '인간' 자체, 곧 현존하는 인간들을 의미합니다. 오직 생존본능과 생식본능의 본성적(natural)인 일들에 집중되어 있는 존재를 의미할 뿐입니다. 오직 '빵'으로만 살아갑니다. 자신의 영역 곧 세력(勢)을 확장하는 권력과 힘(능력), 빵을 저장하여 쌓아 두는 일 곧 돈과 재산(money and property)을 확대해서 재화를 쌓아 부유함(wealth)을 소유하는 것에만 우리의 정신이 집중되어 있습니다. 생식적 본능과 성적인 쾌락을 원하고 있습니다(תְּשׁוּקָה 테슈카). 물질적인(physical), 눈에 보이는(visible) 것을 상징적으로 말하는 육신

(σῶμα 소마, body), 육체(σάρξ, 사륵스, flesh)입니다. 현존하는 인류는 비물질적인(spiritual), 눈에 보이지 않는(invisible) 것에 마음을 두지 않습니다. 우리는 육신일 뿐입니다. 오직 노아만이 하나님께서 베푸신 은혜(חֵן, 헨)를 받아 눈에 보이지 않는 것을 추구하게 되었습니다. 아브라함이나 이삭, 그리고 야곱도 마찬가지입니다.

노아는 눈에 보이지 않는 미래 곧 앞으로 있을 대홍수를 위해서 일평생을 아주 커다란 상자(תֵּבָה, 테바) 곧 흡사 무슨 관을 만드는 것처럼 방주(תֵּבָה, 테바)를 만들게 되었습니다. 노아가 나무상자를 만들었기에 그에게 은혜를 베푸신 것이 아니라, 그가 은혜를 받았기에 방주를 만든 것입니다. 아브라함이 순종했기 때문에 은혜를 베푸신 것이 아니라, 은혜를 베푸시어 우상숭배의 땅에서 하나님께서 건지신 것입니다(수 24:2). 이삭은 태어나기 이전에 약속을 받아서 태어났으며, 야곱은 아무 행위(work)도 하지 않았으나 이미 태중에서 사랑을 받았습니다(말 1:2).

인간은 육체 곧 생존본능과 생식본능에만 집중되어 있기에 눈에 보이지 않는 미래에 마음을 쓸 여력이 없습니다. 우리는 노아를 비롯한 족장들의 역사를 통해서 현존하는 인류의 전적으로, 총체적으로 타락(total depravity)했음을 봅니다(contemplative). 인간이 '육신이 되었다'는 말씀이 육신은 타락했고 인간의 정신(영, spirit)은 보존되었다고 상상하는 것은 불건전한 상상입니다. 인간의 정신은 오직 그 육체만을 위해서 집중된 정신(mentality)이며, 인간의 영혼은 그 육체의 쾌락적인 만족을 추구하는 방향을 결정하는 힘일 뿐입니다. 인간은 총체적으로, 전적으로 타락했습니다. 하나님께서 노아나 아브라함에게서 그 어떤 선이나 정의로움의 '원인으로 말미암아'(διά αἰτίαν) 족장들을 선택하신 것이 아닙니다. 하나님께서는 오직 당신 자신에게 '기원'(ἀρχή)하여 당신의 뜻에 따라서 인간을 선택하십니다. 하나님께서는 노아나 아브라함의 경우뿐만 아니라 현존하는 모든 인류의 기원(ἀρχή)이 육체(σάρξ) 곧 '흙'(עָפָר, dust)일 뿐임을 아십니다. 그래서 하나님께서는 인간의 상태, 조건으로 인간을 선택하시는 것이 아니라 오직 당신의 뜻에 따라서 무조건적으로 선택(unconditional election)하십니다.

노아가 은혜를 받은 것은 노아의 행위에 따른 것이 아니라 이미 아담 때부터 시작된 하나님의 뜻입니다. 창세기의 족보는 이런 사실을 우리에게 알려 주고 있습니다. 노아는 이 은혜를 결코 자신의 판단에 따라서 수용하거나 거부할 수 없습니다. 하나님의 은혜는 인간이 선택해서 거부하거나 수용할 수 있는, 처분 가능한 것이 아닙니다. 그것은 인간에 의해서 처분 불가능한 절대자의 의지입니다. 그래서 우리는 이를 인간의 힘으로는 처분 불가능한 '불가항력적 은혜'(Irresistible Grace)라고 믿고 이 말의 의미를 이해하고 인식하며 이를 입으로 고백하여 우리의 증거, 곧 믿음을 세상에 전합니다.

노아는 오직 은혜로 상자를 만들었습니다. 참고 인내하며 일평생 동안 그 무의미한 일을 했습니다. 하나님의 말씀을 인내로 순종했습니다. 그가 이렇게 참고 인내한 것이 바로 하나님의 은혜를 입증하는 것입니다. 하나님께서는 당신의 성도를 참고 인내하게 만드십니다. 우리는 성도의 견인(perseverance of the saints)을 알고 있습니다.

세상의 파도가 때론 부드럽게 유혹처럼 밀려오고, 때론 공포심을 일으킬 정도로 압도적이고 파괴적으로 들이닥칩니다. 그러나 그 앞에 선 거대한 바위처럼 도망치거나 거부하지 않고 그대로 참고 인내하는 힘이 성도(the Saints) 안에 있습니다. 비록 그 파도와 바람이 그 바위를 아주 조금씩 파고들어 상처내고 구멍을 내어도 참고 인내합니다. 노아는 그 상자를 만드는 것을 포기하지 않습니다. 멈추지 않습니다. 이는 의지입니다. 하지만 그런 노아의 마지막 모습은 "포도주를 마시고 취하여 그 장막 안에서 벌거벗은" 부끄러운 모습이었습니다(창 9:21). 현존하는 인간은 은혜를 입었다고 하여도 그 은혜가 멈추는 그 순간 그저 사륵스(σάρξ, flesh)로 몸뚱어리만 생각하게 됩니다. 육신(σῶμα, 소마, body)의 일에만 집중되어 실수, 위배(違背, ἁμαρτία)하게 됩니다. 곧 죄(ἁμαρτία)를 범하게 됩니다.

## 아브라함 언약

아담과 노아, 그리고 아브라함은 하나의 족보로 연속성을 취하고 있습니다. 보다 면밀하게 말한다면 이는 바로 아브라함을 중심으로 한 족보입니다. 〈창세기〉의 족보는 이미 아담 때에 아브라함이 예정되어 있음을 알려 줍니다. 이는 노아를 택하신 것처럼 아브라함에게도 그대로 이어지는 고백들입니다. 무조건적 선택(unconditional election)입니다. 그리고 하나님께서 아브라함을 선택하신 이유는 분명합니다.

> "여호와께서 이르시되 내가 하려는 것을 아브라함에게 숨기겠느냐 아브라함은 강대한 나라가 되고 천하 만민은 그로 말미암아 복을 받게 될 것이 아니냐 내가 그로 그 자식과 권속에게 명하여 여호와의 도를 지켜 의와 공도를 행하게 하려고 그를 택하였나니 이는 나 여호와가 아브라

함에게 대하여 말한 일을 이루려 함이니라"(창 18:17-19).

'여호와의 도'를 지키게 하기 위함입니다. '정의와 공의'를 행하게 하기 위함입니다. 히트할레크(הִתְהַלֵּךְ)와 헤예 타밈(הֱיֵה תָמִים)하는 삶에 대한 의무가 주어졌습니다(창 17:1). 노아가 눈에 보이지 않는 것을 믿고 상자를 만든 것처럼, 아브라함 역시 눈에 보이지 않는 미래의 약속을 믿음으로 그는 실로 "믿음은 바라는 것들의 실상이요 보이지 않는 것들의 증거"(히 11:1)라는 사실을 입증했습니다. 아브라함은 '여호와의 도'를 지켜야 합니다. 이는 이삭이나 야곱, 그리고 모든 아브라함의 후손들도 마찬가지입니다.

아담 언약의 마지막 부분이 가인의 형제 살인이고 노아 언약에서 노아의 마지막 모습이 술에 취한 모습인 것처럼, 아브라함 언약의 마지막 모습은 의(צְדָקָה, 쩨다카)와 공도(מִשְׁפָּט, 미쉬파드)의 삶을 살아가는 야곱이 아니라 벧엘의 언약을 망각 속에서 잊어버린 모습입니다. 분명히 야곱은 완전함에 실패했습니다. 그는 한때 사랑(חֶסֶד, 헤쎄드)과 진실(אֱמֶת, 에메트)함으로 살아가는 삶을 살았습니다. 그렇게 살아가는 그 순간들만이 완전한 순간들(현재)입니다. 그러나 그 씨름을 멈추는 삶, 바로 그때에 무너지는 것입니다. 자신의 기원이신 하나님을 추억하고 귀환하는 과거, 하나님의 약속을 의지하고 소망하여 현재의 삶에 그 미래의 약속을 투영하는 것, 추억과 소망이 없다면 현재는 의미를 상실하게 될 것입니다. 시간은 영혼의 영역입니다.

우리는 눈에 보이지 않는 것 곧 영적인 것을 이야기합니다. 바로 시간입니다. 왜냐하면 시간은 외적이고 물질적인 것이 아니라 영혼에서 이해되는 것이기 때문입니다. 동물에게는 과거와 현재, 그리고 미래 곧 시간이 없습니다. 완전한 삶에 대한 미래의 소망, 완전한 삶을 살았던 과거, 그리고 완전한 삶을 살아가고 있는 순간(현재)이 바로 완전함을 온전하게 이룬 것입니다. 완전함의 의무는 순간에 있습니다. '오늘' 그렇게 살아가는 것이 관건입니다. 성실함(אֱמֶת, 에메트)으로 오늘을 살아가는 것입니다.

사랑(חֶסֶד, 헤쎄드)과 진실(אֱמֶת, 에메트)은 성경의 거대한 산맥입니다. 이것은 성경의 중심적인 사상입니다. 사랑(ἀγάπη, 아가페)과 진리(ἀλήθεια, 알레테이아)입니다.

**"나는 전능한 하나님이라 너는 내 앞에서 행하여 완전하라"(창 17:1)**

'나는 흙에서 태어났습니다.' 하지만 흙이 흙으로 살아갈 수 없는 것은 바로 지켜야 할 '약속'이 있기 때문입니다. 이 약속을 통해서 '나'는 타인과 관계를 맺습니다. 그리고 그 약속을 지켜야 합니다. 반드시 지켜야 할 약속 곧 언약(בְּרִית, 베리트)은 '사랑'(חֶסֶד, 헤쎄드) 안에서 체결되어 성실함(אֱמֶת, 에메트)으로 지켜져야 합니다. 그래서 완전함(תָּמִים, 타밈)의 의무는 오직 헤쎄드(חֶסֶד)와 에메트(אֱמֶת) 안에서 이야기할 수 있습니다. 그리고 그것을 지키고 싶기에 내 삶의 법(תּוֹרָה, 토라, a laws)이 됩니다. 그래서 하나님의 모든 말씀은 우리의 삶 안에서 지키고 싶은 율법(תּוֹרָה, 토라, the Law)입니다. 그리고 그 법을 지키기 위해서 "오직 여호와의 율법을 즐거워하여 그의 율법을 주야로 묵상하는도다"(시 1:2)라고 노래합니다. 야곱처럼 매일 자신의 맹세를 기억(추억)하고, 약속이 자신의 삶 안에서 성취될 것을 소망하고 살아가는 것입니다. 그러나 망각의 순간이 찾아오면 헤쎄드(חֶסֶד)와 에메트(אֱמֶת)를 상실하게 됩니다. 완전함을 상실하게 됩니다.

맹세는 깨지고 약속은 파괴됩니다. 법을 어김으로 불법의 죄를 범하게 되는 것입니다(요일 3:4).

모세는 불가능한 상황 속에서 모든 것을 초극하는 야곱을 이야기합니다. 그러나 그것을 기적으로 이야기하는 것이 아니라 일상적인 삶으로 이야기합니다. 그리고 그 기적적 삶은 그의 성실한 삶에 전혀 영향을 주지 못합니다. 불가능성 앞에서 야곱은 자신의 정직(יָשָׁר, 야솨르)을 자신의 정의(צְדָקָה, 쩨다카)라고 말함으로 그는 불가능성을 초월하거나, 외면하거나, 망각 속으로 집어던지지 않고 그대로 온몸으로 받아들입니다(창 30:33). 이 순간 야곱은 완전한 사람이었습니다. 다시 말해서 모세가 말하는 완전함이란 인간 존재의 완전함이 아니라 언약 안에서의 헤쎄드(חֶסֶד)와 에메트(אֱמֶת)를 포기하지 않는 것입니다. 이것은 사랑(ἀγάπη, 아가페)과 진리(ἀλήθεια, 알레테이아)입니다. 사랑이 우리를 완전하게 합니다. 우리가 실패하는 것은 사랑과 진실입니다. 싸우지 않는 그 순간 실패할 것입니다.

하나님께서는 우리에게 싸움을 멈추지 않도록 그의 존재에 '이스라엘' 곧 '하나님과 씨름하여 이긴 자'라는 체험을 허락하셨습니다. 우리는 사탄을 핑계로 죄를 용납할 수 없으며, 도둑질(גָּנַב, 가나브)을 허용할 수 없습니다. 왜냐하면 우리는 우리 자신이 죄를 열망하고 있는 '흙'임을 알고 있기 때문입니다. 우리는 사탄의 유혹이 없이도 그저 우리가 가지고 있는 이 열망만으로도 충분히 우리 자신을 악취 나는 삶의 뒷골목 쓰레기통에 집어던질 수 있습니다. 아니, 사실은 이보다 더 비참합니다. 성경에 다음과 같이 기록되어 있습니다.

"창세로부터 그의 보이지 아니하는 것들 곧 그의 영원하신 능력과 신성이 그가 만드신 만물에 분명히 보여 알려졌나니 그러므로 그들이 핑계하지 못할지니라 하나님을 알되 하나님을 영화롭게도 아니하며 감사하지도 아니하고 오히려 그 생각이 허망하여지며 미련한 마음이 어두워졌나니 스스로 지혜 있다 하나 어리석게 되어 썩어지지 아니하는 하나님의 영광을 썩어질 사람과 새와 짐승과 기어다니는 동물 모양의 우상으로 바꾸었느니라 그러므로 하나님께서 그들을 마음의 정욕대로 더러움에 내버려 두사 그들의 몸을 서로 욕되게 하게 하셨으니 이는 그들이 하나님의 진리를 거짓 것으로 바꾸어 피조물을 조물주보다 더 경배하고 섬김이라 주는 곧 영원히 찬송할 이시로다 아멘"(롬 1:20-25).

인간에게는 '정욕'(ἐπιθυμία, 에피튀미아)이란 것이 있습니다. 곧 하마드(חָמַד) 내지는 아바(אָוָה), 타아바(תַּאֲוָה)로 읽는 인간의 욕망, 욕구(desire), 열망, 갈망(longing)을 가지고 있습니다. 이는 생존본능을 위한 음식, 생식본능을 위한 성적 만족 등을 향한 충동(impulse)을 말하는 것으로 인간이 가지는 일반적인 욕망(desire)을 말합니다. 그런데 이 '욕망'이라는 것은 자신의 합리성(rationality) 곧 도리를 아는 것과 사람이 제멋대로 하는 것(waywardness) 사이의 싸움에서 결국 인간이 자신이 해야 할 도리를 지키지 않는 것을 의미합니다. 싸움에서 진 것이 아니라 싸움을 포기하는 것입니다. 왜냐하면 우리는 죄를 갈망하고 있기 때문입니다.

지혜자 욥은 "내가 내 눈과 약속하였나니 어찌 처녀에게 주목하랴 그리하면 위에 계신 하나님께서 내리시는 분깃이 무엇이겠으며 높은 곳의 전능자께서 주시는 기업이 무엇이겠느냐"(욥 31:1-2)라고 말합니다. 이는 성적인 영역에 절제(self-discipline)라는 정당한 의무(a duty of the righteous)를 통해서 삶에 반드럽고 윤이 나는 통제력을 요구하는 것입니다. 욥은 이를 자신과 자신의 눈 사이의 언약(בְּרִית, 베리트) 곧 자신이 지켜야 할 법이며 의무로 인식하고 있습니다. 에피튀미아 혹은 파토스(πάθος)는 하나님께 대항하는 어긋나는 것, 불법을 자행하는 것을 의미합니다. 이는 총체적, 전적인 순종(total obedience)과 온 마음으로 사랑(love from the whole heart)해야 하는 현존하는 인류의 의무에서 어긋나는 것을 말합니다(신 5:5-24, 6:4-9).

하마드 혹은 타아바는 현존하는 인간의 일반적인 경향성(a general disposition)을 나타내는 낱말입니다. 이는 노아, 아브라함이나 이삭, 그리고 야곱뿐만 아니라 현존하는 모든 인류에게 바로 이 에피튀미아의 문제가 있으며, 하나님께서 인간을 그들의 죄 가운데에서 구원하지 않는다면 이 에피튀미아로 스스로 "부끄러운 욕심"으로 죄를 범하게 될 것입니다(롬 1:26). 사도는 "하나님께서 그들을 부끄러운 욕심에 내버려 두셨으니 곧 그들의 여자들도 순리대로 쓸 것을 바꾸어 역리로 쓰며"(롬 1:26)라고 말씀을 이어갑니다. 인간은 하나님의 도움이 없다면 '에이스 파테 아티미아스'(εἰς πάθη ἀτιμίας) 곧 '부끄러운 욕심'(to vile passions, NKJV)으로 스스로 죄를 벗어날 수 없습니다. 전적으로 타락(total depravity)해 있는 현존하는 인류는 사탄의 도움이 없어도 파토스(πάθος)로 스스로를 망가뜨립니다. 인간에게는 죄에 대한 열망(desire) 곧 테슈카(תְּשׁוּקָה, longing)가 있습니다(창 4:7). 세겜이 디나에게 가졌던 사랑(אָהַב, 아하브)의 마음도(창 34:3) 곧바로 '연연'(戀戀)한 마음 곧 하솨크(חָשַׁק)로 변질되었습니다(창 34:8). 또한 모세는 세겜의 사랑의 마음을 아하브(אָהַב)가 아니라 하페쯔(חָפֵץ)로 씁니다(창 34:19). 여기서 테슈카는 형벌적인 성격으로 인간 안에 있는 열망으로(창 3:16) 성적인 의미를 담고 있습니다(아 7:10, MT 7:11). 하솨크는 에피튀미아로 번역되어 '~에 매여 있다', '부속되다'(be attached to)라는 의미에서 '사랑하다', '사모하다'란 뜻으로 읽습니다. 이 역시 성적인 결합에 대한 열망이란 의미가 있습니다(신 21:11). 또 하페쯔는 남성이 여성에 대한 쾌락적인 측면에서 '원하다'란 의미로 읽습니다(신 25:7-8). 모세가 다양한 낱말로 인간이 가진 갈망, 열망(longing), 욕망(desire)을 세심하게 구별하지만 우리에게는 이러한 구별을 가능하게 하는 단어가 몇 개 없습니다. 분명한 것은 신약에서는 에피튀미아(ἐπιθυμία), 파토스(πάθος)로 인식하고 있습니다. 그리고 에피튀미아, 파토스의 문제는 현존하는 인간의 문제입니다(요일 2:16). 〈창세기〉는 이제 새로운 문제를 극복해야 합니다. 그리고 이 문제를 극복하기 위해서는 메시아를 기다려야 합니다.

만약에 아브라함의 후손이 정의(δικαιοσύνη, 디카이오쉬네)와 사랑(ἀγάπη, 아가페)을 잃고 살아간다면 어떻게 하나님의 자녀들과 마귀의 자녀들을 구별할 수 있겠습니까? 성경은 다음과 같이 기록하고 있습니다.

> "죄를 짓는 자는 마귀에게 속하나니 마귀는 처음부터 범죄함이라 하나님의 아들이 나타나신 것은 마귀의 일을 멸하려 하심이라 하나님께로부터 난 자마다 죄를 짓지 아니하나니 이는 하나님의 씨가 그의 속에 거함이요 그도 범죄하지 못하는 것은 하나님께로부터 났음이라 이러므로 하나님의 자녀들과 마귀의 자녀들이 드러나나니 무릇 의를 행하지 아니하는 자나 또는 그 형제를 사랑하지 아니하는 자는 하나님께 속하지 아니하니라"(요일 3:8-10).

"죄는 불법"입니다(요일 3:4). 아브라함의 자녀들이 불법을 자행한다면 마귀의 자녀들과 구별되지 않을 것입니다. 아담이 죄를 범한 원인(αἰτία, 아이티아)이 아내의 말을 듣고 하나님의 말씀을 지키지 않은 것이었기에(창 3:17) 아브라함은 가족에 대한 사랑을 하나님에 대한 사랑 안에서 이루게 됩니다. 믿음 안에서 사랑의 문제를 극복하게 됩니다. 또한 하와는 돕는 배필로(창 2:18) 남편 아담을 타락의 길로 걷도록 도왔으나(창 3:6) 사라는 남편 아브라함을 '주'라 칭하며(창 18:12; 벧전 3:6) 하나님의 말씀 안에서의 도움으로 하와의 문제를 극복하고 있습니다. 또한 가인의 형제 살인의 문제는 야곱이 형제를 구하기 위해서 자신의 모든 것을 희생하는 사랑, 원수마저도 사랑하는 마음으로 어느 정도 극복되는 길을 제시하고 있습니다.

육신 곧 인간에게 행복한 낙원이자 '여호와의 동산'이라는 롯의 착각 속에서 인간이 추구하던 소돔과 고모라의 행복과 심판은 우리에게 거울이 되며(유 1:7), 에피뒤미아(ἐπιθυμία), 파토스(πάθος)의 문제를 극복하지는 못해도 결코 내적인 싸움을 멈출 수는 없습니다. 결국 노아에게 말씀하신 바대로, 인간이 육신이 되어 하나님의 영과 함께할 수 없는 문제가 여전히 남아 있습니다. 인간이 육신의 존재가 아니라 하나님과 함께하는 존재로 거듭 태어나야 하는 문제가 있습니다. 이를 위해서 메시아(מָשִׁיחַ, 마쉬아흐) 곧 기름 부음을 받은 자에 대한 약속(예언)을 이야기해야 합니다. 바로 유다와 요셉에 관한 이야기입니다.

## 나는 지켜야 할 약속이 있다

나는 흙에서 태어났습니다. 하지만 하나님의 은혜로 언약 가운데서 새로운 관계를 맺었으며, 이제 비록 흙인 존재이지만 지켜야 할 약속, 곧 아브라함의 언약이 내 마음에 들어옵니다.

주님께서 당신을 믿는 이들에게 말씀하셨습니다. '너희가 내 말에 거하면 참으로 내 제자다'(if you hold to my teaching, you are really my disciples, 요 8:31, NIV)라고 말씀하셨으며, 또한 '너희가 아브라함의 자손이라면 아브라함이 행한 일들을 할 것이다'(If you were Abraham's children, then you would do the things Abraham did, 요 8:39, NIV)라고 말씀하셨습니다. 이삭과 야곱이 얼마나 아브라함의 언약을 완벽하게 성취했는가, 할례만으로 아브라함의 언약을 지켰다고 말할 수 있는가, 이것은 완벽하게 성취하거나 할례를 받는 문제가 아닐 것입니다. 이것은 아브라함의 언약 안에서 살아가는 삶 자체를 말합니다. 그 언약에 성실함과, 그 언약을 사랑 가운데 자신과 하나 되게 하는 것입니다. 욥이 자신의 눈과 언약을 맺는 것처럼 그렇게 아브라함의 언약 곧 과거로 귀환하는 것입니다. 이제 나는 잠들기 전에 단 한 걸음이라도 더 걸어야 함을 배웠습니다. 한 시인이 노래하고 있습니다.

**눈 덮인 숲은 사랑스럽고, 어둡고 깊다.**
**하지만 나는 지켜야 할 약속이 있다,**
**그래서 난 잠들기 전에 몇 걸음 더 걸어가야 한다.**
**그리고 난 잠들기 전에 몇 킬로를 더 걸어가야 한다.**
**- 로버트 프로스트(Robert Frost, 1874-1963)**

"눈 내리는 밤 숲가에 멈춰 서서" 중에서

또 난, 나 자신인 에피튀미아(ἐπιθυμία), 파토스(πάθος)와 싸워야 합니다. 이 길은 전쟁터로 걸어가는 절름발이(פִּסֵּחַ, 파쎄아흐) 전사의 길입니다. 실패할 것입니다. 승리할 능력이 없음을 알고 있습니다. 이 문제를 극복할 방법을 나는 알지 못합니다. '파쎄아흐'는 제의적으로 '흠 있는 자'(a blemish), '흙'으로 만들어진 '무엇'으로 거룩한 성전에 가까이 갈 수 없는 자입니다(레 21:18). 그래서 파쎄아흐 전사는 싸움터로 갑니다. 이것이 의무이며, 하나님과의 약속입니다. 나머지는 '그분'을 기다리며 '그분'이 모든 것을 하실 것을 믿는 것입니다. 왜냐하면 그분께서는 모든 병자들과 불구자들까지 하나님의 성전으로 인도하시기 때문입니다. 이제 고난 받은 의인 욥의 이야기가 궁금하고, 먼 미래의 그분에 대한 예언을 담은 유다와 요셉의 이야기를 알고 싶습니다.

창세기 2-2
순전한 미소에 하얀 꽃을 묶다

1판 1쇄 인쇄 _ 2016년 4월 15일
1판 1쇄 발행 _ 2016년 4월 20일

지은이 _ 이정석
펴낸이 _ 이형규
펴낸곳 _ 쿰란출판사

주소 _ 서울특별시 종로구 이화장길 6
편집부 _ 745-1007, 745-1301~2, 747-1212, 743-1300
영업부 _ 747-1004, FAX 745-8490
본사평생전화번호 _ 0502-756-1004
홈페이지 _ http://www.qumran.co.kr
E-mail _ qrbooks@gmail.com /qrbooks@daum.net
한글인터넷주소 _ 쿰란, 쿰란출판사
등록 _ 제1-670호(1988.2.27)
책임교열 _ 김영미, 최찬미

 ISBN 978-89-6562-869-9 94230
978-89-6562-870-5 (세트)

책값은 뒤표지에 있습니다.